Almuth und Werner Huth – Praxis der Meditation

Almuth und Werner Huth

Praxis der
Meditation

Mit 5 Abbildungen:

S. 62 und 63 von Walter Schels, Hamburg

S. 107 aus B.Ch. Olschak, Mystik und Kunst Alttibets, Hallwag Verlag Bern und Stuttgart 1972,22

S. 134 aus Warish Johari, Das Große Chakra-Buch, Verlag Hermann Bauer, Freiburg i.Br. ^{2}1987, 5

S. 163 von Liselotte Weick, Fotostudio München

ISBN 3-466-20451-8

© 2000 by Kösel-Verlag GmbH & Co., München

Printed in Germany. Alle Rechte vorbehalten

Druck und Bindung: Kösel, Kempten

Umschlag: Elisabeth Petersen, München

Umschlagmotiv: Foto von Terry Donnelly, © Tony Stone Bildagentur München

1 2 3 4 5 · 04 03 02 01 00

Inhalt

Es handelt sich eben nicht darum,
dass etwas *anderes gesehen* wird,
sondern dass man *anders sieht.*

C.G. Jung[1]

Denn in welcher Kreatur dies Vollkommene erkannt werden soll,
in der muss Kreatürlichkeit, Geschaffenheit, Ichheit,
Selbstheit und dergleichen alles verloren und zunichte werden.

Theologia Deutsch[2]

Mögen alle Lebewesen durch das Gute, das mir zuteil wird,
wenn ich über das Leben zur Erleuchtung sinne,
mit einem Leben zur Erleuchtung geschmückt sein!
Mögen alle, die gequält sind durch Pein an Körper und Geist
in jeglicher Gegend der Welt,
durch meine Verdienste[3] Meere des Glücks und der Seligkeit erlangen.
Möge kein Wesen unglücklich sein, sündig und krank,
verlassen und unterdrückt, und möge keines bösen Sinns sein.
Solange der Äther besteht und solange die Erde besteht,
solange möge ich bestehen
als Vernichter der Leiden der Welt.

Shāntideva[4]

Einführung:

Warum wir dieses Buch geschrieben haben

Liebe(r) Leser(in)![5] Wir möchten dieses Buch etwas ungewöhnlich damit einleiten, dafür um Ihr Verständnis zu bitten, dass unsere Einführung etwas länger ausfallen wird, als das meist bei Sachbüchern der Fall ist. Wir werden nämlich nicht gleich mit der Tür ins Haus fallen und sofort mit der Theorie und Praxis der Meditation beginnen. Vielmehr wollen wir zunächst einige wichtige Voraussetzungen klären, auf denen sich alles Weitere – Theoretisches sowohl wie Praktisches – aufbaut. Sollte das jedoch Ihre Geduld zu sehr strapazieren, dann können Sie natürlich gleich mit der ersten Übung zur gegenständlichen Meditation anfangen, die Sie im Inhaltsverzeichnis finden und die Lektüre der Einleitung nachholen. Möchten Sie jedoch die Resultate unserer Darstellungen vorwegnehmen, dann können Sie zunächst auch das Schlusskapitel lesen. Es enthält kurz zusammengefasst die wesentlichsten Thesen unseres Buches. Eine weitere Möglichkeit wäre, beim ersten Durchgang auf die Lektüre der Anmerkungen außer der ersten dieses Kapitels zu verzich-

ten. Sollten Sie allerdings bereits jetzt den »langen Atem« haben, den man sich oft erst durch die meditative Praxis selbst aneignet, dann sollten Sie bei der Lektüre des Buchs unbedingt Schritt für Schritt vorgehen.

Zunächst möchten wir Ihnen erklären, warum wir dieses neue Buch über Meditation – es ist unser drittes zu diesem Thema – geschrieben haben. Im ersten stellten wir vorwiegend ihre Praxis dar[6] und im zweiten ihre Grundlagen[7]. Dieses Buch unterscheidet sich von seinen Vorgängern vor allem in zweierlei Hinsicht: *zum einen sind Theorie und Praxis darin viel direkter miteinander verbunden.* Damit tragen wir der Tatsache Rechnung, dass bei der Meditation Lehre, Erfahrung und Praxis ihrem Wesen nach eine fast untrennbare Einheit bilden, die man nur aus didaktischen Gründen voneinander trennen sollte. *Zum anderen wollen wir zeigen, worin ihre Bedeutung gerade für den heutigen Menschen besteht.* Dabei möchten wir von vornherein mit zwei weit verbreiteten Missverständnissen aufräumen. Das eine besteht darin, dass sich viele von der Meditation nur etwas Anregung oder aber Entspannung erwarten. Andere dagegen erhoffen sich von ihr einen Zugang zu einer Art von Geheimwissen, zumindest aber zu bestimmten angeblich übernatürlichen Kräften, die einem durch intensives, möglichst auch exotisches Meditieren zuwachsen sollen. Das Erste ist jedoch zu wenig, das Zweite dagegen ist falsch!

Zweifellos kann man sich mit Hilfe der Meditation entspannen oder auch anregen. Wäre das jedoch alles, worum es dabei geht, dann hätten wir angesichts des Verhältnisses von Aufwand zu Effizienz besser einen Werbeprospekt für einen Tranquilizer oder für ein koffeinhaltiges Erfrischungsgetränk verfasst und nicht dieses Buch. Deren Wirkung wäre vielleicht nicht so nachhaltig, aber im Prinzip nicht wesentlich geringer als diese und selbst die Gefahr des Missbrauchs ließe sich vermutlich in Grenzen halten.

Wer sich dagegen mit Hilfe unseres Buchs Zugang zu geheimnisvollen Kräften oder Fähigkeiten erwartet, die durch Meditation erworben werden sollen, der sollte sich besser an die reichhaltige Literatur aus dem Lager des New Age[8] halten. Er wird diese Lektüre freilich vermutlich nach kurzer Zeit wieder beiseite legen, weil die dort gemachten Versprechungen erfahrungsgemäß nicht eingelöst werden können. Äußerlich gibt es zwar gewisse Analogien zwischen der Meditation und der New-Age-Bewegung, weil bei beiden von Wandlung und Weiterentwicklung des Be-

wusstseins die Rede ist. Hinter dieser Bewegung stehen aber überwiegend kritik-, maß- und kunstlos zusammengestückelte Methoden, mit denen die Kräfte einer angeblich geheimnisvollen Hinterwelt manipuliert werden sollen. Deren Existenz gründet aber weniger in der Realität als vielmehr in der Phantasie ihrer Begründer.

Ganz anders steht es mit der Meditation. Dabei geht es um einen auf eigener Erfahrung gegründeten geistigen Wandlungs- und Reifungsprozess, der zu einer vertieften Innenschau, Selbsterkenntnis und Selbstbegründung verhelfen kann. Wissenswert ist auch, dass man fast überall auf der Welt seit mindestens zwei Jahrtausenden meditiert hat, und zwar auf durchaus ähnliche Weise. Meditation steht somit in einer langen Tradition. Dennoch ist sie unmittelbar auf das Hier und Jetzt bezogen. Gerade diese Verbindung von Tradition und Aktualität macht sie für uns heute so bedeutsam im Sinne eines *Wegs zum Maß und zur Mitte.*

Zugegeben: die Begriffe »Maß« und »Mitte« klingen in einer immer hastiger und konsumistischer werdenden Welt, in der es oft nur noch darum geht, sich möglichst schnell einen »Kick« zu versetzen, nicht gerade aktuell oder brisant. Wir sehen das allerdings anders, weil wir meinen, dass durch die Meditation durchaus an einigen Lieblingsvorstellungen unserer heutigen Zeit gerüttelt wird – nicht aus Mutwillen, sondern als Konsequenz des eigenen Übens und in Übereinstimmung mit einer spirituellen Tradition, die in der Neuzeit im Westen weitgehend verloren gegangen ist. Bemerkenswerterweise ahnen dieses aufrührerische Element oft gerade jene, die, obwohl ihnen meist die eigene Anschauung fehlt, in der Meditation nichts sehen als eine neue Mode, durch die die sowieso schon abbröckelnden Ordnungen unserer Zeit nur noch weiter ausgehöhlt werden. Dennoch missdeuten sie die eigentlichen Möglichkeiten der Meditation nicht minder als jene, die darin einen bloßen Konsumartikel sehen möchten. *Hier ist Information nötig. Wir wollen sie in diesem Buch vermitteln.*

Dabei wird sich zeigen, dass die Meditation nicht nur ein Gegengewicht zur Zerrissenheit und zur mediengelenkten Außensteuerung des heutigen Menschen sein kann. In ihrer Ausrichtung nach innen schwingt der Ruf nach Autonomie, Freiheit, Mündigkeit und Emanzipation mit. So kann sie gerade die Hoffnung auf die Ideale neuzeitlichen Denkens einlösen[9], obwohl sie auf den ersten Blick zu diesen quer zu stehen scheint.

Die Bedeutung der Meditation geht sogar über das Gesagte hinaus. Sie kann die Religiosität gerade auch des heutigen Menschen neu begründen und stützen, obwohl sie im eigentlichen Sinne keine religiöse Methode ist. Ja, wir halten es nicht für übertrieben zu behaupten, dass sie sogar für unser Überleben als Menschheit wichtig sein dürfte. Wie notwendig das ist, möchten wir an zwei Punkten aufzeigen: Da ist einerseits die Tatsache, dass wir nicht mehr wie unsere Vorväter in einer geschlossenen Gesellschaft leben sondern in einer offenen[10]. In dieser kann es kein für

alle Menschen plausibles Verständnis bestimmter Grundfragen unseres Daseins mehr geben. Dazu kommt seit einigen Jahrzehnten eine wissenschaftliche Revolution, besonders in der Kosmologie und der Evolutionsforschung. Sie lässt bestimmte Dogmen und Deutungsmuster der Theologie und der Philosophie nicht mehr zu, sondern verweist sie in den Bereich der Mythen bzw. der Spekulation. Das führte dazu, dass viele von uns nicht mehr fühlen, glauben und denken können wie unsere Eltern, weil sie wissen, dass sie in einer innerlich und äußerlich anderen Welt leben als diese; aber ihnen ist nicht klar, wonach sie sich stattdessen selbst ausrichten sollen. Dadurch entstand für sie ein wenig angenehmer Zustand von Leere, der oft nicht einmal mehr für eine richtige Verzweiflung ausreicht. Offenbar brauchen wir Menschen aber ein Grundverständnis der Realität, ein Grundvertrauen, einen Werterahmen, eine Lebensphilosophie und ein letztes Ziel ähnlich notwendig wie das Sonnenlicht, das Kalzium oder die Liebe. Diese Identität, Orientierung und »Handlungsleitung« gebenden Prinzipien müssen sich jedoch auf eine Wirklichkeit beziehen, zu der wir einen inneren Zugang haben, weil sie uns einsichtig ist. Gerade das ist aber heute nicht mehr der Fall, wie an einigen Beispielen leicht zu erkennen ist[11]:

Der Mensch ist aus seinem Zentrum herausgefallen. Wie soll er sich heute noch verstehen, nachdem er sich so lange in einer überschaubaren Welt beheimatet gefühlt hat, wenn ihm klar wird, dass er am Rand einer Galaxie mit etwa 100 bis 200 Milliarden Sonnen lebt, die ihrer-

13

seits nichts anderes ist als eine von wiederum etwa 100 Milliarden anderer Galaxien? Sollte er Christ sein, dürfte es ihm auch zunehmend schwer fallen, zu seinem »Vater« zu beten, wenn er sich deutlich macht, dass sich am Ende eines »Vater unser«, das er betet, die Weltbevölkerung um etwa 400 Menschen vermehrt hat. Was heißt dann noch »personale Beziehung« im Sinne einer Ich-Du-Beziehung zu diesem Gott? Zumindest sollte man dabei wissen, dass der Begriff »Person« im Laufe der abendländischen Geistesgeschichte nicht nur individualistisch, sondern höchst verschieden interpretiert worden ist.[12]

Es ist auch nicht belanglos für unseren Glauben, dass sich, wenn man die Zeit nach dem »Urknall« – etwa vor 15 Milliarden Jahren – zu einem Jahr verdichtet, die ersten menschlichen Vorläufer etwa am 31. Dezember um 23 Uhr 55 (vor etwa 4 Millionen Jahren) zeigten, Jesus vor etwa 4 Sekunden lebte und dass unser eigenes Leben – gemessen an diesem Zeitmaß – höchstens 1/5 Sekunde währt. Soll man im Ernst noch annehmen können, dass unser Himmlischer Vater, um im kosmischen Bild zu bleiben, den ersten homo sapiens, also Menschen im heutigen Sinn, frühestens vor einer halben Minute (vor etwa 40.000 Jahren) geschaffen hat, um sich wenige Sekunden später über sein Ebenbild so zu erregen, dass er seinen einzigen Sohn als stellvertretendes Sühneopfer töten lassen musste, um sich mit sich selbst zu versöhnen? Oder was bedeutet es für die Hoffnung auf ein Leben nach dem Tode, wenn das zum Beispiel voraussetzt, dass ein erstes Lebewesen nach seinem Tod in die Herrlichkeit Gottes eingegangen sein muss, während seine Eltern noch als Tiere verendeten?

Die meisten Theologen klammern diese Fragen aus. Aber selbst wo einige ihrer dialektisch geschickten Vertreter dazu noch Antworten parat haben, überzeugen diese meist nur noch sie selbst und einige bereits religiös sozialisiert Aufgewachsene. Besser wäre für sie, sich von dem großen evangelischen Theologen und Märtyrer Dietrich Bonhoeffer sagen zu lassen, es seien nur noch ein paar intellektuell Unredliche, »bei denen wir religiös landen können«[13].

Mit diesem Satz fordert Bonhoeffer keineswegs zur Resignation angesichts eines abwesenden Gottes auf, sondern zum Umdenken. Wer das versucht, dem kann eine Erfahrung helfen, die alle Mystiker in Ost und West teilen. Sie sagen, jeder von uns könne meditativ in höchster geistiger Klarheit erfahren (also nicht nur einfach hinnehmen!), dass er an einer letzten Wirklichkeit teilhat. Die Bibel drückte das mit dem Satz aus, wir seien »ein Tempel des lebendigen Gottes« (1. Kor. 3, 16) und die Buddhisten meinen etwas Ähnliches, wenn sie sagen, dass wir »Buddhanatur« haben. Beide behaupten zudem, dass diese letzte Wirklichkeit etwas mit Schönheit und Fülle zu tun hat, wie es im griechischen Wort »Kosmos« zum Ausdruck kommt, und vor allem, dass sie sich jederzeit erfahren lässt. Das ist natürlich kein Beweis, ermuntert aber, solche Erfahrungen auch selbst zu suchen.

Achtsam werden wir auch, wenn wir unseren Blick vom Kosmos und von den Mystikern zurück zur Erde lenken: Wir stellen dann fest, dass es offenbar derzeit keine überzeugende und durchsetzbare Lösung der gravierendsten menschlichen Probleme gibt, zum Beispiel der Bevölkerungsexplosion, der zunehmenden Umweltzerstörung und der schreienden Ungerechtigkeit überall auf der Welt. Die Beschwichtigungsversuche unserer Politiker und Technokraten angesichts dieser Situation überzeugen uns nicht viel mehr als die Worte der traditionellen Theologen zu den »letzten Dingen«. Wir werden uns eher mit Bertrand Russell fragen, ob nicht die Vorstellung absurd ist, dass ein allmächtiger, allwissender und gütiger Gott Milliarden Jahre lang den Boden für den Menschen vorbereitet hat, damit zum Schluss Hitler, Stalin und Atombombe herauskommen[14]. (Diese Frage stellt sich natürlich mit gleicher Schärfe auch jenen, die nicht an einen Gott, sondern an humanistische Ideale glauben: ein letztes geistiges Prinzip, das sich schließlich zur Anerkennung der Rolle der Vernunft und zum Gedanken der Mitmenschlichkeit fortentwickelte). Auch angesichts dieser Fragen sind Aussagen der Mystiker besonders bedeutsam, denn sie enthalten ja insgeheim die Forderung, sich darum zu bemühen, dass sich das Göttliche bzw. das Geistige *in einem selbst* entwickelt.

Mancher wird hier vielleicht einwenden, die genannte Krise unserer Gegenwart könne doch gar nichts mit der genannten naturwissenschaftlichen Revolution zu tun haben, weil diese den wenigsten von uns wirklich bekannt ist. Andererseits: zumindest in einem vagen Sinne weiß jeder darum, auch wenn er nicht alle Einzelheiten kennt. Wie anders als durch den dadurch entstandenen Schock ließe sich sonst erklären, dass immer mehr Zeitgenossen tun, als gäbe es diese faszinierenden und zugleich ängstigenden Tatsachen nicht. Weil sie sie nicht ertragen können, fliehen sie ins Irrationale, selbst wenn sie dabei die Errungen-

schaften der Aufklärung ebenso mit Füßen treten wie die Einsichten der Naturwissenschaften. Auf diese Weise ist eben jene Gegenbewegung von Millionen von Anhängern in Form der genannten New-Age-Bewegung entstanden, deren Auswirkungen folgendermaßen charakterisiert wurden:

»Der Intuition vertraut man mehr als exakten Beweisen. Auf die Wissenschaft, die um Exaktheit bemüht ist, schaut man mitleidig herab und belächelt sie. In der Psychologie mokiert sich der wissenschaftliche Nachwuchs über präzise Untersuchungskonzepte und deren statistische Absicherungen. Das Einfühlen, die Empathie, hält er für verlässlicher. Innerhalb der Psychotherapie wachsen wie Pilze nach dem Regen unzählige Anleitungen zu Erlebnissen, zu angeblich tiefgreifenden Erfahrungen (»Erfahrung ist alles«), wobei die größte Mühe scheinbar darauf verwendet wird, eine möglichst exotische Etikette zu finden ... Gegen große Organisationen (Staat, Kirchen Parteien) ist man allergisch, reagiert gereizt und sauer, wo immer es um diese geht. Die neue, von allen verehrte Göttin heißt Natur. Die Technik wurde in die tiefste Hölle verbannt. Am meisten sehnt man sich danach, Raum und Zeit, die wie eine hohe Mauer unseren Erfahrungshorizont einengen, zu durchbrechen, mit der Transzendenz in Berührung zu kommen, mit dem, was jenseits der Sinneswahrnehmung liegt, was vor der Geburt und nach dem Tod vor sich geht«[15].

Es ist evident, dass hinter diesem »autistisch-undiszipliniertem Denken« (E. Bleuler) Abwehrmaßnahmen stehen, bei denen es wie bei einer Neurose um das Verdrängen unerträglicher Aspekte der Realität geht. Diese Abwehr lässt sich am besten durch jenen Satz charakterisieren, der für jede Form des Verdrängens gilt: »Da ist schon etwas Richtiges daran, aber *so* geht es nicht«. Das »Richtige« aber besteht dabei in der unbefriedigten Sehnsucht nach Spiritualität[16], selbst wenn sie sich noch so pubertär und hilflos ausdrückt.

Unsere These angesichts dessen lautet somit, dass die Krise der Moderne von vielen nicht mehr auf reife Weise bewältigt werden kann. In Krisenzeiten aber wächst die *Sehnsucht nach eigener Erfahrung und eigener Orientierung* fast zwangsläufig[17]. Wem auch soll man sonst trauen, nachdem die bisher Halt gebenden sozialen und geistigen Einbettungssysteme weitgehend zerfallen sind, wenn nicht einer Evidenz, die aus eigener Erfahrung stammt? Jedenfalls nicht den üblichen Ersatzprodukten in Form eines Patchworks aus ein bisschen Kunst, etwas Privatreligion und ein wenig Privatphilosophie! Auch die paar von Nietzsche angeprangerten »Lüstchen für den Tag und ... Lüstchen für die Nacht«, bei denen man zugleich »die Gesundheit ehrt[18]«, machen einen nicht satt. Nun gibt es aber keine reine Erfahrung, denn jede Erfahrung steht zwangsläufig in einem Erlebnis- und Deutungskontext und muss daher rational verantwortet werden. Dazu ist man aber beim New Age nicht bereit *und genau hier liegt die Hilfe der Meditation für den heutigen Menschen*. 1. Sie besteht darin, dass sie durch die Besonderheit ihrer Methode der Sehnsucht nach authentischer Erfahrung *tatsächlich* gerecht wird, obwohl diese mit einem Höchstmaß an kritischer Besonnenheit einhergeht. 2. Auf einen weiteren bedeutsamen Faktor hat die Mystikforscherin Evelyn Underhill bereits zu Anfang dieses Jahrhunderts hingewiesen: *Die Erfahrungen der Mystiker im Os-ten und im Westen, in der Antike, im Mittelalter und in der Neuzeit bilden trotz aller Unterschiede in ihren Konzepten »ein merkwürdig übereinstimmendes und sich oft gegenseitig erläuterndes Beweismaterial«[19].* 3. Trotz dieses Konsenses bleibt die meditative Erfahrung zwar selbstevident und persönlich, verliert aber nie den Bezug zur transsubjektiven Wirklichkeit. Diese Momente sind weitere Argumente für die Plausibilität der Meditation.

Selbst wenn es Ausnahmen von der Feststellung von Evelyn Underhill geben sollte, werden bei der Meditation die Schwachstellen sowohl eines einseitigen Rationalismus beziehungsweise Empirismus als auch die des New Age vermieden, aber deren beider Anliegen in ihr vereinigt. Zur Meditation gehört also, dass sie die Realität weder auf bloße äußere Fakten reduziert noch darüber hinausgehende Fragen mit einem simplen »frag' nicht weiter« abschmettert.

> ➤ Vielmehr zeichnet sie sich aus durch 1. Achtung vor der Empirie und der Vernunft[20], 2. die ganzheitliche Sicht, die zugleich mit dem Vordergründigen auch unsere komplementären Eigenschaften sieht und mitfühlt, 3. die Bemühung um Empathie und Intuition sowie 4. die Einbeziehung der geistigen Aspekte der Wirklichkeit.

Ein weiteres Merkmal der Meditation, das es in dieser Konsequenz nur bei ihr gibt, besteht darin, dass der Gewinn von spiritu-

16

ellen Einsichten von bestimmten morali-schen Qualitäten sowie vom Bewusstseins-zustand des Meditierenden abhängt. Daraus folgt aber, dass beim Meditieren letzlich nur der weiter kommt, der bereit ist, auch unangenehmen Wahrheiten ins Auge zu blicken und der sich um die Entwicklung eines wachen und lichten Bewusstseins bemüht. Das aber hat Folgen nicht nur für den spirituellen Bereich, sondern durchaus auch für den Umgang mit den genannten großen ungelösten Problemen unserer Zeit. Natürlich ist die Meditation kein Universalschlüssel zur Lösung sämtlicher Menschheitsprobleme. Aber weil sie eine Art Monopolstellung in Bezug auf die Weiterentwicklung des Bewusstseins besitzt, kann sie am ehesten dazu beitragen, dass die dafür notwendige Sensibilität, Wachheit und Aktivität entwickelt wird.

Dass diese Annahme berechtigt ist, wird an der Geschichte der Meditation unmittelbar deutlich: Obwohl sie in einer langen Tradition gründet, waren ihre maßgeblichen Vertreter in Ost und West niemals bloße Träumer oder rückwärts gewandte Hüter eines alten Erfahrungswissens, sondern offen für die Nöte ihrer Zeit. Viele von ihnen haben sogar dank ihrer eigenen spirituellen Erfahrung sehr aktiv, zugleich aber meist höchst realistisch, ihrer Umgebung ihren Stempel aufgeprägt[21], vor allem weil sie, wie zum Beispiel der Heilige Franziskus in seinem »Sonnengesang«, die Welt als Folge ihrer spirituellen Erfahrung mit neuen Augen sahen.

Zum weiteren Verständnis der Meditation ist hilfreich, dass wir bereits an diesem Punkt der Einführung den Blick auf die Tatsache richten, dass es seit der »Achsenzeit«[22] zu allen Zeiten und fast allerorten

Meditation gegeben hat. Somit war es *ein Sonderfall der Geistesgeschichte, wenn bei uns seit Beginn der Neuzeit die Bedeutung der Meditation immer mehr zurücktrat,* vor allem als Folge der Säkularisierung und zugleich einer einseitigen Extraversion seit der Aufklärung. Seitdem ist dem heutigen Menschen das Außen, der sichtbare Aspekt der Welt, immer mehr zur ausschließlichen Wirklichkeit geworden, während ihm die seelische und geistige Welt gewissermaßen zur unbeweisbaren Scheinwelt, zu einer Art von »māyā« wurde.

In Asien war und ist es vielfach genau umgekehrt: dort wurde die Innenwelt als die eigentliche Wirklichkeit und die Außenwelt eher als māyā angesehen.

Wir halten es für eine wichtige Zukunftsaufgabe, die nur mit Hilfe der Meditation gelöst werden kann, diese beiden Aspekte »Innen« und »Außen« wieder zusammenzubringen, so wie es der große Denker der Ganzheit, Goethe, ausgedrückt hat: »Nichts ist drinnen, nichts ist draußen;/ Denn was innen, das ist außen.«[23]. Nur wenn das wieder gesehen wird, lässt sich der teilweise absurde Kampf zwischen »Somatikern« und »Psychikern« beenden, der sich bis heute auf allen Ebenen abspielt: beginnend bei Philosophen und Psychologen, die einander verständnislos gegenüberstehen und endend bei kaltschnäuzigen Machern auf der einen Seite und verblasenen Anhängern eines Innerlichkeitskultes auf der anderen, die schlichtwegs aus der Realität aussteigen. Von der Ganzheit, zu der sich Goethe bekannt hat, ist man bei uns noch weit entfernt. Deshalb lag es nahe, dass sich, seitdem man die Meditation wieder neu entdeckte, unsere Aufmerksamkeit stärker auf andere Kulturen richtete, die sich den Blick nach innen besser erhalten und die die eigene spirituelle Tradition nicht vergessen hatten. Das stieß jedoch auf heftige Ablehnung von seiten jener, die auch die Mystik vehement ablehnten: einseitigen Rationalisten auf der einen Seite und – trotz der völlig anderen geistigen Ausgangslage – kirchlichen Traditionalisten auf der anderen. Und wiederum bestand das »geistige« Band zwischen ihnen in einem tiefen Misstrauen gegenüber dem angeblichen Übergewicht eigener Erfahrung. Die Erstgenannten sahen zudem im Geist bloß eine Art von Hirngespinst.

Aber auch jene, die die meditative Erfahrung neu beleben wollten, standen vor einem schweren Problem: selbst wenn sie einräumten, dass, wie vorhin erwähnt, die Erfahrungen der Mystiker untereinander merkwürdig übereinstimmen, mussten sie doch erst einmal fragen, an welchen der vielen Wege der Meditation sie sich halten sollten, die es aufgrund der kulturellen Unterschiede gibt.

»Bei einigen Typen sitzt man still da und stellt einen Zustand der Ruhe und Gelassenheit her; bei anderen sitzt man zwar äußerlich still da, arbeitet aber auf einen Zustand der inneren Angeregtheit und des Erregtseins hin. Einige Meditationstechniken beinhalten mehr oder minder Körperbewegungen, wie zum Beispiel der Derwischtanz der Sufi-Tradition, T'ai-chi, Hatha Yoga oder Ishiguro Zen. Manchmal enden diese ›Bewegungsmeditationen‹ in einem Zustand der Erregung und manchmal in einem Zustand der Entspannung. Entsprechendes gilt für den Körper, der, abhängig vom Typ der jeweiligen Meditation, aktiv und in Bewegung sein kann oder auch relativ bewegungslos und passiv. Die Aufmerksamkeit kann ausschließlich auf nur einen Gegenstand konzentriert sein, doch wenn andere Objekte, Gedanken oder Gefühle im Bewusstsein auftauchen, werden diese ebenfalls registriert, um dann die Aufmerksamkeit wieder zum ursprünglichen Objekt zurückkehren zu lassen (zum Beispiel Vipassanā, Transzendentale Meditation). Bei wiederum anderen Techniken richtet sich die Aufmerksamkeit auf gar kein bestimmtes Objekt (z. B. bei der Shikantazatechnik des Zen oder bei Krishnamurtis freischwebender Aufmerksamkeit)«[24].

So viele verschiedene Wege es auch immer geben mag: es ist nicht schwer zu durchschauen, dass bei dieser Aufzählung der Blick mehr auf die äußerlichen Aspekte der Meditation gerichtet wurde, während die innere Einheit, die sich teilweise dahinter verbirgt, unberücksichtigt blieb. *Um diese geht es dabei jedoch gerade.* Fest steht allerdings, dass der Stil jeder Meditation in hohem Maße durch die konkreten gesellschaftlichen, sozialen, kulturellen und geistigen Umstände bei ihrer Entstehung sowie durch das Temperament und die spezifische Begabung jener, die sie entwickelt haben, geprägt wurde. Auf die heutige Situation mit der für sie charakteristischen Vielzahl meditativer Angebote übertragen, kommen dazu noch ganz unterschiedlich entwickelte persönliche Begabungen beim Meditierenden selbst, zum Beispiel sein Gefühl für Motorik oder seine Fähigkeit zur Introversion. Daraus folgt, dass nicht jede meditative

Methode für alle in gleicher Weise geeignet sein kann und dass Differenzierung notwendig ist.

Gerade diese Differenzierung fällt heute oft schwer. Nur noch wenige von uns können auf eine lebendige eigene Tradition zurückgreifen, die sie in der Wahl ihrer Mittel sicher macht. Andere bezweifeln, ob der Weg der angestammten Tradition der angemessene sein kann, bloß weil man aufgrund einer fragwürdigen »Gnade der richtigen Geburt« in ihn hinein geboren wurde. Dazu kommt, dass sich die Meditation gegenwärtig in einer »Goldgräberphase« befindet mit den positiven, aber auch negativen Zügen einer solchen:

Zu den positiven Aspekten dieser »Goldader« gehört zum Beispiel, dass es seit einigen Jahren mehr Möglichkeiten gibt, unter kompetenter Anleitung meditieren zu lernen. Es werden auch ständig vergessene oder achtlos beiseite gelegte Schätze neu ausgegraben und wenn nötig auch »entstaubt«, indem man sie für die Situation und die Bedürfnisse des heutigen Menschen wieder aktualisiert. Nicht zuletzt wuchs angesichts der genannten Übereinstimmungen in den Auffassungen, aber auch in der Praxis, bei namhaften Vertretern der Meditation in Ost und West die Bereitschaft zu einem gemeinsamen Gespräch und zum gemeinsamen Üben.

Während die Öffentlichkeit die erfreulichen Seiten dieser »Goldgräberphase« bisher nur wenig zur Kenntnis nahm, drängen sich begreiflicherweise ihre negativen Seiten eher auf. Dazu gehört zum Beispiel, dass teils aus Unwissenheit und teils auch aus allen möglichen materiellen Interessen vieles »Meditation« genannt wird, was damit nichts zu tun hat. Ein Beispiel dafür ist allem Anschein nach die von Shapiro zur Meditation gerechnete Transzendentale Meditation, die durch eine Kombination von leeren Versprechungen, überhöhten Honoraren und fragwürdiger Publizistik bis heute immer wieder in die Schlagzeilen geriet. Erschwerend kommt hinzu, dass manche sich aus Sehnsucht nach Sensationen oder Exklusivität zu exotischen Formen der Meditation hingezogen fühlen, obwohl diese ihnen zwangsläufig fremd bleiben müssen. Häufig wird dabei das eigentliche Wesen durch Äußerlichkeiten ersetzt. Aber eine Meditation gewinnt nicht dadurch an Wert, dass dabei Veden in original Sanskrit rezitiert werden oder weil man in einer indianischen Schwitzhütte sitzt[25]. Im Gegenteil! Sie sollte nicht auf Voraussetzungen basieren oder sich in einer Praxis ausdrücken, die zu unserem heutigen Bewusstseinszustand konträr sind, statt ihn zu transzendieren. *Nur eine unserer Zeit entsprechende Weltanschauung und Meditationspraxis bringt uns weiter, nicht aber die kritiklose Nachahmung fremder Gebräuche und vergangener Zeiten.* Darauf hat der bekannte deutschstämmige Tibetkenner Lama A. Govinda (1898-1985) hingewiesen, der wie kaum ein anderer Europäer mit dieser Kultur vertraut war[26].

Dass derjenige, der sich der Meditation ohne klare Vorstellungen nähert, kaum jemals daraus einen Gewinn für seine persönliche Entwicklung ziehen kann, ist *ein* Aspekt. Ein zweites, noch gravierenderes

Problem besteht darin, dass keine Methode, und sei sie noch so gut, gegen Missbrauch gefeit ist. Das gilt heutzutage in besonderem Maße auch für die Meditation. Jeder weiß, dass Suchende, die sich unwissenden, unreifen oder bösartigen, häufig selbst ernannten »Gurus« aus Gutgläubigkeit anvertrauen, nicht selten von diesen materiell ausgenützt, in pathologische Abhängigkeitsbeziehungen geführt oder auf andere Weise psychisch schwerwiegend geschädigt werden, vor allem, indem bei ihnen archaische Bewusstseinszustände gezüchtet werden. Auch damit allein lässt sich die Bedeutung der Meditation nicht verreden. Aber für um so notwendiger halten wir, dass wir nicht nur aus theoretischen Erwägungen, sondern um vor Schaden zu bewahren, den Blick auf den Kern der Meditation lenken und Wege zeigen, die unbedenklich sind und dennoch zum Ziel führen.

Für uns heute besteht die Bedeutung einer richtig verstandenen und praktizierten Meditation nicht nur darin, dass sie in einzigartiger Weise Selbsterfahrung ermöglicht. Bedeutsam ist sie auch, weil sie helfen kann, dass man einen einleuchtenden Standpunkt gegenüber Fragen findet, die sich zwar erkenntnistheoretisch nicht endgültig lösen lassen, auch durch Meditation nicht, die sich aber auch nicht abwehren lassen, weil sie jeden von uns »unbedingt angehen«[27] (P. Tillich). Dazu gehören zum Beispiel Fragen wie: »wer bin ich«, »woran kann ich mich halten?«, »wie soll ich mich orientieren«? oder »wozu lebe ich überhaupt?« Dabei kommt die Meditation der Bewusstseinslage des heutigen Menschen vor allem dadurch entgegen, dass sie diese Antwort zwar nicht vorfabriziert bereit hält, aber ermöglicht, dass ihm dabei die Wirklichkeit in aller Fülle und Unmittelbarkeit, die alles bloß Begriffliche übersteigt, eröffnet – nie kontinuierlich, nie unangefochten, aber tatsächlich und in aller Klarheit, Ruhe und Heiterkeit. Das kann helfen, aus dem endlosen Tanz von Argumenten und Gegenargumenten herauszukommen, der unsere Fragen nach Sinn und Orientierung »normalerweise« ständig am Laufen hält. Solange wir sie ausschließlich auf der mentalen Bewusstseinsstufe zu lösen suchen, kann man sich auf dieser Ebene *allein* keine verbindliche Antwort erhoffen:

> ➤ Die Meditation ist gerade deshalb heute wichtig, weil sie unserem Bedürfnis nach Freiheit und Autonomie ebenso Rechnung trägt wie unserer Sehnsucht nach einer Erfahrung, die wir selbst gemacht haben.

Ja, wir sehen in ihr ein einzigartiges Heilmittel gegen die »Krankheit des Jahrhunderts« (Erich Fromm): »die Malaise der inneren Abgestorbenheit«[28], die sich vor allem in einer inneren Öde und einer quälenden Unausgefülltheit ausdrückt.

Die Behauptung, die Meditation sei ein »Heilmittel«, muss allerdings präzisiert werden: Tatsache ist zwar, dass sie mitunter bei manchen psychischen Krisen nützlich ist, vor allem, weil die für sie charakteristische Verbindung von einer spezifischen Form von Konzentration und Entspannung sowie die dadurch gewonnene Gelassenheit wohltuend ist und weil sie durch die absolute Konzentration auf das Hier und Jetzt hilft, Wesentliches von Unwesentlichem zu unterscheiden. Dennoch hat Meditation, streng genommen, nichts mit dem zu tun, was »offiziell« Gegenstand unseres Berufs als Psychiater und Psychoanalytiker ist. Dass wir uns dennoch zunehmend mit ihr praktisch und theoretisch beschäftigt haben, entsprang anderen Quellen: zum einen aus unserem Interesse an »außergewöhnlichen« Bewusstseinszuständen, (altered states of consciousness). Dazu kam die Einsicht, dass wir vielen unserer Patienten nicht ausreichend helfen konnten, wenn wir uns auf das therapeutische Repertoire beschränkten, das wir im Laufe unserer Ausbildung erlernt hatten. Dieses ist zu wenig auf die von Fromm charakterisierte »Malaise« bezogen. Daher genügt es für die Heilung der Patienten nicht, dass etwas aufhört, was sie vorher hatten (ihre Symptome), selbst wenn dies, wie bei der Psychoanalyse, über den Weg einer emotionalen Reifung erfolgt. Vielmehr muss man ihnen in dem Sinne zur Gesundheit verhelfen, den Erich Fromm ansprach, als er sagte, es gehe darum, »mit der Natur des Menschen in Einklang stehen«[29]. Allerdings haben wir geeigneten Patienten prinzipiell erst gegen Ende der Therapie zur Meditation geraten, um die Bereiche der Therapie und der Meditation nicht zu vermischen, *denn Meditation ist ein exis-tentieller und kein therapeutischer Vollzug.*

Was aber macht die Meditation zu einem so wichtigen »Heilmittel«? Das liegt nicht nur in ihren Zielen, sondern mehr noch in ihrer *Methode.* Am klarsten findet diese sich im Weg des Zen. Charakteristisch dafür ist 1. der Vorrang der Praxis vor dem Wort, das, gemessen daran, immer nur vorläufig oder nachträglich ist; 2. die Verbindung spezifischer Formen von Entspannung und Konzentration; 3. die Fokussierung auf das Hier und Jetzt; 4. der Spannungsbogen von langer Tradition und Gegenwartsbezug; 5. ihre ganzheitliche Sicht, also ein letztlich philosophisches Konzept; 6. schafft sie, scheinbar paradoxerweise, vor allem dadurch innere Freiräume, dass dabei Spielregeln exakt eingehalten werden sollen. Wenn irgendwo, dann gilt gerade für sie Goethes Feststellung: »Das Gesetz nur kann uns Freiheit geben[30]«. Nicht zuletzt besteht die Bedeutung der Meditation 7. darin, dass es sich mit ihr genau umgekehrt verhält, wie man ihr oft vorhält, nämlich dass sie angeblich die Tendenz zur Nabelschau und damit zur Egozentrik fördere. In Wirklichkeit lernt man durch sie, sich unbefangener anzuschauen und daraus Sinn, Orientierung, Kraft, Autonomie und Freiheit zu finden. Ebenso wichtig ist ihre Ausrichtung auf unsere Beziehung zu den Mitmenschen, ja letztlich auf die gesamte Schöpfung[31]. *Durch beides verhilft sie zu einer neuen Balance zwischen Ich, Wir und Welt.*

Aktuell ist die Erörterung des Wegs der Meditation auch, weil sich ihre höchsten Ziele: Befreiung und letztlich Erleuchtung, grundsätzlich von dem unterscheiden, was man darunter heute meist versteht.

Derzeit wird zwar sowohl im New Age, in manchen therapeutischen Schulen, und auch im (pseudo)-religiösen Bereich in teilweise unerträglicher Manier von Befreiung und Erleuchtung geredet. Aber fast alles, was dazu gesagt wird, ist schief und abwegig. Schief ist, wenn man sich diese Befreiung so vorstellt, dass man sich auf egozentrische und zynische Weise in Glücksgefühle hineinsteigert (»pursuit of happiness«) nach dem Motto: »anything goes«, also: »tu was dir paßt«. Abwegig ist aber auch das scheinbare Gegenteil dieses Ansinnens: die Tendenz zu ideologischer und fundamentalistischer Einengung. Dabei wird von vornherein auf Freiheit verzichtet und das Heil nur noch in der äußerlichen Befolgung angeblich religiöser Botschaften gesehen, die man dadurch *wichtig* zu nehmen meint, dass man sie *wörtlich* nimmt und dabei den Kontext verdrängt, in dem sie entstanden sind.

Eingeengte Haltungen finden sich im Übrigen nicht nur im ideologischen und fundamentalistischen Denken. Wir treffen sie auch in einem falschen, insgeheim einseitig männlich orientierten »Szientismus« beziehungsweise in einer mit Scheuklappen versehenen Rationalität an. Beide beschränken sich angeblich nur auf Fakten. Seit Kant wissen wir aber, dass es »reine« Fakten ohne dahinter stehende Interpretation gar nicht gibt. Außerdem wurde inzwischen längst deutlich, dass dieser angeblich undogmatische Rückzug auf »reine Empirie« selbst zu einem Dogma geworden ist. Es dient, wie alle Dogmen, die mehr sein wollen als ein »Floß« hin zum anderen Ufer einer tieferen Erfahrung[32], der Stabilisierung von Herrschafts-

anprüchen auf Kosten einer Ausklammerung wichtiger Aspekte der Wirklichkeit. Äußerlich gesehen begnügt man sich zwar damit, die Realität mit Hilfe von Vorhersagen und Kontrolle »in den Griff« zu bekommen, insgeheim aber steht hinter der scheinbaren weltanschaulichen Abstinenz ein Machbarkeitswahn, verbunden mit blindem Fortschrittsfatalismus.

Der Weg der Meditation ist in Abgrenzung von den genannten Formen weder ein Weg der Beliebigkeit noch ein Weg der Abgrenzung, sondern auch hier ein »Weg zur Mitte«. Das ist uns konkret in dem Maße deutlich geworden, in dem wir unter der Anleitung kompetenter Lehrer im Osten und Westen eigene spirituelle Erfahrungen machen konnten. Wir begriffen dabei auch, dass es weder ausreicht, bloß zu üben, noch genügt es, sich lediglich mit der maßgeblichen spirituellen Literatur aus den verschiedensten Kulturbereichen vertraut zu machen. Beides gehört untrennbar zusammen und muss durch das direkte Lehren »von Herz zu Herz«[33] vermittelt werden. Nur so können zwei häufige Fehler des Umgangs mit der Meditation vermieden werden: die des »spirituellen Trockenschwimmers« auf der einen Seite und die des »spirituellen Do-it-yourself-Bastlers« auf der anderen. Während sich der eine auf die Rolle eines besserwisserischen Zaungasts beschränkt, der auf den wichtigsten Teil der Meditation, die eigene Erfahrung, verzichtet, neigt der andere dazu, entweder in eine vage Unverbindlichkeit abzurutschen oder aber – das andere Extrem – nur noch die eigene Erfahrung gelten zu lassen. Von hier ist es zu zwei weiteren Gefahren der Meditation nicht mehr weit: zu Dogmatismus und Verstiegenheit. Beide lassen sich gleichsam als (pseudo)-meditative Analogien zum genannten Machbarkeitswahn beziehungsweise Fortschrittsfatalismus einseitiger Naturwissenschaftler begreifen.

Zur inneren Distanz gegenüber Dogmatismus und Verstiegenheit gehört auch, dass man gegenüber der Meditation selbst keine unkritische Haltung einnehmen soll, zum Beispiel weil man sich von ihr alles Heil erwartet. Auch jede Idealisierung der Erfahrung ist unhaltbar. Adorno sagt dazu mit Recht: »Überließe Erfahrung allein sich ihrer Dynamik und ihrem Glück, so wäre kein Halten. Theorie und geistige Erfahrung bedürfen ihrer Wechselwirkung«[34]. Das gilt auch für die meditative Erfahrung.

So richtig es ist, dass uns die Meditation neue Erfahrungen zugänglich machen kann, so wenig lassen sich durch sie jene letzten Grenzen unserer Erkenntnisfähigkeit außer Kraft setzen, die uns zum Beispiel Kant oder Kurt Gödel aufgezeigt haben[35].

Ein Blick in die menschliche Geistesgeschichte lehrt uns allerdings, dass man offen lassen muss, ob diese Grenzen endgültig sind. Sie leuchten uns zwar ein, sind aber an die Strukturen unserer gegenwärtigen Bewusstseinsstufe – der mentalen – gebunden. Niemand kann heute schon diese Strukturen überspringen. Aber vermutlich sind sie ebenso wenig der Weisheit letzter Schluss wie die Sichtweisen der vorhergehenden Phasen der menschlichen Bewusstseinsevolution, zum Beispiel der magischen oder der mythischen[36].

Vielleicht hat es Sie, liebe Leser, erstaunt, dass wir schon in der Einleitung auf Grenzen und Fehler bei der Meditation hinwiesen. Dabei ging es nicht darum, Warntafeln aufzustellen. Vielmehr wollten wir dadurch *indirekt* den Blick für das freimachen, was bei der Meditation letztlich erreicht werden soll: ein »profundes Denken« im Sinne von Coleridge[37]. Dieses aber, so sagt er, setzt die Entwicklung »profunder Gefühle« voraus. Beide stellen sich zwar bei der Meditation ein, jedoch nur da, wo das gesamte Spektrum menschlicher Möglichkeiten genutzt wird: die rezeptiven ebenso wie die aktiven, die intellektuellen und erkenntnismäßigen nicht minder als die imaginativen, emotionalen und spirituellen. *Diese geordnete Vielheit, die von der eigenen »Mitte« ausgeht und zur »Mitte« der Wirklichkeit zielt und die bereit ist, sich von ihr treffen und verwandeln zu lassen, sie aber immer wieder methodisch in Zweifel zu ziehen, ist die Grundhaltung bei der Meditation.*

Natürlich reichen die Möglichkeiten eines Buches nicht dazu aus, alle die genannten Fähigkeiten in sich zu entwickeln, von denen hier die Rede war, vor allem auch, weil dabei zwangsläufig die genannte »Begegnung von Herz zu Herz« durch das geschriebene Wort ersetzt werden muss. Um so mehr möchten wir Sie wenigstens dazu einladen, die von uns angegebenen praktischen Übungen selbst nachzuvollziehen. Dabei sollten Sie aber nicht bloß von

Übung zu Übung hüpfen, ohne die Begleittexte zu lesen. Insgeheim hoffen wir, dass Sie durch unser Buch dazu anregt werden, eines Tages auch unter Anleitung Meditation zu praktizieren.

Für uns selbst hieß Meditieren in erster Linie, dass wir uns auf eine innere Reise begeben haben, die ein Leben lang nicht abgeschlossen werden kann. Zugleich bedeutete es aber auch, uns immer wieder dort aufzuhalten, wo es noch lebendige spirituelle Tradition gibt. Wir widmen unser Buch denen, die uns bei diesen Reisen angeleitet und die uns dabei begleitet haben.

Der gemeinsame Kern der Meditation angesichts der Vielfalt ihrer Erscheinungsformen.

➤ Die Meditation will keine Wissenschaft lehren, sondern ist ein Übungsweg. Wer ihn geht, möchte sich von seinen Anhaftungen an primitive Regungen, an urtümliche Bewusstseinszustände und an falsche Konzepte befreien. Bei der *gegenständlichen Meditation* (Siehe S. 40 ff.) setzt man sich unter Umständen außerdem noch bestimmte Ziele, zum Beispiel den Wunsch nach Begegnung mit einer transzendenten Wirklichkeit (»Gott«). Allen Formen der Meditation ist jedoch eine Steigerung der Achtsamkeit[1] und die Bemühung um einen Durchbruch zu einer unmittelbaren Erfahrung der Wirklichkeit im Zustand größtmöglicher Bewusstheit und Evidenz gemeinsam. Weil dabei das Unbedingte im Bedingten aufleuchtet, wird diese Erfahrung für den Meditierenden »unbedingt wichtig« und dadurch verbindlich. Daraus entsteht zugleich ein Anspruch, der es nicht mehr zulässt, nur noch bei der bloßen Erfahrung stehen zu bleiben, wie beeindruckend diese auch sein mag.

Vielmehr folgt daraus die Forderung nach einer Integration dieser Erfahrung ins alltägliche Leben und damit die Notwendigkeit einer inneren Wandlung und Weiterentwicklung[2]. Der Übungsweg wird somit letztlich zum Heilsweg.

Obwohl der Übungsweg bei der Meditation in letzter Konsequenz zum Heilsweg wird, ist er doch kein Selbstzweck, sondern, in der Sprache des Sanskrit ausgedrückt, lediglich ein »geschicktes Mittel (upāya), um zum Ziel zu kommen«. Allerdings gibt es, wie überall auf der Welt, nicht nur *einen* Standardweg, sondern auch hier führen »viele Wege nach Rom« *und allein schon deshalb kann auch die Meditation kein einheitliches Phänomen sein.* Das hängt vor allem damit zusammen, dass die Menschen unterschiedliche Temperamente haben[3] (und, wie man hinzufügen muss, in Abhängigkeit von ihrer Natur und Sozialisation auch unterschiedliche Denkstrukturen favorisieren). Da also nicht jeder Weg der Meditation für alle Menschen gleich geeignet ist, wäre es außerdem nicht einmal wünschenswert, wenn wir alle nur auf einen Weg zurückgreifen müssten. Darauf hat namentlich der gegenwärtige Dalai Lama wiederholt hingewiesen. Wer sich darüber hinwegsetzen wollte, würde letztlich die Verschiedenartigkeit der Überzeugungen, Werte und Verfahrensweisen nivellieren, die untrennbar hinter jeder Meditation stehen.

Trotz der genannten ebenso zwangsläufigen wie wünschenswerten Vielfalt lässt sich allerdings ohne das Vorhandensein bestimmter Merkmale nicht von Meditation sprechen. Im Grunde verhält es sich dabei wie beim Wasser. Dieses kann in flüssiger, aber auch in fester Form (als Eis) oder als Wasserdampf vorkommen. Aber nicht jede Flüssigkeit ist Wasser und analog dazu ist auch nicht alles, was man heute »Meditation« nennt, dieser zuzurechnen.

Nicht nur die Wege, auch die *Ausgangsrichtungen* der Meditation sind nicht einheitlich. Manche Übungen zielen nach innen, andere nach außen. *Nach innen gerichtet* sind zum Beispiel die meisten Praktiken des Yoga, das Zen oder die meisten Formen der christlichen Mystik, soweit sie auf meditativen Erfahrungen beruhen; *nach außen gerichtete Formen* findet man dagegen zum Beispiel bei den Indianern Nordamerikas, aber auch beim eben genannten Goethe. Die Letztgenannten wandten sich in erster Linie dem Anblick der Natur, der Pflanzen und Tiere zu und suchten diese in ihrer Fülle zu erfahren, die Indianer speziell nicht nur in deren tragenden und nährenden, sondern auch in ihren »furchtbaren«, zerstörerischen Aspekten (als Unwetter, Wildnis, Tod).

Gemeinsam für alle spirituellen Wege ist dagegen, dass in der Versenkung letztlich beide Seiten, das Innere und das Äußere, immer in größter Nähe, ja letztlich als Einheit erlebt werden. Das sagte nicht nur Goethe, sondern bereits Tausende von Jahren vor ihm wurde in den Upanischaden, die zu den ältesten heiligen Texten Indiens gehören, kurz und bündig formuliert: »Was innen ist, ist auch außen. Was außen ist, ist auch innen«.[4]

Gemeinsam ist aber nicht nur die Überzeugung von einem Heilsweg und die Krönung in einer Einheitserfahrung, sondern auch das Wissen um das *erste Nahziel*, das bei der Meditation erreicht werden soll:

> ➤ Zunächst geht es bei jeder Meditation darum, still zu werden, wobei dieses Stillwerden immer zweierlei in sich schließt: die Bemühung, die eigenen Affekte zu meistern sowie einen Wechsel in der Art des Denkens.

»Meisterung der Affekte[5]*«* bedeutet keineswegs, dass durch die Meditation das Ideal eines gefühllosen Menschen angestrebt wird, wie manchmal behauptet wird, sondern alle meditativen Methoden, die diesen Namen verdienen, streben dabei gerade

26

umgekehrt die enge Nähe mit dem meditierten »Objekt«, ja mehr noch: die Entwicklung liebevoller, zugewandter Gefühle zu allen Lebewesen an.

Was das Ziel dieser Stille und der Meisterung der Affekte ist, lässt sich anhand des Sanskritwortes »shānti« veranschaulichen. Es ist etymologisch mit dem lateinischen Wort »sanctus« = heilig verwandt und leitet sich von der Wurzel »shām« her, die ursprünglich soviel wie Auslöschen eines Feuers, Zorns oder Fiebers bedeutete[6]. Somit meint »shānti« Ruhe, Seelenfrieden beziehungsweise Fehlen von Leidenschaften.

So wenig es bei der »Meisterung der Affekte« um ein Abtöten der Gefühle geht, so wenig sollen auch die Affekte unterdrückt werden, denn das würde lediglich zur Kraftlosigkeit führen. Das Gegenteil wird angestrebt: Man soll lernen, kraftvoll (mit möglichst viel »power«), aber nicht angestrengt zu meditieren[7]. Das setzt voraus, dass man zunächst einmal die eigenen Affekte kennen lernt. Nur dadurch wird man fähig, unerwünschte Emotionen unter Kontrolle zu bekommen; gleichgültig aber, ob man sich bei der Meditation primär nach innen wendet, indem man die nach außen gerichtete Aufmerksamkeit zeitweilig völlig einstellt oder ob man sich zunächst nach außen richtet: *nie wird das Ziel, still zu werden, zum bloßen Selbstzweck.* Statt dessen geht es darum, *sich nicht mehr wie bisher ungebremst, wahllos und illusionär, das heißt, nicht von der Realität, sondern von den eigenen Wünschen bestimmt von einem Objekt*

nach dem anderen in Bann ziehen zu lassen. Das setzt einen Wechsel im Denken voraus:

> ➤ Der für die Meditation kennzeichnende »Wechsel des Denkens« drückt sich einerseits durch Flexibilität aus, vermeidet aber die Beliebigkeit des »New Age« ebenso wie die triviale Eintönigkeit jener Vorstellungswelt, die »normalerweise« unseren Alltag bestimmt. Er setzt andererseits Ichstärke voraus, hat aber nichts mit der Unbeweglichkeit jener restaurativen oder fundamentalistischen Haltung zu tun, die oft fälschlich Orthodoxie genannt wird, (ein Begriff, den man heute oft ungeprüft einseitig negativ bewertet).

Das alltägliche Denken ist *gleichzeitig* rezeptiv, konzeptiv und protensiv, wobei »rezeptiv« wahrnehmend, geöffnet bedeutet, während »konzeptiv« meint, dass man die Dinge möglichst genau plant, dementsprechend vorgeht und das Ergebnis daran misst. »Protensiv« will hingegen sagen, dass wir im Alltag fast ausschließlich auf die Zukunft bezogen sind[8].

> ➤ Bei der Meditation sucht man sich ausschließlich auf die rezeptive Seite und auf das Hier und Jetzt zu beschränken. Das konzeptive und das protensive Element schaltet man dagegen möglichst aus.

Man sucht also das Ergebnis der Übung nicht vorwegzunehmen, sondern lässt sich von ihm überraschen, auch wenn man es schon zu kennen glaubt. Wichtig ist dabei, dass man das Objekt der Übung niemals aktiv fixiert, sondern sich ihm ruhig zuwendet, eher mit einem »Teleskopblick« als mit einem »Mikroskopblick«. Sobald man merkt, dass es aus dem Blick geraten ist, was ganz normal ist, greift man es einfach wieder auf.

Damit wird zugleich gesagt, was bei der Meditation aus methodischen Gründen ausgeschaltet wird:

Ausgeschaltet werden alle »Warum«-Fragen, das heißt alle selbst geschaffenen Konstrukte, also das, was man sich bloß ausdenkt, zum Beispiel Theorien oder Erklärungen. Man beschränkt sich stattdessen ausschließlich auf das »Was«, oder noch besser, auf das »Das«.

Den Grund dafür hat Karl Popper gezeigt: Jede mutmaßliche Erklärung kann ein neues Problem aufwerfen, eine neue Forderung nach Erklärung erzeugen. Die »Warum«-Frage führt somit zu einer endlosen Spirale, weil sie sich ad absurdum wiederholen lässt, wie schon kleine Kinder wissen.(»Warum ist Papa nicht zum Essen heimgekommen?« »Er musste zum Zahnarzt gehen«. »Warum musste er zum Zahnarzt gehen?« »Er hatte Zahnschmerzen«. »Warum hatte er Zahnschmerzen?« usw.)[9]. Daraus folgt: *»Warum«-Fragen verhindern, dass wir jenes »Hier und Jetzt« erreichen, das für die Meditation Voraussetzung ist.*

Vermieden wird auch jede intellektuelle Stellungnahme sowie jede Wertung (zum Beispiel: »das ist gut oder schön oder wichtig«).

Stellung nehmen bedeutet, sich für eine Seite und damit gegen eine andere zu entscheiden und Werten heißt nichts anderes, als *gefühlsmäßig* zu einem Sachverhalt Stellung nehmen. In beiden Fällen aber beziehe ich zu etwas eine Position. Jede Position verlangt jedoch nach einer Gegenposition. (Ich kann »gut«, »schön« oder »wichtig« nicht denken, ohne zugleich »böse«, »häßlich« oder »unwichtig« mitzudenken). Damit verfehle ich aber die *ganze* Wirklichkeit und gerate von vornherein in ein System von Dualitäten[10]. *Jede Meditation, nicht nur das Zen, vermeidet ein derartiges Denken in Dualitäten.*

Aus dem Gesagten folgt natürlich nicht, dass der Übende auch außerhalb der Meditation keine »Was«- und »Warum«-Fragen stellen soll. Aber er soll der Tatsache Rechnung tragen, dass alles seinen Ort und seine Zeit hat: die Zeit des Beobachtens und die Zeit der Stellungnahme. Er soll spüren, was davon in die Meditation gehört und was nicht. Wer auf diese Weise gelernt hat, sich zu disziplinieren, wird feststellen, dass seine Kreativität dadurch oft stark zunimmt, obwohl auch das kein direktes Ziel der Meditation ist.

Vermieden werden auch möglichst alle bloß »digital« vermittelbaren Informationen.

In den Kommunikationswissenschaften unterscheidet man zwischen digitaler und analoger Information. *»Digitale Information«* heißt, dass für die Benutzer zwischen den verwendeten Zeichen und ihrer Bedeutung eine rein konventionelle und willkürliche Beziehung besteht. Wenn ich »Tisch« sage, dann existiert in diesem Wort »Tisch« nichts, was auf den gemeinten Gegenstand hinweist oder wenn ich sage: »9« ist größer als »6«, dann meine ich damit keineswegs, dass die Ziffer »9« größer ist als die Ziffer »6«, sondern nur das, wofür diese Ziffern stehen. Bei dieser Form von Zugang zur Wirklichkeit kommt es leicht dazu, dass das Bewusstsein in Abstraktionen und damit in bloße Routine abgleitet, weil alles nur noch zu einem »Fall von« und damit letztlich abgenutzt wird. *Der damit verbundenen Blockierung der Kreativität wird bei der Meditation durch eine Haltung des »Anfängergeists« entgegengewirkt*[11].

Anders ist es bei der *analogen Kommunikation*. Die dabei verwendeten Größen weisen nicht bloß auf die Realität hin, sondern bilden sie ab. So ist zum Beispiel eine Landkarte der Landschaft, die damit abgebildet wird, direkt proportional. Man spricht in einem solchen Fall nicht von Symbolen, sondern von Ikonen. Da diese Kommunikationsform ganzheitlicher ist und eher die Sinne anspricht als das bloße abstrakte Denken, steht sie der Meditation näher.

Praktisch bedeutet das, dass ich, wenn ich mir zum Beispiel bei einer Meditation einen Tisch vorstelle, darauf achten werde, nicht von dem *Begriff* »Tisch« auszugehen, weil Begriffe die »Sache« grundsätzlich nur abstrakt und damit reduziert wiedergeben können. Vielmehr suche ich mir gezielt einen *konkreten* Tisch vorzustellen. Darauf werden wir bei der Technik der Imagination näher eingehen. *Dennoch wird bei der Meditation auch von analoger Kommunikation nur spärlich Gebrauch gemacht, denn sie verleitet zum Absinken ins Dösen oder gar in Trance.*

➤ Bei der Meditation treten an die Stelle von digitalen oder analogen Informationen möglichst umfassend formulierte »Spielregeln«. Mit ihrer Hilfe soll der Meditierende davon abgehalten werden, in unerwünschte Verhaltensweisen abzugleiten.

Solche Spielregeln zu benutzen ist keine Sache der Moral oder der Dogmatik, sondern der Klugheit. Falsch ist daher, sie fundamentalistisch zum Selbstzweck zu machen. Im Prinzip verhält es sich damit wie mit den Schachregeln (»Springer am Rand bringt Kummer und Schand'«): Sich daran zu halten ist keine Pflicht, aber wer sie nicht beachtet, hat keine Chancen. Ihre Befolgung ist somit eine Frage des Augenmaßes. Ruth Cohn sagte deshalb: »Regeln sind dazu da, dass man sie durchbricht. Aber sie sind deswegen nicht außer Gültigkeit«.

Somit gilt es bei der Meditation, nicht etwas zu suchen, was man bereits »kennt«, sondern soweit als möglich seine Erfahrungen selbst zu machen nach dem Motto: »Schule dein Bewusstsein und dann prüfe, ob es so ist, wie du vermutest hast«.

In den Mysterienschulen, die es von den Zeiten der Ägypter bis heute immer gegeben hat, nannte man das die »Wasserprobe«: Der Schüler musste bereit sein, die uns allen eigentümliche Anhaftung an die Welt der Sinne sowie seine Bedürfnisse nach Geborgenheit, Autoritäten und Institutionen aufzugeben und »ins Wasser« einer neuen Erfahrung mit allen Kräften des Geistes zu springen (gleichsam nach dem Motto: »Wasser hat keine Balken«[12]). Der Hintergrund dieser Probe dürfte wohl mit der Erfahrung zusammenhängen, dass Wasser nicht nur mit Segen und Reinigung zu tun hat, sondern auch mit Gefahr und Tod, wie zum Beispiel in der Sintflutsage zum Ausdruck kommt.

Ganz in diesem Sinne äußerte sich auch der Buddha: »Geht.. nicht nach Hörensagen, nicht nach Überlieferungen, nicht nach Tagesmeinungen, nicht nach der Autorität heiliger Schriften, nicht nach bloßen Vernunftgründen und logischen Schlüssen, nicht nach erdachten Theorien und bevorzugten Meinungen, nicht nach dem Eindruck persönlicher Vorzüge, nicht nach der Autorität eines Meisters! Wenn ihr aber ... selbst erkennt: ›Diese Dinge sind heilsam, sind untadelig, werden von den Verständigen gepriesen, und, wenn ausgeführt und unternommen, führen sie zu Segen und Wohl‹, dann möget ihr sie euch zu eigen machen«[13].

Das Gesagte spielt speziell auch bei der religiösen Meditation eine Rolle. Auch dabei muss alles Fürwahrhalten von irgendwelchen Behauptungen vermieden werden: An die Stelle des »ich glaube, dass« (lateinisch: »putare«) tritt ein »ich glaube Dir« (lateinisch: »credere«)[14]. Der Meditierende soll also zwar zum Vertrauen bereit sein, soll sich aber nur auf das verlassen, was er selbst in wacher Bewusstheit ohne suggestive Beeinflussung erfahren hat und was nicht der Vernunft widerspricht. Meister Eckhart hat dieses Verhalten mit dem Begriff »*ein lediges Gemüt*« zusammengefasst und dieses folgendermaßen charakterisiert[15]: »Das ist ein lediges Gemüt, das durch nichts beirrt und an nichts gebunden ist, das sein Bestes an keine Weise gebunden hat und in nichts auf das Seine sieht, vielmehr völlig in den liebsten Willen Gottes versunken ist und sich des seinigen entäußert hat«.

Ein »lediges Gemüt«, das sich an nichts gebunden hat, aber völlig in das Objekt seiner Betrachtung versunken ist, ist auch für jede nicht religiöse Meditation Voraussetzung. Wer bisher keine eigenen meditativen Erfahrungen hatte, tut sich vielleicht schwer, sich darunter etwas Konkretes vorzustellen. Dabei kann ihm aber die Erinnerung an so genannte Seinserfahrungen bzw. an Vorstufen dieser Erfahrungen weiterhelfen, in denen einem plötzlich etwas »aufging«, was man vorher nicht beachtet, bzw. was man vergessen oder verdrängt hatte, was dann aber plötzlich »wie ein Blitz« bei einem einschlug. Charakteristisch war dabei weniger das Neue, das man zur Kenntnis nahm (wie etwa in der Schule, wenn man sich neue Vokabeln gemerkt hatte und deswegen einen Satz übersetzen konnte, was einem vorher nicht möglich war). Kennzeichnend für solche Erfahrungen ist vielmehr, dass ab dem Moment, in dem wir begannen, etwas »mit neuen Augen« zu *sehen, ein Gefühl der Freiheit* in uns aufkam. Plötzlich hatten wir den Eindruck, dass wir uns dadurch von überholten Wünschen, Projektionen und Programmen lösen konnten. Da Seinserfahrungen zentral mit dem Bereich der Meditation zu tun haben, wollen wir diese nunmehr näher betrachten.

Die meditative Grunderfahrung

Wir nannten die Meditation einen methodischen Übungsweg. Er soll die Erfahrung einer Wirklichkeit ermöglichen, die tatsächlich »da« und nicht bloß ein Produkt der eigenen Wünsche und Phantasien ist, wie zum Beispiel die so genannte Wirklichkeit beim New Age oder die immer mehr zur Mode werdende »virtuelle Realität«. Bevor wir im Einzelnen zeigen, wie dieser Weg begangen werden kann und bevor wir die »Objekte« der Meditation näher betrachten, möchten wir auf die Erfahrungen selbst eingehen, die gleichsam in ihrem Zentrum stehen. Sie haben nichts Geheimnisvolles an sich und im Grunde kennt sie jeder, auch wenn er noch nie im eigentlichen Sinne meditiert hat. Man nennt sie »*Seinsfühlungen*« bzw. »*Seinserfahrungen*«[1]. Beide Phänomene gehören innerlich zusammen; die Übergänge zwischen ihnen sind fließend: Seinserfahrungen treffen noch mehr das Zentrum des Erlebens und sind noch »dichter« und nachhaltiger als Seinsfühlungen.

Beide Arten von Erfahrung treten *spontan* auf und können ab der Pubertät eigentlich immer wieder vorkommen. Gehäuft finden sie sich jedoch *in Situationen des Wandels und Übergangs* zu einer neuen Sichtweise und besonders auch zu einem neuen Lebensabschnitt. Sie ereignen sich vor allem im Zusammenhang mit vier Bereichen: als Naturerlebnisse, bei der Begegnung mit Kunst, in der Erotik, oft auch im religiösen Kult. Näher kommen Sie diesen Erfahrungen, wenn Sie sich genau zu erinnern suchen, wie es Ihnen zum Beispiel gegangen ist, als Ihnen zum ersten Mal deutlich wurde, dass Sie jemand liebten, was Sie empfunden haben, als Ihnen zum ersten Mal unvermittelt ein Musikstück aufging, das Ihnen vorher verschlossen war oder wie es war, als Sie eines Tages plötzlich beim Anblick des Sternenhimmels eine Ahnung von der unbegreiflichen Wirklichkeit bekamen, die uns alle umgibt.

Sie müssen sich allerdings genügend Zeit nehmen, weil die Türen für die Erinnerungen, um die es dabei geht, bei den meisten zunächst verschlossen sind. Versuchen Sie, das damalige Erlebnis ausführlich und gleichsam mit allen Sinnen wiederzuleben. Günstig wäre es, wenn Sie anschließend einem Menschen, der Ihnen innerlich nahe steht, von Ihren Erfahrungen berich-

31

ten könnten. Das ist allerdings leichter gesagt als getan. Bei vielen erweckt nämlich die Aufforderung, sich auf diese Weise der eigenen Vergangenheit zu nähern, erst einmal erhebliche Widerstände, und zwar meist schon, bevor ihnen die damaligen Erlebnisse überhaupt wieder klar vor Augen stehen. Sie bestreiten sogar oft, jemals solche Erfahrungen gemacht zu haben. Wenn Sie nicht vorzeitig aufgeben, dann werden in Ihnen dennoch vermutlich »einschlägige« Erinnerungen wach. Viele schalten jedoch an dieser Stelle erneut auf Abwehr: Ihnen ist das, was sie seinerzeit erlebt haben, häufig peinlich. Es erscheint ihnen »kitschig«, »kindisch«, »bedeutungslos« oder »uninteressant« und sie belegen es daher mit zwiespältigen Ausdrücken, vor allem solchen, die für die einen der Inbegriff tiefen Erlebens sind, für die anderen jedoch höchst fragwürdig. Beispiele dafür finden sich etwa in Richard Wagners Dichtungen, so etwa wenn es in »Tristan und Isolde« heißt: »ertrunken, versunken unbewusst, höchste Lust«.

Die »schönen Gefühle« und »erhabenen Wallungen«, die darin zum Ausdruck kommen, haben allerdings mit Seinsfühlungen und Seinserfahrungen tatsächlich ebenso wenig zu tun wie die »Konzentration des gesamten Interesses auf die Zustände der eigenen Person« (E. Kraepelin), die damit meist verbunden ist. Die Empfindungen dabei gehören, wie Nietzsche scharf, aber richtig sagte, »physiologisch geredet, unter die narkotischen Mittel«[2]. Als Psychiater müssen wir sie den »klassischen« Merkmalen hysterischen Erlebens zuordnen[3].

Spontan auftretende Seinserfahrungen und meditative Erfahrungen sind anders, äußern sich anders und wirken anders. Sie narkotisieren nicht, sondern machen uns wacher und hellhöriger, weil sie sich auf das »eigentliche« Sein, auf das, was wirklich »ist«, beziehen, wie schon der Name »*Seins*erfahrung« sagt. Sie haben auch nichts damit zu tun, dass jeder von uns mehr oder weniger dazu neigt, in seinem Alltag ständig an der »Schraube des Bewusstseins« herumzuspielen, sei es, dass er es herunterschraubt (zum Beispiel durch Dösen oder auch durch Alkohol) oder aber gerade umgekehrt dadurch, dass er sich einen »Kick« versetzt, um sich zu stimulieren, zum Beispiel indem er Rockmusik hört, etwas Spannendes liest, Sport treibt, fernsieht oder flirtet. In allen diesen Fällen wird lediglich eine Änderung der Bewusstseins*intensität* anvisiert, ohne dass dabei letztlich das Alltagsbewusstsein verlassen wird: Hinterher ist alles beim Alten geblieben.

Die Bewusstseinsänderung bei Seinserfahrungen (und bei der Meditation) liegt auch in dieser Hinsicht auf einer ganz anderen Ebene: Dabei werden die Gefühle weder *gedämpft* noch *gesteigert,* sondern *vertieft,* was sich in einer größeren *Intimität* der Beziehungen zu anderen Menschen, ja zum gesamten Dasein ausdrückt. Dadurch gerät man auch nicht »außer sich« wie beim bloßen Agieren. Der Zeiger der Aufmerksamkeit ist auch nicht auf einen selbst gerichtet wie in hysterischen oder narzisstischen Zuständen, sondern man ist dabei paradoxerweise gerade dadurch bei sich selbst, dass man für die gesamte Wirklichkeit, vor allem aber für seinen Nächsten offen ist: *Dieses Gefühl hat letztlich mit Liebe zu tun*[4]. In diesem Sinne verlassen wir bei der Seinserfahrung und bei der Meditation das Alltagsbewusstsein tatsächlich, auch wenn die Erfahrung dabei noch so still und unauffällig gewesen sein mag. Verbunden ist dieser Zustand immer auch mit dem Eindruck einer von Angst freien *Nähe* und einer größeren *Gelassenheit*. Durch sie gelangt man gleichsam »hinter« sein Alltags-Ich mit seiner Beschränktheit und seinem Egoismus. So erreicht man eine Art von »archimedischem Punkt«, von dem aus man die Wirklichkeit neu sehen und letztlich bejahen kann, ohne dass das durch einen Verlust an kritischer Haltung erkauft wird. *Zum Moment der Liebe tritt also immer ein Moment der Erkenntnis hinzu. Erfahrungen, die nicht mit Liebe und Erkenntnis verbunden sind, wenigstens im Ansatz, sondern bloßes Gefühl oder Erlebnis bleiben, gehören nicht zu den Seinserfahrungen.*

Unbestreitbar ist allerdings, dass es sich bei Seinserfahrungen ebenso wie bei der Meditation gleichsam um sensible Gebilde handelt, die immer davon bedroht sind, in hysterische oder narzisstische Erlebnisweisen abzugleiten, das heißt in Zustände egozentrischer Lust-, Glücks- oder Machtgefühle, notfalls auch auf Kosten der Realität und insbesondere der Mitmenschen. Besonders häufig kommt es dazu, wenn man süchtig nach ungewöhnlichen Erlebnissen oder nach »Tiefe« ist oder wenn man zwar tatsächlich authentische Erfahrungen hatte, diesen aber nicht auf reife Weise standhalten kann, so dass man letztlich aus Eitelkeit oder Schwäche *indirekt* auf einem dieser pathologischen Geleise landet. Allerdings ist nicht jede Erfahrung, die man nachträglich als »kitschig« usw. abtut, ursprünglich bereits negativ gewesen. Dass sie im Rückblick oft dennoch so gedeutet wird, hängt damit zusammen, dass sie nicht in den Rahmen unserer üblichen Bewusstseinszustände hineinpasst: Diese wurden vielmehr gerade dadurch überschritten, dass die Erfahrung weder trivial noch spektakulär war, und gerade das macht uns unsicher. Außerdem geht von ihr oft auch noch in der Rückschau ein Anspruch aus, dem wir uns erneut zu entziehen suchen, wenn er uns wieder deutlich wird (»Wenn das *tatsächlich* so war, dann ist bei mir später etwas schief gelaufen, und dann müsste ich zumindest *jetzt* mich ändern. *Das aber kann ich nicht*«).

Wir möchten an dieser Stelle unsere Ausführungen über Seinserfahrungen durch ein Beispiel veranschaulichen, das der Autobiographie des Schriftstellers Arthur Koestler »Abschaum der Erde« entnommen ist[5]. Sein Bericht ist vor allem deshalb für unsere Fragestellung bedeutsam, weil der Autor lebenslang überzeugter Atheist war, so dass der Einwand entfällt, er habe lediglich alte religiöse Klischees aus der Kindheit aufgegriffen, um sich im Angesicht des Todes damit zu trösten.

Im genannten Buch schildert Koestler, wie er in der Gefangenschaft während des spanischen Bürgerkriegs in einer Zuchthauszelle sitzend, angesichts seines offenbar sicher bevorstehenden Todes mit einem Draht, den er von einer Sprungfedermatratze abgelöst hatte, mathematische Formeln an die Wand kratzte. Auf einmal erwachte dabei in ihm eine tiefe Freude. Er schreibt:

»Dann, plötzlich, verstand ich zum ersten Mal den Grund meines Entzückens: die auf die Wand gekritzelten Symbole stellten einen der seltenen Fälle dar, in denen eine sinnvolle und fassbare Aussage über das Unendliche mit präzisen endlichen Mitteln erreicht wird. Das Unendliche ist wie eine mystische, in Nebel gehüllte Masse, und doch war es möglich, etwas darüber zu erfahren, ohne sich in verschwommenen Unklarheiten zu verlieren. Die Bedeutung dieser Erkenntnis schlug über mir zusammen wie eine Welle. Die Welle war einer artikulierten verbalen Einsicht entsprungen, die sich aber verflüchtigt hatte und nur einen wortlosen Niederschlag zurückließ, einen Hauch von Ewigkeit, ein Schwingen des Pfeils im Blauen. Ich muss so einige Minuten verzaubert dagestanden haben, in dem wortlosen Bewusstsein: ›das ist vollkommen-vollkommen‹. Dann gewahrte ich ein leichtes, geistiges Missbehagen im Hintergrund meiner Gedanken – ein trivialer Umstand störte die Vollkommenheit des Augenblicks: ich war ja im Gefängnis, und man würde mich wahrscheinlich erschießen. Aber gleich darauf stellte sich ein Gefühl ein, das, in Worte übersetzt, lauten würde: ›Und wenn schon! Ernstere Sorgen hast du nicht?‹ – so spontan, so frisch und amüsiert, als ob die vorübergehende Verstimmung durch den Verlust eines Kragenknopfes verursacht wäre. Dann wurde mir, als glitte ich, auf dem Rücken liegend, in einem Floß des Friedens unter Brücken des Schweigens«.

Nachdem Koestler anschließend seine Abneigung gegenüber »klebrigen Ergüssen«

betonte, die ihm Aussagen wie die eben zitierte unsympathisch machten, fuhr er fort, das Wesen »mystischer Erlebnisse«, wie das von ihm Erfahrene nannte, zu definieren:

»Mystische Erlebnisse, wie wir das unzulänglicherweise nennen, sind nicht nebulos, vage oder rührselig – sie werden allenfalls dazu, wenn wir sie dazu erniedrigen, indem wir sie in Worte kleiden. Um jedoch auszudrücken, was von Natur nicht ausdrückbar ist, muss man Worte gebrauchen; und so bewegt man sich in einem Circulus vitiosus. Wenn ich sage, ›das Ich hatte aufgehört zu existieren‹, so beziehe ich mich auf ein konkretes Erlebnis, das in Worten so wenig ausdrückbar ist wie die Empfindungen, die durch ein Klavierkonzert ausgelöst werden, das aber genau so wirklich ist – nein, sehr viel wirklicher. Tatsächlich ist sein wichtigstes Kennzeichen der Eindruck, dass dieser Zustand viel realer ist als irgendein je zuvor erlebter – dass zum ersten Mal die Schleier gefallen sind und man in Berührung gekommen ist mit der ›wirklichen Wirklichkeit‹, der geheimen Ordnung der Dinge, die im Normalzustand schichtenweise von Unerheblichkeiten überdeckt ist«.

Es ist leicht zu erkennen, wo Koestlers Bericht unsere Ausführungen bestätigt und wo er sie ergänzt:

Seine Seinserfahrung ereignete sich in absoluter Todesnähe, also in einem *Grenzzustand*. Dabei hatte er den Eindruck, für einen Augenblick gleichsam »hinter den Vorhang« zu blicken und *mit der »wirklichen Wirklichkeit« in Berührung zu kommen*. In dieser manifestierte sich ihm eine Art von *geheimer Ordnung der Dinge*. Anders als man vielleicht vermuten könnte, *hatte seine Erfahrung nichts mit billigem*

Trost angesichts einer bedrohlichen Situation zu tun, wohl aber war sie von einem *Gefühl der Spontaneität, Heiterkeit und Frische* begleitet. *Verändert war auch die übliche Zeiterfahrung:* Koestler verspürte »einen Hauch von Ewigkeit«. Obwohl der Autor äußerst wortgewandt und geübt war sich auszudrücken, konnte er nur den äußerlichen Teil seiner Erfahrungen *mit Hilfe einer Reihe von Bildern umschreiben* (»Hauch von Ewigkeit«, »Schwingen des Pfeils im Blauen«). Sobald er an ihren eigentlichen Kern kam, fürchtete er, seine Worte könnten nebulös, vage und rührselig klingen und so einen Eindruck entstehen lassen, der dem tatsächlichen Geschehen gerade entgegengesetzt war.

Seinserfahrungen lassen sich sprachlich offenbar nur unvollkommen vermitteln, denn die Sprache gleicht, wie das Zen es ausdrückt, dem Finger, der auf den Mond hinweist: Sie vermittelt Erfahrung niemals direkt. Diese lässt sich daher meist nur dann teilen, wenn sie auf ähnliche Vorerfahrungen beim Hörer trifft. Die Schwierigkeit bei der Vermittlung wächst noch, wenn man sich einem solchen Bericht voreingenommen nähert oder wenn man sich bloß an Äußerlichkeiten festbeißt, ohne zu versuchen, zum Kern der Mitteilung durchzudringen. In solchem Fall wird der Kritiker meist letztlich nur die eigenen Vorurteile bestätigt finden.

Seine eigentliche Bedeutung erhält der Bericht von Koestler freilich erst, wenn man weiß, dass es sich dabei um keinen Einzelfall gehandelt hat. Zwar geht es dabei um eine konkrete Situation, aber dennoch steht seine Schilderung im Kontext unendlich vieler ähnlicher Berichte aus allen Zeiten und Kulturen. Wir finden diese bei Mystikern und Nichtmystikern, bei Gebildeten und Ungebildeten, bei Menschen, die in kontinuierlichen spirituellen Erfahrungen lebten und bei solchen, die niemals gewusst hatten, dass andere Menschen ähnliche Erfahrungen hatten wie sie selbst.

Koestlers Bericht hat außerdem, gemessen an der Vielzahl ähnlicher Berichte, einen weiteren großen Vorteil: Der heutige Mensch kann ihn besonders unvoreingenommen entgegennehmen, weil er, wie erwähnt, von einem Atheisten stammt, der sich trotz der damaligen Erfahrung lebenslang mit Recht dagegen gewehrt hätte, den Mystikern zugerechnet zu werden. Hinzu kommt, dass die Schilderung dank der schriftstellerischen Begabung ihres Verfassers klar und umfassend die wesentlichsten Merkmale von Seinserfahrungen aufzählt. Das erleichtert uns den Zugang *zu unseren eigenen* Seinsfühlungen und Seinserfahrungen. Dazu möchten wir Sie nochmals einladen. Fangen Sie also erneut an, nach eigenen Seinserfahrungen Ausschau zu halten. *Dieses getreuliche Wiederholen von bereits Geübtem werden Sie später als eines der wesentlichsten Elemente jeder Meditation kennen lernen.*

Wenn Sie das ausreichend getan haben und fündig geworden sind, werden Sie vermutlich drei Feststellungen machen können:

1. Sie haben wahrscheinlich bemerkt, dass Sie durch diese Erinnerung merkwürdig tief bewegt wurden. Es handelt sich also um eine Erfahrung, die, verglichen mit anderen Erfahrungen, zwar keineswegs immer aufdringlich, aber stets *herausgehoben* ist.

2. Ihnen ist wahrscheinlich aufgegangen, dass Ihr Versuch, die damaligen Erfahrungen wieder zu beleben, *nur bedingt zum Erfolg* führte. Damit meinen wir weniger die Lücken in Ihren Erinnerungen. Die gibt es auch! Schwerer aber ist es, den emotionalen und geistigen Gehalt des damaligen Geschehnisses wieder zu erleben, *also das, was es wirklich für Sie bedeutet hat.*

3. Ihnen wird aber auch jene *Zwiespältigkeit unserer Existenz* deutlich geworden sein, von der gleichfalls bereits die Rede war: Wir alle möchten zwar immer wieder unserem Alltag entfliehen, weil er uns langweilig und vordergründig vorkommt. Dabei suchen wir keineswegs nur Zustände gesteigerter gefühlsmäßiger Intensität, sondern haben durchaus oft auch Sehnsucht nach Intimität. Zugleich aber fühlen wir uns leicht durch jede Form von Nähe bedroht. Das gilt nicht nur für die Nähe zu einem anderen Menschen, sondern auch für die Nähe, um die es bei allen Seinsfühlungen und Seinserfahrungen geht. Um dem Anspruch dieser Nähe nicht standhalten zu müssen, weichen wir dann meist in jenes Alltagsbewusstsein aus, dem wir auf der anderen Seite ständig zu entkommen suchen.

Die genannte Ambivalenz stellt sich bei den meisten von uns zwangsläufig ein, aber man sollte ihr nicht das Feld überlassen, sondern sich trotzdem um eine möglichst umfassende Erinnerung der damaligen Seinsfühlung oder -erfahrung bemühen. Niemandem ist das wirklich möglich, weder Ihnen noch Arthur Koestler noch sonst jemandem. Will man aber die Phänomene einigermaßen umfassend ordnen, so stößt man auf folgende Punkte:

1. Die damalige Erfahrung war vermutlich durch bestimmte Bedingungen vorbereitet; sie wurde zum Beispiel durch eine besondere Atmosphäre oder Umgebung begünstigt, vor allem aber spielte dabei oft die Nähe zu einem Menschen, der einem innerlich nahe stand, eine wichtige Rolle.

2. Obwohl Sie damals unter Umständen äußerst wach und »ganz dabei« waren, haben Sie in der Rückschau meist den Eindruck, als seien Sie seinerzeit nicht aktiv gewesen. Anders als bei sonstigen wichtigen Erlebnissen, bei denen man das Wesentliche »in der Hand« hat, besteht bei diesen Erfahrungen eher der Eindruck, sie seien unvermittelt »angekommen«, so dass man ihnen letztlich passiv begegnete. Manche sagen sogar, sie seien davon förmlich »überfallen« worden.

Deutlich wird das besonders an »großen« Erfahrungen. Manche Mystiker sprechen buchstäblich von einem »deum pati«, einem Erleiden Gottes. Ein Freund des schlesischen Mystikers Jakob Böhme (1575-1624) berichtet zum Beispiel, dessen »Schau« habe sich am helllichten Tag »am lieblich jovialischen Schein eines Zinngefäßes« entzündet[6]. Dass Jakob Böhme diese Erfahrungen nicht aktiv suchte, betonte er wiederholt. So schrieb er: »Du darfst auch nicht denken, dass ich sei in Himmel gestiegen und habe solches mit meinem fleischlichen Auge gesehen«[7].

3. Aber nicht nur der »Überfall« ist kennzeichnend. *Seinserfahrungen (und mystische Erfahrungen) haben im Allgemeinen den Charakter des Vorübergehenden* und halten meist nur wenige Minuten bis höchstens eine Stunde an. Dann dominiert wieder das Alltagsbewusstsein.

Vieles hysterische Agieren nach solchen Erfahrungen hängt damit zusammen: Man möchte gewaltsam wieder hervorziehen, was schon vorbei ist. Aber schon im Buch Kohelet der Bibel heißt es: »Alles hat seine Stunde« (Koh. 3, 1). Es gibt eine Stunde der Seinsfühlung und meist viele Stunden der Trivialität. Daher mahnen viele spirituelle Meister, man solle beides »gleichgültig« (im Sinne von gleich gültig und gleich gelassen) annehmen. Je mehr man dazu bereit ist, um so eher wird man zu tieferen Erfahrungen durchbrechen.

4. *Was man dabei erlebt, ist,* wie wir bei Arthur Koestler sahen, *letztlich unaussprechlich.* Nicht nur in der Situation, sondern auch in der eigenen Erinnerung lassen sich Seinserfahrungen nur sehr bedingt wieder beleben.

5. Koestler hat auch auf die *spezifische noetische Qualität*[8] dieser Erfahrung hingewiesen. Obwohl sie den Gefühlen nahesteht, ist sie kein bloß subjektives Erlebnis. Wer sie gemacht hat, bringt sie vielmehr mit Einsichten in die Tiefe der Wahrheit

und damit mit einer Erkenntnis in Zusammenhang, die vom Verstand allein weder gemacht noch angemessen erfaßt werden kann. Während dieser lediglich mit logischer Notwendigkeit von einer Vorstellung zur anderen weiterschreitet, kommen hier neue Momente hinzu. Diese werden als Erleuchtungen und / oder Offenbarungen erfahren, »voll von Bedeutung und Wichtigkeit, so unartikuliert sie im Ganzen bleiben; und im Allgemeinen haben sie einen merkwürdigen Geschmack von Autorität ... bei sich«[9]. »Autorität« heißt hier allerdings nicht, dass sie zwingend sind oder dass einem daraus eine Pflicht erwächst, sondern dass sie für den, der sie macht, ein seltsames Gewicht haben. Viele drücken das so aus, dass sie sagen: »Ich habe davon immer schon gewusst, aber erst jetzt sagt es mir wirklich etwas« im Sinne des Wortes von Friedrich Nietzsche: »Man hat nur spät den Mut zu dem, was man eigentlich *weiß*«[10].

6. *Weil die genannte Erfahrung durch eine spezifische noetische Qualität gekennzeichnet ist und sich daher in der Umgangssprache letztlich nicht angemessen ausdrücken lässt, wird sie oft mit scheinbar paradoxen Formulierungen charakterisiert.* Metaphern wie »donnernde Stille«, »glänzende Dunkelheit«, »fruchtbare Wüste«, »zeitlose Zeit« kennzeichnen das Erlebte oft besser als Redewendungen aus dem diskursiven Bereich.

7. *Obwohl Seinserfahrungen nicht nur innerhalb des religiösen Glaubens vorkommen, teilen sie mit diesem einige Momente:*

»Glauben« ist ein anthropologisches Grundphänomen, dessen Bedeutung aus seiner indogermanischen Sprachwurzel deutlich wird, der Silbe »leubh«. Sie weist auf folgende psychische Funktionen hin: etwas begehren, liebhaben, loben, gierig verlangen, für gut und wertvoll halten, nachgeben, sich freundlich erzeigen, vertrauen[11]. Diese Fähigkeit, »ich glaube *Dir*«[12] sagen zu können, wird durch Seinserfahrungen gefördert, vor allem wegen der Autorität, die von ihnen ausgeht und wegen des Bezugs zur Wirklichkeit, den sie vermittelt.

Beim *religiösen* Glauben treten dazu noch weitere spezifische Momente, zum Beispiel die Verpflichtung gegenüber einer transzendenten Macht (»Gott«), die Bedeutung des Sakralen und des Kultischen oder auch bestimmte Forderungen in Hinsicht auf das Zusammenleben mit anderen Menschen.

Die vielleicht wesentlichste Gemeinsamkeit zwischen dem religiösen Glauben und Seinsfühlungen bzw. -erfahrungen sehen wir darin, dass für beide gilt, dass wir »davon leben« (Tolstoi)[13].

Die Nähe des religiösen Glaubens zu den Seinserfahrungen erzeugt bei vielen Zeitgenossen diesen gegenüber von vornherein eine heftige Abwehr: sie sträuben sich mit allen Mitteln dagegen, dass es »so etwas« überhaupt und speziell bei ihnen geben könnte. Das soll ihnen helfen, vor sich selbst das Bild eines aufgeklärten, rationalen Menschen aufrechtzuerhalten. Dabei übersehen sie aber, dass es bei der Er*leucht*ung und Auf*klär*ung letztlich um dasselbe geht, was sich auch in ihrer gemeinsamen Sprachwurzel ausdrückt: um einen Bezug zum »Licht«.

8. *Kritiker bringen Seinserfahrungen oft auch in unmittelbare Nähe zum Wahn. Dieser Meinung liegt aber eine groteske Verkennung der wirklichen Verhältnisse zugrunde*[14].

Gemeinsam ist beiden nur, dass dabei der Bereich der Alltagswirklichkeit überschritten und diese aufgrund neuer Erfahrungen gleichsam »mit neuen Augen« gesehen wird. Die Sicht des Wahnkranken wird jedoch aus unbewussten Quellen gespeist und steht im Dienst der Aufgabe, den drohenden Zerfall des eigenen Selbst durch eine aus der Abwehr geborene reduzierende Umdeutung der Wirklichkeit zu reparieren[15]. Das aber macht ihn unfähig, das eigene Bezugssystem aufzugeben und der Wirklichkeit anders zu begegnen als vom eigenen Standpunkt aus (»schizophrener Solipsismus«, »Überstiegsunfähigkeit«). Die Welt wird dabei nicht mehr in ihrer Vielfalt, sondern nur noch quasi-ideenhaft gesehen: Die Patienten behandeln, wie Freud sagte, konkrete Dinge so, als wären sie abstrakte[16]. Das gibt ihnen eine gewisse Verfügungsgewalt über die Welt (ein Patient drückte das folgendermaßen aus: »in meiner Welt habe ich Vollmacht, in eurer mache ich Diplomatie«[17]).

Seinserfahrungen dagegen sind keine Produkte des Unbewussten, sondern spirituelle Erkenntnisse verschiedenen Grades an Vollkommenheit. Die Welt wird dabei in besonderer Fülle und in höchster Unmittelbarkeit erfahren. Aldous Huxley nannte das »sakramentale Schau der Wirklichkeit«[18]. Der Zugang zur Mitwelt ist dabei nicht reduziert, sondern, wie erwähnt, gesteigert.

9. Gerade durch die Seinserfahrungen wird deutlich*, dass unser normales Bewusstsein »nur ein besonderer Typ von Bewusstsein« ist, keineswegs einheitlich und meist von ständig wechselndem Charakter. Jenseits von ihm können, oft nur

»durch den dünnsten Schirm getrennt, mögliche Bewusstseinsformen liegen, die ganz andersartig sind. Wir können durchs Leben gehen, ohne ihre Existenz zu vermuten; aber man setze den erforderlichen Reiz ein, und bei der bloßen Berührung sind sie in ihrer ganzen Vollständigkeit da« *(William James*[19]).

Zwar können Seinsfühlungen und Seinserfahrungen manchmal sogar in einem getrübten Bewusstseinszustand auftauchen, zum Beispiel in ekstatischen Zuständen oder auch unter dem Einfluß von Drogen (zum Beispiel LSD). Sie werden von denen, die sie nicht aus eigener Anschauung kennen, oft vorschnell abgetan, obwohl auch sie tief beeindruckend sein und den Anlass dafür bilden können, dass sich danach das Leben in Richtung auf den Geist und auf mehr Mitmenschlichkeit wandelt[20]. Mit wirklichen Seinsfühlungen und -erfahrungen sind sie dennoch nicht vergleichbar, allein schon deshalb nicht, weil sie auf ganz anderen Wegen entstanden sind.

Übungen zur gegenständlichen Meditation

1. Vorbemerkungen

Nachdem wir uns an Hand eigener Erinnerungen einen Eindruck von der Qualität der Erfahrungen bei der Meditation verschafft haben, wollen wir jetzt mit Hilfe einiger praktischen Übungen solche Erfahrungen aktiv erzeugen. Sie gehören zum Bereich der »gegenständlichen Meditation«, *das heißt, dass man sich einem »Objekt« in einer innerlich stabilen und zentrierten Verfassung nähert.* Anders ist es bei der »ungegenständlichen Meditation«, besonders beim Zen und bei der religiösen Kontemplation[1]. Dort beschäftigt man sich mit keinem konkreten Inhalt, sondern sucht sich mit aller Energie von der Anhaftung an jedes Objekt freizumachen, um so gleichsam zum *Gefäß* für eine letzte Wirklichkeit zu werden, von deren Existenz man überzeugt ist. So wird also die *rezeptive Seite* noch stärker betont als bei der gegenständlichen Meditation. Auch geht man dabei noch konsequenter von der Voraussetzung aus, dass alle Gedanken, Begriffe, Bilder und Konzepte, mit denen ich mich aktiv der Wirklichkeit nähere, von vornherein zu

kurz greifen. *Man lässt sich daher von ihr ergreifen, indem man sich ihr eröffnet.* Auftauchende Eindrücke, Gedanken oder Gefühle werden nicht beachtet, sondern man lässt diese wie Wolken an einem Berg an sich vorbeiziehen: Der Berg wird davon nicht bewegt.

Bevor wir die ungegenständliche Meditation ausführlich behandeln, müssen wir erst die Anfangsgründe der meditativen Praxis kennen lernen, und das wollen wir an Hand der (gelenkten) *Meditation einer brennenden Kerze* versuchen. Möglicherweise haben Sie das in irgendeiner Form bereits selbst versucht. Aber nicht alles aus der breiten Palette von Tagträumen über gymnastische Übungen bis zur Wesensschau, das man heute »Meditation« nennt, rechnet wirklich dazu. Manches davon ist angenehm oder auch sinnvoll. *Von Meditation aber sollte man nur dann reden, wenn bestimmte Bewusstseinszustände mittels klar definierter »Spielregeln« erzeugt werden.* Herumprobieren oder gar bloßes Darüber-Phantasieren reichen dabei nicht aus. Daher sollten Sie auch die von uns vorgeschlagenen Übungen wirklich machen und sie nicht bloß gedanklich nachvollziehen. Eine Grundregel bei der Meditation lautet: *den Geschmack einer Frucht erfährt nur der wirklich, der in sie hineinbeißt.* Keine Erinnerung, keine noch so anschauliche Beschreibung, keine Erklärung kann die eigene Erfahrung ersetzen.

Wichtig für das Verständnis der Voraussetzungen für Meditation ist, dass es auch andere Formen der Gewinnung von Erfahrung gibt. Diese bestimmen weitgehend unseren Alltag[2]:

1. Ich kann mir einen Gegenstand ansehen, darüber nachdenken und mit anderen darüber reden.

2. Ich kann diesen Gegenstand auch dadurch kennen lernen, dass ich etwas mit ihm tue.

3. Schließlich kann ich mich in den Gegenstand oder in eine Situation innerlich hineinversetzen bzw. in ihn einfühlen.

Jeder dieser Wege hat seine Möglichkeiten und Grenzen:

1. Der erstgenannte Weg liegt jeder *Beschreibung* zugrunde. Sein Ziel ist, die zunächst ungeordnete Mannigfaltigkeit der sinnlichen Daten in eine Ordnung zu bringen, die sich später oft mit Hilfe von Theorien wieder reproduzieren lassen. Das macht uns die Realität überschaubar und verspricht Sicherheit, Orientierung und Plausibilität. So berechtigt dieses Vorgehen ist, so offensichtlich sind seine Grenzen. Sie liegen darin, dass die Kriterien einer so gewonnenen Ordnung im Allgemeinen nicht von den Phänomenen selbst abgeleitet werden, sondern in »Sehmustern« gründen, die von außen an sie herangetragen werden. Sie sollen dazu dienen, gewisse »objektive« Merkmale

festzustellen. Es liegt im Wesen der Sache, dass diese in jedem Augenblick durch bessere Kriterien ersetzt werden können.

2. Der zweite Weg ist durch seinen rationalen Zugang zur Wirklichkeit eng mit dem ersten verbunden. *Er bestimmt heute weitgehend unseren praktischen Umgang mit der Realität.* Wie das geschieht, hat der Begründer dieses Wegs, auf den der moderne Empirismus zurückgeht, der englische Kronjurist Francis Bacon (1561-1626), klar aufgezeigt. Bacon, von dem auch der Satz stammt: »Wissen ist Macht«, forderte dazu auf, man solle sich die Natur »gefügig und zur Sklavin machen« und sie »im Verhör, notfalls unter Anwendung von Gewalt dazu zwingen, ihre Geheimnisse preiszugeben«[3].
Charakteristisch an diesem Weg ist, dass sich dabei Kontrolle und Machtausübung miteinander vereinen. Seine Berechtigung liegt auf der Hand, denn er hat in der Neuzeit zu Entdeckungen geführt, von deren Nutzanwendung auch die größten Kritiker der Moderne profitieren. Aber wir zahlen dafür einen hohen Preis, den Robert Musil klar formuliert hat: Der »böse Verstand«, so schrieb er, habe den Menschen zum Herren der Erde, aber zugleich zum Sklaven der Maschine gemacht.

3. *Das dritte Verhaltensmuster führt zu einer Art von »alltäglicher« Verständlichkeit,* die alles versteht, ohne sich vorher die Sache wirklich anzueignen[4]. In diesem Verhalten bewegen wir uns »normalerweise«, gleichgültig, ob wir es bemerken oder nicht – oder ob wir es wahrhaben wollen oder nicht, gleich auch, ob wir uns mit etwas Trivialem oder etwas Anspruchsvollem beschäftigen. Das ist nicht nur unabweisbar, sondern hat auch durchaus seine positiven Seiten, denn es hilft uns bis zu einem gewissen Grad, unseren Alltag zu bewältigen, ohne ständig überlastet zu werden. Aber, um im Bild zu bleiben, heißt das, dass man dabei in die Frucht nicht wirklich hineinbeißt. Auch lässt man den Gegenstand des Interesses nicht selbst »sprechen«, sondern stülpt ihm die eigene Meinung über, denn für unser alltägliches Verhal-

ten ist nach Heidegger typisch, dass es durch Gerede, Neugier und Zweideutigkeit bestimmt wird[5]. Das steht im äußersten Gegensatz zur Meditation, bei der man die Dinge und Ereignisse eher *zu sich* sprechen lässt, als dass man *über sie* spricht.

Sowohl aus der Verbreitung als auch aus der Berechtigung der genannten drei Wege, jeder in seinen Grenzen, folgt, dass die Meditation ebenso wenig einen Universalschlüssel zur gesamten Realität liefern kann wie die anderen genannten Zugangswege zu ihr. *Man geht mit der Wirklichkeit nur dann angemessen um, wenn man sich ihr mit einer ihrem jeweiligen »Gegenstand« angemessenen Methode nähert.*[6] Wer das übersieht, gleicht einem Chirurgen, der mit seinem Skalpell nicht nur operieren, sondern damit auch seinen Braten schneiden oder sein Feuerholz spalten möchte.

Welche innere Haltung sollen wir also bei unserer Übung der Meditation einer brennenden Kerze und darüber hinaus bei jeder Meditation einnehmen?

1. Die Meditation teilt mit den beiden erstgenannten Wegen den Umstand, dass auch sie eine empirische Methode ist. Aber sie nähert sich ihrem Gegenstand weder unter dem Vorzeichen der Kontrolle noch mit dem Ziel einer Machtausübung, sondern in einer Haltung des Vertrauens und der Offenheit.

2. Bei der Meditation soll, wie gesagt, *nicht ich* meine Meinung über die Wirklichkeit stülpen, sondern ich soll *diese zu mir* sprechen lassen. Das bildet einen grundsätzlichen Unterschied zu unserem Alltag, in dem zum Beispiel nicht nur sprachlich, sondern erlebnismäßig die drei Sätze »hier brennt eine Kerze«, »hier sehe ich, dass eine Kerze brennt« und »wie schön, dass hier eine Kerze brennt« ständig ineinander übergehen. Bei der Meditation konzentriert man sich auf den ersten Punkt. Wenn man aber statt dessen den zweiten oder dritten im Auge hat, sollte man sich wenigstens klarmachen, dass das so ist.

> ➤ Charakteristisch für die Meditation ist, dass ich mich dabei weder bloß abgrenzend noch bloß rezeptiv und passiv verhalte. Vielmehr soll ich in einer möglichst entspannten körperlichen Haltung alle Voreinstellungen (»Konzepte«) so weit als möglich loslassen, indem ich mich voller Vertrauen auf die Übung einlasse, ohne mich darin zu verlieren. Insofern ist die Haltung der Meditation diejenige der Gelassenheit. Ein Kriterium, an dem deutlich wird, ob Sie der Gelassenheit näher kommen, ist, dass Sie sich wohl, »hell«, offen und innerlich beweglich fühlen.

3. Eine Gefahr dabei ist, dass man sich mit bloßer Ruhe und Zufriedenheit begnügt. Unser Lehrer Pater Enomiya-Lassalle sagte dazu: »Der Zustand der Ruhe, wie er ohne Hilfe der Gnade möglich ist, ist in sich keine Sünde. Aber der Mensch darf sich mit ihm allein nicht zufrieden geben«[7], denn er hat nichts mit Meditation geschweige denn mit Erleuchtung zu tun. Wer dabei auf die Dauer stehen bleibt, bei dem wächst sich dieser Zustand leicht zu

42

einer »Erblindung im Nichtwissen und einem müßigen In-sich-versunken-Sein«[8] aus, wie ein großer christlicher Mystiker, der Augustinermönch Jan van Ruysbroeck (Ruusbroec) (1294-1381) betonte, auf den sich Lassalle berief.

Am ehesten entkommt man dieser Gefahr, wenn man die oben beschriebene innere Haltung konsequent einnimmt. Sie ist gleichsam die Tonart auf dem Notenblatt, von der jede vorgeschriebene Note mitbestimmt wird. Beherzigen Sie das, wenn Sie nunmehr mit der ersten Übung beginnen. *Aber seien Sie dabei mit sich selbst geduldig. Geduld ist neben steter Bemühung die wichtigste Voraussetzung dafür, dass meine geistigen Möglichkeiten reifen können.* Auch bei der Meditation ist noch kein Meister vom Himmel gefallen.

> ➤ Der größte Fehler bei der Meditation ist, etwas manipulieren zu wollen. Bemühen Sie sich stattdessen am Anfang um die richtige Haltung. Aber in dem Maße, in dem Sie in die Übung hineinkommen, sollten Sie auch die Bemühung, loszulassen, loslassen. Es geht lediglich darum, das Nötige zu tun. Sie sollten dann einfach nur »da sein«. Alles andere würde Sie nur verkrampfen.

2. Nun zur Übung selbst

Nehmen Sie sich anfangs etwa 10 Minuten bis eine viertel Stunde Zeit. *Es ist besser, kürzer, aber konzentriert, als längere Zeit zu üben.* Die Meditation ist weder ein Ausdauertraining noch ein Test für Ihre Leistungsfähigkeit. *Wählen Sie sich für Ihre Übung einen relativ ruhigen Ort*, wo Sie damit rechnen können, dass Sie vermutlich in den nächsten Minuten nicht gestört werden. Nachdem Sie dann die Kerze entzündet haben, setzen Sie sich ruhig davor. *Bemühen Sie sich dabei um den richtigen Abstand.* Das heißt, setzen Sie sich nicht so nahe vor die Kerze, dass Sie dadurch geblendet oder auf andere Weise gestört werden. Gehen Sie aber zugleich nahe genug zu ihr hin, damit Sie sie genau sehen können.

Versuchen Sie als Nächstes, sich möglichst zu entspannen. Wenn Ihr Körper irgendwo verkrampft ist, dann lassen Sie einfach an der Stelle los, wo es spannt oder drückt. Sollten Sie andererseits den Eindruck haben, Sie hängen schlaff durch, so setzen Sie sich gewollt etwas straffer hin, weil Sie nur auf diese Weise jene Achtsamkeit und Offenheit gewinnen können, die für jede Meditation Voraussetzung ist. Falls Ihnen das anfangs nicht zu Ihrer Zufriedenheit gelingt, dann akzeptieren Sie das einfach. Das nächste Mal wird es vermutlich besser gehen. *Achten Sie vor allem darauf, dass Sie ruhig und gleichmäßig atmen*, aber manipulieren Sie unter keinen Umständen etwas an der Atmung, etwa indem Sie besonders langsam oder tief atmen. Jeder aktive Eingriff, wo auch immer, lässt Sie sofort aus der Meditation herausfallen.

Schauen Sie bei der Meditation ruhig auf die Kerze. Starren Sie sie also nicht an. Sie sollten auch keineswegs krampfhaft jedes

Blinzeln vermeiden. Aber dösen Sie auch nicht bei Ihrer Betrachtung der Kerze. Ein Hinweis dafür, dass Sie das richtig machen, ist, wenn Sie namentlich in der Stirngegend kurz oberhalb der Augenbrauen entspannt sind. Sollte dort aber eine Spannung auftauchen, dann versuchen Sie auch dabei, einfach loszulassen.

Misslingt Ihnen das Loslassen, dann forcieren Sie einige Male die Verkrampfung, zum Beispiel dadurch, dass Sie Ihre Stirn so fest runzeln, wie es Ihnen möglich ist und kurz danach jeweils ruckartig loslassen. Sie rutschen dann gleichsam wie von selbst in die richtige Spannung hinein. Machen Sie sich klar, dass es zunächst um nichts anderes geht als darum, einfach auf die brennende Kerze zu achten. Sie sollen sich also keineswegs auf die Empfindungen und Stimmungen einlassen, die dabei möglicherweise in Ihnen auftauchen. »Eine brennende Kerze ist eine brennende Kerze ist ein brennende Kerze«, nicht mehr und nicht weniger. Sie ist also primär kein Symbol, kein Archetypus oder was einem sonst dazu in den Sinn kommen könnte. Sollten dennoch irgendwelche Gedanken oder Bilder in Ihnen auftauchen, so ist auch das in Ordnung. Wehren Sie diese weder ab noch konzentrieren Sie sich darauf, sondern vergegenwärtigen Sie sich einfach: »Jetzt also kommt mir dies in den Sinn« oder »jetzt denke ich an das«. Kehren Sie dann wieder zur Übung zurück: »Ich möchte mich in einem entspannten und zugleich wachsamen und achtsamen Zustand auf die Kerze konzentrieren, die ich vorhin angezündet habe«.

Vielleicht haben Sie den Eindruck: »Das was mir gerade in den Sinn kommt und mich von der Betrachtung der Kerze ablenkt, ist unglaublich wichtig«. Aber wäre das wirklich so, dann würden Sie es auch hinterher noch wissen. Sollte es jedoch nicht so wichtig sein, dann ist es nur gut, wenn es möglichst rasch wieder aus Ihrem Bewusstsein schwindet, um dem Platz zu machen, worum es bei der Übung wirklich geht. Es kann auch sein, dass es Sie an irgendeiner Stelle juckt oder dass Sie etwas drückt. Geben Sie auch dem nicht ohne weiteres nach, sondern stellen Sie für sich fest: »meine Nasenspitze juckt« oder »mein linkes Bein drückt«. Meistens genügt diese Feststellung, damit die Störung verschwindet. Ist das aber nicht der Fall, dann hilft oft ein wenig Humor, zum Beispiel: »Ich werde also der erste Mensch sein, der an einer juckenden Nase stirbt. Jetzt will ich mal sehen, wie das passiert«. *Aber vergessen Sie nicht, dass ja Ihr Ziel ist, die Kerze zu meditieren* und nicht die Frage, wie gut Sie sich in der Hand haben.

➤ Die Übung steht im Zentrum und nicht der Beweis Ihrer Fähigkeiten.

3. Feststellungen nach dem Ende der Übung

Nach der Übung wird ihnen deutlich geworden sein, wie sehr Ihr Bewusstsein fluktuiert. Dieses ständige Wandern von Objekt zu Objekt ist für uns so selbstverständlich, dass wir es meistens gar nicht bemerken, jedenfalls so lange nicht, bis wir absichtlich versucht haben, uns innerlich ruhig zu halten.

Gegen diese ständigen Ablenkungen hilft am besten: Keine Gewalt, sondern *kommen Sie einfach und sanft wieder zu Ihrer Übung zurück, sozusagen mit der »Kraft einer Schneeflocke«.* Misslingt Ihnen das, ist es auch gut. Praktizieren Sie einfach das Zuwarten: *geduldig und gewährend.* Wenn Sie etwa eine Viertelstunde lang die Kerze meditiert haben, werden Sie, zumindest im Ansatz, Folgendes feststellen können:

1. Durch die Übung lernt man, immer besser eins zu werden mit dem, was man erfährt, *aber nicht im Sinne einer Verschmelzung,* sondern wie ein Brennpunkt einer Ellipse, der auf den zweiten Brennpunkt, das Objekt der Meditation, bezogen ist. Dabei ist man zwar kontinuierlich bei der Übung »da«. *Aber bei dieser Präsenz handelt es sich weder um ein grüblerisches, verkrampftes Nachdenken noch um eine Art der Stellungnahme.*

2. Je mehr man hingegen den Gegenstand anstarrt, um so stärker gerät man in eine Art von Selbsthypnose. Hypnotische Zustände werden bekanntlich oft dadurch erzeugt, dass man den Betreffenden auffordert, einen Gegenstand zu fixieren. Der Effekt ist ähnlich wie beim Dösen: man gerät in eine Verfassung »unterhalb« des Wachbewusstseins. Beide Haltungen sind mit dem Meditieren unvereinbar, lassen sich aber anfangs nur schwer vermeiden, sollten jedoch korrigiert werden, sobald man sie bemerkt. Das geschieht, indem man *den Blick auf dem Gegenstand der Meditation ruhen lässt, diesen aber nicht fixiert.*

3. Am Ende der Übung sollte sich so etwas wie Freude sowie eine stärkere Empfänglichkeit für Schönheit einstellen.

Wir raten Ihnen, bei dieser Meditation längere Zeit zu bleiben. Erst wenn Sie allmählich der richtigen Haltung näher gekommen sind, sollten Sie die nächsten, schwierigeren Übungen versuchen.

45

Weitere Übungen zur Vertiefung des bisher Erlernten

1. Theoretische Vorbemerkungen

Am Beispiel der Meditation einer brennenden Kerze haben wir eben einen Einblick in die meditative Praxis gegeben. Dabei wollten wir Sie vor allem mit der *meditativen Grundhaltung* vertraut machen, die wir mit dem Begriff »Offenheit« umschrieben.

Wenn Sie allerdings genauer über die Forderung nachdenken, man solle sich dem »Objekt« seiner Meditation offen nähern, dann werden Sie alsbald feststellen, dass sie leichter gestellt als eingelöst ist, und zwar nicht nur deshalb, weil der Anfänger eben noch nicht so geübt ist wie der Erfahrene, »offen« zu sein, sondern auch aus Gründen, die *prinzipiell* diese Forderung ad absurdum zu führen scheinen. Von diesen Gründen wollen wir zunächst sprechen:

1. Nicht bestreiten lässt sich, dass alle Meditationslehrer ihren Schülern empfehlen, sie sollten sich der Übung unbefangen nähern und sich dabei vor allem von jedem Vorverständnis lösen. Nun hat aber jeder, der sich mit Meditation beschäftigt, bereits Vorstellungen von dieser, sonst würde er sie weder studieren noch praktizieren. Ohne diese Voraussetzung hätten auch Sie, liebe Leser, sich weder dieses Buch angeschafft noch sich darin bis zu dieser Stelle durchgearbeitet. Fraglos ist aber auch, dass sich Gedanken oder Vorstellungen, die man sich nicht machen soll, um so hartnäckiger ins Bewusstsein drängen.

Davon können Sie sich leicht durch folgende Übung überzeugen: Schauen Sie sich genau in Ihrem Zimmer um und nehmen Sie sich dabei vor, keinesfalls auf die Farbe »rot« zu achten. Je intensiver Sie sich darum bemühen, um so stärker drängen sich Ihnen alle roten Gegenstände auf, und zwar sogar noch einige Zeit, nachdem Sie mit dieser Übung aufgehört haben.

2. Bei der Meditation wird die Tatsache, dass eine neue Situation für uns niemals den Charakter einer tabula rasa hat, durch *Handlungsanweisungen* neutralisiert, die strikt eingehalten werden sollen. Dies geschieht nach dem Motto: »wenn du wissen willst, was Meditation ist, dann tu' dies und das. Dann erfährst du, dass sich dabei dies

und jenes bei dir einstellt«. Ein solches an der Praxis orientiertes Vorgehen nennt man *Injunktion*. Diese will nicht beschreiben, sondern dazu einladen, dass man sich selbst auf den Weg der Erfahrung begibt (wörtlich bedeutet »Injunktion« Einschärfung, Vorschrift, Befehl).

> ▶ Die Methodik der Meditation gründet auf der Injunktion.

3. Aber auch diese scheinbar elegante Lösung hat ihren Haken. Das kann man sich leicht am Beispiel des Kurzsichtigen klar machen, der einen Gegenstand verlegt hat. Die beste Injunktion, die es für ihn gibt, lautet:»Wenn du einen Gegenstand verlegt hast, dann setz' erst einmal deine Brille auf«. Aber vermutlich kennen Sie das Beispiel von dem Rabbi, dem man dazu geraten hatte und der antwortete:»Aber es ist ja gerade meine Brille, die ich nicht finde«.

Für den Rabbi gab es in dieser Situation nur den Ausweg, sich von jemandem helfen zu lassen, der nicht kurzsichtig war. In dieser Lage befindet sich auch jeder, der meditieren lernen möchte. Auch er muss sich helfen lassen, sei es durch schriftliche Anweisungen wie bei der Lektüre dieses Buchs oder in einer fortgeschritteneren Phase seiner Praxis durch einen Lehrer. *Aber auch diese Hilfe bezieht sich nur auf die Methode und nicht auf das Ergebnis: auch dieses hat erneut den Charakter einer Injunktion: »schau', was dabei herauskommt«.*

4. Hier kommt jedoch bereits eine neue Schwierigkeit ins Spiel: der heutige Mensch will zwar einerseits seine Erfahrungen selbst machen, zugleich aber möchte er die Katze nicht im Sack kaufen, sondern wissen, worauf er sich einlässt. Eine besondere Hilfe ist hier, dass die Handlungsanweisungen bei der Meditation außerordentlich bewährt sind, weil sie, wie erwähnt, in einer langen geistigen Tradition gründen. Das ist eine Gewähr dafür, dass sie nicht aus der Willkür geboren sind, sondern den Charakter eines »neuen Werkzeugs mit bedeutsamen Konsequenzen für die Praxis« haben. Solche »Werkzeuge« zur Lösung geistiger Probleme nennt man *Paradigmen* (Thomas Kuhn)[9].

Bis zu diesem Punkt befinden wir uns noch auf der Linie heute üblicher Vorstellungen. Jetzt aber kommen wir auf einige Fragen zu sprechen, die vielen Zeitgenossen weitaus größere Verständnisschwierigkeiten bereiten. Dennoch möchten wir sie bereits an dieser Stelle ansprechen, weil sie mit Behauptungen zu tun haben, die wir bereits aufgestellt haben oder die in den folgenden Übungen immer wieder ins Spiel kommen. Im Einzelnen behaupten wir:

1. Es gibt zwar nur *eine* Wirklichkeit[10], diese begegnet uns aber auf drei verschiedenen Ebenen, nämlich (1) auf der Ebene der materiellen Phänomene, (2) im Bereich der personalen Wirklichkeit sowie (3) im geistigen Bereich, der uns durch die Meditation bzw. Kontemplation erschlossen wird[11].

2. Jeder dieser Aspekte der Wirklichkeit erfordert einen dafür angemessenen Zu-

gangsweg. Ken Wilber spricht in diesem Zusammenhang unter Berufung auf den scholastischen Philosophen und Theologen Hugo von St. Victor (1096-1141) von einem »Auge des Fleisches«, einem »Auge des Geistes« und einem »Auge der Kontemplation«.

3. Auch die Meditation ist eine spezifische Methodik, für die charakteristisch ist, dass sie den Menschen zu Erfahrungen hinführen kann, die sich auf andere Weise nicht machen lassen.

Einer der hauptsächlichen Fehler im Umgang mit der Wirklichkeit besteht darin, dass man diese Unterschiede nicht zur Kenntnis nimmt oder dass man die Kategorien verwechselt, das heißt also zum Beispiel, dass man sich der geistigen Wirklichkeit mit Mitteln nähert, die der materiellen Wirklichkeit angemessen sind bzw. umgekehrt, dass man die dingliche Wirklichkeit spiritualistisch auflöst.

Wenn wir nunmehr auf diese Behauptungen eingehen, dann ist das kein Verstoß gegen die zu Beginn dieses Kapitels aufgestellte Forderung, man solle sich der Meditation *praktisch* nähern und schon gar nicht möchten wir ein Übergewicht an Theorie auf Kosten von Übungen erzeugen. Vielmehr sprechen wir davon sowohl aus einem theoretischen wie einem praktischen Grund:

Theoretisch steht dahinter ein Sachverhalt, auf den Karl Popper hingewiesen hat[12]. Er zeigte, dass es keine Injunktion gibt, der nicht bereits eine Theorie zugrunde läge. Wer das nicht sehen möchte, sondern sich blindlings auf die Übungen einer einzelnen Schule beschränkt, der er zufällig begegnet ist, wird leicht zum Sektierer. Wenn er sich dabei noch ein Stück Kritik bewahren konnte, übt er zwar weiter, zieht aber hinter sich insgeheim eine Schleppe von Zweifeln nach, die er jedoch nicht abschneidet, weil er sich sowieso keine Antworten erwartet. Das führt fast zwangsläufig dazu, dass sein ursprüngliches Interesse alsbald erlischt.

Praktisch tragen wir dagegen dem Umstand Rechnung, dass gerade der heutige Mensch sich schwer tut, sich unterschiedliche Bereiche der Wirklichkeit vorzustellen. Das hängt scheinbar paradoxer Weise gerade mit jenen Fortschritten zusammen, die die Früchte der Erforschung der materiellen Wirklichkeit in den letzten Jahrhunderten sind. Zu diesen Errungenschaften zählen so unterschiedliche Dinge wie die Elektrifizierung und Motorisierung sowie eine höhere Lebenserwartung durch die Entwicklung der modernen Medizin, aber durchaus auch soziale Phänomene wie die Abschaffung der Sklaverei, eine Neudefinition der Rolle der Frauen oder Formen der Absicherung gegen Alter und Krankheit, die es in dieser Weise früher nicht gegeben hat. Von all dem profitiert jeder von uns, gleich, ob er es weiß oder nicht und gleichgültig auch, wie er zur Moderne insgesamt steht. Bezahlt wird aber dieser Fortschritt durch eine zunehmende Blindheit für die Qualitäten der nicht-materiellen Bereiche der Wirklichkeit. Dazu ist es gekommen, weil man normalerweise nur auf die Seiten der Realität achtet, die für einen von aktueller Bedeutung sind. Alles darüber Hinausgehende wirkt, gemessen daran, nur störend.

Diese Situation ändert sich, sobald die bisher gültigen Paradigmen nicht mehr ausreichen. Dies ist heute der Fall und daher ist es notwendig, den Blick wieder auf die *gesamte* Wirklichkeit auszurichten, das heißt auf die drei genannten Bereiche.

Was aber kennzeichnet jeden dieser Bereiche und den für ihn spezifischen Zugangsweg?

1. Mit dem »*Auge des Fleisches*« nehmen wir die äußere Welt der Dinge, des Raumes und der Zeit wahr. Veranschaulichen wir uns das anhand der Entdeckungen des italienischen Astronomen Galileo Galilei (1564-1642). Das Neue an seinem Vorgehen bestand darin, dass er als Erster das einige Jahrzehnte vorher erfundene Fernrohr auf den Himmel richtete. Damit erweiterte er gleichsam die Möglichkeiten eines unserer Sinnesorgane, des Auges, ohne aber die Ebene der sinnlichen Wahrnehmung zu verlassen. Auf diese Weise entdeckte er unter anderem die Mondgebirge, den Saturnring, die 4 Monde des Jupiters, die Phasen der Venus und dass sich das diffuse Band der Milchstraße in zahlreiche einzelne Sterne auflöst. Die Schlüsse, die sich aus Galileis Entdeckungen ziehen ließen, überschritten aber bei weitem die Ebene, auf der er forschte, den Bereich der dinglichen Wirklichkeit, mit der sich heute die Naturwissenschaften beschäftigen:

Wenn zum Beispiel die Oberfläche des Mondes uneben war und die Sonne Flecken aufwies, dann handelte es sich dabei nicht um die vollkommenen Objekte, als die man sie bis dahin angesehen hatte. Oder wenn der Jupiter ein bewegter Körper war, der von 4 Monden umkreist wurde, obwohl er sich samt seinen Monden zugleich um die Sonne bewegte, dann war folgerichtig dasselbe auch für die Erde und deren Mond denkbar. Damit war aber die bisherige Annahme hinfällig, die Erde sei der Mittelpunkt des Kosmos, weil andernfalls der Mond schon längst aus seiner Bahn geschleudert worden wäre. Oder wenn die Venus Phasen hatte wie der Mond, dann musste auch diese sich um die Sonne drehen usw.

Galileis Entdeckungen waren zwar ausschließlich Folge seiner neuartigen Forschungsmethoden, führten aber zu einer allgemeinen neuen Einstellung des westlichen Menschen zur Wirklichkeit. Hatte das kirchliche Lehramt im Mittelalter gefordert, *die Welt von Gott her* zu begreifen, so stand mit Galilei plötzlich ein Mensch auf, der gewillt war, *selbständig von der sichtbaren Welt her* die Wirklichkeit zu interpretieren, mit dem Risiko, damit die Offenbarungen des Christentums zu verlieren[13].

Die Reaktion der Theologen auf diese Einsichten war bemerkenswert. Zwar gab es einige, die Galileis Funde nachprüften und ihnen zustimmten. Die meisten jedoch weigerten sich, durch sein Fernrohr zu blicken, letztlich, weil sie spürten, dass damit bisher gültige Fundamente der Philosophie und Theologie einzustürzen drohten. Daraus folgt:

> ➤ Zwar hat jeder der drei genannten Bereiche seine eigene Methode. Dennoch sind die Ergebnisse, die sich aus jedem dieser Bereiche ableiten lassen, auch für die beiden anderen Bereiche bedeutsam.

Mit Galilei begann also ein neuer Zugang zur Wirklichkeit: Nun musste das Objekt, das man erforschen wollte, nicht mehr metaphysisch fundiert sein. Um vertiefte Einsichten zu gewinnen, genügte es, neue und bessere Forschungsinstrumente zu entwickeln, die genauere Informationen als die bisherigen lieferten. Zunehmend verschob sich auch die Beweislast beim Umgang mit der Wirklichkeit. Seitdem befindet sich nicht mehr der in der Defensive, der die materielle Wirklichkeit erforscht, sondern jener, der daneben auch die Existenz einer geistigen Wirklichkeit voraussetzt, die mehr ist als ein »Epiphänomen«, eine bloße Begleiterscheinung. Zugleich übernahmen die Naturwissenschaftler immer mehr die Rolle, die vordem engstirnige Theologen gespielt hatten. Nun tendierten *sie* dazu, ohne nähere philosophische Reflexion ihr Fach als den einzig legitimen Zugangsweg zur *ganzen* Wirklichkeit anzusehen und die Bedeutung anderer Methoden als der eigenen nicht mehr zur Kenntnis zu nehmen. Ja, oft weigerten sie sich unter dem Vorzeichen einer »objektiven« Wissenschaft, mit Leuten, die andere Befunde erhoben hatten und deshalb anders dachten als sie, auch nur zu reden. Nicht selten entstand so eine neue Variante der alten Situation, die schon Galilei beklagt hatte: »Ich glaube, dass es in der Welt keinen größeren Hass gibt als den der Unwissenheit gegen das Wissen«[14].

2. Heute befindet sich derjenige in der Defensive, der im Sinne des Hugo von St. Victor neben dem »Auge des Fleisches« auch ein »*Auge des Geistes*« postuliert und behauptet, dass die Methoden der Beschäftigung mit der geistigen Wirklichkeit nicht weniger berechtigt sind als die des Umgangs mit der materiellen Realität. Worauf schaut aber dieses »Auge des Geistes« überhaupt? Es blickt einerseits auf die Welt der Begriffe, der Logik und der Mathematik und andererseits auf den Bereich der Vorstellungen, ja der seelischen Wirklichkeit insgesamt.

Wir verstehen die Sichtweisen dieses »Auges« am ehesten dann, wenn wir zunächst von unserem Zugang zur materiellen Wirklichkeit ausgehen[15]: diese treffen wir *außerhalb von uns an* und wir stoßen uns an ihr, sie leistet uns also Widerstand. Zugleich suchen wir sie mittels einer immer besseren »Fehlerbeseitigung« (Popper) zu kontrollieren. Gerade angesichts dieser Kontrolle erfahren wir, dass die Materie letztlich ist wie sie ist, das heißt philosophisch ausgedrückt, dass sie »phänomenal hingenommen« werden muss.

Phänomenal hinzunehmen ist aber auch die *geistige und die personale Wirklichkeit*. Zwar müssen wir die Richtigkeit mathematischer Sachverhalte nicht weniger sorgfältig beweisen als zum Beispiel die Rolle des Sauerstoffs beim Verbrennungsvorgang. Aber wenn wir etwa gedanklich eine Kugel konstruieren, dann ist dabei der Blick *nach innen*, auf unsere Vorstellungswelt, gerichtet: keine reale Kugel ist ja ideal rund.

Nach innen gerichtet ist der Blick auch, wenn es um die Wahrheit personaler Qualitäten wie des Vertrauens oder der Liebe geht. Dabei kommt jedoch noch etwas Weiteres ins Spiel: diese Qualitäten werden überhaupt nicht bewiesen sondern *erfahren*. Das gilt auch für geistige Werte wie Wahrhaftigkeit, Weisheit und Güte. Auch sie sind zwar an gewisse Eigenschaften gebunden, aber letztlich erfährt man sie nur, wenn man das »Objekt« seiner Liebe oder seines Vertrauens *wertschätzt*. Wertschätzung jedoch setzt voraus, dass man einen anderen anerkennt, ja verehrt. Auch dabei ist der Blick nicht mehr nach außen auf eine »objektive« Realität, sondern *nach innen* bzw. auf ein anderes Subjekt (ein »Du«) gerichtet. Es geht auch nicht um eine »*Beseitigung*« (von Fehlern), sondern um die *Einbeziehung* des anderen. Insofern ist das »Auge des Fleisches« monologisch, das des Geistes aber dialogisch. Die Frage dabei lautet auch nicht: »wie *funktioniert* etwas«, sondern: »wie ist es der Idee nach« (in der Mathematik) beziehungsweise »was *bedeutet* es?« (im personalen Bereich).

Dass man mit Hilfe des »Auges des Geistes« *tatsächlich* zu Erkenntnissen kommen kann, die dem »Auge des Fleisches« verschlossen sind, zeigt sich nicht nur in der Mathematik.

Erinnert sei hier an die bekannte Äußerung eines Pathologen, er habe Tausende von Leichen seziert, sei dabei aber noch keiner Seele begegnet. *Er hatte von seinem Standpunkt aus gesehen völlig Recht*, denn mit seiner Methode lässt sich in der Tat nichts Psychisches finden. Wenn er allerdings daraus folgerte, demnach sei das Psychische kein eigener Bereich neben dem Materiellen, dann überschritt er seine fachliche Kompetenz: *Einblicke in die geistige Realität lassen sich nur geistig, nicht aber durch das »Auge des Fleisches« gewinnen.*

Wir möchten das Gesagte durch ein Beispiel aus der Ästhetik erweitern: Kunstwerke kann man bekanntlich um so weniger begrifflich ausloten, je bedeutender sie sind. Es spricht also nicht gegen die Kunstkritik, dass gerade die größten Meisterwerke oft ganz unterschiedlich ausgelegt werden. Dennoch ist dabei der Willkür keineswegs Tür und Tor geöffnet.

Sollte also etwa ein Kunsthistoriker aus einem der Bilder von van Gogh, wo dieser ein paar Schuhe abbildet, den Schluss ziehen, der Künstler habe mit seinem Bild darauf hinweisen wollen, wie wichtig es ist, seine Schuhe zu pflegen, so werden seine Zunftgenossen mit Recht diese Deutung verwerfen, und zwar verbindlich und durchaus ausschließlich mit Methoden der Kunstgeschichte. Dabei werden sie zum Beispiel darauf verweisen, dass zwar zu Lebzeiten van Goghs (1857-1890) die ersten Plakate gemalt wurden (durch Chéret um 1870), aber mit Hilfe ganz anderer Stilmittel, als van Gogh sie benutzt hat (zum Beispiel durch Gleichstellung von Schrift und Bild)[16].

Unser Beispiel zeigt, dass es, abgesehen von den Methoden der Mathematiker, im Wesentlichen drei geisteswissenschaftliche »Werkzeuge« gibt: *Einfühlung, Interpretation und Dialog*. Sie spielen für den Zugang zur geistigen Wirklichkeit eine ähnliche Rolle wie die mechanischen Instrumente für die Erforschung der materiellen Wirklichkeit. Wir können hier den Gebrauch dieser Instrumente nicht weiter ausführen, möchten aber auf zwei Sachverhalte hinweisen, die für das Verständnis des »Auges der Kontemplation« wichtig sind: das »Auge des Geistes« erwies sich gerade in der heutigen Zeit als *störanfällig*. Seit Kant wissen wir auch um seine *Grenzen*.

a. Die *Störanfälligkeit* der geistigen Methoden wurde besonders durch die Entwicklung der so genannten *Postmoderne* deutlich. Diese hat die Tatsache, dass die Interpretation nicht nur nachträglich zur seelischen und geistigen Wirklichkeit hinzukommt, sondern eine Art von Schlüssel ist, der sie eröffnet, ins Extrem gezerrt. Dadurch machte sich zunehmend der Gedanke breit, es gäbe überhaupt nur noch Interpretation und gar keine objektive Komponente der geistigen Wirklichkeit mehr. Man wird diese »Event-Kultur«, der der ruhige Blick für das Objektive verloren gegangen ist, als eine verhängnisvolle Gegenreaktion zu jenem Verständnis von Wissenschaft begreifen müssen, die sich angeblich auf dasjenige beschränkt, was sich zählen, messen und in Flaschen abfüllen lässt. Dass dahinter eine Ideologie steckt, wurde bereits im einleitenden Kapitel erwähnt.

Eine weitere Folge des zunehmenden Verlusts an Augenmaß ist, dass auch *im konkreten Leben* immer häufiger die Vorstellungen und Begriffe des mechanistischen Weltbilds auf eine Wirklichkeit übertragen werden, die nicht auf diese

Weise zu deuten ist[17]. Zugleich werden zunehmend menschliche Eigenschaften in tote Dinge eingeschmuggelt. »Menschliches macht sich dinghaft, Dingliches menschhaft. Lebendiges stellt sich tot, Totes wird erweckt«[18]: Die Werbung »lehrt« uns, nicht mehr den Fremden als sympathisch zu empfinden, sondern eine bestimmte Biermarke. Dass das zur Verherrlichung des dinghaft Faktischen, ja zu einer Perversion des offenbar in uns allen angelegten Verehrungsbedürfnisses führen kann, zeigte Adorno schon 1938. Er schrieb: Der Satz »Das ist ein Rolls Royce« lässt »im sakralen Augenblick« die Menschen zu Brüdern werden[19].

Durch die Methoden der Geisteswissenschaften allein ist es bis zum heutigen Tag nicht möglich gewesen, überzeugende und wirksame Mittel gegen den »Verlust der Mitte« zu entwickeln, der in all dem Genannten zum Ausdruck kommt. Diese Rolle kommt jedoch aufgrund der Eigenart ihres Zugangs zur Wirklichkeit in hohem Maße der Meditation zu.

b. Die Einsicht in die *Grenzen* der geisteswissenschaftlichen Methode verdanken wir Immanuel Kant. In seiner »Kritik der reinen Vernunft« (1781) zog dieser einen Schlussstrich unter die damalige Metaphysik[20], die beansprucht hatte, Aussagen über metaphysische Wahrheiten, das heißt über ein Sein als den Grund für die Vielfalt des Seienden, machen zu können, zum Beispiel in Form von Gottesbeweisen. Sobald nämlich die reine Vernunft das Unbedingte zu denken versucht, verwickelt sie sich zwangsläufig in Widersprüche zwischen zwei Sätzen, von denen jeder als richtig, wahr und beweisbar erscheint (in Antinomien). Noch enger sind die Möglichkeiten der »monologischen« Wissenschaften (des »Auges des Fleisches«) gesteckt. Sie können nicht einmal sagen, dass es Geist gibt, aber ebenso wenig können sie behaupten, dass es ihn *nicht* gibt.

Kant war jedoch trotz der Einschränkung, die er machte, davon überzeugt, dass Transzendenz existiert und sein Anliegen war, den Raum für sie freizumachen. Dies gelang ihm dem Ansatz nach in seinen beiden darauf folgenden Kritiken.

In der »Kritik der praktischen Vernunft« (1787) wies er nach, dass es der »dialogischen Vernunft« (dem »Auge des Geistes«) insofern gelingt, einen Beweis für die Existenz des Geistes zu liefern, als sich Moral nur unter der Voraussetzung begründen lässt, dass es Freiheit sowie eine irgendwie geartete Unsterblichkeit der Seele gibt. Insofern stieß er das Tor zur spirituellen Dimension auf[21].

In seiner »Kritik der Urteilskraft« (1790), die sich mit dem (ich-haften) Bereich der Ästhetik beschäftigte, ging er sogar noch einen Schritt weiter. Er beschrieb in dieser Schrift das Schöne und Erhabene als einen mittleren Bereich, der zwischen dem Erkennbaren und dem Unerkennbaren steht und zwischen ihnen vermittelt.

Im 19. Jahrhundert glaubten dann zwei geistige Bewegungen, über die von Kant gezogene Grenze hinaus bis hin zu einer nicht dualen Einheit der Wirklichkeit vorstoßen zu können[22]:

– *Die Romantik versuchte das, indem sie sich nach rückwärts wandte.* Sie wollte die Einheit der Wirklichkeit dadurch wiederherstellen, dass sie auf eine bereits verloren gegangene Welt (die »Natur«) beziehungsweise auf eine gleichermaßen verloren gegangene Zeit (im Sinne einer von ihr postulierten unverdorbenen Vergangenheit) zurückgriff.

– *Entgegengesetzt dazu war die Bewegungsrichtung des Idealismus, der in dem System von Georg Wilhelm Friedrich Hegel gipfelte*: Hegel war davon überzeugt, dass Kant weder die endgültigen Grenzen der Vernunft aufgezeigt, noch dass es in der Vergangenheit irgend eine Art von goldenem Zeitalter gegeben hatte. Vielmehr deutete er die Geschichte als einen kontinuierlichen dialektischen Prozess der Selbstvervollkommnung, bei dem sich der Geist im Laufe der Zeit immer mehr entfaltete. Damit lenkte er den Blick auf eine Art von Evolution des Geistes.

Heute sieht man aus gutem Grunde diese beiden Versuche als gescheitert an: der Irrtum der Romantik war, dass es die von ihr postulierte heile Welt und heile Vergangenheit nie gegeben hat. Auch der Idealismus scheiterte an den Fakten. Angesichts von Auschwitz, der Atombombe und des Archipel Gulag wird heute kaum noch jemand zu behaupten wagen, der Geist sei im Laufe der Geschichte immer mehr zu sich selbst gekommen.

Aber nicht nur an den Fakten scheiterten diese Ansätze, sondern vor allem daran, dass keiner ihrer Stifter ein *Instrument* entwickeln konnte, durch das sich seine Annahmen hätten bestätigen lassen, jedenfalls keines, das den Instrumenten der Naturwissenschaftler und der Geisteswissenschaftler ebenbürtig gewesen wäre.

Kant, die Romantiker und Hegel hatten zwar die Klinke zur spirituellen Dimension in der Hand, konnten aber die Tür nicht öffnen. Das hing damit zusammen, dass sie den Schlüssel einer wirklich brauchbaren Methode nicht besaßen. Wohl aber haben sie die *Stichworte* geliefert, die für das Verständnis des dritten von uns postulierten »Auges« unverzichtbar sind: des Auges der Kontemplation: Kant wies auf die Bedeutung des *Ichs* hin, die Romantik betonte die *Ganzheit* und der Idealismus brachte den Gedanken der *Evolution* ins Spiel.

3. *Das »Auge der Kontemplation« schaut auf die transzendente Wirklichkeit. Seine spezifische Methode, mit der es sich dieser nähert, ist die Meditation.* Dabei ist die Stätte, von der aus dieses »Auge« schaut, das eigene *Ich*; der Meditierende verharrt allerdings nicht in bloßer Introspektion, sondern sucht, sich der *ganzen* Wirklichkeit mit *allen* seinen Sinnen zu eröffnen; das aber setzt voraus, *dass er sein Bewusstsein über den Bereich des Alltagsbewusstseins hinaus entwickelt.* Ob dieses Vorgehen sinnvoll ist, muss sich daran erweisen, ob die Erkenntnisschritte bei der Kontemplation ähnlich zuverlässig sind und in der gleichen Reihenfolge ablaufen wie jene, die wir beim »Auge des Fleisches« und beim »Auge des Geistes« kennen lernten. Um das zu prüfen, müssen wir nochmals zu den beiden bereits genannten »Augen« zurückkehren:

– Bei Galilei bestand der erste Schritt darin, dass er ein damals neu entwickeltes Instrument, ein einfaches Fernrohr, nahm und damit zum Himmel blickte. Was er fand, baute er zu der genannten *Injunktion* aus: »wenn du das Fernrohr auf die Sonne richtest, dann siehst du auf ihrer Oberfläche Flecken«. Das Gesehene wurde in einem zweiten Schritt *durch andere bestätigt.* Das führte schließlich in einem dritten Schritt zu *allgemein anerkannten Konsequenzen*: »auch wir sehen diese Flecken. Demnach ist die bisherige Annahme, dass die Sonne ein vollkommener Körper ist, unhaltbar«.

– Auch die Geisteswissenschaften kennen die genannten drei Schritte der Erkenntnis. Sie beobachten die Wirklichkeit gleichfalls mit spezifischen »Instrumenten«, nur dass es sich dabei um keine mechanischen Apparate handelt, sondern um Einfühlung, Interpretation und Dialog. So geschah es auch bei unserem hypothetischen Kunsthistoriker. Dieser fühlte sich in seine *Beobachtung* (van Gogh hat mehrfach alte Schuhe abgebildet) *empathisch* ein und folgerte: »da van Gogh arm war, forderte er mit seinen Bildern seine Mitmenschen auf, auf ihre Schuhe zu achten«. Andere Experten konnten dies jedoch *nicht bestätigen.* Zwar sahen auch sie, was ihm aufgefallen war, aber sie konnten seinen auf einer falschen Einfühlung basierenden Schluss nicht nachvollziehen. Daher *verwarfen* sie ihn und befanden mit plausiblen Argumenten: »diese Hypothese ist falsch, denn sie lässt sich weder durch den Lebensstil van Goghs noch durch seine Briefe oder durch kunstgeschichtliche Sachverhalte begründen«. *Am Ende des Erkenntnisprozesses steht auch hier, dass er von anderen nachvollzogen und daraufhin von ihnen akzeptiert oder aber verworfen wird.*

Wenn gesagt wurde, die eigentliche *Methode* des »Auges der Kontemplation« und damit der Spiritualität sei die Meditation, dann gilt das nur unter der Voraussetzung, *dass sie richtig praktiziert wird*, das heißt unter anderem nach dem Motto: »denke nicht, sondern sei innerlich offen und sieh«. Man macht spirituelle Erfahrung auch nicht dadurch, dass man etwas für wahr hält (also in simpler Weise »glaubt«[23]). Ebensowenig widerlegt man sie, indem man nicht an sie »glaubt«. Vielmehr kommt es in erster Linie darauf an, etwas zu *tun* (Injunktion). Dabei verhält es sich ein wenig so wie beim Backen eines Kuchens, den man vorher noch nie gekannt hat: »Auf die Frage: ›Wie schmeckt der Kuchen?‹ kann man nur das Rezept (die Injunktion) geben, so dass jeder selbst backen und probieren kann«[24].

Dass diese Behauptung in einem großen historischen Kontext steht, wird nicht nur am Wort des Buddha: »Komm' und sieh« deutlich, sondern auch bei Jesus, zum Beispiel wenn er sagt: »Wer diese meine Rede hört und *tut sie*, den vergleiche ich einem klugen Mann, der sein Haus auf einem Felsen baute« (Mt. 7, 24).

Wichtig ist auch, dass die *Praxis in einer bestimmten inneren Haltung* erfolgt, die durch eine spezifische Kombination gesammelter Achtsamkeit und wacher Gelassenheit gekennzeichnet ist. Erforderlich ist ferner, *dass man mit den Faktoren »Zeit« und »Lernen« richtig umgeht*. Es genügt also nicht, wenn man in spirituelle Methoden ein wenig hineinschnuppert, sondern sie müssen meist jahrelang geübt werden, bevor man zu einer sinnvollen Aussage kommen kann.

So braucht man nach Aussagen bekannter Zenmeister im Durchschnitt sechs Jahre intensiver Übung, bis man das berühmte Zen-Koān[25] »mu«, was wörtlich soviel bedeutet wie »nichts«, wirklich gelöst hat und dadurch zum »wahren Selbst« durchgebrochen ist.

(Wem dies merkwürdig vorkommt, sei daran erinnert, dass es mindestens ebenso lang dauert, bis man die Methoden der Naturwissenschaftler oder Kunsthistoriker beherrscht).

Schließlich muss auch der »Durchbruch« richtig verstanden werden, von dem eben die Rede war. Er besteht nicht in einer angestrengten Leistung, sondern darin, dass man innerlich loslässt und dadurch gleichsam »das Brett« abschraubt, das wir »normalerweise« »vor unserem Hirn« tragen. Dadurch wird man nach Ansicht aller Mystiker gleichsam zum »Zeugen« einer vollen Wirklichkeit, die immer schon da ist[26], die uns aber meist verschlossen bleibt, solange wir uns in unserem Alltagsbewusstsein aufhalten. In diesem Sinne ist auch der Satz in einem der großen spirituellen Texte des Buddhismus, dem »Herzsutra«, zu lesen: »Da ist nichts zu erreichen und nicht nichts zu erreichen. *Hier* ist Nirvāna«[27]. Wer sich an diese für die Meditation notwendigen Handlungsanweisungen nicht hält, kann zur Frage der Existenz oder Nichtexistenz einer spirituellen Wirklichkeit ebenso wenig Stellung nehmen wie ein Zeitgenosse Galileis, der nie durch ein Fernrohr geschaut hatte, zur Frage, ob der Jupiter Monde besitzt oder nicht.

Die Meditation mit ihren Elementen der Offenheit, konstanten Übung und Hingabe hat also in Bezug auf die Frage, ob es tatsächlich einen spirituellen Bereich gibt und wie dieser aussieht, eine ähnliche Bedeutung wie das Fernrohr für die Astronomie oder Einfühlung, Interpretation und Dialog für die Fragestellungen der Geisteswissenschaften.

Damit ist allerdings nur der erste Teil des Problems gelöst: *das Gewinnen von Erfahrung.* Wie aber steht es mit dem zweiten: der *Mitteilung der Erfahrung?* Ein zeitgenössischer Philosoph, A. J. Ayer, behauptete, hier liege die eigentliche Schwachstelle der spirituellen Praxis[28].

Ayer bestritt weniger, dass die Mystiker imstande sind, Wahrheiten mittels ihrer Methoden zu entdecken. Wohl aber hielt er ihnen vor, dass sie über ihre Erfahrungen keine irgendwie einsichtigen Aussagen machen. Somit könne man ihre angeblichen empirischen Beobachtungen weder bestätigen noch widerlegen.

Mit Recht betonte Ayer, dass es ohne Aussagekraft ist, wenn sich Spirituelle auf ihre eigenen Erfahrungen beschränken, bloß weil diese ihnen selbst evident sind. Falsch war jedoch, zu behaupten, dass es den nächsten Schritt nicht gebe:

Die Prüfung der spirituellen Erfahrung. Die Geschichte der Meditation lehrt, dass Spiritualität, ebenso wie jeder Glaube, *immer auch eine soziale Komponente* hat. Das unterscheidet sie von bloßen Seinserfahrungen[29], die jeder allein macht. Daher gewinnt man im Allgemeinen spirituelle Praxis nur im Rahmen einer Tradition, die

einen lehrt, mit solchen Erfahrungen umzugehen[30]. Kaum jemand wird dies allein lernen können, wenngleich es Ausnahmen von dieser Regel gibt wie den berühmten spirituellen Hindu Sri Ramana Maharshi (auch unter den Mathematikern gab es geniale Autodidakten!). Beim Meditieren geht es somit um zwei Schritte: Der Meditierende muss akzeptieren, dass seine Erfahrungen nur dann aussagekräftig sind, wenn sie auf präzisen *Injunktionen* basieren die – *nach* der eigentlichen Übung – in einem strengen Verfahren *verifiziert oder falsifiziert* werden müssen. *Kompetent für eine solche Prüfung ist letztlich nur ein spiritueller »Meister«,* denn nur er kann die Stimmigkeit der Erfahrungen eines Schülers beurteilen, und zwar auf dem Hintergrund *seiner eigenen* Erfahrungen, die denen des Schülers analog sein müssen.

Es kommt also weniger auf die Erfahrung als solche an als vielmehr auf deren Authentizität. Da zudem der Begriff »Erfahrung« vielfach zur abgenützten »rhetorischen Beschwörungsformel« verkommen ist, schlug unser Lehrer, Pater Arul M. Arukiasamy vor, im Zusammenhang mit dem hier Gesagten »Erfahrung« durch »Realisierung« zu ersetzen. Streng genommen kann ja manchmal selbst ein kräftiger Schlag auf den Kopf oder eine Ladung Drogen zur »großen Erfahrung« werden. Niemand wird aber deswegen von einem spirituellen Phänomen sprechen. Realisierung ist also im Unterschied zur bloßen Erfahrung die »Realisierung *einer Erleuchtung*«. Diese jedoch kann *tatsächlich* nur von einem Meister bestätigt werden[31].

Es entspricht dem Charakter der *Injunktion,* dass der Meister bei der Prüfung der spirituellen Kompetenz seines Schülers

56

diesen nicht nach Wissen abfragt. Zwar kann man nicht ohne Wissen und Vernunft meditieren, und erst recht spielen dabei vor allem auch andere Qualitäten wie Gelassenheit, Weisheit und Liebesfähigkeit eine große Rolle[32]. Bei der Prüfung der spirituellen Erfahrung geht es jedoch darum, dass der Schüler dem Meister zeigt, was er wirklich realisiert hat. Dabei werden ihm häufig scheinbar paradoxe Fragen gestellt, zu deren Beantwortung es notwendig ist, dass er den Boden des Wissens und des bloß Rationalen verlässt.

Zum Beispiel: wird er beim Üben mit dem genannten Koān »mu« – gefragt: »Was ist ›mu‹?«, »Wo ist ›mu‹ jetzt?« »Wie groß ist es?« »Welche Farbe hat es«? Jede bloß theoretische oder philosophische Antwort, die sich nicht auf ein »Sitzen in Versunkenheit« stützt, sondern auf Vermutungen oder angelerntes Wissen, wird dabei vom Meister als ungenügend zurückgewiesen. Dadurch gerät der Schüler zunehmend in einen Zustand höchster Konzentration und zugleich Anspannung, die scheinbar in völligem Kontrast zur genannten Feststellung steht: »Da ist nichts zu erreichen und nicht nichts zu erreichen«. Oft steigert sich seine Situation ins schier Unerträgliche, ja mitunter gerät er dabei in eine Art von Verwirrung, bis er irgendwann seine übliche Bewusstseinslage aufgibt und zu einer ihm bis dahin unbekannten Bewusstseinsdimension durchbricht, die jenseits des üblichen Bewusstseins (d.h. »transrational«) ist. Erst dann löst sich in ihm das Koān, das heißt, es geschieht etwas, was er aktiv nicht leisten kann und was dennoch ein Höchstmaß an Besonnenheit voraussetzt. Ist dies jedoch geschehen und ist ihm das Koān erst aufgegangen, so hat es seine scheinbare Paradoxie verloren und ist zu einer einfachen, klaren Aussage geworden, »die von dem Bewusstseinszustand aus gemacht (wurde), zu dessen Erweckung es geholfen hatte«[33].

Wir halten es für bemerkenswert, dass nicht nur beim Zen der Meister den Schüler prüft, um festzustellen, was diesem wirklich aufgegangen ist. Ein ähnliches Vorgehen findet sich auch bei anderen meditativen Wegen, zum Beispiel bei den Ignatianischen Exerzitien. Das gängelt den Schüler nicht, *sondern hilft ihm, ganz persönliche Erfahrungen zu machen, diese aber in einen verbindlichen Rahmen stellen zu können.* Auch darin sehen wir, ebenso wie in der langen Tradition und in der kompetenten Vermittlung dieser Methoden jene durchgehende Grundstruktur der spirituellen Konzepte und Methoden aller Zeiten und Kulturen, von der schon Evelyn Underhill sprach[34] und die wir für wesentlicher halten als alle Unterschiede. Diese sind zwar nicht zu leugnen, ihre Bedeutung wird aber oft überschätzt.

Das Gesagte ist zwar kein Plädoyer für eine methodische Beliebigkeit, wohl aber für eine Aufgeschlossenheit gegenüber anderen Wegen, vor allem aber für die Bereitschaft, sich beim eigenen Üben aus methodischen Gründen den *beiden Erkenntnisschritten der Injunktion und der Verifikation zu eröffnen.*

Die Forderung nach methodischer Sauberkeit gilt allerdings auch für die Kritiker der Meditation. Wer von vornherein die Realität spiritueller Erfahrungen bestreitet, ohne sie zu kennen, sollte sich klar machen, dass man durch rationale Argumente *allein* spirituelle Erfahrungen ebenso wenig widerlegen kann wie philosophische Aussagen durch naturwissenschaftliche Methoden: In beiden Fällen wird »von unten nach oben« argumentiert, also der jeweils spezifische Bereich gar nicht berührt. *Außerdem kann man über spirituelle Erfahrungen nicht in Form von Mitteilungen (deskriptiv), sondern nur in Form einer Anregung zu eigenen Erfahrungen (evokativ oder mystagogisch)*[35] sprechen. Wer somit zur Spiritualität Stellung nehmen möchte, muss eigene spirituelle Erfahrungen gemacht haben, andernfalls redet er über etwas, was er nicht kennt. Wenn er dennoch bei seiner Skepsis beharrt, sollte er sich zumindest fragen, wie er damit umgeht, dass wirkliche spirituelle Aussagen nicht auf unklare Weise zustande kommen, sondern auf einer Erfahrung basieren, die in höchster Bewusstseinsklarheit gemacht wird. Sind es wirklich sachliche Gründe, die ihn zur Ablehnung führen oder persönliche Aversionen?

Bemerkenswerterweise wird die Berechtigung eines spirituellen Zugangs zur Wirklichkeit vor allem von zwei ganz verschiedenen Seiten bestritten:

In Abrede gestellt wird sie von den Vertretern eines engen »*Szientismus*«, die behaupten, andere Erkenntnis als die von ihnen erlaubte gebe es nicht. Dabei verwandeln sie Wittgensteins Satz: »worüber man nicht sprechen kann, darüber muss man schweigen«[36] entgegen dessen eigener Intention in ein: »was mir nicht einleuchtet, das gibt es nicht«.

Aber auch *der Tradition verpflichtete Kirchenmänner* starten oft heftige Angriffe gegen die Meditation, meist aus Angst, eine eigenständige Suche nach Erfahrungen wolle den Glauben nicht *stützen*, sondern *stürzen*. Dass sie dabei im Widerspruch zu Luthers Satz: »experientia fit theologus« – »durch Erfahrung wird der Theologe« – stehen, schert sie meist ebenso wenig wie die Tatsache, dass jeder lebendige Glaube nicht nur auf einem »dogmatischen Bein« steht, sondern auch auf einem »Erfahrungsbein«[37]. Im Zuge ihrer Abwehrmaßnahmen werfen sie der Meditation hauptsächlich zweierlei vor: zum einen, dass sie gnostisch sei und zum anderen, dass sie das Geheimnis leugne, das unser aller Dasein umgibt.

Beide Vorwürfe sind zwar falsch, werden aber so oft gebracht, dass sie kurz besprochen werden müssen:

Der spirituelle Weg unterscheidet sich von jedem Gnostizismus fundamental in zweierlei Hinsicht:

Zum einen wird dabei dem Menschen keineswegs versprochen, er gewinne sein Heil, wenn er nach angeblich übersinnlicher Erkenntnis strebt. Wohl aber wird dabei der Zusammenhang zwischen Liebe und Erkenntnis betont, so wie es der große persische Mystiker Hamid al-Ghazzali (gestorben 1111) formuliert hat, den viele als den größten Muslim nach Muhammad ansehen: »Liebe ohne Erkenntnis (ist) unmöglich – man kann nur lieben, wenn man kennt«[38].

Zum anderen sehen die großen meditativen Traditionen, anders als der Gnostizismus oder Neuplatonismus, in der materiellen Wirklichkeit nichts Dunkles, Chaotisches. Sie meinen auch nicht wie dieser, dass der Geist der »eigentlichen« Wirklichkeit näher sei als die Materie. Vielmehr weisen sie auf die Einheit von Materie und Geist hin. Beide sind für sie gleich wertvoll und gehören zusammen, wenngleich sich keiner dieser Bereiche auf den anderen zurückführen lässt und obwohl die Zugangswege zu jedem von ihnen unterschiedlich sind. In all dem stimmen die monotheistischen[39] mit den hinduistischen und buddhistischen Traditionen überein:

Die christliche Theologie sieht Materie *und* Geist als von Gott geschaffen an, wenngleich im Laufe der Evolution der Geist sehr viel später auftrat als die Materie[40]. Das unterscheidet sie einerseits vom Gnostizismus und (Neu)-Platonismus, die das Materielle entwerten und andererseits von jedem Pan(en)-theismus, der in der Materie einen direkten Ausfluß des Göttlichen sieht, »so wie der Faden direkt aus der Spinne ausfließt«. Charakteristisch an der Schöpfung sei, dass sie von Gott in einem Akt höchster Liebe geschaffen wurde. Allein schon deshalb spielt sie den einen Bereich nicht gegen den anderen aus.
Die Konsequenzen des Gesagten für das Verständnis des *Leibes* liegen auf der Hand: Wer diesen entwertet, verkennt einen zentralen Gedanken des Christentums. Es ist daher durchaus christlich gedacht, wenn der große schwäbische Theosoph und Theologe Christoph Oetinger (1702-1782) geradezu hymnisch ausruft: »Leiblichkeit ist das Ende« – im Sinne von Vollendung – »der Werke Gottes«[41].
Nicht anders sieht das, von einigen Sonderentwicklungen abgesehen, letztlich die hinduistische und buddhistische Tradition. Sie betont, es

könne keinen integralen Yoga bzw. keine Meditation geben, wenn der Körper ignoriert werde oder wenn man dessen Vernichtung oder Ablehnung zur unentbehrlichen Vorbedingung einer vollkommenen Geistigkeit mache[42]. Daher gibt es keine Praxis der Meditation ohne Einbeziehung des Körpers.

Auch der zweite Vorwurf – die spirituelle Praxis leugne das Geheimnis unseres Daseins – ist falsch. Gerade weil die spirituell Suchenden gelernt haben, für Erfahrungen »durchlässig« zu sein, stehen sie staunend vor den beiden Urrätseln unseres Daseins, nämlich, dass es überhaupt etwas gibt und vielmehr nicht nichts und dass sich aus der Materie Geist entwickelt hat. Im Unterschied zum Gnostizismus haben sie auch immer vor der »Ursünde« jeder Erkenntnis gewarnt: sich die Wirklichkeit, der man begegnet, einverleiben zu wollen, statt sich von ihr treffen zu lassen. Auch wussten sie, dass man über das letzte Geheimnis, wie immer man es auch nennen mag, nicht satzhaft, dinghaft und begrifflich sprechen kann, sondern allenfalls, indem man sagt, was es *nicht* ist.

Daher sieht Spiritualität trotz aller Achtung vor der Erkenntnis auch nicht in dieser das höchste Ziel der Meditation, sondern betont wie al-Ghazzali (und vor ihm schon Sokrates) die Untrennbarkeit von Weisheit und Erkenntnis beziehungsweise wie der gegenwärtige Dalai Lama die Verbindung von Weisheit und Mitgefühl, wobei die Zunahme der Liebesfähigkeit einen höheren Stellenwert hat als Erkenntnis[43].

Diese Verbindung von Weisheit bzw. Mitgefühl mit Erkenntnis wird auch sichtbar, wenn wir am Schluss dieses Abschnitts nochmals die drei genannten Begriffe »Ich«, »Ganzheit« und »Evolution« für die Meditation aufgreifen. *Man versteht sie nur dann richtig, wenn man ihnen jeweils ein »aber« hinzufügt*:

Zwar ist das *Ich* die »Stätte« der Meditationserfahrung. *Aber* jede Erfahrung des »Erwachens« muss sich durch andere (zum Beispiel einen »Meister«) bestätigen lassen.

Bei der Meditation sucht man sich zwar *der gesamten* Wirklichkeit mit *allen* Sinnen zu nähern. *Aber* diese Suche führt zum Rückfall in archaische Verschmelzungsphantasien, wenn dabei nicht das Bewusstsein von einem letztlich unauflösbaren Geheimnis *gesteigert* wird, das hinter allem steht.

Die Meditation möchte auch das Bewusstsein weiterentwickeln. *Aber* dieser Prozess verführt zur Verstiegenheit, wenn dabei der Blick für den Nächsten verloren geht. Daher sagt Meister Eckhart: »Wäre der Mensch so in Verzückung, wie's Sankt Paulus war, und wüßte einen kranken Menschen, der eines Süppleins von ihm bedürfte, ich erachtete es für weit besser, du ließest aus Liebe von der Verzückung ab und dientest dem Bedürftigen in größerer Liebe«[44].

2. Die meditative Betrachtung von zwei Gesichtern

Wir möchten nunmehr die genannten Einsichten anhand der meditativen Betrachtung von zwei Gesichtern vertiefen, die Sie umseitig abgebildet finden. Die Aufnahmen hat ein Freund von uns, der Photograph Walter Schels, gemacht. Das erste Gesicht ist in seinem Buch: »Das offene Geheimnis«[45] abgebildet. Es stammt von einem fast Hundertjährigen, das zweite von einem Kind unmittelbar nach seiner Geburt. Wir halten die Betrachtung dieser Bilder aus zwei Gründen für unser Thema für besonders geeignet:

a. Bei ihrer Entstehung trafen die beiden Bedingungen zusammen, die auch für die Meditation kennzeichnend sind: *Spontaneität, zugleich aber die sorgfältige Auswahl der äußeren Bedingungen.* Insofern findet sich eine gewisse Analogie zur Situation der Meditation selbst: In beiden Fällen handelt es sich um Momentaufnahmen. Das erste Bild entstand bei einem Phototermin. Der Abgebildete war selbst ein bekannter Photograph (Alfred Eisenstaedt), der sich lange Zeit darum bemüht hatte, seinem Kollegen beim Zustandekommen der Aufnahmen entgegenzukommen, indem er für ihn ein freundliches Gesicht machte. Bei einem Filmwechsel jedoch ruhte er kurz aus und schloß dabei die Augen. Walter Schels nutzte die Gelegenheit zu einer schnellen, unbemerkten Auf-

60

nahme. Auch das andere Bild ist während einer Ruhepause entstanden, kurz nachdem beim abgebildeten Neugeborenen der Geburtsvorgang abgeschlossen war. So spontan die Aufnahmen auch entstanden sind, so bedacht waren freilich die äußeren Umstände für ihr Zustandekommen: die Umgebung, die Ausleuchtung sowie die Wahl des richtigen Filmmaterials waren sorgfältig geplant.

b. Auch aus einem weiteren Grund hilft uns die Meditation dieser beiden Bilder bei der Vertiefung der ersten Übung: es ist schwerer, ein Gesicht zu meditieren als eine Kerze, weil wir dabei noch mehr dazu neigen, in eigene Phantasien zu verfallen. Bei der folgenden Meditation sollten Sie sich darum bemühen, gerade das möglichst zu vermeiden. Der erste Schritt besteht dabei darin, sich klar zu machen, ob man das eine tut oder das andere. *Die meisten von uns sind zu dieser Unterscheidung nur nach längerer Schulung fähig.*

> ➤ Nochmals: Meditation ist ein Weg der unmittelbaren Wahrnehmung und nicht der Spekulation.

1. Übung mit den Bildern:

Beginnen Sie sodann Ihre Übung, wie jede Meditation, damit, die dafür charakteristische körperliche und innere Haltung einzunehmen, wie wir sie Seite 43 kurz beschrie-

ben haben. Als Nächstes lassen Sie jedes der beiden Bilder für einige Minuten lang auf sich wirken und vermeiden dabei jede Deutung. In einem nächsten Schritt können Sie dann gerne Ihrer »Intuition« für einige Zeit freien Lauf lassen, und zwar mit dem Ziel, noch besser zwischen Sehen und Deuten unterscheiden zu lernen. Trennen Sie also zum Beispiel streng zwischen: »ich *sehe*, dass bei dem alten Herren der rechte Mundwinkel etwas tiefer liegt als der linke« und »ich *phantasiere*, dass sich Herr E. im Laufe seines Lebens viel mit geistigen Dingen beschäftigt hat«. Dies ist zugleich ganz im Sinne Goethes, der in den »Maximen und Reflexionen« gesagt hat: »Man suche nur nichts hinter den Phänomenen: sie selbst sind die Lehre«[46].

Auf den ersten Blick könnte man vermuten, dieser Satz stehe im Widerspruch zu dem Anspruch der Meditation, zu einer »tieferen« Sicht der Wirklichkeit durchzustoßen. Das ist nicht der Fall! Goethe ging es darum, die Monopolstellung von ausschließlich genetischen Erklärungen (die nur nach Entstehungsbedingungen fragen) zu überwinden, deren Grenzen er schon früh erkannte. Sie bestehen in der falschen Meinung, man verstehe etwas schon deshalb, bloß weil man die Bedingungen seines Zustandekommens kennt[47]. Wer sich dagegen wirklich auf die Phänomene einlässt, stellt fest, dass zum Beispiel die *Empfindung* eines Tones oder einer Farbe einen »Mehrwert« gegenüber dem enthält, was die Messungen der Physiker über die jeweils zugrunde liegenden Frequenzen aussagen.
Ja, wir müssen die sinnlich erfahrbare Welt oft selbst dann ernst nehmen, wenn sie sich im Licht genetischer Erklärungen als unzulänglich oder sogar als trügerisch erweist. Wenn zum Beispiel ein Dichter von einem Sonnenaufgang

61

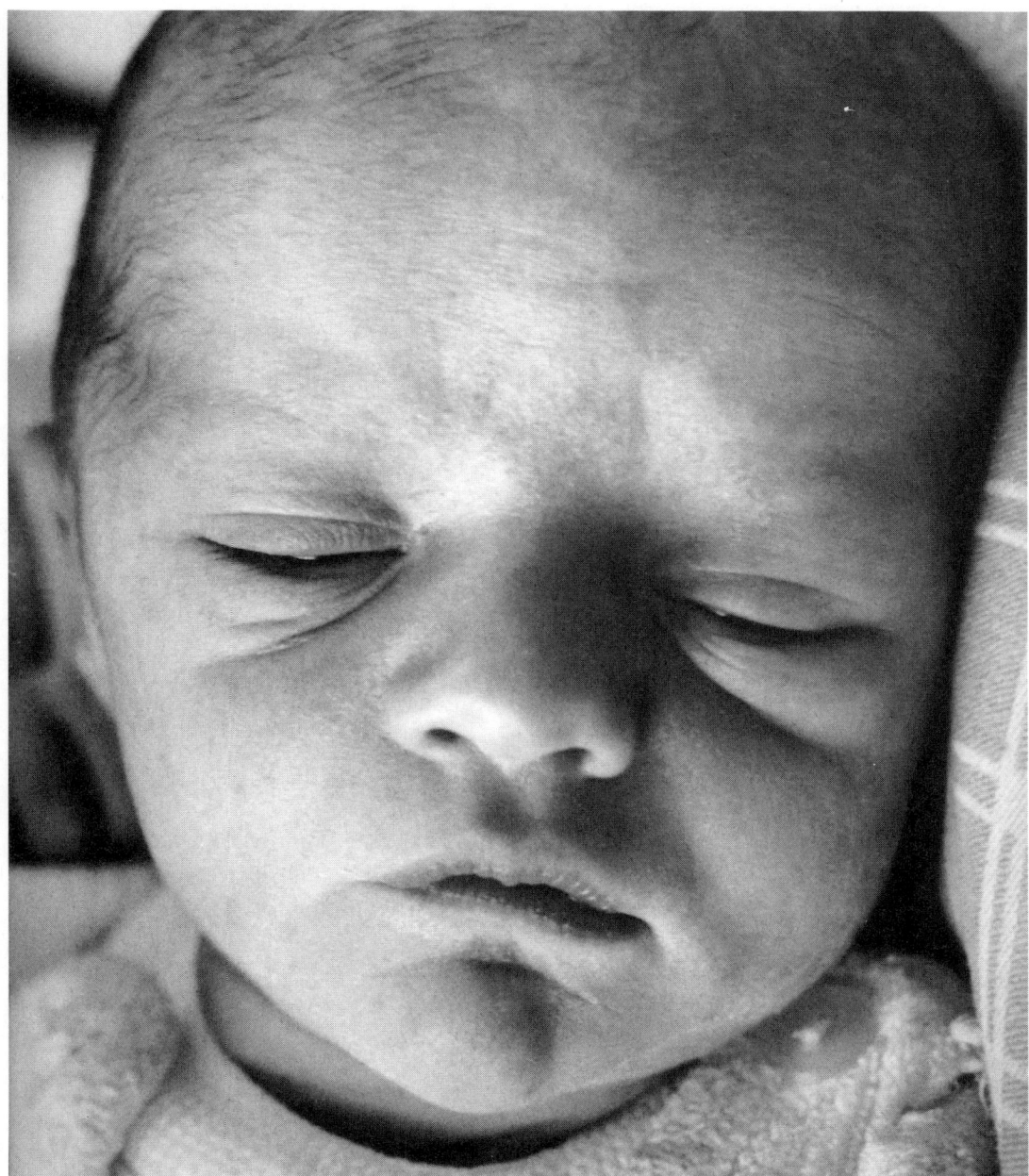

oder Sonnenuntergang redet, dann wird der Wert seiner Aussage nicht geringer, wenn er dabei nicht der astronomischen Tatsache Rechnung trägt, dass sich »in Wirklichkeit« die Erde um die Sonne dreht. Wir bekommen von ihm unter Umständen sogar mehr als nur seine Empfindungen, obwohl diese in uns möglicherweise selbst tiefe Gefühle auslösen können. Sein Gedicht kann uns zum Beispiel eine neue Sicht der Bedeutung der ewigen Wiederkehr von Tod und Wiedergeburt eröffnen.

Jede dieser Sichtweisen hat ihre Berechtigung und ihren Ort: der astronomische Sachverhalt, die Vermittlung bestimmter Stimmungen, das Erwecken bestimmter Gefühle und die Eröffnung einer Sinndimension. *Alle aber beziehen sich letztlich auf eine Wirklichkeit, wenngleich jede von ihnen von einer bestimmten Seite unseres Ichs ausgeht.*

> ➤ Die Bedeutung der Meditation besteht dabei darin, dass alle in uns angelegten Ichfunktionen im Rahmen unserer Möglichkeiten von uns mobilisiert werden.

Wer nur die eine Seite gelten lässt, statt eine Vermittlung zwischen allen Seiten zu suchen, reduziert die Realität. Diese Einsicht ist bei uns im Westen in der Neuzeit immer mehr verloren gegangen und Goethe suchte lediglich, sie wieder in unser Blickfeld zu rücken.

Im Grunde ähnlich wie Goethe, aber schon längst vor ihm und Bernhard von Clairvaux, wurde das im Zen gesehen. Seine Meister haben immer betont, dass in *dieser* Blume, in *diesem* Baum das Ganze sei. Wir eröffnen uns daher dieser Ganzheit am ehesten, *wenn wir das als ganze Menschen mit allen Sinnen tun.* So ist auch die ursprüngliche Bedeutung des Wortes »Theorie« zu verstehen: es enthält die Worte »thea« (was »das Anschauen« bzw. »die Schau« bedeutet) sowie »horein« (= »sehen«). Auch Theorien sind demnach Handlungsan-

weisungen (»Injunktionen«), wie man die Welt sehen kann, die uns ein Wissen darüber zur Verfügung stellen, wie die Welt beschaffen ist, nicht aber Mittel zur Reduktion der Komplexität der Wirklichkeit[48].

Wenn Sie längere Zeit versucht haben, nur auf die Phänomene zu achten, werden Sie feststellen, wie rasch Sie immer wieder vom Anschauen in Ihre Empfindungen und Deutungen abrutschen und wie schwer es Ihnen fällt, in größtmöglicher Wachheit und Aufgeschlossenheit, weder angespannt noch dösend, sich ausschließlich auf das zu konzentrieren, was Sie wirklich sehen. Akzeptieren Sie auch dies und kehren danach einfach wieder zu Ihrer eigentlichen Aufgabe zurück.

Je mehr man sich darum bemüht, um so deutlicher wird einem, wie schwer es uns fällt, längere Zeit bei einem »Gegenstand« ruhig zu verweilen. Selbst die »interessanteste Landschaft«, die es gibt, das menschliche Antlitz, macht dabei keine Ausnahme. Ähnlich groß ist der Sog, sich ein Bild einfach bloß »reinzuziehen«, wie es die Jugendlichen mit einem treffenden Slangausdruck formulieren. Gegen dieses Einverleiben, von dem wir bereits gegen Ende des letzten Kapitels gesprochen haben (Seite 59) sind wir ebenso wenig gefeit wie gegen unsere ständige Ablenkbarkeit. Aber der Meditierende sollte ein ruhiges Verweilen immer besser einüben. Das kann ihm helfen, sich von einem üblen Trend unserer Zeit zu distanzieren, der Neigung zum hastigen Verschlingen[49]. Außerdem sollte er lernen, zwischen dem Angetroffenen und dem Ausgedachten bzw. Ausphantasierten zu unterscheiden. In diesen Fähigkeiten voranzuschreiten ist eine der wichtigsten Aufgaben beim Erlernen der Meditation. Dazu braucht man aber Geduld. Vielleicht tröstet Sie dabei ein Satz des Dichters Friedrich Rückert, den Freud zitiert hat[50]: »Was man nicht erfliegen kann, muss man erhinken«. *Weder der psychoanalytische noch der meditative Lernprozess lässt sich »erfliegen«!*

Eine weitere Übung mit den Bildern:

Nehmen Sie nunmehr eines der beiden Bilder und schauen es sich nochmals genau an, dann schließen Sie die Augen und versuchen Sie, das, was Sie gesehen haben, sich innerlich in allen Einzelheiten zu vergegenwärtigen. Dann betrachten Sie es erneut und machen sich klar, was in ihrer Vorstellung »unter den Tisch gefallen« ist bzw. was Sie sich falsch gemerkt haben. Diese Übung wiederholen Sie mehrfach. Sie werden feststellen, dass man anfangs meist nur unvollständige und schemenhafte Vorstellungen hat. Aber Sie sollten so lange weiter üben, bis Bild und innere Vorstellung für Sie praktisch zusammenfallen, weil Sie jede Einzelheit im Kopf haben. Es kann viele Wochen dauern, bis Ihnen das gelingt. Aber die Mühe lohnt sich. *Sie werden nach einiger Zeit bemerken, wie unglaublich viel genauer, sinnlicher und zugleich unmittelbarer man durch konstantes Üben bei der Meditation die Qualität der Wahrnehmung steigern kann.*

Wichtig ist dabei, dass Sie auch diese Übung weder mechanisch noch ehrgeizig vollziehen, sondern in einer Haltung, die wiederum Goethe präzise beschrieben hat: »Mit frischem Blick bemerke freudig/ Und wandle sicher wie geschmeidig/ Durch Auen reichbegabter Welt«[51]. *Die Meditation gelingt am besten, wenn sie in einer Haltung vollzogen wird, bei der Freudigkeit und innere Bewegtheit zusammentreffen.* Eine freudlos und stur vollzogene Meditation ist ein Widerspruch in sich selbst!

Vielleicht werden Sie uns entgegenhalten, diese Behauptung ließe sich nicht verallgemeinern, zum Beispiel weil Ihnen Bilder von Zenmeistern einfallen, die mit dem »Warnungsstab«, dem *kyōsaku*, auf reglos dasitzende Schüler einschlagen. Von Freude und Bewegtheit könnten Sie da auch beim besten Willen nichts merken. Aber abgesehen davon, dass es sich dabei nur um die Methode einer einzelnen meditativen Richtung, wenngleich einer sehr wichtigen, des Zen, handelt, wäre diese Unterstellung die größtmögliche Missdeutung dessen, was wirklich dabei geschieht. Das Schlagen beim Zen ist weder ein Einprügeln noch eine Strafe. Es handelt sich dabei vielmehr um dosierte Schläge an einer Stelle, die nicht eigentlich schmerzt. Der Zenmeister schlägt auch nie aus eigenem Ermessen, sondern grundsätzlich nur, wenn er vom Schüler darum gebeten wird, damit er wieder besser zu jener Haltung zurückfindet, von der wir gesprochen haben. Gerade der Schlag mit dem Warnungsstab soll also die

Leichtigkeit beim Meditieren wieder herstellen, ohne die man nicht weiterkommt!

> ➤ Jeder, dem die Meditation wirklich etwas gebracht hat, hat die Erfahrung gemacht, dass sich das »Objekt« der Meditation nur dann eröffnet, wenn man sich ihm in der genannten Haltung von Leichtigkeit und Offenheit nähert.

Vergessen wir nicht: Der Meditierende soll weder eine »Hinterwelt« aufbohren noch ein imaginäres »Männchen hinter dem Mann« suchen (die es beide in Wirklichkeit gar nicht gibt), sondern die Fähigkeit entwickeln, die »Soheit« der Wirklichkeit mit geschärften Sinnen wahrzunehmen. Das aber setzt voraus, sich ihr so zu nähern, dass sie sich *tatsächlich* erschließen kann. Das Wort »Soheit«, das wir eben gebraucht haben, ist für den heutigen Menschen nicht ohne weiteres zugänglich. Es hilft uns aber, dem Wesen der Meditation noch besser nahe zu kommen, wenn wir es verstehen: Im Sanskrit heißt »So-heit« »Tatathā«, wobei die Silbe »ta« zwei Bedeutungen hat: einerseits »offen« und andererseits »voller Möglichkeiten«. Damit wird gesagt, dass sich uns die Wirklichkeit in der Fülle ihrer Möglichkeiten nur dann erschließt, wenn wir gelernt haben, uns ihr innerlich zu eröffnen und nicht, wenn wir sie wie Bacon »zum Verhör zwingen«. Aber diese »Soheit« hat noch einen weiteren Aspekt. Davon hat der bereits genannte Lama A. Govinda gesprochen. Er wies darauf hin, dass die Erfahrung des Tatathā, der Soheit, vom Zeitlosen der Absolutheit und Ganzheit ausgeht[52] und aus gutem Grund zitiert er in diesem Zusammenhang Novalis: »Das ewig Beharrliche ist nur im Veränderlichen darstellbar. Das ewig Veränderliche nur im Bleibenden, Ganzen, gegenwärtigen Augenblick«.

> ➤ Die »Einbruchsstelle« des Spirituellen ist das Hier und Jetzt, wenn dieses in seiner Unmittelbarkeit und nicht bloß als flüchtiger Moment oder in einer abstrakten Statik erfahren wird.

3. Übung mit den Bildern:

Um das einzuüben, versenken Sie sich bitte an dieser Stelle nochmals in jedes der beiden Photos. Ihnen wird dann aufgehen, dass ihr Reiz nicht zuletzt darin liegt, dass sich in ihnen das Unmittelbare der Situation, in der sie entstanden sind, mit dem »Wesen« der Person unmittelbar treffen, wenngleich man dieses begrifflich nicht »in den Griff bekommen«, sondern nur intuitiv erahnen kann. Geben Sie sich auch dieser Intuition hin, kehren Sie dann aber wieder zur sorgfältigen Beobachtung zurück und wiederholen Sie diesen Wechsel im Laufe der Zeit immer wieder. Vermeiden Sie dabei nicht nur jeden Vergleich, sondern erst recht den Versuch, die beiden Bilder gleichsam aufeinander zu projizieren. Das würde die Klarheit der Wahrnehmung beeinträchtigen, die ja zu den höchsten Zielen der Meditation gehört.

> ➤ Ein häufiger Wechsel der Betrachtungsweise im vollen Bewusstsein dessen, was man tut, schult in hohem Maße die innere Flexibilität und die Fähigkeit, innerlich loszulassen, beides wichtige Elemente der meditativen Vertiefung.

Vermutlich verstehen Sie, je mehr Sie mit dieser Übung vorankommen, inzwischen auch unsere Bemerkung besser, dass es ganz unterschiedliche Zugangswege zur Wirklichkeit gibt[53]. Hätten wir zum Beispiel beide Bilder unter dem Gesichtspunkt der Diagnostik betrachtet, dann hätten wir in jedem der beiden »Fälle« die Diagnose »Erschöpfung« gestellt. Damit hätten wir jedoch nur ein einzelnes Element überscharf in den Blick bekommen. Das kann für viele Situationen wichtig sein. Aber bei der Meditation geht es um etwas ganz anderes:

> ➤ Die Meditation ist ein »objektgetreuer«, zugleich aber auch schöpferischer Prozess, bei dem möglichst alle Aspekte des Bewusstseins entfaltet werden sollen, um damit ein »Instrument« zu schaffen, mit dem sich die Vielschichtigkeit der Wirklichkeit erfassen lässt.

Wiederum war es Goethe, der uns auf die Berechtigung beider Wege aufmerksam gemacht hat. Er schrieb: »Erfahren, Schauen, Beobachten, Betrachten, Verknüpfen, Entdecken, Erfinden sind Geistestätigkeiten, welche tausendfältig, einzeln und zusammengenommen, von mehr oder weniger begabten Menschen ausgeübt werden. Bemerken, Sondern, Zählen, Messen, Wägen sind gleichfalls große Hilfsmittel, durch welche der Mensch die Natur umfaßt und über sie Herr zu werden sucht, damit er zuletzt alles zu seinem Nutzen verwende«[54]. *Bei der Meditation geht es um den zuerst von Goethe genannten Bereich, in der Wissenschaft dagegen um den letztgenannten.* Es ist Ausdruck eines falschen Reduktionismus, wenn man nur den einen dieser beiden Bereiche gelten lässt und ihn gegen den anderen ausspielt.

Inzwischen geübt, immer wieder die Betrachtungsweise zu ändern, wird es Sie nicht überraschen, wenn wir Ihnen vorschlagen, dass Sie nun an dieser Stelle erneut zu einem der beiden Bilder zurückkehren sollten, um es nochmals in einer meditativen Haltung zu betrachten. Achten Sie diesmal aber vor allem darauf, es so anzuschauen, *als hätten Sie es noch nie gesehen.* Das wird Ihnen jetzt vielleicht noch schwerer fallen als am Anfang, weil Sie inzwischen bereits damit vertraut sind. Aber hier hilft Ihnen möglicherweise die Überlegung, dass jedes menschliche Gesicht unauslotbar ist. Mit zunehmender Erfahrung wird es Ihnen möglich sein, nicht nur ein Gesicht, sondern jeden Gegenstand, den

Sie meditieren, in einer solchen Haltung betrachten zu können.

> ➤ Diese Haltung gilt es bei jeder Meditation einzunehmen. Das Entwickeln von »*Anfängergeist*« ist ein weiteres unverzichtbares Moment jeder Meditation.

Der von Sh. Suzuki geprägte Begriff »Anfängergeist«[55] ist nicht etwa ein in der Vergangenheit liegender Ursprungsmythos, sondern meint eine sich permanent zeugende Gegenwart, in der alles »vergegenwärtigt« wird, was an Möglichkeiten, die aus der Vergangenheit und der Zukunft stammen, im Hier und Jetzt in Erscheinung tritt. Das lässt sich an einer bekannten Zen-Geschichte veranschaulichen, in der ein Mönch seinem Meister Fragen stellt: »Bemühst du dich je, die Wahrheit zu lernen?« »Ja«. »Wie übst du dich?« »Wenn ich hungrig bin, esse ich; wenn ich müde bin, schlafe ich«. »Das tut doch jeder. Kann man von ihnen sagen, sie übten sich auf die gleiche Weise wie du?« »Nein«. »Warum nicht?« »Wenn sie essen, so essen sie nicht, sondern denken an verschiedene andere Dinge und lassen sich hierdurch stören; wenn sie schlafen, schlafen sie nicht, sondern träumen von tausenderlei Dingen. Deshalb sind sie nicht wie ich«[56].

Dieses Beispiel macht auch anschaulich, dass sich der »Normalmensch« zwar mit Vorliebe als »Realist« versteht, in Wirklichkeit aber oft nur mangelhaft auf die Realität bezogen ist.

Das ist vor allem deshalb der Fall, weil er die Wirklichkeit nur so weit zulässt, als er meint, sie brauchen zu können. Zugleich projiziert er in sie Vorstellungen hinein, die keine reale Basis in ihr haben. Das soll ihm helfen, sich im Vertrauten »auszukennen« und ihre vielfache Brüchigkeiten, Fragwürdigkeiten und Ungereimtheiten zu vermeiden. Damit will er sich die Wirklichkeit erträglicher machen, die ihn nicht ausfüllt, weil *er* sie seinerseits nicht mit Sinn zu erfüllen vermag. Gemessen an der Pseudo-Ruhe jener, die alles Neue von vornherein auf ihre eigene Begrenztheit herunterschrauben, ist demnach die Gelassenheit desjenigen, der sich der Wirklichkeit im »Anfängergeist« nähert, meist erworben und errungen.

Wer mit der Psychoanalyse vertraut ist, wird hier vermutlich an eine der wichtigsten behandlungstechnischen Schriften Freuds denken, der er den Titel gab: »Erinnern, Wiederholen und Durcharbeiten«[57]. Freud hatte erkannt, dass man nur dann innerlich weiterkommt, wenn man sich immer wieder geduldig von neuem auf das bereits vorgegebene »Material« einlässt. *In der Einsicht, dass es nur so zu einer Weiterentwicklung des Bewusstseins kommen kann, gleichen sich Meditation und Psychoanalyse.* Diese Haltung steht im völligen Gegensatz zu der heutigen »Schnuppermentalität« mit ihrer Neugier, die angesichts einer Überfülle von Informationen in einer Haltung der Aufenthaltslosigkeit im Überall und Nirgends von einem Objekt zum anderen hetzt.

Wichtig ist auch der Hinweis Freuds, dass im Laufe des psychoanalytischen Prozesses der Analysand häufig äußere: »das habe ich eigentlich immer gewusst, nur nicht daran gedacht«[58]. Bei Ihrer Bildbetrachtung wird es Ihnen vermutlich ebenso gegangen sein: Gerade wenn Sie den Schwerpunkt Ihrer Aufmerksamkeit nicht auf das Erinnern, sondern auf das unmittelbar vor Ihnen Liegende richten, macht es Ihnen zwar zunächst Mühe, nicht in vorgefertigten Sichtweisen stecken zu bleiben. Halten Sie dem aber stand, dann dringen Sie zu dem von Freud »eigentlich« Genannten durch.

Ihre Haltung bei der Meditation ist dann richtig, wenn sich in Ihnen nicht ein Gefühl einstellt: »Schon wieder ein Fall von ... Es kotzt mich an«[59], sondern wenn Sie allmählich eine Haltung entwickeln können, die der griechische Philosoph Heraklit, der im 6. Jahrhundert vor Christus gelebt hat, folgendermaßen formulierte: »denen, die in dieselben Flüsse hineinsteigen, strömen andere und wieder andere Wasserfluten zu«[60].

Je mehr Sie sich bei der Meditation dem »Fluss des Geschehens« überlassen, um so unabweisbarer wird für Sie, wie armselig es ist, sich selbst gleichsam zum Zentrum der Wirklichkeit aufzuspreizen, und so genannte Fakten »fest« zu stellen. Wir sehen nämlich keineswegs nur Fakten und spekulieren »dahinter« von einem Sinngrund, sondern allenfalls versperren wir uns diesem Grund, wenn wir die Wirklichkeit von vornherein auf das zurechtstutzen, was wir an ihr akzeptieren. In Bezug auf unsere Übung bedeutet das: Die von Ihnen betrachteten Gesichter unserer Übung gewinnen gleichsam an Tiefe und Vielschichtigkeit, je unbefangener Sie sie betrachten. Weder das eine noch das andere ist bloß ein Produkt Ihrer eigenen Phantasie. *Vielmehr leuchtet Ihnen gleichsam ein »Mehrwert« auf, der in der »Sache« selbst begründet ist und keineswegs bloß in Ihrem eigenen Belieben gründet.*

Aus gutem Grund haben wir eben das Wort »aufleuchten« gebraucht, denn die grundlegende Erfahrung eines solchen Schauens bzw. schauenden Denkens ist diejenige eines *inneren Helligkeitsgeschehnisses:* Das »Objekt« der Meditation leuchtet gleichsam ungetrübt, selbstleuchtend und kraftvoll vor einem auf. Bezeichnenderweise ist in vielen Berichten von Meditierenden von Licht die Rede, gleichgültig ob sie von christlichen Mystikern, von Sufis, aus der jüdischen oder aus einer östlichen Tradition stammen, gleichgültig auch, ob es sich dabei um die Erfahrung bei einer gegenständlichen oder ungegenständlichen Meditation handelt[61]. Zum besseren Verständnis des Gesagten hilft es uns, wenn wir uns mit zwei Tatsachen vertraut machen: einer physikalischen und einer physiologischen:

Die *physikalische Tatsache* besteht darin, worauf der renommierte Quantenphysiker Arthur Zajonc in seinem Buch: »Die gemeinsame Geschichte von Licht und Bewusstsein« aufmerksam machte, *dass das Licht, das uns die Welt sichtbar macht, selbst unsichtbar ist. Erst wenn es auf etwas trifft, sehen wir es*[62]. Daher ist es zum Beispiel auch im Weltraum dunkel. Leuchtend sind nur die Sterne. Der japanische Philosoph Nishitani Keiji hat gezeigt, dass dies auch für das Auge gilt: »Ein Auge ist ein Auge, weil es Dinge sieht ... Könnte (aber) das Auge das Auge selbst sehen, so wäre es nicht imstande, irgendetwas anderes zu sehen«[63]. Im Grunde ist es mit dem Aufleuchten, von dem die Mystiker sprechen, dasselbe wie mit dem Licht und dem Auge: Nicht an den Gegenständen als solchen ist etwas Besonderes, sondern an ihnen enthüllt sich gleichsam das Geheimnis, das immer gegenwärtig ist, das wir aber in unserem »Normalbewusstsein« ausklammern.

Dazu kommt eine *physiologische Tatsache*: Das physiologisch intakte Auge allein reicht zum Sehen nicht aus: Blindgeborene, denen erst in späteren Jahren durch eine Operation das »Augenlicht« gegeben wurde, nehmen nur Schemen von Hell und Dunkel wahr[64], und auch im weiteren Lebensverlauf bildet sich ihr Sehvermögen nicht annähernd so gut aus wie bei Menschen mit üblicher Entwicklung ihres Sehvermögens. Im geistigen Sinne gleichen aber die meisten von uns den Blindgeborenen. Das wird zum Beispiel deutlich, wenn wir die Lichterfahrung der Mystiker in einem naiven Sinn wörtlich nehmen oder wenn wir sie gar für ein Symptom irgendwelcher optischer Halluzinationen halten.

Was dabei wirklich erfahren wird, lässt sich an der Sprachwurzel deutlich machen, die dem Wort »Phänomen« zugrunde liegt, der griechischen Bezeichnung für Licht: »phos«. Im Phänomen leuchtet also, wie im physikalischen Prozess, das Licht gleichsam selbst auf. So erscheint mir das »Wesen« einer Sache nur dann, wenn ich mich an die Phänomene selbst halte. Auf diese Einsicht sind wir bereits bei Goethe gestoßen[65]. »Wesen« bedeutet somit nicht, dass ein nicht faßbarer, bloß in irgendwelchen Spekulationen gründender »gasförmiger« Geist durch die Ritzen der Wirklichkeit schimmert. Dazu kommt etwas Weiteres, worauf der Theologe und Philosoph Romano Guardini folgendermaßen hingewiesen hat: »Das Wesen ist ›evident‹, herausblickend: es blickt an, und sein Anblicken macht erst das meinige möglich, ja ruft es ... Beim Sehen verhalte ich mich gegen diese Selbstmitteilung empfangend, gegen diesen Sinnbefehl gehorchend«[66]. Mit diesem Hinweis von Guardini haben wir sowohl den Einsichtsprozess bei der Meditation als auch die innere Bewegung beim Meditierenden in den Blick bekommen, die notwendig ist, damit er diese Erfahrung machen kann:

> ➤ Bei der Meditation projiziere ich nichts in die Wirklichkeit hinein. Vielmehr öffne ich mich in besonnener Weise für sie so, dass ich ihren »Ruf« vernehme, der für mich den Charakter des Verbindlichen hat. Das setzt voraus, dass ich eine Haltung entwickelt habe, bei der aktive Bemühung und Rezeptivität zusammentreffen, so wie es auch in der grammatikalischen Form »meditari« zum Ausdruck kommt, die dem Wort »Meditation« zugrunde liegt. Wörtlich übersetzt bedeutet sie soviel wie »zur Mitte gegangen werden«[67], was man mit »Innewerden« übersetzen könnte.

Fassen wir zusammen, was uns inzwischen deutlich geworden ist:

Wenn wir uns in ein Gesicht versenkt hatten, drangen wir in dem Maße, in dem uns dies gelang, zu einer tieferen und zugleich unmittelbareren Sicht der Wirklichkeit vor. Diese Wirklichkeit wurde wirklich angetroffen und nicht bloß hinzugedacht. *Sowohl das Hineinphantasieren eigener Vorstellungen als auch das Ausklammern wesentlicher Aspekte der Wirklichkeit sind Fehlformen, die mit wirklicher Meditation nichts zu tun haben.*

Deutlich wurde aber auch, dass es keine Neutralität dem meditierten Objekt gegenüber gibt. Daher wird das Wesen der Meditation pervertiert, wo man diese emotional abgespalten praktiziert oder wo man sie missbraucht, sei es, um sich in einen Elfenbeinturm von Unangefochtenheit zurückzuziehen bzw. umgekehrt, um sie in den Dienst vordergründiger Interessen zu stellen. Lasse ich mich aber auf das Wesen dessen, das mir in ihr begegnet, wirklich ein, dann geschieht zugleich *mit mir selbst* etwas Wesentliches: *Das Schauen verwandelt den Schauenden*[68], zumindest in einem Sinne, den Goethe gleichfalls gesehen hat: »Jeder neue Gegenstand, wohl beschaut, schließt ein neues Organ in uns auf«[69].

Das möchten wir Ihnen nunmehr anhand einer tibetischen Meditationsübung verdeutlichen. Um ihr einen Namen zu geben, werden wir sie »Frühstücksmeditation« nennen[70].

3. Die »Frühstücksmeditation«

Hinter dieser vielleicht trivial klingenden Bezeichnung steht eine Übung, die wir bei dem tibetischen Meditationsmeister Sogyal Rinpoche kennen gelernt haben. Man würde sie in Tibet zu den so genannten *analysierenden Methoden* zählen, das heißt, sie besteht darin, dass man möglichst viele Einzelheiten eines Sachverhalts in meditativer Haltung gleichsam »unter der Lupe« betrachtet, um auf Aspekte aufmerksam zu werden, die man normalerweise nicht beachtet. Dies unterscheidet sie von den so genannten *stabilisierenden Methoden,* bei denen es primär um die Beruhigung unserer »normalen Gedankenwirbel« und um die für die Meditation richtige innere Haltung geht. Da auch sie sich auf Gegenstände bezieht, zählt sie zur gegenständlichen Meditation.

Nun aber zur Übung selbst. Sie sollten sich dafür mindestens 20 Minuten Zeit nehmen und darauf achten, dass Sie nicht gestört werden, zum Beispiel durch Ihr Telefon. Als Erstes gilt es dabei auch hier, nicht anders als bei jeder anderen Übung, dass Sie sich um eine meditative Haltung bemühen, also entspannt und zugleich achtsam sind. Sobald Ihnen das gelungen ist, erinnern Sie sich so konkret wie möglich an Ihr heutiges Frühstück. (Falls Sie ein »Frühstücksmuffel« sind, vergegenwärtigen Sie sich stattdessen Ihre letzte Mahlzeit, die Sie eingenommen haben.) Worin hat es bestanden? Wo und unter welchen Umständen haben Sie es zu sich genommen? Versuchen Sie sich an möglichst jede Einzelheit zu erinnern und diese mit allen Ihren Sinnen wieder zu beleben. Das fällt einem manchmal nicht ganz leicht. Aber geben Sie nicht gleich auf. Fragen Sie sich zum Beispiel: Wie hat der Tisch ausgesehen, an dem Sie saßen? Die Tasse? Das Messer? Was haben Sie getrunken und gegessen? Vielleicht eine Tasse Tee und ein Brötchen mit Butter und Marmelade. Wenn Ihnen etwas nicht mehr einfällt, ersetzen Sie es zunächst durch eine Phantasie. Sie kann als Hilfskonstruktion dienen, die Ihnen die fehlenden Erinnerungen zurückbringt (»die Zuckerdose befand sich nicht vor mir, wie ich zunächst meinte, sondern schräg links neben dem Teller«).

Nachdem Sie sich möglichst konkret an jede Einzelheit erinnert haben, fahren Sie in einem nächsten Schritt damit fort, möglichst viele Menschen und Umstände vor Ihr inneres Auge zu rücken, die dazu beigetragen haben, dass Sie heute Ihr Frühstück zu sich nehmen konnten. Bemühen Sie sich dann, jedem gegenüber, der im Laufe der Übung in ihr Bewusstsein trat, ein Gefühl der Dankbarkeit, zumindest aber freundliche Empfindungen und Gedanken entgegenzubringen, weil er durch seinen Beitrag ermöglicht hat, dass Sie essen und trinken konnten, obwohl Sie ihn oder sie vermutlich gar nicht kennen.

Dabei spielte die Verkäuferin im Brotladen ebenso eine Rolle wie die Teepflückerin in Assam oder die Töpferin, die die Tasse geformt hat, die Sie benutzten. Aber auch der Angestellte im Elektrizitätswerk gehört dazu, der den Generator gewartet hat, durch den der Strom erzeugt wurde, den Sie zum Kochen des Tees brauchten oder der Lotse des Schiffes, das den Tee im Hamburger Hafen anlieferte. Vielleicht fällt Ihnen auch der Schreiner ein, der den Tisch anfertigte, an dem Sie saßen oder die Weberin, die das Tischtuch anfertigte. Vermutlich kommt Ihnen auch der Bauer in den Sinn, der das Getreide säte. Wohin sich auch Ihre Überlegungen richteten: jedenfalls werden Sie feststellen, dass Sie auf eine Unzahl von Bezügen stoßen, wenn Sie etwas genauer nachdenken. Versuchen Sie, in der schon beschriebenen inneren Haltung sich möglichst viele dieser Bezüge klar zu machen.

Wenn Sie nach etwa 20 Minuten die Übung abschließen, wird Ihnen deutlich, dass Sie nur einen Bruchteil der Zusammenhänge erfassen konnten, die in Ihr Frühstück hineinspielten. Auch wenn Sie diese Meditation in den nächsten Tagen mehrfach wiederholen, um sie zu vertiefen, was wir Ihnen empfehlen, werden Sie zu keinem Ende kommen. Ihnen geht aber vermutlich etwas zum Verständnis der Meditation sehr Wesentliches auf: *Selbst in den einfachsten Situationen sind wir in eine schier unvorstellbar große Summe von Zusammenhängen einbezogen,* die uns mit zahllosen Aspekten der Wirklichkeit in Berührung bringt, gleich ob wir das merken oder nicht und gleich, wie wir dazu stehen. Ihnen wird also deutlich, dass wir, gemessen an dem, wie es wirklich ist, meist in einer armselig engen »solipsistischen« Vorstellungswelt leben, mehr oder minder so, als existierten wir allein auf der Welt. Wir erkennen also mit Hilfe unserer Übung auch, dass wir uns »normalerweise« viel isolierter fühlen, als es der Wirklichkeit entspricht. Das heißt, wir nehmen meist einen Standpunkt ein, der in einem erschreckenden Maß unser begrenztes Ich mit seinen egozentrischen Interessen und mit seinen illusionären Vorstellungen von Autonomie als das einzig Wirkliche gelten lässt.

Diese Übung war zugleich ein einfaches Beispiel für einen zentralen buddhistischen Gedanken, der dort *pratītya-samutpāda* genannt wird: »Entstehen in gegenseitiger Abhängigkeit«. Das will sagen: die Wirklichkeit besteht nicht nur aus beziehungslos nebeneinander existierenden »facts«. Es ist auch illusionär, sich in ein System von Unter- und Überordnung hinein zu phantasieren, das sagt: »Das steht mir alles zu, denn wer zahlt, schafft an«. Vielmehr leben wir in einer unendlich dicht miteinander vernetzten Welt.

Diese Einsicht hat bis zu einem gewissen Grad seine Entsprechung in dem Denken der von Alfred North Whitehead (1861-1947) gegründeten prozessphilosophischen Schule, die sich von dem aristotelischen Interesse am Sein und an der Substanz weg bewegt zur Dynamik des Werdens und des Prozesses[71]. Aber bemerkenswert an dieser analysierenden Meditation ist nicht nur, dass man damit theoretische Probleme unter meditativen Voraussetzungen angehen kann, unter Umständen sogar solche von hoher philosophischer Tragweite, so dass man sie in einem neuen, ungewohnten Licht sieht. Bemerkenswert ist vor allem, dass bei der Übung ein gewisses Element ins Spiel kam, das hauptsächlich vom Buddhismus betont wird und das, worauf der gegenwärtige Dalai Lama wiederholt hinwies, zum Beispiel auch in das Denken des Christentums stärker einbezogen werden könnte. Im Tibetischen nennt man es *Lodjong*[72] und versteht darunter eine »Transformation des Denkens« bzw. eine »Schulung des Geistes«, hier mit dem konkreten Zweck, über die *Güte* der Menschen nachzudenken.

Wer auf die genannte Weise konstant sein Bewusstsein schult, dessen Verhältnis zu den Mitmenschen ändert sich unserer Erfahrung nach *tatsächlich* allmählich, und zwar aus folgendem Grund: Begreiflicherweise ist es den meisten von uns unangenehm, wenn sie jemand auffordert, ihren Nächsten zu lieben, wozu alle Religionen neigen. Häufig entwickeln wir dagegen sogar einen verständlichen heftigen Protest. Dieser Nächste gewinnt aber wie von selbst für uns an Wichtigkeit, sobald uns unmittelbar evident geworden ist, dass wir mit ihm mehr verbunden, ja auf ihn angewiesen sind, als wir bis dahin sahen. Wir beginnen dann zu begreifen, wie armselig unser Dasein ist, wenn wir uns vormachen, wir seien der Nabel der Welt. Aus dem Gesagten ergeben sich zwei Konsequenzen:

Die Erste besteht darin, dass eine schlichte Übung helfen kann, den vielleicht größten Mangel unserer Gesellschaft zu bekämpfen: *ihren Defekt im Gemeinschaftsgefühl,*

73

vor allem bei Intellektuellen, den bereits der junge Freud gesehen hat.

So schrieb er 1883 seiner Braut: »Es gibt eine Psychologie des gemeinen Mannes, die von der unserigen ziemlich unterschieden ist. Sie haben auch mehr Gemeinschaftsgefühl als wir, es ist nur in ihnen lebhaft, dass sie einer das Leben des anderen fortsetzen, während jedem von uns mit seinem Tod die Welt erlischt«[73].

Die zweite Konsequenz ist *philosophischer Natur*: die Einsicht in das pratītya-samutpāda bildet einen wesentlichen Unterschied gegenüber unserem westlichen Bewusstseinszustand, der seit dem Aufkommen der mentalen Bewusstseinsstufe zunehmend zur Spaltung zwischen Subjekt und Objekt tendiert.

> ➤ Eines der Hauptziele der Meditation besteht darin, die Subjekt-Objektspaltung zu überwinden, die weitgehend unser Denken bestimmt, ohne dass dies durch einen Verlust an der notwendigen Differenzierung erkauft wird. Diese muss jeglicher Vereinheitlichung vorangehen.

Nur wer vorher beobachtet und differenziert, kann zu einer wirklichen Ganzheit durchbrechen. Andernfalls wird der Begriff »Ganzheit« zu einer gedankenlosen Phrase, bei dem »alle Katzen grau« sind.

4. Die Meditation des eigenen Sterbens

Das Thema der nächsten Übung mag Sie verwundern, erschrecken oder ärgern: die Meditation des eigenen Sterbens. Es ist in der Tat unbestreitbar: der Sprung von der Betrachtung Ihres heutigen Frühstücks bis zur Konfrontation mit Ihrem Lebensende scheint ein fragwürdiger Spagat zu sein. Aber wir haben diese Übung aus verschiedenen Gründen dennoch gerade an diese Stelle plaziert:

Die Meditation des eigenen Todes wird in fast allen Kulturen praktiziert, besonders auch in der christlich geprägten. Ein Hinweis darauf sind zum Beispiel die zahllosen Bilder, auf denen gezeigt wird, wie der heilige Hieronymus auf einen vor ihm liegenden Totenschädel deutet. Das sollte den Betrachter auf seine eigene Vergänglichkeit aufmerksam machen. Wir werden an dieser Stelle allerdings nicht auf dieses Bild zurückgreifen, sondern erneut eine Übung aus dem tibetischen Kulturkreis verwenden, denn viele der dort entwickelten Übungen sind didaktisch außerordentlich geschickt aufgebaut und vermeiden den hierzulande allzu häufig anzutreffenden erhobenen Zeigefinger.

Auf der Hand liegt auch, dass diese Meditationsübung zum Themenkreis der gegenständlichen Meditation rechnet.

Der Tod gehört fraglos zu unserem Dasein wie Essen und Trinken.

Trotz dieser Beziehung ist allerdings die Begrenztheit unseres Lebens und das Unausweichliche des eigenen Todes für viele der Inbegriff des Schauerlichen. In Indien haben wir immer wieder gesehen, dass das nicht selbstverständlich, sondern in hohem Maße von der jeweiligen Kultur abhängig ist. Andererseits lehrt uns der 90. Psalm, dass die Neigung, dem Tod auszuweichen offenbar immer groß war. Zugleich weist er uns allerdings darauf hin, dass diese Einstellung töricht ist. Wir lesen dort: »Herr, lehre uns bedenken, dass wir sterben müssen, auf dass wir klug werden«. Warum die Verdrängung des eigenen Todes töricht ist, lässt sich leicht begreifen: Wer seine Lebensgier durch Abscheu bekämpft, treibt den Teufel bloß mit Beelzebub aus. Seine Angst vor dem Tod ist damit nicht beseitigt, sondern drängt sich meist »durch die Hintertür« wieder ins Bewusstsein, sobald er sie »vorne« herausgeworfen hat. Wirksamer ist, das Wissen um die eigene Vergänglichkeit zum Instrument für ein bewussteres, sinnvolleres Leben zu machen. Niemand würdigt das Geschenk seines Lebens wirklich, dem nicht dessen Kostbarkeit aufgegangen ist. Im Grunde verhält es sich dabei ähnlich wie mit unserer Freude an den Blumen. Auch sie wird ja nicht dadurch geringer, dass wir wissen, wie vergänglich sie sind. Dieses Wissen macht ihr Blühen für uns nur noch kostbarer.

Aber muss man wirklich meditieren, damit einem das aufgeht? Reicht es nicht einfach aus, die Richtigkeit der Feststellung des Psalmisten zu akzeptieren, damit man sein Leben sinnvoller und bewusster führen kann? Dieser Einwand ist für denjenigen berechtigt, der im Sinne des 90. Psalms dem Tode wirklich gelassen ins Auge schauen kann. Er muss vermutlich tatsächlich nicht über seinen Tod meditieren und kann sich im Übrigen damit zufrieden geben, dass es, wie schon gesagt, kein Universalheilmittel gibt. Auch die Meditation ist keines. Aber seien Sie ehrlich: sollten Sie wirklich zur Minderzahl derjenigen gehören, denen eine derartige reife Einstellung zum Tod so selbstverständlich ist, dass sie ihnen als Antrieb für ein sinnvolles Leben dient? Wenn das nicht der Fall ist, dann sollten Sie sich tatsächlich an die meditative Betrachtung Ihres eigenen Todes heranwagen, zu der wir Sie einladen möchten. Warum wollen Sie damit aber nicht *jetzt* anfangen? Gerade wenn es ein Ziel der Meditation ist, Weisheit und Mitgefühl zu entwickeln, darf dieses Thema nicht ausgespart werden.

Vielleicht erleichtert es Ihnen den Zugang zu dieser Übung, wenn Sie sich nochmals an unsere »Frühstücksmeditation« erinnern. Dabei wurde deutlich, dass man von der Betrachtung eines scheinbar trivialen Vorgangs alsbald zu einer bedeutsamen philosophischen Einsicht kommen kann (über das pratītya-samutpāda). Bei der Betrachtung des eigenen Todes ist es umgekehrt: wenn wir unserem Tod nicht ausweichen, verliert er viel von seinem Schrecken, weil unsere Angst eng mit unserem Ausweichen zusammenhängt.

Nun aber zu unserer *praktischen Übung*! In Tibet nennt man sie ungeschminkt »Leichenbetrachtung«[74].

Setzen Sie sich zunächst, wie bei jeder Meditation, in Ruhe an einen Platz, wo Sie nicht gestört werden können und bringen sich dann in eine äußere und innere meditative Haltung, wie Sie es gelernt haben. Wenn Sie sodann gesammelt und mit wachem Bewusstsein die einzelnen Schritte der folgenden Übung vollziehen, dann sollten Sie sich vor allem darum bemühen, unter keinen Umständen in Selbstmitleid oder Sentimentalität abzugleiten. Falls sich aber dennoch derartige Stimmungen bei Ihnen aufdrängen, dann machen Sie einfach diese zum Gegenstand Ihrer Übung: betrachten Sie auch diese sachlich, konzentriert und wachsam, etwa so, als würden Sie auf eine Fliege oder auf ein Tapetenmuster an der Wand sehen, die einfach da sind. Registrieren Sie also nüchtern: »Aha! So also sieht Selbstmitleid aus« oder: »Aha! Jetzt bin ich also sentimental«. Kehren Sie danach wieder zur »Tagesordnung« Ihrer Übung zurück. Diese hat verschiedene Stufen:

a. Die Einsicht in die Unausweichlichkeit des Todes

1. Jeder muss sterben. Denken Sie an alle möglichen Menschen, die früher gelebt haben, Könige, Dichter, Heilige und Verbrecher oder wen auch immer sonst. Sie alle haben gelebt, geliebt, gelitten, gekämpft wie Sie – und alle sind gestorben.

Denken Sie dann an Menschen, die Sie kennen – Freunde, Feinde, Nahe, Fernstehende. Vergegenwärtigen Sie sich innerlich jeden von ihnen, sobald er in Ihr Bewusstsein tritt. Feststeht: Auch er muss eines Tages sterben.

2. Die dir verbleibende Lebenszeit nimmt ständig ab. Selbst wenn Sie meditieren, vergeht die Zeit. Zwar soll man sich möglichst fit halten. Aber letztlich kann niemand dem Tod ausweichen.

3. Nur sehr wenig hast du im Laufe deines Lebens auf die Entwicklung deines Bewusstseins verwendet. Wie viel Zeit haben Sie mit Essen, Schlafen, Arbeiten oder vor dem Fernsehapparat verbracht? Und wieviel Zeit haben Sie sich an Gefühle der Eifersucht, der Wut, des Neids, der Langeweile gehängt? Vergleichen Sie damit die Zahl der Stunden, die Sie darauf verwendet haben, Ihren Geisteszustand zu verbessern.

Registrieren Sie auch dies ganz sachlich und nüchtern, damit Sie wirklich erkennen, wie es in dieser Hinsicht mit Ihnen steht.

b. Die Ungewissheit, wann der Tod eintritt

4. Die Dauer des menschlichen Lebens ist ungewiss. Jederzeit kann der Tod eintreten. Meine Schwester ist bei ihrer Geburt gestorben, mein Bruder mit 10 Jahren, ein naher Verwandter mit 26 Jahren und ein Lehrer von mir mit 92 Jahren. Lassen Sie ganz in sich zu, dass auch der Zeitpunkt *Ihres eigenen Todes* ungewiss ist.

5. Es gibt viele Todesursachen. Jeden Tag erfahren Sie aus ihrem Bekanntenkreis, in der Zeitung oder im Fernsehen, dass der eine an dem gestorben ist und jener an etwas anderem. Bedenken Sie, dass fast jede dieser Todesursachen auch die Ursache Ihres eigenen Todes sein kann.

6. Der eigene Körper ist äußerst hinfällig. Es spielt keine Rolle, ob Sie sich in diesem Augenblick gesund oder krank fühlen, vital oder schwach. Der Körper ist leicht verwundbar und schnell zerbrochen. Selbst wenn Sie bis dahin immer gesund geblieben sein sollten, werden eines Tages doch die Jahre über Sie triumphieren. Der Körper wird schwächer werden und eines Tages werden Sie sterben.

7. Nur die geistige Einsicht kann im Moment des Todes helfen. Nichts von dem, was du besitzt und was dir Freude gemacht hat, kann dir dann helfen. Versuchen Sie möglichst unmittelbar zu spüren, wie Sie auf dem Sterbebett liegen und zu fühlen, wie es sein könnte, wenn Ihr Körper mit jeder Minute schwächer wird. Was von dem kann jetzt noch helfen, das Sie dereinst getröstet hat? Essen? Alkohol? Musik? Sex? Medikamente oder Schlaf? Denken Sie daran, welchen Aufwand Sie getrieben haben, dass Ihnen das alles jederzeit zur Verfügung stand und machen Sie sich klar, wie abhängig Sie möglicherweise davon sind. Nichts von alledem werden Sie mitnehmen können. Auch Ihr Sterben können Sie damit nicht erleichtern. Wer am Ende an all diesem immer noch seinen Halt sucht, verhindert, dass er in Frieden stirbt.

8. Die Menschen, die du liebst, können dir nicht helfen. Es liegt nahe, dass man sich vor dem Sterben mit der Bitte um Trost vor allem an Menschen wendet, die man geliebt hat und die für einen gesorgt haben. Es war schön, dass wir sie hatten und wir sollten ihnen dafür dankbar sein. Aber im Erlebnis des Sterbens ist jeder völlig allein. Wenn wir uns dann an Menschen klammern, die wir lieben, werden wir nicht im Frieden sterben können. Gestehen Sie sich ein, wie wenig sinnvoll es ist, sich so abhängig zu machen – sei es im Leben oder im Sterben.

9. Dein eigener Körper kann dir nicht helfen. Von Geburt an hat mich mein Körper begleitet. Ich habe ihn geschützt, gepflegt, vielleicht oft auch mutwillig geschädigt. Dennoch war er für mich ein Besitz, dem ich mehr Zuwendung entgegengebracht habe als allem anderen. Bald wird er aber nutzlos sein und auf dem Friedhof vermodern. Wenn ich auch jetzt noch nicht bereit bin, ihn loszulassen, wird meine Angst vor dem Schmerz und meine Trauer um das, was ich aufgeben muss, mein Leiden nur noch vergrößern; aus gutem Grund fasst der Buddhismus den Begriff des Leidens weiter als wir: er sieht alles Vergängliche, alles Anhaften und jede Begehrlichkeit als leidvoll an. Sie sind einem ständigen Wechsel unterworfen. Nichts davon kann uns auf die Dauer zufriedenstellen.

Vielleicht Sind Sie, lieber Leser, nach dieser Meditation bedrückt. Das zeigt, dass Sie die Übung ernst genommen haben. Es wäre allerdings nicht gut, wenn Sie darauf nur mit Bedrücktheit reagieren würden. Um diese Gemütsverfassung nicht in den Alltag hinüberzunehmen, kann Ihnen helfen, wenn Sie sich klar machen, dass der Tod ein ganz natürlicher Aspekt des Lebens ist und dass nur Ihre Unfähigkeit, ihn so zu sehen, Sie durcheinander bringt. Furcht und Trauer kommen auf, wenn man so unrealistisch ist, sich an die Vorstellung von Dauerhaftigkeit zu klammern. Was könnte an ihre Stelle treten? Wir möchten Sie hier mit einem Satz bekannt machen, den der Buddha vor seinem Sterben gesprochen haben soll und mit dem im Allgemeinen der Abend nach einer gemeinsamen Zen-Übung (»sesshin«) abgeschlossen wird:

> ➤ »Eines solltet Ihr Euch stets vor Augen halten: schwerwiegend ist die Frage nach Leben und Tod. Alle irdischen Erscheinungen sind dem Gesetz der Vergänglichkeit unterworfen. Unsere Jahre gehen schnell dahin. Darum seid stets wachsam, niemals nachlässig, immer aufmerksam«.

Was Sie eben gelesen haben, ist unabweisbar und gilt für jeden von uns. Wenn wir darin einwilligen, dann kann uns das helfen, uns nicht mehr so stark an diese »Erscheinungen« anzuklammern, sondern stattdessen *mit* den anderen und *für* sie zu leben.

Eine derartige Einwilligung kann verschieden aussehen. Es ist keine Aufgabe der Meditation, die für jeden mögliche Form herauszufinden. *Auch die Meditation hat ihren Platz und ihre Grenzen. Anderes soll hinzukommen.* Für uns zum Beispiel sind bei der Auseinandersetzung mit dem eigenen Tod die Kantaten von Johann Sebastian Bach wichtig; wir erleben sie als spirituell und tröstlich *zugleich.* Vor allem berührt uns, wie Bach die Botschaft der Texte, dass man sogar seinem Tod hoffnungsvoll entgegensehen kann, wenn man ihn als Tor zu jener Wirklichkeit begreift, an die man glaubt, in Melodien umsetzte. Besonders überzeugt hat uns allerdings auch, dass ihn seine Bejahung des eigenen Todes nicht daran hinderte, sich am Leben zu freuen.

Vielleicht denken Sie aber nicht christlich, sondern sind vom Gedanken der Reinkarnation überzeugt. In diesem Fall wird Ihnen die Vorstellung von einer Weiterentwicklung in einem nächsten Leben vermutlich aber nur dann hilfreich sein, wenn Ihre Überzeugung wie bei den Tibetern in die Freude darüber einmündet, welch köstliches, nicht selbstverständliches Geschenk es ist, dass Sie *jetzt* als Mensch und nicht in einer anderen Existenzform leben können.

Sollten Sie jedoch überhaupt keiner religiösen Tradition anhängen, wie heute so viele Zeitgenossen, dann hilft Ihnen vielleicht die Erinnerung an den Trost, den Sokrates seinen Freunden gespendet hat, als er gelassen in den Tod ging. Sogar beim Sterben ging es ihm nicht bloß um sich, sondern auch um die anderen.

Wo immer Sie aber religiös stehen, kann Ihnen der Satz aus dem 90. Psalm helfen: »Lehre uns bedenken, dass wir sterben müssen, *auf dass wir klug werden«*, mit dem wir dieses Kapitel eingeleitet haben. Er ist selbst für die hilfreich, denen das Wort »Herr« fremd ist, das an seinem Anfang steht, denn er weist auf die Chance hin, klug werden zu können, wenn wir unseren Tod annehmen. *Gerade dabei kann uns die Meditation helfen.*

Noch etwas anderes ist Ihnen möglicherweise bei dieser Übung aufgegangen, nämlich dass es beim Meditieren darum geht, sich in einen überzeitlichen und überpersönlichen Horizont zu stellen, der in einer jahrtausendealten Tradition wurzelt.

> ➤ Die Meditation kann helfen, zu dem »ja« zu sagen, was man »eigentlich« weiß, obwohl sie kein psychotherapeutisches Verfahren ist. Zu dieser Bejahung kommt es oft gerade dadurch, dass einem beim Meditieren die überzeitliche, allgemein gültige Bedeutung einer Situation oder eines Geschehnisses deutlich wird.

Dieser überzeitliche Charakter steht in fruchtbarer Spannung zu der Tatsache, dass die meditative Erfahrung nicht erzwungen werden kann, sondern auf dem Loslassen des Ichs beruht, wobei eigene Anstrengung und absichtsloses Bereitsein (bzw. Betrachtung und Schweigen) zusammenfallen. *Bei diesem schweigenden Hören geht es, östlich ausgedrückt, darum, die eigenen Illusionen aufzugeben, bzw. westlich formuliert, die selbst geschaffenen Götzenbilder zu zerstören.* Ein

zweiter Aspekt kommt hinzu. Auch er findet sich in vielen Formen in allen Religionen. Im Psalm 46 wird er so ausgedrückt: »Seid stille und erkennt, dass ich Gott bin«.

Bemerkenswerterweise hilft gerade das Durchhalten der Spannung zwischen einer überpersönlichen Weisheit und der Vernichtung alter Idole, sich auf die *heutige* Zeit mit ihren Möglichkeiten und Begrenzungen einzustellen. Der Meditierende wird also nicht verleugnen, dass wir in einer »offenen«, pluralistischen Welt leben. Ob das auf die Dauer so sein wird oder ob wir wieder zu einer neuen Einheit finden, weiß niemand. Persönlich erwarten wir eher das Letztere, ähnlich wie Jean Gebser, Ken Wilber oder unsere Lehrer Leopold Szondi und Pater Lassalle. Dennoch würde man die Meditation missbrauchen, wollte man sich mit ihrer Hilfe in eine imaginäre Zukunft hineinträumen oder -flüchten.

> ➤ Bei der Meditation kommt man nur weiter, wenn man zu einer größtmöglichen Offenheit für das bereit ist, was einem bei seiner Übung begegnet. Zugleich aber bedarf es der ständigen kritischen Besinnung und des Dialogs mit den Mitmenschen, mit den kulturellen Strömungen der Gegenwart, aber auch mit den großen geistigen Traditionen der Menschheit.

5. Disputation in einer meditativen Haltung

Bei der folgenden Übung geht es darum, in meditativer Haltung zu disputieren. Dabei soll gelernt werden, stärker als es heute bei Diskussionen üblich ist, auf die Gesamtsituation und speziell auf den Gesprächspartner zu achten, ohne dass dies durch eine Einbuße an Entschiedenheit oder an intellektuellem Niveau erkauft wird.

Diese Übung setzt ein hohes Maß an Achtsamkeit, Wissen, ein geschultes Denken, einen weitgehend unblockierten Zugang zu den eigenen Gefühlen sowie ein Gespür für die Gesamtsituation voraus. Sie ist besonders für das Lehren und Lernen sowie für Diskussionen bedeutsam.

Das *Lehren und Lernen in meditativer Haltung* erfolgt vor allem in Dialogform. Das hilft sowohl dem Lehrenden wie dem Lernenden, (anders als beim bloßen Dozieren), zu sehen, wo sowohl er als sein Gesprächspartner innerlich wirklich steht.

Die Disputation in meditativer Haltung kann aber auch unsere »Streitkultur« ergänzen und erweitern, in der man mit Recht ein unverzichtbares Grundelement des demokratischen Umgangs miteinander sieht. In der Praxis verlaufen allerdings unzählige Diskussionen unbefriedigend, weil deren eigentliches Ziel nicht eingelöst wird. Es besteht darin, Sachverhalte, Zustände und Positionen zu klären, indem man diese möglichst genau bezeichnet. Dass dabei zwischen Anspruch und Wirklichkeit so oft Welten klaffen,

hängt vor allem mit einer weit verbreiteten gestörten Fähigkeit zum Dialog zusammen. Diese Unfähigkeit hat es immer schon gegeben. Ihre negativen Auswirkungen nahmen aber noch an Bedeutung zu, weil in unserem »Zeitalter des Narzissmus«[75] nicht nur Defekte im Gemeinschaftsgefühl wachsen, sondern zudem auch der Egoismus vielfach von einem Laster zu einem notwendigen Element der Selbstverwirklichung umgedeutet wurde. Dadurch kam es vielfach zu einem Verfall der Gesprächskultur, verbunden mit einem steigenden Anspruch, von den anderen verstanden zu werden.

Eine Folge dieser Entwicklung ist, dass dabei zumindest der eine Partner häufig den Eindruck hat, sein Kontrahent gehe auf seine Argumente gar nicht wirklich ein, sondern unterstelle ihm etwas, was er gar nicht gemeint hat. Oft sind sich sogar beide Seiten trotz ihrer Kontroversen insgeheim darin einig, dass sie von der jeweils anderen Seite in eine schiefe Position gebracht werden. Begreiflicherweise reagieren sie darauf aggressiv. In derartigen Unterstellungen drückt sich allerdings nicht bloß mangelnde soziale Kompetenz und Übung oder übertriebene Empfindlichkeit aus, sondern auch die Tatsache, dass bei Disputationen Argumente häufig die Funktion von Huren haben, die sich unter dem Deckmantel der Offenheit nur noch den eigenen Interessen bzw. Affekten andienen. Der Lernertrag eines solchen Gesprächs tendiert begreiflicherweise gegen Null und das einzige Ergebnis, zu dem es dabei noch kommt, besteht darin, dass am Ende die eigene Position noch mehr zementiert ist als vorher.

Wie häufig und wie wichtig derartige Fehlformen der Begegnung sind, können Sie feststellen, wenn Sie zum Beispiel im Fernsehen einer Parlamentsdebatte zuhören, bei der es um ein uns allen wichtiges Thema geht, etwa um eine geplante Steuererhöhung. Stellen Sie sich vor, was dabei passieren würde, wenn der Abgeordnete Meier von der A-Partei, nachdem er dem Abgeordneten Müller von der gegnerischen B-Partei zugehört hat, sich zu Wort melden und sagen würde: »So wie Sie das gesagt haben, Herr Müller, habe ich die Sache bisher noch nie gesehen. Sie haben mich überzeugt. Ich muss daher meine bisherige Auffassung zu diesem Thema revidieren. Deshalb werde ich meine Stimme in Ihrem Sinne abgeben«. In diesem Augenblick würden vermutlich sämtliche Mitglieder des Parlaments, Freund und Feind, den Eindruck haben, Herr Meier habe soeben seinen Verstand verloren – und vermutlich hätten sie (schrecklicherweise!) mit dieser Annahme nicht einmal unrecht. Nun sagt einem aber der gesunde Menschenverstand, dass es undenkbar ist, dass einige hundert Abgeordnete, die der A-Fraktion angehören, bei allen wichtigen Themen unisono einer Meinung sind, während einige hundert Mitglieder der B-Fraktion über jede dieser Fragen genau entgegengesetzt denken.

Auf den ersten Blick liegt es nahe, aus solchen Fällen auf Uneinsichtigkeit, Scheinheiligkeit oder zumindest Opportunismus zu schließen. Natürlich sind diese Züge tatsächlich weit verbreitet, nicht zuletzt auch unter Politikern. Dennoch lässt sich das Problem insgesamt nicht nur auf das Moralische oder den Zeitgeist reduzieren, denn dazu kommen auch bestimmte »instrumentale« Schwierigkeiten, die uns allen gemeinsam sind: die Schwierigkeit, hinzuhören, die Schwierigkeit, sich von den eigenen Affekten und Interessen zu distanzieren sowie die Unfähigkeit, Brücken zu bauen. Gegen diese drei Mängel mit ihren vielfachen Ursachen kann die Meditation wirksame Heilmittel anbieten. *Schon deshalb ist es gerade heute notwendig, die alte Tradition der Disputation in meditativer Haltung wieder zu beleben, die es bereits in der mittelalterlichen Scholastik gegeben hat und die bei tibetischen Mönchen bis heute gepflegt wird.*

Sie fördert die Fähigkeit, hinzuhören und wirkt unserer Tendenz zur *Selbstbezogenheit* entgegen. Sie hilft aber auch bei zwei weiteren Hindernissen, die es jedem von uns schwer machen, sich für die Wirklichkeit aufzuschließen: Die eine davon hängt mit der *Thematik vieler Diskussionen* zusammen. Darauf hat Sigmund Freud hingewiesen. Er betonte, dass wir selten unparteiisch sind, wo es sich »um die letzten Dinge, die großen Probleme der Wissenschaft und des Lebens handelt«[76]. Disputationen haben aber gerade mit solchen Themen zu tun. Hinzu kommt auch, *dass in vielen Diskussionen der gewinnt, der dem anderen dialektisch überlegen ist, nicht aber jener, der die besseren Sachargumente ins Feld führt.* Wohl dem, der in der »Hitze des Gefechts« noch die Kraft und die Übersicht besitzt, seinem »siegreichen« Kontrahenten entgegenzuhalten: »Du kannst mich jetzt zu Tode reden, so dass ich dir nichts mehr erwidern kann. Das heißt aber immer noch nicht, dass du Recht hast. Vielleicht wirst du am Ende dieser

81

Diskussion sogar noch einsamer sein als vorher, auch wenn du scheinbar als Sieger vom Platz gehst«. Anders als bei der antiken Sophistik, die Strategien anbot, mit denen man tatsächlich bei einer Disputation den Gegner schlagen konnte, steht hinter der vorliegenden Übung die Überzeugung, dass ein Gespräch nur dann fruchtbar ist, wenn der dialektisch Stärkere spürt, dass er nicht wirklich gewonnen hat, wenn der scheinbar Schwächere nur unter Zwang auf ihn hört. Andernfalls verkommt der Diskurs zum bloßen Machtspiel.

Jedes Gespräch in meditativer Haltung setzt bei *beiden* Teilnehmern ein hohes Maß an Ambiguitätstoleranz voraus. Das heißt, Sie müssen bereit sein und lernen, gegebenenfalls in einer komplexen und unübersichtlichen Situation zu existieren und dennoch die aus der Ungelöstheit sich ergebenden Spannungen auszuhalten. Dazu gehört vor allem die Aufgabe, sich persönlich sichtbar zu machen, das heißt, persönlich und erfahrungsbezogen zu reden und dennoch sich von den eigenen Affekten und Interessen zu distanzieren. Die Devise lautet also: pro Gefühl und kontra Affekte (s. Anm. 5, S. 236). Das gelingt aber nur, wenn man lernt, jedes schizoide Abspalten von Gefühlen zu vermeiden und stattdessen zum verständnisvollen Beobachter der gesamten Situation, vor allem aber seiner selbst zu werden. Die Meditation hilft dabei, weil es bei ihr weder um Machtzuwachs noch um mehr Tüchtigkeit geht, sondern darum, dass das Alltags-Ich von seiner Abhängigkeit (seinen »Anhaftun-gen«) an Wünsche und Projektionen, an Vorstellungen, Phantasien, Begriffe, Ideen und Bilder so weit als möglich befreit und letztlich verwandelt (manche Mystiker nennen das: »vernichtet«) wird.

Das Ziel einer solchen »Vernichtung des alltäglichen Egos« ist auch hier weder eine falsche Askese noch die Beförderung einer masochistischen Haltung, sondern der Zuwachs an Fähigkeit, auf die Gesamtsituation zu achten, von der man selbst ein Teil ist. Das ermöglicht, *Brücken zum Mitmenschen zu bauen*, auch wenn es zu keinem Konsens der Argumente kommt.

Nun aber zur Praxis dieser Übung:

a. Eine Vorübung

Versetzen Sie sich zunächst wiederum in einen meditativen Zustand, wie Sie es gelernt haben und versuchen Sie als Erstes, folgende vier Schritte zu vollziehen:

Erster Schritt: Vergegenwärtigen Sie sich zunächst, was es heißt, dass Sie sich als »Ich« erfahren[77]. Was immer Sie über sich selbst denken mögen, eines steht jedenfalls fest: Sie sind ein Mensch und kein physikalisch definierter Gegenstand, zum Beispiel ein Stein mit ein für allemal festgelegten Eigenschaften, der lediglich durch äußere Kräfte verändert wird. Vielmehr lassen Sie sich lediglich als ein sich ständig wandelndes Ganzes begreifen. Weder körperlich noch psychisch sind Sie derselbe, der Sie zu Beginn Ihres Lebens waren. Trotz all der *Wandlungen seitdem sind*

Sie jedoch ein unverwechselbares Wesen. Es ist somit keine Fiktion, wenn Sie von »Ich« sprechen im Zusammenhang mit der Feststellung: »Als Kind war ich kleiner als heute und hatte andere Interessen. Dennoch trage ich heute noch den gleichen Namen«. Feststeht auch, dass Sie unter all den Menschen, die es auf der Welt gab, gibt und geben wird, eine »Singularität« sind, »einzigartig«.

Zweiter Schritt: Einzigartig sein heißt nicht, vereinzelt zu sein. Wir existieren nur, weil es andere Menschen gab und gibt. Niemand ist aus sich selbst geboren, keiner wird sich selbst zu Grabe tragen. *Jeder von uns ist insofern Teil eines Wir.* Ob Sie es merken oder nicht, ob Sie es wünschen oder nicht, immer stehen Sie mit anderen Menschen in Beziehung. Das wurde uns deutlich, als wir uns über das pratītya-samutpāda Gedanken machten[78].

Dritter Schritt: Neben dem Ich und dem Du treffen wir aber auch auf ein »Es«, also auf objektive Verhältnisse, die uns mitbestimmen. Dazu gehören nicht nur Ihr Lebensalter oder Ihr Gesundheitszustand, sondern zum Beispiel auch bestimmte Themen, Interessen und vor allem Aufgaben, durch die Sie mit anderen Menschen, unter denen Sie leben, notwendigerweise verbunden sind – auch mit denen, die Sie nicht kennen oder nicht mögen und die Sie sich nicht ausgesucht haben. Jeder von uns ist ja in eine konkrete Mitwelt hineingeboren, spricht eine bestimmte Sprache, ist Teil einer Kultur und ist mit anderen durch bestimmte Schicksale verbunden.

Vierter Schritt: All die genannten Umstände bestimmen und bilden einen »Lebenskreis«. Zugleich leben wir aber alle in einer Außenwelt, die keineswegs immer mit unseren Interessen identisch ist. Unsere Lehrerin und Freundin Ruth Cohn, die Begründerin des »lebendigen Lernens«, nannte diesen Kreis »Globe«. Er existiert außerhalb des unmittelbaren Hier und Jetzt, umfaßt auch mehr als das »Wir«: So sind uns zwar bestimmte familiäre, berufliche, hierarchische und ökologische Traditionen und Faktoren in ihrer Bedeutung oftmals nicht präsent, aber innerhalb der Gruppe, in der wir leben, sind auch sie wirksam. Nicht nur beim »lebendigen Lernen«, sondern auch bei der Disputation in meditativer Haltung müssen wir diese Dimensionen zusammenbringen. Ruth Cohn prägte dafür die Formel: »Ich bin wichtig, du bist wichtig, die Welt ist wichtig, die Balance dieser drei ist lebenswichtig«.

Konkret heißt das zum Beispiel, dass es mir in einem tieferen Sinn weder gut gehen kann, wenn mein Nachbar verhungert noch wenn ich meine Umwelt zerstöre. Bin ich dafür blind, dann muss ich wesentliche Aspekte der Wirklichkeit verdrängen mit allen Konsequenzen einer derartigen Verdrängung. Ich werde aber auch Unheil stiften, wenn ich mich in eine Idee so hineinsteigere, dass meine Familie darunter leidet. Dabei spielt es keine Rolle, ob diese Idee scheinbar einem humanen Ziel dient oder nicht.

Als nächstes schlagen wir Ihnen vor, dass Sie jeden der genannten Schritte durch einige Betrachtungen innerlich verlebendigen sollten, die gleichfalls in meditativer

Haltung vollzogen werden. Also zum Beispiel:

Zum ersten Schritt: Stellen Sie sich möglichst anschaulich vor, wie es ist, wenn ein *Stein* in einen Bach fällt und dann allmählich von den Kräften des Wassers ins Tal transportiert wird und wie die anderen Steine an ihm reiben. Was kommt, verglichen damit zum Beispiel bei einer *Alge* neu hinzu, die zwar gleichfalls im Wasser hin und her treibt, aber abhängig von Nährstoffen und vom Licht ist? Und was ist, verglichen damit, bei einem *Fisch* anders, der frei im Meer schwimmt? Inwiefern ist seine Wirklichkeit anders als die eines Tieres, das sich *auf dem Land* frei bewegt oder das als *Vogel* fliegt? Und was ist, gemessen an all dem, spezifisch für meine Existenz als *Mensch*? Zum Beispiel, dass ich sprechen kann, dass es mir möglich ist, die Zukunft zu planen, aber auch, dass ich um die Unausweichlichkeit des eigenen Todes weiß. Gehen Sie bei jeder dieser Überlegungen im Rahmen Ihrer Möglichkeiten so weit, dass Sie sich in den Stein, in die Alge, den Fisch und in das Landtier hineinfühlen, gleichsam selbst dazu werden. Je tiefer Sie in diese Formen hineinspüren, um so mehr entwickeln Sie ein Gespür für das eigentlich Menschliche in Ihnen und bei Ihren Mitmenschen.

Falls Sie für Poesie oder für die Dimension des Religiösen ansprechbar sein sollten, freut Sie vielleicht ein Gedicht des islamischen Mystikers Maulana Jalaluddin Rumi (gestorben 1273), das von Friedrich Rückert ins Deutsche übersetzt wurde:

»Siehe, ich starb als Stein und ging als Pflanze auf,
starb als Pflanz' und nahm drauf als Tier den Lauf,
starb als Tier und ward ein Mensch.
Was fürcht ich dann,
da durch Sterben ich nicht minder werden kann?
Wieder, wann ich werd als Mensch gestorben sein,
wird ein Engelsfittich mir erworben sein,
und als Engel muss geopfert sein ich auch,
werden, was ich nicht begreif,
ein Gotteshauch«.[79]

Wie immer Sie zu diesem Gedicht von Rumi stehen mögen – ob Sie seine Botschaft teilen können oder nicht, akzeptieren Sie einfach, dass es so ist wie es ist und versuchen Sie, Ehrfurcht vor den darin zum Ausdruck kommenden Gedanken zu empfinden. Das entspricht dem Geist, um den es bei der Meditation geht.

Zum zweiten Schritt: Imaginieren Sie wiederum möglichst anschaulich, wie Sie bei Ihrer Geburt von Ihrer Mutter abhingen, wie Ihr Verhältnis als Kind zu Ihren Mitmenschen war, wie Sie am heutigen Tag mit den Menschen umgingen, mit denen Sie es zu tun hatten: mit solchen, die Ihnen nahe stehen, mit solchen, die Ihnen mehr oder minder gleichgültig sind und mit solchen, die Sie nicht mögen. War dieser Umgang im Laufe der Jahre immer konstant oder gab es dabei Brüche? Welchen Einfluss hatten dabei Sie selbst? Was ging von äußeren Umständen aus? Versuchen Sie dann, zur Probe »den Spieß umzudrehen«: wie wurden Sie früher von den Mitmenschen gesehen und wie sieht man Sie heute? Lassen Sie bei dieser Betrachtung alles Feindselige und alle Affekte beiseite, aber schauen Sie dieses Wesen, das Sie sind, möglichst mit allen Sinnen an, einfach so, wie es wirklich vor Ihnen erscheint. Ergänzen Sie dabei also die schon gestellte Frage »Wer bin ich«, indem Sie sich fragen: »wie könnte ich mich *noch* sehen?«, aber auch: »wie könnte ich diesen mir nahe stehenden, mir gleichgültigen oder von mir abgelehnten Menschen *noch* sehen?«

Zum dritten Schritt: Machen Sie sich klar, wie selbstverständlich es Ihnen ist, die Welt so zu sehen, wie sie Ihnen aufgrund Ihrer Muttersprache, Ihres Alters, der Struktur Ihrer Intelligenz oder Ihrer innersten Überzeugungen erscheint. Zunächst kommt fast jedem von uns, der nicht depressiv ist, die eigene Sicht von der Wirklichkeit als die einzig vernünftige Standardansicht vor, verglichen mit der alle anderen Sichtweisen mehr oder minder mangelhaft sind. Aber so selbstverständlich ist das alles nicht. Gehen Sie auch an dieser Stelle in möglichst unterschiedliche Sichtweisen innerlich hinein und fragen Sie sich, wie die Welt für Sie anders aussehen würde, wenn Sie sie von anderen Voraussetzungen, von einer anderen Warte aus sehen würden. Wie sähe ich also zum Beispiel, wenn ich ein Mann bin, die Welt mit den Augen einer Frau? Oder wie würde ich die Welt wahrnehmen, wenn ich geistig behindert oder aber ein Einstein wäre? Was würde es heißen, wenn ich andere Grundüberzeugungen hätte, zum Beispiel, weil ich religiös anders sozialisiert wurde, als es

mir selbstverständlich ist? Versuchen Sie auch bei dieser Übung, nicht zu grübeln, aber beugen Sie sich gleichsam, so gut Sie können, über den Rand Ihrer gewohnten Sichtweisen hinaus. Bemühen Sie sich dabei, das, was Sie zur Probe betrachten, wirklich ohne Vorurteile zu spüren. Wenn Sie das versuchen, werden Sie freilich feststellen, dass Sie nicht frei von Vorurteilen sind. Diese Einsicht scheint uns wichtig und wir halten es für eine gefährliche Illusion zu meinen, man sei darüber erhaben. Wichtiger ist, den eigenen Vorurteilen »keine Nester zu bauen«.

Bei dieser Übung kommt es darauf an, nicht die eigene Meinung bestätigt zu finden, sondern etwas wirklich Neues, anderes bei mir selbst zu entdecken, eine Haltung, mit der ich bisher noch nicht oder nur wenig vertraut war. Zugleich macht uns diese Übung, je ernsthafter wir sie vollziehen, bescheiden. Sie hilft uns, einsichtiger für die Grenzen unserer Sichtweisen und Fähigkeiten zu werden und es fällt uns in Zukunft vielleicht leichter, uns in andere einzufühlen.

Zum vierten Schritt: Die folgende Übung, die wir oft in Meditationskursen lehrten, haben wir »Erdübung« genannt. Beginnen Sie damit, dass Sie in meditativer Haltung ein Photo der Erde betrachten, das vom Weltraum aus aufgenommen wurde. Es gibt prachtvolle Aufnahmen, die unseren »blauen Planeten« in seiner ganzen Schönheit, aber auch Verletzlichkeit und Zartheit zeigen.

Dann machen Sie sich klar, dass unser Leben nur deshalb möglich ist, weil sich unsere Erde sowohl um sich selbst als auch um die Sonne dreht. Übertragen Sie sodann diese Erkenntnis auf unsere menschliche Situation. Auch wir »drehen« uns notwendigerweise gleichzeitig um uns selbst und um unsere Mitwelt, doch diese Doppelbewegung ist im Unterschied zu den astronomischen Verhältnissen niemals ideal in Balance und nur ganz selten befinden wir uns in einer idealen »Erdposition«.

Überwiegt die »Drehung um sich selbst«, so blähen wir uns zu einer »Sonne« auf (in der Psychopathologie entspräche das einer narzisstischen oder schizoiden Position). Das Umgekehrte geschieht, wenn wir nicht genügend »Eigendrehung« aufbringen und uns gleichsam zu einem »Mond« reduzieren, der seine Eigendrehung aufgegeben hat, seinem Leitplaneten immer nur eine Seite zukehrt und nur um einen außerhalb seiner selbst gelegenen Schwerpunkt kreist. Die Astronomen nennen das mit einer treffenden Formulierung eine »gebundene« Bewegung. Auf den Menschen übertragen spricht man von einer depressiven Position.

Spüren Sie als Nächstes in sich hinein, ob Sie wohl eher dazu neigen, eine »Sonne« oder ein »Mond« zu sein. Aber legen Sie sich dabei nicht vorschnell fest. Es gibt Zeiten, in denen es als anständiger gilt, ein »Mond« zu sein als eine »Sonne« und andere, in denen der allgemeine Anspruch in die umgekehrte Richtung geht. Das prägt auch die eigene Sichtweise und auch hierbei ist es schwer, sich von Moden und den eigenen Vorurteilen zu lösen.

Fragen Sie sich schließlich, wie Sie sich zukünftig in Richtung auf eine »erdgemäße« und damit menschlichere Position hin entwickeln könnten. Suchen Sie also auch hier einen »Weg zur Mitte«. Das wäre zugleich eine gute Vorbereitung für die nächste Übung:

b. Der Einübung der Disputation in meditativer Haltung[80]

Während die zuletzt gebrachten Meditationsübungen Anregungen geben sollten, wie sich die *innere* Dialogfähigkeit mit Hilfe imaginierter Partner und Situationen steigern lässt, wobei man sich solche Übungen eventuell auch selbst ausdenken kann, soll nunmehr die Dialogfähigkeit *mit realen Personen* geschult werden. Dazu brauchen Sie einen Partner, der mit Ihnen gemeinsam übt. Günstig wäre, wenn Sie dabei noch eine weitere Person als »Schiedsrichter« und »Hüter der Spielregeln« zuziehen könnten. Es ist jedoch auch möglich, nur zu zweit zu üben. Unabhängig aber davon, ob Sie die Übung zu zweit oder zu dritt machen, *sollten Sie dabei nicht nur Diskutierender sein, sondern gleichzeitig auch »Hüter der Spielregeln«.* Auch das erfordert ein hohes Maß an *Ambiguitätstoleranz*, hier verstanden als Fähigkeit, sich auch in einer komplexen, scheinbar unübersichtlichen Situation in der Schwebe des Sowohl als Auch, ja gegebenenfalls in der Schwebe der Ungewissheit zu halten. Achten Sie also sowohl auf die Äußerungen Ihres Partners als vor allem darauf, dass *Sie* selbst diese Regeln einhalten. *Gerade diese Balance führt zu einer enormen Schulung der Dialogfähigkeit.* Dies gilt erst recht für einen zweiten »Balanceakt«, der von Ignatius von Loyola (1491-1556), dem Begründer des Jesuitenordens, folgendermaßen formuliert wurde: *»Man soll die Meinung des anderen eher retten als verurteilen«*[81].

Vielleicht kommt Ihnen eine solche »Retter-Haltung« schwächlich vor und Sie fragen sich, warum Sie die Meinung des anderen nicht von vornherein kritisieren sollen, wenn sie Ihnen falsch vorkommt. Die Antwort ist nicht schwer: Die meditative Haltung schließt keineswegs grundsätzlich ein kritisches Argumentieren aus, *aber die Kritik darf nie am Anfang einer Disputation stehen,* denn voreilig geäußert erzeugt sie bei beiden Distanz und Kälte und macht blind für die Mitteilungen des anderen.

Eine raffinierte Variante dieser Haltung wurde ursprünglich in vielen englischen Eliteschulen gelehrt und verbreitet sich inzwischen auch bei uns immer mehr. Man lernt dabei zwar mit einer oftmals geradezu phantastischen Rhetorik zu argumentieren und auch pro forma einige Spielregeln der Disputation aufzugreifen, denkt aber gar nicht daran, die Argumente des anderen zu »retten«, wie es Ignatius fordert. Das führt fast zwangsläufig zu einer »eingefrorenen« Ironie bzw. zu einem Zynismus, der in der Haltung einer innerlich distanzierten Blasiertheit seine Argumente süffisant über seine Umgebung ergießt wie mit einer Dauerberieselungsanlage.

Bei der Meditation geht es um das Gegenteil alles dessen, nämlich um eine Steigerung der Wahrnehmungsfähigkeit für die gesamte Situation sowie um die Steigerung der sozialen Kompetenz.

Unter diesen Voraussetzungen beginnen Sie mit der Übung. *Der erste Schritt* dabei ist, dass Sie sich mit Ihrem Partner zunächst auf ein Thema einigen, das Sie beide interessiert, über das Sie aber unterschiedlicher Meinung sind. Dieses Thema muss anfangs durchaus nicht weltanschaulich oder spirituell sein. Sie können zum Beispiel zunächst auch über Ihre unterschiedlichen politischen Meinungen disputieren oder, wenn Ihnen das schwer fällt, vielleicht auch darüber, warum Sie Anhänger eines bestimmten Fußballvereins sind, Ihr Gesprächspartner aber einen anderen bevorzugt. Beachten Sie: wichtiger als das Thema, das Sie zunächst wählen, ist, dass derjenige, der beginnt, seine These möglichst genau und eindeutig formuliert. Das sollte nicht länger als eine oder zwei Minuten dauern. Die Erfahrung lehrt, dass kaum jemand, der nicht sehr geschult ist, bei einer Diskussion seinem Partner länger zuhören kann. So lange aber sollte es möglich sein und der andere sollte dabei versuchen, gesammelt jedes Wort aufzunehmen.

Im nächsten Schritt soll der Gesprächspartner die vorgetragene These wiederholen, *aber mit eigenen Worten.* Dabei kommt es nicht nur auf den Inhalt an, sondern auch darauf, dass man die Beweggründe des anderen innerlich mit vollzieht. Versuchen Sie dabei aber, zugleich Ihren eigenen Standpunkt im Bewusstsein zu behalten, ohne ihn aber ins Spiel zu bringen. Am Anfang fällt einem das schwer, aber man kann es lernen. *Hüten Sie sich dabei vor allem vor jeglicher Interpretation oder gar der*

Deutung des Verhaltens des anderen, wozu man in unserer Zeit einer vulgarisierten Psychoanalyse oft neigt, nach dem Motto »Du sagst das ja nur, weil ...«. (Wir haben dazu oft spaßhaft gesagt: »Deutung grundsätzlich nur gegen Honorar«). Auch hier gilt Goethes Satz: »Man suche nur nichts hinter den Phänomenen«.

Halten Sie sich auf jeden Fall so lange bei der Wiedergabe der Thesen Ihres Gesprächspartners auf, bis dieser Ihnen bestätigt hat, dass Sie ihn voll verstanden haben, nicht nur inhaltlich, sondern auch sinngemäß. Erst wenn dies geschehen ist, soll der andere dieser Meinung seine eigene These entgegenhalten, mit der wiederum in gleicher Weise umgegangen wird.

Wenn Sie das versuchen, bemerken Sie, dass dies nur mit Hilfe weiterer Spielregeln gelingt: Man kommt nur dann weiter, wenn man ein plumpes Verneinen der gegnerischen These ebenso vermeidet wie eine bloße Gegenbehauptung. Selbst die Forderung, der andere solle seine These beweisen, gilt als unfeiner »Schlag unter die Gürtellinie«.

Nützlich ist stattdessen, hier die Methode der scholastischen »*Distinktion*« aufzugreifen (abgeleitet vom lateinischen Wort für Unterscheidung »distinctio«). Man unterscheidet dabei das Annehmbare vom Fragwürdigen an der These des anderen und sucht zunächst deren Wahrheitsgehalt zu retten. Dies ist fast immer möglich, denn im Allgemeinen findet man diesen Gehalt selbst in einer noch so fadenscheinigen oder widersprüchlichen Aussage,

falls man dafür wirklich offen ist. Erst danach sollen die Schwachstellen in der Argumentation des anderen aufgezeigt werden, genauer gesagt dasjenige, was Sie für Schwachstellen halten. In der Scholastik wurde dieser Einwand zunächst mit dem Satz eingeleitet: »videtur quod non«, das *scheint* nicht zu stimmen (und nicht einfach mit einem: »das stimmt nicht«). Erst danach kam die Gegenthese: »sed contra«: »Im Gegensatz dazu ...(behaupte ich«).

Mit diesem Argument ging dann der Gesprächspartner nach vorheriger Prüfung in gleicher Weise um. Seine »klassische« Antwort lautete: »respondeo dicendum«: »Darauf antworte ich«.

Bemühen sie sich beide darum, die Disputation auf diesem Niveau einer echten Toleranz zu halten und beenden Sie sie damit, dass Sie sich abschließend gemeinsam fragen, worauf Sie sich einigen können und worauf nicht. Auch dabei sollten Sie im Auge behalten, ob Sie im Laufe der Disputation eher in eine »Sonnenposition« oder aber in eine »Mondposition« gerieten. Bemühen Sie sich stattdessen um eine »Erdposition«. Das heißt, Sie sollten ein Gespür dafür entwickeln, ob Sie bei der Disputation eher aus Rechthaberei auf Ihren Ansichten beharrten, obwohl Ihnen manche Argumente Ihres Gesprächspartners wenigstens insgeheim eingeleuchtet haben oder ob Sie, umgekehrt, um eines faulen »lieben Friedens« willen, also letztlich aus Bequemlichkeit und Feigheit oder gar aufgrund einer hintergründig nihilistischen Haltung Kompromisse eingingen, an die Sie letztlich selbst nicht glaubten.

Vielleicht werden Sie hier einwenden, diese Übung mit ihren vielen Spielregeln sei sehr umständlich. Gemessen an der Unfruchtbarkeit vieler Diskussionen scheint uns aber eher das Gegenteil der Fall zu sein: dabei geht es nicht nur ums Inhaltliche, sondern vor allem auch um die Fähigkeit, seine Gedanken und Affekte zu kontrollieren sowie um Gelassenheit, Achtsamkeit und Freiheit von Vorurteilen. Allerdings muss man viel üben und ertragen, dass auch bei dieser Übung noch kein Meister vom Himmel gefallen ist. Wer dazu bereit ist, bei dem wird sich viel Zufriedenheit einstellen.

Nun geht es freilich auch hier, wie bei der Meditation überhaupt, um mehr als um bloße Zufriedenheit und erst recht um mehr als um Geschicklichkeit. Der eigentliche Wert dieser Übung wird vor allem dann deutlich, wenn man sieht, dass sie in einer langen geistigen Traditionslinie steht. Zu dieser gehört zum Beispiel die juristische Regel, dass man beide Seiten anhören solle (»audiatur et altera pars«). Diese Regel wird allerdings bei der Meditation dadurch ergänzt, dass dabei neben ein bloßes äußer(lich)es Hören ein inneres Hören treten soll. Beziehungen tun sich aber auch zur kritischen Philosophie Kants auf, obwohl zu Kants Lebzeiten die scholastische Methode außerhalb bestimmter kirchlicher Kreise in den Hintergrund getreten war. Diese Beziehungen werden deutlich, wenn man sich klar

macht, dass unser vulgäres Verständnis von Kritik im Sinne von Nörgelei, vor allem aber aufgrund von Besserwisserei, diesen Begriff verzerrt. In Wirklichkeit geht es auf das griechische Wort »krinein« zurück, was »scheiden, trennen oder aussondern« bedeutet. Geistige Unterscheidungsfähigkeit wird aber bei dieser Übung gefördert und so wurde dieser Begriff auch von Kant verstanden, als er seine »Kritik der reinen Vernunft« verfasst hat. Der Meditierende wird Kant auch zustimmen können, wenn dieser in der Einleitung zu diesem Buch geschrieben hat: »Unser Zeitalter ist das eigentliche Zeitalter der Kritik, der sich alles unterwerfen muss«[82].

Aber die Förderung einer kritischen Haltung ist nur ein Aspekt unserer Übung. Ein anderer liegt darin, dass sie dazu beitragen kann, die innere Reifung zu fördern. Das wird deutlich, wenn man sie mit einer dazu konträren inneren Haltung vergleicht, wie sie zum Beispiel in dem Satz der Jugendbewegung zum Ausdruck kommt: »Heiß oder kalt, ja oder nein, niemals wollen wir lauwarm sein«. Dieser Satz, hinter dem sich eine pubertäre Sehnsucht nach Eindeutigkeit ausdrückt, und sei sie noch so forciert beziehungsweise durch den Verlust einer umfassenden Sicht erkauft, steht im völligen Gegensatz zum abwägenden Vorgehen bei der meditativen Betrachtung. Um zwischen diesen beiden Standpunkten zu entscheiden, möchten wir den Apostel Paulus als Zeugen zitieren. Er schrieb in dem ältesten seiner überlieferten Briefe an die Thessalonicher: »Darum wollen wir nicht schlafen wie die anderen, sondern wach und nüchtern sein ... Prüft alles, und das Gute behaltet!« (1. Tess. 5,6, sowie 21). Eine präzisere Zusammenfassung der meditativen Haltung sowie dessen, worum es speziell bei dieser Übung geht, können wir uns kaum vorstellen. Es ist daher auch kein Zufall, dass sie ausgerechnet von einem Mann formuliert wurde, der später mit Nachdruck auf seine eigene Reife verwies, als er mit Stolz im 1. Korintherbrief 13, 11 von sich sagte: »Als ich ein Kind war, redete ich wie ein Kind und dachte wie ein Kind. Als ich ein Mann war, legte ich ab, was Kind an mir war«.

Die ungegenständliche Meditation

Die Meditation, bei der kein Objekt meditiert wird, ist nach der Überzeugung fast aller spiritueller Meister in Ost und West deren Kern und Herzstück. Wer mit ihr vertraut geworden ist, kann auch die gegenständliche Meditation, auf die wir uns bisher konzentriert haben, besser praktizieren, denn auch diese steht und fällt mit ihrer körperlichen und geistigen Haltung. Dass wir uns dennoch erst jetzt mit der ungegenständlichen Meditation befassen, erklärt sich daraus, dass der Umgang mit ihr den meisten Übenden schwerer fällt als mit der gegenständlichen. Der Begriff »ungegenständliche Meditation« erschließt sich freilich nicht von selbst, weil er einen Widerspruch in sich zu enthalten scheint. Das wird zum Beispiel daran deutlich, dass wir im »Duden« als Begriffsbestimmung von Meditation »Nachdenken« beziehungsweise »sinnende Betrachtung« lesen. Wie soll man aber »nichts«, also letztlich keinen Gegenstand, betrachten? Diese Frage ist insofern berechtigt, als auch sie sich durch Nachdenken allein nicht lösen lässt, sondern nur durch die eigene Praxis, wobei man Schritt für Schritt vorgehen sollte. Diese Schritte bestehen in der Beachtung bestimmter *allgemeiner geistiger Prinzipien*, in einer bestimmten *Art der Lebensführung*, in der Beherrschung bestimmter »Werkzeuge«, also der »*Technik*« der Meditation. Dazu tritt die Frage nach dem *Ziel* und dem *Ergebnis* der ungegenständlichen Meditation. Wenn wir auch diese einzelnen Punkte nur nacheinander behandeln können, sollten wir allerdings sehen, dass es sich letztlich dabei um eine Einheit handelt.

1. Die Grundprinzipien erörtert anhand der drei Zitate der Einleitung

Die wesentlichen Prinzipien jeder Meditation, speziell aber der ungegenständlichen, lassen sich in den drei Zitaten zusammenfassen, die wir unserem Buch vorangestellt haben. Um den universellen Charakter der Meditation deutlich zu machen, der über alle kulturellen, religiösen und weltanschaulichen Grenzen hinausgeht, haben wir sie unterschiedlichen Quellen entnommen: einer psychologischen, einer christlichen und einer buddhistischen.

a. Das erste Zitat:

»*Es handelt sich eben nicht darum, dass etwas anderes gesehen wird, sondern dass man anders sieht*« ist ein Satz von C. G. Jung. An diesem Satz wollen wir zeigen, dass es bei der Meditation nicht um einen verborgenen »esoterischen« Hintersinn geht, sondern in erster Linie darum, die Wirklichkeit mit neuen, besseren Sinnen und damit unmittelbarer und zugleich umfassender wahrnehmen zu können.

Schon bei unseren bisherigen Übungen ist allerdings deutlich geworden, dass die Aufforderung, die Wirklichkeit mit anderen Augen zu sehen, leichter gesagt als befolgt werden kann. Wie schnell man dabei an Grenzen gerät, hat uns auch die moderne Philosophie und Psychologie gezeigt. Diese Grenzen liegen darin, dass wir die Wirklichkeit nicht wahrnehmen, wie sie »an sich« ist. Vielmehr hängen sie zum Teil von früheren Erfahrungen und von Sichtweisen ab, die letztlich durch die Funktion unseres Gehirns bedingt sind.

Einige Beispiele machen das deutlich:

Wie *frühe Erfahrungen* unsere Sicht der Wirklichkeit prägen, lässt sich am bereits Seite 70 geschilderten Beispiel von Blindgeborenen zeigen, die später durch eine Operation ihr Augenlicht erhielten. An ihrer Unfähigkeit, nach einer geglückten Operation im vollen Sinne sehen zu können, wurde deutlich, *dass wir nur dann wirklich sehen können, wenn sich das Licht der Natur und das Licht des Bewusstseins miteinander verschwistern.*[1]
Wie sehr uns andererseits unser Hirn vorschreibt, *wie* wir die Welt »zu sehen haben«, wird deutlich, wenn Sie zunächst Ihren Zeigefinger im Abstand von zunächst 20 cm, dann von 40 cm und schließlich von 70 oder 80 cm anschauen. Dabei stellen Sie fest, dass er Ihnen jedes mal fast gleich groß erscheint. Betrachten Sie darauf hin Ihren Finger in denselben Abständen durch eine Kamera. Dabei bemerken Sie, dass er in 40 cm Entfernung nur halb so groß erscheint wie in 20 cm und dass sich seine Größe in 80 cm Abstand nochmals halbiert hat. Auch Ihr Wissen aus dem Physikunterricht, wo Sie gelernt haben, dass das nur den Gesetzen der Optik entspricht, nutzt Ihnen nichts, sobald Sie die Kamera beiseite legen und den Versuch ohne Hilfsmittel wiederholen. Sie werden auch dann Ihren Finger wider besseres Wissen wiederum so sehen, wie ein Integrationsmechanismus in Ihrem Hirn Ihnen das diktiert.

Wenden wir uns schließlich dem zu, was wir »*Gegenwart*« nennen. Auch sie erfahren wir keineswegs so, wie man es erwarten müsste, wenn nur mechanische Gesetze gültig wären, nämlich als pausenlose Abfolge von Moment zu Moment. Vielmehr erscheint sie uns als innere Einheit, das heißt, es liegt ihr eine bestimmte Struktur zugrunde. Deren Dauer beträgt, wie die Psychologen an Hand einer Vielfalt von Experimenten gezeigt haben, etwa 3 Sekunden[2]. Ereignisse oder Situationen, die innerhalb dieses »Zeitfensters« liegen, nehmen wir als Einheit wahr. Nach diesem Zeitraum ist diese Einheit aber erschöpft und wird durch eine neue Einheit abgelöst, die auch ohne einen neuen äußeren Reiz kommt. Wir können also Informationen nicht länger als etwa 3 Sekunden zu Wahrnehmungsgestalten zusammenfassen.

Das heißt

1., dass die Dauer der Gegenwart an einen bestimmten, in unserer Hirnstruktur verankerten Integrationsmechanismus gebunden ist sowie

2., dass weder die Außenwelt noch unsere eigene Bemühung *allein* bestimmen, was wir als innere Einheit erleben, sondern psycho-physiologische Abläufe in uns.

92

Den Integrationsmechanismus, der uns die Gegenwart so erfahren lässt, wie wir sie erleben, können wir ebenso wenig steuern wie den genannten anderen Mechanismus, der uns den Finger in einer Größe sehen lässt, die nicht den realen Verhältnissen entspricht, denn *viele physiologische Prozesse lassen sich nicht bewusst erleben; sie beherrschen aber dennoch unsere Erlebniswelt in vielfacher Weise.* Dass sich dieses Faktum in tiefster Versunkenheit in Richtung auf mehr Bewusstheit verschiebt, ist zu vermuten; es ist aber bisher nicht genügend untersucht worden. Für nicht so Fortgeschrittene jedenfalls trifft das nicht zu, wie wir anhand folgender *Übung* zeigen wollen.

Die Übung: Stellen Sie zunächst einen Wecker auf eine bestimmte Zeit ein, etwa auf 20 Minuten, und begeben Sie sich sodann in eine meditative Haltung. Dabei richten Sie Ihre Aufmerksamkeit ausschließlich auf den Atemstrom, der bei jeder Ein- und Ausatmung an den Nasenflügeln vorbei streicht, auf nicht mehr und nicht weniger. Jedes Mal, wenn Sie durch einen inneren oder äußeren Vorgang von dieser Beobachtung abgelenkt werden, zum Beispiel durch Körperempfindungen, Gefühle, Gedanken oder sonstige Bewusstseinsvorgänge, aber auch, wenn Sie aufgrund äußerer Störungen, etwa durch Geräusche, den Faden der Übung verlieren, registrieren Sie das und zählen dabei kontinuierlich, wie oft das geschieht. Kehren Sie danach einfach wieder zur Beobachtung Ihres Atems zurück und vermeiden Sie vor allem, diese Ablenkungen innerlich zu kommentieren.

Am Ende der Übung werden Sie vermutlich mit Erstaunen festgestellt haben, dass Sie dutzende Male aus der Übung herausgefallen sind. Grämen Sie sich nicht darüber. Das liegt im Wesen unserer Bewusstseinsstruktur und jeder, der meditiert, sollte das wissen. Das befreit einen von manchen illusionären Erwartungen in Bezug auf die eigene Konzentrationsfähigkeit und hilft Ihnen ein *Grundprinzip der ungegenständlichen Meditation* kennen zu lernen:

> ➤ Achten Sie von Augenblick zu Augenblick ausschließlich auf das, was Sie genau in diesem Moment erfahren. Konzentrieren Sie sich dabei nur auf Ihre unmittelbare Wahrnehmung, nicht aber auf Ihre Reaktionen darauf. Wenn allerdings das Letztere geschieht, akzeptieren Sie auch das, aber bemühen Sie sich darum, Fakten (»Erfahrungen«) und Reaktionen (»Stellungnahmen«) in Bezug auf diese Erfahrungen auseinander zu halten. Die Stellungnahme ist der Zeit nach der Übung vorbehalten. Kehren Sie also immer wieder zur reinen Beobachtung zurück.

Diese Übung hilft so sehr, einen Zugang zur ungegenständlichen Meditation zu finden, dass wir Ihnen empfehlen, sie immer wieder aufzugreifen.

Nun haben wir allerdings, wie wir bereits sahen, trotz aller noch so sorgfältigen Schulung der Erfahrung keinen unmittelbaren Zugang zur Wirklichkeit, weil dieser durch viele Faktoren eingeschränkt wird. So wird speziell unser

93

Verständnis der Zeit und insbesondere der Gegenwart in hohem Maße von der Kultur bestimmt, in der wir leben[3]. Fundamentale Unterschiede gibt es dabei vor allem zwischen dem westlichen und dem östlichen Menschen. Kennzeichnend für unsere westliche willensbetonte Sicht, der es in erster Linie um die *äußere Welt* geht, ist, dass uns die Zeit im Bild eines *Pfeils* erscheint, der von der Vergangenheit über die Gegenwart zur Zukunft strebt. Hinter dieser Weltdeutung steht die jüdisch-christliche Auffassung von der Wirklichkeit. Von ihr sind wir alle geprägt, selbst wenn wir nicht mehr in einer religiösen Tradition aufwuchsen. Sie geht davon aus, dass die Wirklichkeit nicht von vornherein da war, sondern erst ab einem bestimmten konkreten Moment durch ein Urereignis ins Dasein gerufen wurde. Für religiöse Menschen steht hinter diesem Ereignis letztlich der Schöpfungsakt Gottes. Bei nicht mehr religiös sozialisierten Naturwissenschaftlern trat an seine Stelle ein »Urknall«, von dem die meisten offen lassen, wie er zustande kam.

So wie eines Tages die Wirklichkeit begann, so wird sie in der Sicht des westlichen Menschen an ein Ziel kommen. Religiös Gläubige hoffen, dass sie dann letztlich »im Hause des Herrn« aufgehoben sein werden (Psalm 23, 6). Einem Ziel sehen aber auch die Naturwissenschaftler entgegen, wobei sie einstweilen noch nicht sagen können, ob dieses darin besteht, dass der Kosmos eines Tages wieder in sich zusammenstürzt (»Big Crunch«) oder, ob es zu einem endgültigen Erlöschen der Entropie, einem »Wärmetod«, kommen wird, falls sich der Kosmos in alle Ewigkeit weiter ausdehnen sollte.

Ein Mangel der westlichen Sichtweise ist, dass dabei die Zeit zwar einen Anfang und ein Ende hat, aber im Grunde keine Gegenwart. Das gilt nicht nur für die naturwissenschaftliche Sicht, die die Gegenwart nur noch in Form eines letztlich physiologisch bedingten »Drei-Sekunden-Fensters« kennt, sondern teilweise auch für die Theologen. So behauptet der Heilige Augustinus im 11. Buch seiner »Bekenntnisse«, dass die Zeit als Gegenwart nicht existiert, weil sie im Moment der Gegenwart bereits vergangen ist; sie ist aber auch nicht als Zukünftiges da, denn das, was sein wird, ist noch nicht.

Wie sehr sich letztlich die westlichen Zeitvorstellungen ähneln, gleich ob sie religiös geprägt sind oder nicht, wird deutlich, wenn man sie mit der Zeitvorstellung des östlichen Menschen vergleicht. Er ortet die Zeit konsequent da, wo Augustinus ausschließlich die *Gegenwart* ansiedelt: in der menschlichen Seele. Das hängt vor allem mit drei Faktoren zusammen: in früherer Zeit lebte der östliche Mensch viel unmittelbarer als wir im Hier und Jetzt; er versenkte sich weniger als wir in die äußere Welt, sondern vertiefte sich vor allem ins eigene Innere[4]; außerdem schlugen sich in seinem Erleben stärker als bei uns die Erfahrungen einer Agrargesellschaft sowie der mythischen Bewusstseinsstufe nieder, die beide am Werden, Vergehen und Wiederkommen orientiert sind. Insofern begriff er die Zeit nicht punktuell, sondern als Zentrum des Erlebens. Er erfuhr sie auch nicht wie einen Pfeil, sondern wie ein *Rad,* das sich ewig, ohne Anfang und Ende, dreht. Bezeichnenderweise gibt es im Hindi, einem Sammeldialekt der nordindischen Sprachen, bis heute überhaupt nur zwei Zeiten: »aj«: jetzt (»heute«) und »kal« (»nicht jetzt«)[5].

Es wäre falsch, die eine Sicht gegen die andere auszuspielen. Realistischer ist, zu sehen, dass aus dem unterschiedlichen Erlebnis und Verständnis der Zeit und speziell der Gegenwart nicht nur gewisse Möglichkeiten, sondern auch bestimmte Beschränkungen und Gefahren erwachsen. Zu den *Möglichkeiten* zählen die enormen wissenschaftlichen und technischen Errungenschaften, die der Westen entwickelt hat. Ihnen steht ein viel unmittelbarerer Umgang mit dem eigenen Inneren gegenüber, der im Osten möglich war. Daraus hat sich in Bezug auf das Thema unseres Buches dort eine viel ausgefeiltere meditative Praxis entwickeln können, als bei uns beiden.

Für jede dieser Möglichkeiten wurde allerdings ein Preis in Gestalt bestimmter *Gefahren* bezahlt: *Wir* sind, verglichen mit dem östlichen Weg, davon bedroht, dass die Zeit gleichsam nur äußerlich an uns vorbei abläuft, ohne dass wir sie halten können, beziehungsweise, wir werden im Wesentlichen nur noch von einer Zukunft bestimmt, der wir »entgegen warten«. Der daraus entstehende Funktionsfetischismus zwingt uns dabei, in einem »besorgenden Umgang mit Zeug« (Heidegger) aufzugehen[6], sodass wir wegen der damit verbundenen Ruhelosigkeit und Getriebenheit oft nicht mehr in der Gegenwart leben. So gleichen wir oft dem »Mister Pief« bei Wilhelm Busch, der mit einem Fernrohr vor Augen in den nächsten Tümpel fällt, gerade als er verlauten lässt: »Schön ist es auch anderswo, und hier bin ich sowieso«. Der *östliche Mensch* dagegen unterliegt eher der Gefahr, dass er in eine zeitlose Gegenwart versinkt, ohne auf die Zukunft bezogen zu sein. Dabei kann mitunter sogar – trotz der buddhistischen Aufforderung zum Mitgefühl – sein Blick für die Mitmenschen wenig entwickelt sein.

Der Umgang des Meditierenden mit der Gegenwart ist weder mit dem westlichen noch mit dem östlichen Weg identisch, obwohl er wesentliche Elemente von beiden Wegen enthält, die er aber gleichsam auf eine höhere Ebene steigert[7]: Er wendet sich zwar der Gegenwart zu. Aber diese ist mehr als eine bloße Strecke im Zeitverlauf, auf die man angespannt starrt und aus der man alles »auf Teufel komm raus« herauszuschlagen sucht, weil sie so schnell verfliegt, wie es für das westliche Denken oft so typisch ist. Er versinkt auch nicht in ihr, wie man es so häufig beim östlichen Denken findet. *Wohl aber eröffnet er sich für das Hier und Jetzt* und verweilt gelassen in dem, was sich ihm darin offenbart[8]. Dieses wird jedoch, anders als beim bloßen Verstehen, nicht dem bereits Bekannten untergeordnet noch verliert es, im Unterschied zum Gnostizismus, sein Geheimnis[9]. Das, worum es geht, ist frei von allen Beschränkungen und Einseitigkeiten, denn es hat mit einer Erfahrung zu tun, die »weiß«. Das kommt in dem japanischen Begriff für Erleuchtung, »satori« (wörtlich: »Erwachen«) zum Ausdruck, das sich von »satoru« ableitet, was neben »erkennen« auch »verkosten« bedeutet[10].

Es braucht nicht besonders erwähnt zu werden, wie wichtig diese Erfahrung gerade für uns heute ist, die wir zunehmend von der »Punktzeit« in unserer Informationsgesellschaft bestimmt werden, in der Kommunikation durch apparative Information ersetzt wird. Für diese ist kennzeichnend, dass wir Zeit vorwiegend in Gestalt zerstreuter Einzelwahrnehmungen erfahren: »Wir leben in einer unendlich zerstreuten Zeit. Es ist eine flimmernde Gleichzeitigkeit, die jegliche historische Zeit und die Zeit des Erlebens in Frage stellt«[11].

Gerade angesichts unserer Zerstreutheit wird man sich allerdings fragen müssen, ob nicht das »Erkennen« und »Verkosten«, das die Meditation verspricht, eine leere Phrase ist, gerade wenn man die Möglichkeiten und Grenzen unserer Erkenntnisfähigkeit bedenkt, von denen im letzten Kapitel die Rede war. Sicher ist dennoch, dass das, was wir als Wirklichkeit erfahren, durchaus mit objektiv gegebenen Fakten zu tun hat. Weder halluzinieren wir diese bloß noch nehmen wir sie nur passiv hin. Feststeht aber auch, dass die Wirklichkeit, die uns begegnet, in hohem Maße den Charakter einer *durch uns selbst bedingten* Konstruktion hat, und zwar deshalb, weil wir ständig bewusst oder unbewusst in sie eingreifen, auch wenn wir das nicht merken oder wollen. Bewusstes und nicht Bewusstes, Angetroffenes und Konstruiertes verschränken sich somit eng ineinander, und Wirklichkeit ist, wie Stephen Hawking sagt, »keine Eigenschaft, die man mit Lackmuspapier testen kann«[12]. Letztlich gründet sie in einer Erfahrung, die den »Modus einer Glaubensgewissheit«[13] hat, das heißt, sie ist von einem starken Gefühlston und von der schier unerschütterlichen Überzeugung begleitet, tatsächlich auf Wirklichkeit gestoßen zu sein. Trotzdem kann sie in die Irre gehen. Da dieses Gefühl oft auch beim Meditieren sehr stark ist, bestätigt sich auch hier wieder die Forderung, der Meditierende müsse den Dialog suchen, und zwar sowohl mit anderen Meditierenden als auch mit der Philosophie und den Naturwissenschaften.

Dass unsere Sicht der Wirklichkeit begrenzt ist, hat zum Beispiel die indische Vedānta-Philosophie[14] schon lange vor unserer kritischen Philosophie und vor der Entstehung der modernen Psychologie gewusst und sie in ihrer māyā-Lehre formuliert. Dabei behauptete sie keineswegs, dass die Welt reiner Schein ist, wie man ihr bei uns aus polemischen Gründen oft unterstellt. Wohl aber sagte sie, dass die Wirklichkeit nicht das ist, als was sie uns erscheint. *Wir bewegen uns also nach Auffassung des Vedānta normalerweise gleichsam in einer Wirklichkeit niedrigeren Grades.* Einem völlig Erleuchteten sei es jedoch möglich, so behauptet sie, die *volle* Wirklichkeit zu erfahren[15]. Aber auch diese Feststellung der Vedānta-Philosophen wird bei uns im Westen meist verzerrt dargestellt. Man unterstellt ihnen, sie behaupteten, dass wir in zwei Ebenen leben: in der des Scheins und der einer »eigentlichen« Wirklichkeit. Eine begrenzte Sicht ist aber

mehr als bloßer Schein! Was wirklich gemeint ist, lässt sich am ehesten am Bild eines Kristalls veranschaulichen, durch den das Licht in verschiedene Komponenten zerlegt wird: Nach Sicht des Vedānta erhalten wir zwar durchaus Kunde von der Wirklichkeit, aber gleichsam lediglich in Form eines gebrochenen Strahls. Wenn wir diesen Strahl mit der *gesamten* Wirklichkeit gleichsetzten, blähten wir einen Teilaspekt zur Wirklichkeit insgesamt auf, was uns vom Wesentlichen fortführe. Dieser Strahl als solcher habe jedoch durchaus seine Bedeutung. Er lasse sich als Potential für Kraft und Energie, aber auch für alles Meßbare begreifen und sei insofern eine Voraussetzung für Rationalität und Wissenschaft[16].

Das Gesagte wird auch etymologisch deutlich. Die Silbe »ma« im »māyā« entspricht dem lateinischen *mater* (= Mutter) und unserem Begriff »Materie«. Insofern versteht man im Vedānta unter »māyā« nicht nur »Illusion«, sondern zugleich »unmessbar« im Sinne von »unauslotbar«.

Angesichts dieser Möglichkeiten und zugleich Grenzen unserer Erkenntnisfähigkeit heißt »die Wirklichkeit mit neuen Augen« zu sehen so viel, wie sie »*im Anfängergeist*« sehen.[17] Wie das konkret aussieht, hat vielleicht niemand klarer ausgedrückt als Schopenhauer. Er schrieb:

»Wenn man ... nicht mehr das Wo, das Wann, das Warum und das Wozu an den Dingen betrachtet; sondern einzig und allein das *Was*; auch nicht das abstrakte Denken, die Begriffe der Vernunft, das Bewusstseyn einnehmen lässt; sondern, statt alles diesen, die ganze Macht seines Geistes der Anschauung hingiebt, sich ganz in diese versenkt und das ganze Bewusstseyn ausfüllen lässt durch die ruhige Kontemplation des gerade gegenwärtigen natürlichen Gegenstandes, ... indem man, nach einer sinnvollen Deutschen Redensart, sich gänzlich in diesen Gegenstand *verliert*, d. h. eben sein

Individuum, seinen Willen, vergisst, und nur noch als reines Subjekt, als klarer Spiegel des Objekts bestehen bleibt; so, dass es ist, als ob der Gegenstand allein dawäre, ohne Jemanden, der ihn wahrnimmt, und man also nicht mehr den Anschauenden von der Anschauung trennen kann, sondern Beides Eines geworden sind, ... dann ist, was also erkannt wird, nicht mehr das einzelne Ding als solches; sondern es ist die *Idee*, die ewige Form dessen«.[18]

Schopenhauer sagt damit, dass wir das Alltagsbewusstsein überschreiten, wenn wir uns der Wirklichkeit im Anfängergeist nähern und versuchen, in unmittelbarer Anschauung ihren Reichtum und ihre Tiefe zu erfahren, statt sie im Bacon'schen Sinne bloß zu vergewaltigen oder sie »szientistisch« bis auf die ihr zugrunde liegenden naturwissenschaftlichen Formeln zu skelettieren. Die meditative Versenkung geht sogar noch über das hinaus, was Schopenhauer beschrieben hat und führt in ihrer letzten Vollendung zur bildlosen Erfahrung der Mystiker.

Auf diesem Weg kommt man bis zur Erfahrung jener »einen«, »ganzen« Wirklichkeit, die für uns »normalerweise« verschlossen ist, weil sie im Erscheinungsbereich der Zeitlichkeit so auseinander tritt wie das Licht, nachdem es durch einen Kristall gebrochen wurde. Dabei kommt es zu einer Einheitserfahrung, für die die Inder die hymnische Formel »saccidānanda« geprägt haben. In ihr fallen Sein (sat), Bewusstsein (chit) und das Gefühl der Seligkeit (ānanda) – in unserer Sprache könnte man stattdessen auch sagen: Schönheit, Wahrheit und Freude – zusam-

men. Diese Erfahrung liegt außerhalb der Möglichkeiten eines bloßen philosophischen Denkens, weil dieses sich ausschließlich auf die Ebene der Rationalität beschränkt. Damit werden jedoch die Möglichkeiten unserer Vernunft nicht entwertet. Im Gegenteil! Wer deren Bedeutung wirklich begreift, akzeptiert diese ebenso wie ihre Grenzen[19].

b. Das zweite Zitat

Das zweite Zitat, das wir unserem Buch voranstellten, lautete: »*Denn in welcher Kreatur dies Vollkommene erkannt werden soll, in der muss Kreatürlichkeit, Geschaffenheit, Ichheit, Selbstheit und dergleichen alles verloren und zunichte werden*«. Es stammt aus der Feder eines namentlich unbekannten Angehörigen des Deutschherrenordens, des so genannten »Frankfurters«, und wurde um die Wende vom 14. zum 15. Jahrhundert formuliert. Man gab ihm den Namen »Theologia Deutsch«, obwohl es sich mehr um tiefgründige unsystematische Zeugnisse einer christlichen Spiritualität als um ein systematisches theologisches Werk handelt. Luther hat es wieder entdeckt, fälschlicherweise dem Eckhart-Schüler Johannes Tauler zugeschrieben und 1516 neu herausgegeben. Auf den ersten Blick klingt es absurd, wenn sein Autor behauptet, »das Vollkommene« könne nur dann erkannt werden, wenn das Ich und das Selbst zunichte geworden sind, also das, was offenbar mein innerstes Wesen ausmacht. Um so bemerkenswerter ist, dass die »Theologia Deutsch« bis heute etwa 200mal in andere Sprachen übersetzt wurde, unter anderem auch ins Chinesische und Japanische. Unzählige fanden in dieser Schrift Belehrung und Trost. Schopenhauer stellte ihren Verfasser auf eine Ebene mit Buddha und Platon. Wer das verstehen möchte, wird sich erst einmal fragen müssen, was mit diesem substantivierten Pronomen gemeint ist, das man »*das Selbst*« nennt.

Studiert man die Literatur über das Selbst, so ist diese immens und verwirrend. Vor allem stellt man fest, wie häufig man dabei der Gefahr unterlegen ist, den Begriff »Selbst« zu einer Sache zu machen. Das gilt auch für andere Begriffe, die in unserem Buch eine Rolle spielen wie »Ich« oder »Bewusstsein«. Der Irrtum dabei besteht darin, zu übersehen, dass ich ja kein Selbst, kein Ich und kein Bewusstsein »habe« wie ich Arme oder Beine habe. *Aber als Mensch mit klarem Bewusstsein weiß ich: »Ich bin ich selbst«,* und zwar im Sinne von etwas hintergründig Vorhandenem, an dessen Vorhandensein ich nicht zweifeln kann. Die Psychologen sprechen dabei von einer »präkognitiven Selbsterfahrung«.

Daher ist es nicht sinnvoll, auf diese drei Begriffe zu verzichten. Aber wer sie benutzt, muss sich davor hüten, dass er dabei nicht zum Gefangenen bloßer Sprachspiele wird, sondern muss immer wieder zu den Phänomenen zurückfinden. Was heißt dies aber in Bezug auf das Selbst?

Es heißt: Niemand von uns kann die Erfahrung von Geschlossenheit, Konsistenz, Kohärenz und Einmaligkeit des eigenen Tuns und Erlebens bezweifeln, obwohl er sich im Laufe seines Lebens in vielfacher Weise gewandelt hat (und obwohl das neuerdings, vor allem unter dem Einfluß des Computerzeitalters und angesichts der Möglichkeiten von Genmanipulationen manchmal vehement bestritten wird)[20].

Bei näherem Nachdenken wird allerdings deutlich, dass das Selbst über den Einzelnen hinausweist, wie ein System unsichtbarer Kraftlinien, die Zeit, Raum und die Wesen darin organisieren und sich zugleich in ihnen ausdrücken. Das kommt auch in unserer Sprache zum Ausdruck, und zwar im Begriff »Subjekt«, das auf das lateinische »subjicere«, unterwerfen, zurückgeht: jeder von uns ist von vornherein einer bestimmten Kultur mit ihrer jeweiligen Sprache und ihren sozialen und mentalen Prägungen unterworfen.

Wir haben es somit mit einer Art von *Doppelbewegung* zu tun, wenn wir vom Selbst reden. In einem ersten Schritt muss dabei das Individuum so viel »Ichstärke« und Autonomie entwickelt haben, dass es sich überhaupt erst als »ich selbst« erfahren kann und nicht nur als ein Blatt, das vom Wind der Umstände hin und her geweht wird. Dann aber wird ihm deutlich, dass es darin nicht aufgeht. Der Philosoph Karl Jaspers hat diese Doppelbewegung so ausgedrückt: »Selbst sein ist die Einheit des Doppelten: auf sich zu stehen und hingegeben sein an die Welt und Transzendenz«[21].

Wodurch aber wird uns dieser zweite »Strang« des Selbst deutlich? Unseres Erachtens aufgrund einer weiteren unabweisbaren Erfahrung: Die meisten Menschen spüren, dass ihr alltägliches Dasein vordergründig und »unwesentlich« ist. Es ist ihnen unerträglich, dass ihre gesamte Existenz darin aufgehen soll. »Irgendwie« ahnen sie, dass es in ihnen einen »Kern«, ein »Wesen« gibt, das mehr ist als bloß ein illusionäres Selbstbild. Dieses Gespür ist unabhängig davon, ob man dem Selbst eine religiöse Deutung gibt (zum Beispiel als »Tempel des lebendigen Gottes« oder als »Buddhanatur«) oder nicht. Viele meinen sogar, ihr Glück hänge weitgehend davon ab, dass sie diesem »Wesen« näher kommen.

Alles spricht dafür, dass der Verfasser der »Theologia Deutsch« genau diese Doppelbewegung meinte, die dann der Philosoph auf den Begriff brachte, und weil er damit ein allgemein gültiges Prinzip ansprach, deshalb haben die Anhänger der unterschiedlichsten philosophischen und religiösen Sichtweisen in der Folgezeit seine Schrift so ernst genommen. Mit dieser Feststellung allein sind allerdings die tiefgreifenden Meinungsverschiedenheiten darüber, was unser Wesen sei, noch nicht aus der Welt geschafft. Deshalb müssen wir uns näher damit beschäftigen:

Im Osten wurde bis zum heutigen Tag der Einzelne nie so ausschließlich wie bei uns *substanzhaft*, nur als Individuum, verstanden, sondern in erster Linie *relational*, als Teil einer Generationenfolge und zugleich in Verbindung mit seinem sozialen Umfeld. Man sieht dort das Individuum in beide eingebunden wie einen Knoten in einem Netz. Liegt dort somit der Schwerpunkt eher beim *gesamten* Netz, so liegt er für uns in erster Linie auf seiten des Individuellen, also gleichsam beim einzelnen Knoten, den man als eine Art von Ruhe- und Bezugspunkt für das gesamte Geflecht jener äußeren Bedingungen begreift, die das individuelle Schicksal mit definieren. Daher kommt uns die östliche Sicht oft als Mangel an Individualität vor, dem Osten dagegen unser Drang nach Selbstverwirklichung egoistisch. Darin erschöpft sich freilich der Wert beider Sichtweisen nicht. Die östliche kann uns zum Beispiel vor den Auswüchsen unseres Bedürfnisses bewahren, unsere Grandiosität dadurch ständig unter Beweis zu stellen, dass wir uns als von den anderen Wesen getrennte Individuen fühlen. Sie schützt auch vor der Illusion, das Selbst als statisch aufzufassen und nicht wie eine Quelle, die immer nur fließend gedacht werden kann. Ferner hilft sie, nicht in falscher Weise das Fürwort »selbst« mit der »Sache« selbst gleichzusetzen. Schließlich räumt sie mit der (oft religiös verbrämten) narzisstischen Phantasie auf, sich wie eine ägyptische Mumie zu verstehen, die auf ewige Zeiten unverändert fort existiert. Zu diesen unterschiedlichen Ausgangspositionen kommt die Tatsache, dass die Auffassungen vom Selbst weder in Asien noch bei uns einheitlich sind. Einige Beispiele sollen das zeigen:

– Bei *C. G. Jung* ist das Selbst eine Wesenheit (ein »Archetyp«), die mehr umfasst als die bewusste Persönlichkeit, denn sie schließt sowohl bewusste wie unbewusste, ja sogar halb physiologische Phänomene wie die Instinkte in sich[22]. Darin äußert sich unseres Erachtens der Irrtum Jungs, dass er den Kontakt des Menschen mit der über ihn hinausweisenden Wirklichkeit primär im Unbewussten ansiedelte, und nicht auch im Überindividuellen.

– Im *Hinduismus* wird ein dauerhaftes, unveränderliches, unsterbliches, absolutes Subjekt der Erfahrung (ātman) postuliert, das keineswegs bloß mit unserem »Ich«, aber weitgehend mit dem identisch ist, was in der griechischen und christlichen Tradition »Seele« genannt wird. Scheinbar ruht es wie ein unbemerkter Zuschauer in jedem von uns, aber dennoch hilft es uns, zu erkennen, dass unser eigentliches Selbst mit dem Göttlichen (Brahman) identisch ist, so wie die Luft in unseren Lungen nur ein Teil der Luft insgesamt ist. (»ātman ist Brahman«). Das »Anbinden« des ātman an das Brahman ist Aufgabe des Yoga und hat diesem auch seinen Namen gegeben (Yoga = »anschirren«).

– Das *Christentum* sah Gott zwar, anders als der Hinduismus, nie als mit seiner Schöpfung identisch an und daher begriff es auch den Menschen nicht als ein Teil des Göttlichen, sondern als sein Ebenbild. Dennoch ging man auch dort von Anfang an davon aus, dass im Selbst etwas Göttliches »wohnt«. Wenn also zum Beispiel der Apostel Paulus von sich sagte, dass Christus in ihm lebt (Gal. 2, 20), dann stand dahinter die Überzeugung, dass dieser das wahre Selbst ist, das in Gestalt des historischen Jesus von Nazaret in Vollkommenheit öffentlich sichtbar wurde und wirkte.

– Die Auffassung vom Selbst (und jedes anderen zentralen philosophischen Begriffs!) hängt allerdings nicht nur von religiösen Vorstellungen ab, sondern vor allem auch von der eigenen Erfahrung. So richten zum Beispiel die Yogis bei ihrer Meditationspraxis die Aufmerksamkeit unerschütterlich auf das (quasi *räumlich verstandene*) »reine« Bewusstsein. Ganz anders war es bei der ältesten Schule des *Buddhismus*, dem Theravāda, den man inzwischen oft mit dem problematischen Begriff Hinayāna (»kleines Fahrzeug«) bezeichnet. Dort war die Aufmerksamkeit bei der Meditation keineswegs punktförmig eingeengt, sondern richtete sich auf alles, was dabei auftauchte (sie war somit eher quasi *zeitlich eingestellt*). Was seine Anhänger somit antrafen, wenn sie meditierten, war ein unablässiger Fluss ständig sich formender und wieder auflösender diskontinuierlicher Phänomene in Form von Gedanken und Bildern, die sich auf fünf Daseinselemente (Skandhas) reduzieren lassen: auf Körperlichkeit, Empfindungen, Wahrnehmung, psychische Formkräfte und Bewusstsein[23]. Daraus folgerten sie, dass keines dieser Elemente Eigennatur besitze, sondern dass alle zusammen lediglich die *Illusion* eines wesenhaften, von diesem Strom abgetrennten freien Ichs oder Selbst erzeugten. Man kann sich das am Bild einer in der Dunkelheit rasch kreisenden Taschenlampe veranschaulichen, durch die die Illusion eines Lichtrings entsteht.

– Dass jedoch die Erforschung des Selbst auch aus anderen Gründen kein ausschließlich empirisches Problem ist, weil, wie gezeigt, die empirischen Resultate von der Ausgangssituation derer abhängen, die danach fragen, machten führende Vertreter später entstandener buddhistischer Schulen deutlich, vor allem des Mahāyāna und des Vajrayāna (Tantrayāna). Es bedarf somit immer zugleich auch der philosophischen Reflexion. So kritisierte Nāgārjuna, der im 2. und (oder) 3. Jahrhundert nach Christus gelebt hat, dass die Lehre von den Skandhas lediglich den grobstofflichen Bereich, (das Nirmānakāya) im Blick hatte[24]. Das Wirkliche sei jedoch, wie er betonte, völlig frei von solchen begrifflichen Konstruktionen.

> ➤ Wenn wir an dieser Stelle eine Zwischenbilanz aus diesen verschiedenen Sichtweisen ziehen, dann sehen wir, dass vom »Selbst« zwar deshalb überall geredet wird, weil dahinter eine Erfahrung steht, die jeder von uns kennt. *Wie* man allerdings das Selbst versteht, wird von der Art des empirischen Zugangs zu ihm mitbestimmt. Außerdem kann man vom Selbst nur dann sinnvoll sprechen, wenn man die damit verbundenen Vorstellungen sorgfältig reflektiert. Gerade diese sind aber äußerst unterschiedlich.

Das Bedeutsame an der Theologia Deutsch, die seit ihrer Wiederentdeckung zu einer der folgenreichsten mystischen Schriften nicht nur im Westen, sondern auch im Osten wurde, ist, dass sie *in einer unmittelbaren Erfahrung* gründete, und nicht nur in einem vagen Gespür oder in bloßer philosophischer Reflexion. Diesen Umstand aber teilt sie mit der maßgebenden Literatur über Mystik und Meditation. An dieser wird deutlich, dass offensichtlich die Gemeinsamkeiten quer durch die Kulturen und Zeiten bis zum heutigen Tag bestimmender waren als die Differenzen. Auch hier bestätigt sich somit erneut die These von Evelyn Underhill[25], es gäbe trotz aller konzeptuellen und methodischen Verschiedenartigkeit einen gemeinsamen strukturellen und spirituellen Kern von christlicher, hinduistischer, buddhistischer, taoistischer und sufistischer Meditationspraxis und Mystik.

Das hängt damit zusammen, dass, wie Kant betonte, unserer Vernunft durch die Eigenart des Menschen bestimmte Fragen aufgegeben sind[26], die naheliegenderweise oft auch zu ähnlichen Antworten führen. Was Kant allgemein in Bezug auf *Fragen* feststellt, gilt auch für *spirituelle Erfahrungen* quer durch Kulturen und Bildung. William Blake (1754-1827), ein großer englischer Mystiker, hat das poetisch so ausgedrückt: »Wie der Pilger dahingeht, während das Land immer das gleiche bleibt, so gehen die Menschen dahin, aber die Seelenzustände bleiben ewig die gleichen«[27].

Gerade wer um diese gemeinsamen »Seelenzustände« weiß, wird nicht mehr die Unterschiede verreden, die zum Beispiel zwischen westlicher und östlicher Mystik bestehen, sondern wird sich darüber freuen, dass die Unterschiede oft so groß sind.

Zu diesen Unterschieden gehört vor allem, dass christliche Mystiker die personal liebende Begegnung mit Gott anstreben, Hindus[28] im Allgemeinen die totale Einheit mit einer transpersonal verstandenen Gottheit erwarten, während Buddhisten letztlich in ein von allen Bewusstseinsregungen freies Nirvāna eingehen möchten, (worauf sie allerdings als Anhänger des Mahāyāna so lange verzichten, bis alle leidenden Wesen erlöst sind).

Konservative Theologen aller Schulen teilen die Freude an den Unterschieden freilich meist nicht, sondern überbetonen sie einseitig. Wer die Akzente anders setzt als sie, dem werfen sie gerne vor, er missverstehe ihren eigenen Glauben. Dabei gehen sie selbstverständlich davon aus, dieser Glaube sei dank der »Gnade ihrer richtigen Geburt« dem Glauben jeder anderen religiösen Tradition überlegen. Auch leugnen sie, dass die Mystik als universelles Phänomen älter ist als jede einzelne Religion, somit auch älter als das Christentum[29]. Ferner übersehen sie, dass jedes bedeutende religiöse oder philosophische System ursprünglich sowohl auf eigene (Seins)-Erfahrungen als auch auf bereits bestehende Traditionen zurückging[30]. Sie verdrängen die eigenen Seinserfahrungen und die Wandlungen ihres Glaubens im Laufe ihres Lebens in besonderem Maße, weil es sie beunruhigt, dass auch sie sich, wie fast jeder von uns, irgendwann in ihrem Leben in die »verschleierte Gottheit« verliebt haben, die man »absolute Wahrheit« nennt. Diese Liebe könnte einen, so befürchten sie, blind machen und nicht sehend, wie die Mystiker behaupten. Daher kehrten sie so schnell als möglich wieder zur »Tagesordnung« zurück und hielten sich seitdem nur noch an das Überlieferte. Die Mystiker dagegen bleiben ihrer »ersten Liebe« treu[31]. So kommt es, dass beide zwar ständig in der Nähe jener letzten Wirklichkeit leben möchten, die den einen so wichtig ist wie den anderen. Aber nur die Mystiker ertragen, dass wir uns dem, was wir letztlich nicht kennen, sondern nur ersehnen, nur in »Ungewissheit und Wagnis« nähern können[32].

Angesichts dieser letzten Ungewissheit ein Wagnis einzugehen erfordert einen Mut, der traditionell Frommen oft fehlt. Sie erstaunen auch nicht mehr darüber, *dass* die Wirklichkeit ist und *wie* sie ist, geschweige denn, dass sie vor deren letzter Unergründlichkeit erschauern würden. Stattdessen halten sie sich bis ans Ende ihrer Tage an äu-

ßerlich übernommene Sätze und klammern sich an der Überzeugung fest, die Wirklichkeit lasse sich durch Begriffe und Dogmen »in den Griff« bekommen. Ihre Selbstsicherheit wird nicht einmal mehr dadurch in Frage gestellt, dass *jede* weltanschauliche oder religiöse Überzeugung die Sicht einer Minderheit ist. Dafür ist ihre Angst vor der Ungewissheit zu groß.

Nur wer sich dieser Angst stellt, kann sein falsches Selbst aufgeben, wie es der Verfasser der »Theologia Deutsch« fordert. Man soll also weder in eine angeblich »jenseitige« Welt fliehen noch an der Flüchtigkeit *dieser* Welt kleben[33]. Die Existenz der einen bleibt, solange wir auf Erden leben, ein unlösbares Geheimnis und von der anderen wird man auf die Dauer nicht satt. Allein die Opferung des »alten Adam« ermöglicht, so sagt unser Autor, einen neuen, tieferen Zugang zur Wirklichkeit. Man muss sie nach Überzeugung der Mystiker *allein* leisten. Äußere Hilfsmittel nützen dabei ebenso wenig wie so genannte gute Werke. Solange man diese »um etwas« tut, bleiben auch sie letztlich dem Äußeren verhaftet. Der Weg dagegen, den es einzuschlagen gilt, führt nach innen. Man kommt auch dadurch nicht weiter, dass man seinen Emotionen freien Lauf lässt, indem man sich in ekstatische Erfahrungen hineinsteigert[34]. Andererseits ist es sinnlos, seine Gefühle zu unterdrücken oder sich zu kasteien. Worum es wirklich geht, ist die Achtsamkeit auf das Gewahrsein von Augenblick zu Augenblick zu richten. Nur wer sich dieser Bewegung hingibt, kommt »auf den Punkt«. Die Erfahrung, die man dabei macht, wird von den Buddhisten »Erfahrung der Leere«[35] genannt, während der Meister Eckhart feststellt, dass man sie aus einem »ledigen Gemüt« heraus machen muss[36].

Letztlich lässt sich diese Erfahrung nicht vermitteln, denn sie gleicht, wie der tibetische Lama Kalu Rimpoche gesagt hat, am ehesten derjenigen eines Stummen, der Zucker schmeckt, aber diese Erfahrung niemandem mitteilen kann[37]. Wenn man dennoch versucht, durch eine Umschreibung wenigstens in ihre Nähe zu kommen, dann bietet sich einem dafür am ehesten das Wort »Selbstlosigkeit« an, und zwar mit seinen beiden Bedeutungen: einerseits »Altruismus« und andererseits »Freisein von allen egoistischenAnhaftungen an ein falsches Selbst«.

Im Hinduismus und im Buddhismus gibt es eine weit verbreitete ebenso einfache wie wirkungsvolle *Übung*, die beiden Aspekte der »Selbstlosigkeit« einzuüben, die weit über bloße Moralvorschriften und Regeln hinausgeht, obwohl man sie bei oberflächlicher Betrachtung vielleicht dort ansiedeln könnte. Patañjali[38] nennt sie *pratipakshabhavana*, das heißt »Denken aus dem Gegenteil«. Ihr Ziel ist, eine spezifische Disposition des Bewusstseins auszugleichen, indem man die gegenteilige Disposition fördert. In der Sprache unserer westlichen Psychologie ausgedrückt bedeutet das, dass man dabei eine lerntheoretische und eine psychoanalytische Methode miteinander kombiniert: Konditionieren und Gegenbesetzung. *Patañjali beschreibt sie folgendermaßen:*

»Ein sādhaka, (das heißt: ein spirituell Suchender) sollte sich auch darin üben, am Glück von anderen Freude zu empfinden (maitri), Barmherzigkeit gegenüber jenen, die traurig sind, zu entwickeln (karunā), sich am tugendhaften Verhalten seiner Mitmenschen zu erfreuen (muditā) und indifferent gegenüber dem Bösen zu sein (upeksā). Nur so kann man Eifersucht auf die materielle Überlegenheit der anderen überwinden, aber auch Ärger und Hass gegenüber den Sündern, wie Indifferenz gegenüber den Armen«[39]. Dem entspricht die Aufforderung des Paulus zu einem Leben aus dem Geist im Römerbrief, wo er schreibt: »Freut euch mit den Fröhlichen und weint mit den Weinenden« (Röm. 12, 15).

Die von Patañjali angegebene Übung konkretisiert somit die Forderung von Paulus und macht zugleich deutlich, dass »Selbstlosigkeit« ebenso wenig etwas mit Gefühllosigkeit zu tun hat wie »Leere«, während Paulus mit seiner Forderung nicht auf eine (triebhafte) Gefühlsansteckung zielt, sondern auf ein (vom Geist bestimmtes) Mitgefühl. Daraus folgt aber letztlich, dass wir nur dann in dem Maße innere Freiheit gewinnen, in dem wir zugleich Mitgefühl (oder christlich formuliert: Erbarmen) entwickeln.

c. Das dritte Zitat

Die zuletzt erwähnte Übung führt uns zugleich zum dritten Zitat: »*Mögen alle Lebewesen durch das Gute, das mir zuteil wird, wenn ich über das Leben zur Erleuchtung sinne, mit einem Leben zur Erleuchtung geschmückt sein!*« Es stammt von Shāntideva, einem bedeutenden buddhistischen Mönch, der im 7. oder 8. Jahrhundert nach Christus gelebt und maßgebliche Lehrtexte verfasst hat. Dieser Satz ist ebenfalls in mehrfacher Hinsicht bedeutsam für das Verständnis von Meditation:

Bedeutsam ist er, weil daran die Überzeugung des Buddhismus deutlich wird, die dieser mit dem Christentum teilt, dass es bei der Meditation um mehr geht als bloß um die Steigerung des persönlichen irdischen »Glücks« im Sinne von Wohlbefinden oder Kraft.

> ➤ Beide betonen: Wenn sich die bei der Meditation gewonnene befreiende Erkenntnis nicht im Umgang mit den Mitmenschen, ja mit der gesamten Schöpfung niederschlägt, indem sie zu deren Heil dient, taugt sie nichts.

Daher mag zwar der von dem Soziologen Max Weber geprägte Begriff »kontemplative Weltflucht«[40] für einzelne Fälle zutreffen, verfehlt aber völlig das Wesen der Sache. Er verwechselt eine zeitweilige, gewollte *Abkehr* von der Welt mit einer phobischen *Flucht*, übersieht dabei aber sowohl das Interesse an der Naturwirklichkeit als vor allem auch die großen sozialen Errungenschaften, die wir den Mystikern in Ost und West verdanken. Beides findet sich von den Zeiten des Frühbuddhismus über die christliche Klosterkultur bis in die Gegenwart. Um nur einige beliebige Beispiele heranzuziehen: das Interesse an der Naturwirklichkeit reicht im Abendland von Hildegard von Bingen und Franz von Assisi über Nikolaus von Kues bis zu vielen führenden Physikern unseres Jahrhunderts, die insgeheim Mystiker waren[41]. Ein hohes soziales Engagement findet man bei so unterschiedlichen Gestalten wie Benedikt von Nursia, Sri Aurobindo, Rudolf Steiner oder dem ehemaligen UNO-Generalsekretär Dag Hammerskjöld und heutzutage noch bei den zahlreichen christlichen und hinduistischen Ashrams in Indien.

Auch die Selbstverwirklichung ist letztlich kein Selbstzweck, sondern auf dieses Ziel bezogen. Der katholische Theologe Hans Waldenfels drückte das folgendermaßen aus:

»Seit der Erleuchtung des Buddha ist für den Buddhismus die Erleuchtung das Maß aller Dinge. Der Buddhist ist ein Mensch, der zur Selbstverwirklichung in seinem Leben strebt und dabei weiß, dass er sie nicht ohne radikale Loslösung gewinnen kann. Die wahre Erleuchtung aber ruft ihn zurück in ein Engagement des Mitleidens und der Barmherzigkeit.
Seit dem Kreuzestod Christi ist für den Christen die Liebe das maßlose Maß seines Verhaltens. Der Christ ist ein Mensch, der zur Selbstverwirklichung strebt, indem er sich in radikalem Einsatz für die anderen verzehrt. Die wahre Liebe weiß sich getrieben durch den Geist Christi. *Erleuchtung (aber), die Liebe ausstrahlt, und Liebe, die erleuchtet ist und ergreifend, bedingen einander*«[42].
Im genannten Zitat werden Erleuchtung und Liebe geradezu synonym verstanden. Diese Beziehung gründet darin, dass es bei beiden letztlich um das Gleiche geht: um die Entfaltung alles dessen, was zum Heile führt[43]. Zu dieser

Entfaltung gehört nach Auffassung der beiden genannten, aber auch vieler anderer Religionen, *dass ich eigenes Leid eher für gering achte, dem Leid der anderen aber nicht gleichgültig begegne.*

Bedeutsam ist der Satz von Shāntideva ferner, weil er die Möglichkeiten und Grenzen der *Introversion* offenlegt, jener Wendung nach innen, die eine Voraussetzung für das Gelingen der Meditation ist: Durch sie will sich der Meditierende nicht dem Druck der Wirklichkeit entziehen, wie ihm oft unterstellt wird. Allerdings richtet er seine Aufmerksamkeit auch nicht in erster Linie darauf, ihr Widerstand zu leisten oder sie zu überwinden. Vielmehr weiß er: Solange wir keinen Stand in uns selbst gefunden und nicht unsere eigenen Kräfte kennen gelernt haben, bleiben wir ein Spielball ständig wechselnder Umweltbedingungen und unserer Reaktionen darauf. Die Introversion bei der Meditation dient ausschließlich der Entwicklung dieser beiden Faktoren. Sie ist somit kein Selbstzweck, sondern lediglich ein Schritt auf dem Weg zu einem neuen, vertieften Zugang zur Wirklichkeit und, damit verbunden, zu den Mitmenschen.

Das Gesagte lässt sich am Bild einer Klimaanlage veranschaulichen: sie funktioniert nur, wenn die Fenster geschlossen sind. Aber wir benutzen sie nicht, um uns auf die Dauer vor der Außenwelt zu verschließen, sondern um uns günstige Lebens- und Arbeitsbedingungen zu verschaffen, die letztlich nach außen gerichtet sind.

Bedeutsam ist die Forderung einer Zuwendung zu den Mitmenschen auch, weil sie zugleich das wichtigste Korrektiv gegenüber den beiden größten Gefahren der Meditation bildet:

(1) die eine Gefahr besteht darin, dass man in der Introversion verharrt und so zum Gefangenen seiner Innerlichkeit wird. Wer das tut, verkennt, dass der Meditierende lernen soll, seinen Blick auf die *gesamte* Wirklichkeit zu richten: *nach innen und nach außen;*

(2) das zweite Missverständnis besteht im falschen Umgang mit der Forderung, man solle bei der Meditation sein Bewusstsein weiter entwickeln. Wo dies zum Selbstzweck wird, kommt es häufig zu Überschwenglichkeit und (oder) zur Selbstüberschätzung und damit verbunden zur dünkelhaften Überbewertung spiritueller Kräfte und des esoterischen Wissens. Das geschieht auf Kosten der Liebe, der Demut und der Bereitschaft, sich den praktischen Aufgaben zu stellen und führt zur Gleichgültigkeit gegenüber den Mitmenschen, zur Blindheit gegenüber den eigenen asozialen Neigungen beziehungsweise zur Weltfremdheit, oft verbunden mit der Unfähigkeit, solche Tendenzen auch bei seinen Mitmenschen zu sehen. Wer Zugang zu »esoterischen Kreisen« hat, wird solche Züge häufig feststellen. Sie verfehlen das Wesen der Meditation fundamental.

> ➤ Bei richtig praktizierter Meditation wird dagegen unser Zugang zur Wirklichkeit vertieft, denn dieser hat, wie Karl Popper zeigte, letztlich immer auch mit unserer Kommunikationsfähigkeit zu tun.

Wirklichkeit begegnet uns, wie Popper gezeigt hat, auf drei Ebenen. Er nannte sie »Welt 1«, das Universum physischer Erscheinungen, »Welt 2«, worunter er alle unsere psychischen Zustände verstand, sowie »Welt 3«, die Welt der Erzeugnisse des menschlichen Geistes. Diese »Welt 3« jedoch konnte sich überhaupt nur entwickeln, weil Menschen miteinander kommunizieren[44]. Somit gehört es auch zu den Zielen der Meditation, so lässt sich ergänzend hinzufügen, dass nicht die »Welt 2« ein Übergewicht im Sinne eines falschen Subjektivismus gewinnt, sondern dass wir jedem dieser Bereiche seine ihm zukommende Geltung einräumen.

Auch die Selbstverwirklichung bei der Meditation kann nur im Sinne dieser intersubjektiven und dialogischen Sicht der Wirklichkeit verstanden werden, von der Karl Popper sprach. Der bereits mehrfach genannte buddhistische Gelehrte Lama A. Govinda hat sie daher als »Tun selbloser Taten der Liebe und des Mitleids« definiert[45]. Sie ist also das Gegenteil jenes erbärmlichen »Egotrips«, zu dem sie heute so oft gemacht wird. Ebenso wenig haben Liebe und Mitleid mit einem schwärmerischen Drang nach Verschmelzung oder mit moralischem Perfektionismus zu tun, denn diese sind weitgehend triebhaft determiniert. Zwar besitzen sogar Selbstverwirklichung, Mitgefühl und Liebe Komponen-

ten, die in unserer Triebstruktur mit verankert sind, dennoch sind sie letztlich geistige Phänomene. Wer das verwechselt, kann weder sein Bewusstsein entfalten noch sein Wesen zum Geist eröffnen und somit verfehlt er das Wesen der Meditation: *»Nicht Schauen und Denken, sondern Liebe bildet den Gradmesser der Geistigkeit, Vollkommenheit und Seligkeit«*[46]. Das ist auch der Kern des Wunsches von Shāntideva, der diesem Abschnitt vorangestellt wurde.

Wie so Manches beim Thema »Meditation« lässt sich allerdings der mit solchen Sätzen verbundene Anspruch nur schwer voll in die Praxis umsetzen. Die Realität zeigt, dass viele Menschen, auch Meditierende, mit bestem Gewissen meinen, sie seien voller Liebe und Mitgefühl, während sich in Wirklichkeit in ihrer »Liebe« nur Besitzansprüche und in ihrem »Mitgefühl« lediglich Gefühlsansteckung und Sentimentalität ausdrücken. Oder sie verwechseln die Forderung nach Entwicklung ihres Bewusstseins mit »falscher Selbsttranszendenz«, in der Arthur Koestler eines der größten menschlichen Übel gesehen hat[47]. Er meinte damit die Tatsache, dass sich Menschen aus voller Überzeugung und im Gefühl, human zu handeln, für Ziele aufgeopfert haben, die in Wirklichkeit inhuman waren. Dass sie sich dabei über jede Menschlichkeit hinwegsetzten, bemerkten sie selbst meist nicht, nicht aus böser Absicht, sondern weil es sich dabei um hoch sensible Phänomene und Gefühlslagen handelt, für die sich oft nur schwer ein Gespür entwickeln lässt.

Angesichts dieser Schwierigkeiten, von denen niemand vollkommen frei ist, sind *Meditationshilfen* sinnvoll. Ein anschauliches Beispiel dafür ist das in Tibet oft meditierte Bild von Avalokiteshvara, des Bodhisattvas[48] des Mitgefühls. Auch wir selbst meditieren es gerne und meinen aus eigener Erfahrung, dass es sich gut auch für jene zur Meditation eignet, die keine Anhänger des Mahāyāna- Buddhismus sind, sondern zum Beispiel Christen oder die keiner Religionsgemeinschaft zugehören.

Auf dem Bild wird Avalokiteshvara mit 1000 Händen dargestellt. Die Zahl »1000« drückt aus, dass er *allen* leidenden Wesen helfen möchte. Jede seiner Hände besitzt aber ein Auge. Damit wird gesagt, dass auch eine noch so gut gemeinte Hilfe wirkungslos bleibt, ja ins Gegenteil umschlagen kann, wenn sie blind und nicht wissend praktiziert wird. Bezeichnenderweise heißt Avalokiteshvara im Tibetischen »Tschenresi«, wobei *tschen* »Auge«, *re* »offen« und *si* »sehen« bedeutet. Tschenresi, der Weisheit (bodhi) und Mitgefühl (sattvam) in sich zu einer Einheit verbunden hat, ist somit dadurch gekennzeichnet, dass er »mit offenen Augen auf die Wesen schaut«.

Wir schlagen Ihnen vor, dass Sie nunmehr diese Schilderung von Tschenresi selbständig in eine *gegenständliche Meditation* übersetzen, die Sie wiederum mit Schweigen und Achtsamkeit in einer angemessenen körperlichen Haltung vollziehen. Sie ist eine gute Vorbereitung, um in tiefere Zustände der Meditation zu gelangen.

Dass es jedoch auch Übergänge zwischen einer Meditation im engeren Sinne und dem Alltag gibt, die ohne besondere Einbeziehung des Körpers praktiziert werden können, möchten wir Ihnen an der folgenden *Übung* zeigen, die gleichfalls aus Tibet stammt, zu der es aber auch viele Analogien im Westen gibt:

Die Übung besteht darin, dass man sich bei allem, was immer man tut, selbst bei einfachsten Dingen wie Einkaufen, Bügeln, Aufräumen, Blumengießen usw. vorstellt, dass man es *für alle Menschen* tut. Auch wenn man Leid erfährt oder Schmerzen erleidet, verbindet man das mit dem Wunsch, dass die eigene Krankheit, der eigene Schmerz das Leid von anderen abhalten möge[49]. Diese Übung ist selbst für den nützlich, dem es als »aufgeklärten Westler« so geht wie Freud, der an Thomas Mann geschrieben hat, Wünschen sei wohlfeil und scheine ihm als Rückfall in die Zeit, da man noch an die magische Allmacht von Wünschen geglaubt hat[50]. Er wird nämlich feststellen, dass die Bereitschaft, in diesem Sinne den Alltag zur Übung zu machen[51], einen höchst erfreulichen »Nebeneffekt« hat, der über die Entwicklung eines besseren Gefühls für seine Mitmenschen noch hinausgeht: er lernt damit, bei allem, was er tut, konzentrierter und deshalb besser dabei zu sein. Im Endergebnis fällt ihm seine Tätigkeit, sogar die scheinbar trivialste, leichter und er stellt fest, dass er dadurch nicht nur für andere, sondern auch für sich selbst besser sorgt als früher. Dabei wird ihm vermutlich auch deutlich, dass der Wunsch des Shāntideva, der diesem Abschnitt vorangestellt wurde, nicht als »bloß magisch« zu begreifen ist.

Die Einsicht in die Bedeutung des Alltags als spirituelle Übung ist im Übrigen alte Weisheit. Sie findet sich daher zum Beispiel auch in der christlichen Spiritualität, so wenn Ignatius von Loyola fordert: »Gott in allen Dingen finden«. Wie konkret das aussehen kann, wird an einem Satz deutlich, den die christliche Mystikerin Teresa von Avila (1515-1582) zu einer Küchenschwester sagte, als diese sich bei ihr über ihre Tätigkeit beklagte: »Wenn du Gott nicht in der Bratpfanne hast, dann hast du ihn überhaupt nicht«.

Eine Unterscheidung muss freilich am Ende dieses Abschnitts noch ausdrücklich getroffen werden: die Meditation kann gar nicht tief genug mit dem Alltag verbunden werden; mit der heute verbreiteten Romantisierung der Regression[52], ja sogar der Psychose ist sie jedoch unvereinbar. Diese hängt letztlich damit zusammen, dass man in überholte Bewusstseinszustände flieht, weil man in denen, die der heutigen Zeit entsprechen, weitgehend erlebnisunfähig geworden ist. Es ist daher auch Unsinn,

wenn oft gesagt wird, dass in solchen archaischen Bewusstseinszuständen das »eigentliche Wesen« des Menschen zum Ausdruck komme. Wer das behauptet, verwechselt Eicheln mit Eichen[53]: In der Eichel sind zwar die Eigenschaften der Eiche angelegt und ebenso sind viele unserer späteren Möglichkeiten bereits von Anfang an auch in uns im Ansatz vorhanden. Es können auch in manchen psychotischen Symptomen bestimmte menschliche Wesenszüge besonders deutlich werden, ähnlich wie manche Kristallstrukturen nur sichtbar werden, wenn der Kristall zerschlagen ist. Aber dennoch sind die Eicheln noch nicht entfaltet und unsere Wesenszüge werden in der Psychose nur verzerrt und fragmentiert sichtbar.

In dieselbe Richtung weist die heute modische Idealisierung des Infantilen. Es ist falsch, wenn oft behauptet wird, Kinder seien für den Geist offener als Erwachsene. Stattdessen sollte man sehen, dass wir zwar vom Anfang unseres Lebens an auf den Geist hin angelegt sind und dass Kinder oft erstaunlich das Leben im Hier und Jetzt leben. Aber in all dem geht die Meditation nicht auf. Wie wenig entwickelt viele eigentliche Möglichkeiten des Menschseins in diesem Alter noch sind, zeigt sich zum Beispiel daran, dass es in dieser Phase unseres Lebens zwar bereits Mitgefühl gibt, aber keines, das uns aus eigener Entscheidung zu etwas verpflichtet und an dem wir auch in Zeiten der Bedrängnis festhalten können.

Der Gipfel des Missverständnisses wird dort erreicht, wo man die falsche Ansicht über die geistigen Möglichkeiten der Kinder gar noch mit dem verkürzt und damit verstellt wiedergegebenen Satz Jesu erhärten möchte: »Wenn ihr nicht werdet wie die Kinder ...«. Unverkürzt liest man bei Mt.18, 3: *Wenn ihr nicht umkehrt* und werdet wie die Kinder, so werdet ihr nicht ins Himmelreich kommen«. Jesus fordert also nicht eine infantile Haltung, sondern spricht zwei der unverzichtbaren Merkmale des religiösen Glaubens an, die auch für jede spirituelle und meditative Praxis gelten, nämlich das *Grundvertrauen*, das »Werden wie die Kinder«, als seine Basis sowie die Bereitschaft zur inneren Wandlung, die »*Umkehr*«, als sein offenkundigstes Wahrzeichen. Nur die *Früchte*, also die Weise, wie ein Glaube sich im Umgang mit dem Nächsten, ja mit der ganzen Schöpfung ausdrückt, kann dem noch gleichrangig zur Seite gestellt werden, und auch dies ist ein zentraler Topos sowohl bei Jesus wie bei allen großen Meistern der Meditation.

2. Die Lebensführung des Meditierenden

Da die Meditation bekanntlich kein Fitnesstraining ist, sondern die geistige Entwicklung des Meditierenden fördern möchte, versteht es sich von selbst, dass sie die Bemühung um eine bestimmte moralisch-geistige Haltung zur Voraussetzung hat. Wie bei so viel anderen Punkten unseres Themas besteht auch darüber, wie die

Kriterien dieser Haltung aussehen, zwischen östlichen und westlichen Mystikern im Grunde Einigkeit. Wir müssen sie hier nicht im Einzelnen darstellen, da wir das in unserem »Handbuch der Meditation« bereits ausführlich getan haben[54]. Zudem haben wir im vorigen Kapitel anhand der drei Zitate wesentliche innere Voraussetzungen dieser Haltung erarbeitet. Somit können wir uns auf wenige Stichworte beschränken. Wir wollen dabei die äußeren Kriterien der für die Meditation erforderlichen Lebensführung anhand buddhistischer Regeln darstellen, während wir uns bei den inneren Kriterien im Wesentlichen auf die »Unterscheidung der Geister« des Ignatius von Loyola beziehen[55]. Aber auch für diese Unterteilung in Außen und Innen gilt natürlich, dass beides bei der Meditation letztlich zusammenfällt.

Vorausschicken möchten wir auch, dass man sich bei uns im Westen mit solchen Anweisungen oft deshalb schwer tut, weil man sich aufgrund des in unserer Zeit häufig überzogenen Freiheitsverständnisses, dem in Wirklichkeit oft schwere Defizite im Gemeinschaftsgefühl zugrunde liegen, im Zweifelsfall immer gegängelt fühlt, vor allem durch alles, was auch nur im Entferntesten nach Moral aussieht. Um so wichtiger ist, zu begreifen, dass hinter diesen Regeln keine rigiden moralischen Forderungen stehen, sondern Voraussetzungen für das Gelingen der Übungen, so dass es in erster Linie ein Akt der Klugheit ist, sie zu befolgen.

Die *äußeren Kriterien* der für die Meditation erforderlichen Haltung kann man sich anhand der »5 Shilas« klarmachen. Dabei heißt »Shila« wörtlich zwar »Gebot« beziehungsweise »Verpflichtung«. Im Grunde haben aber diese beiden Worte nur in unserer heutigen Zeit negative Konnotationen, während es sich in Wirklichkeit dabei eher um zweckmäßige Verhaltensregeln handelt. Im Einzelnen bestehen sie in der Verpflichtung, niemand zu töten oder zu verletzen, nichts zu nehmen, was einem nicht gegeben wird, sexuelles Fehlverhalten zu vermeiden, nicht zu lügen und keine berauschenden Mittel zu verwenden, die den Geist trüben. Diese Verpflichtungen werden im Buddhismus nicht nur den Mönchen, sondern auch den Laien aufgetragen. Betrachtet man sie näher, so zeigt es sich, dass es sich dabei um Anweisungen handelt, die keineswegs repressiv sind, sondern entweder mit der »Goldenen Regel« zusammenhängen (»was du nicht willst, was man dir tu, das füg' auch keinem anderen zu«) oder die uns helfen sollen, »Herr im eigenen Haus« bleiben zu können. Sie tragen somit dazu bei, dass man mit den Mitmenschen besser auskommt, zugleich aber auch, mehr Macht über sich selbst zu erlangen. Wir raten Ihnen, die Betrachtung der 5 Shilas in kleine *Achtsamkeitsübungen* umzusetzen, durch die Sie zwar zu keinen moralischen Akrobaten werden, die Ihnen aber helfen können, bewusster zu leben. Das kann praktisch etwa folgendermaßen aussehen:

Zu »nicht töten«: Wir finden es zum Beispiel gut, dass bei fast allen Meditationskursen auf Fleisch verzichtet wird. Den-

noch steht es uns nicht zu, Sie zu Vegetariern machen zu wollen. Wir leben auch nicht streng vegetarisch. Aber wie wäre es, wenn Sie sich zum Beispiel angewöhnen würden, bevor Sie Fleisch zu sich nehmen, zu denken: »ein fühlendes Wesen musste sterben, damit ich jetzt ein Schnitzel esse«. Zumindest sollte ich dem Tier gegenüber Dankbarkeit empfinden, dass es um meines Genusses willen geschlachtet werden musste. Wir finden es auch sinnvoll, dass man einen entschiedenen Standpunkt zu der Situation in unserer Gesellschaft findet, in der Haustiere in einer oft geradezu läppischen Weise verzärtelt werden, während man gleichzeitig mit Schlachtvieh häufig erbärmlich umgeht. Zumindest könnte ich mich vor meiner nächsten Mahlzeit fragen, wie die Relation zwischen meinem bevorstehenden Fleischgenuß und dem Töten eines Tieres aussieht. Wenn ich aber schon meine, ich müsse Fleisch essen, dann sollte ich mich wenigstens über meine Mahlzeit freuen.

Zu »nichts nehmen, was einem nicht gehört«: Jeder hat vermutlich als Kind oder während der Pubertät etwas gestohlen. Dies bekamen wir zum Beispiel während unserer psychotherapeutischen Praxis fast regelmäßig mitgeteilt. Auf der anderen Seite lehrt die Erfahrung, dass in unserer Gesellschaft nur relativ wenig Erwachsene anderen Gegenstände wegnehmen, um sie sich selbst anzueignen. Dass aber das Problem subtiler aussieht, wird einem deutlich, wenn man abends etwa 10 Minuten lang den eigenen Umgang mit den 5 Shilas genauer bedenkt, was eine äußerst ratsame Übung ist. Wie sieht es dann zum Beispiel aus, wenn ich mich frage, wie viel Zeit ich heute meinen Nächsten durch meine Geschwätzigkeit weggenommen habe? Oder wo habe ich ihnen eigene Entwicklungsmöglichkeiten genommen, weil ich mich selbst naiv vordrängte? Suchen Sie auch bei dieser Betrachtung keineswegs in Zerknirschung zu fallen, sondern registrieren Sie ganz sachlich: »So also sah es aus, als ich heute gegen das 2. Shila verstoßen habe«.

Zum sexuellen Fehlverhalten: über direktes sexuelles Fehlverhalten brauchen wir hier nicht zu reden, denn es ist jedem bewusst und er sollte wissen, wie er damit umgeht und wie er das vor sich selbst und seinem Partner verantwortet. Aber wir möchten Ihre Aufmerksamkeit auf zwei andere Punkte lenken: 1. Zum sexuellen Fehlverhalten gehört heute geradezu regelmäßig der Satz: »Das steht mir zu. Jeder, der mich wirklich mag, müsste das eigentlich einsehen«. Fragen Sie sich konkret, ob das wirklich stimmt oder ob Sie sich nicht etwas vormachen, wenn Sie so argumentieren. 2. Wir möchten Sie an die Begegnung Jesu mit der Ehebrecherin erinnern, die Sie vielleicht kennen (Joh. 8, 3-11), wo sich die Zeugen nur allzu bereitwillig auf die Frau stürzen wollten, um sie zu steinigen. Sie kennen Jesu Reaktion: »Wer sich frei von Schuld weiß, der werfe den ersten Stein«. Fragen Sie sich auch hier unbefangen, wie es in dieser Hinsicht um Sie steht. »Wie drückt sich zum Beispiel in meinem Ma-

choverhalten oder in meiner Respektlosigkeit gegenüber Vertretern des anderen Geschlechts, aber auch in meiner harschen Verurteilung von angeblich unmoralischem Verhalten mein Verstoß gegen dieses Shila aus?« Missverstehen wir uns auch hier nicht! Wir wollen nicht Moral predigen. Es steht uns auch nicht zu. Aber fragen Sie sich, inwieweit ein bewussterer Umgang mit diesem Shila Ihnen helfen könnte, ein reiferer Mensch zu werden, statt dass Sie anderen und auch sich selbst Schaden zufügen. Reden Sie sich vor allem nicht mit dem Satz heraus: »Ich konnte nicht anders«. Wenn er sich dennoch aufdrängt, dann fragen Sie sich einfach, ob Sie sich dann in letzter Konsequenz für Ihr Tun entmündigen ließen. Jeder, der nicht entmündigt ist, kann immer auch ein wenig anders als er meint.

Zum Nicht-Lügen: Auch hier ist es wichtig, nicht die Moralknute zu schwingen. Aber machen Sie sich heute abend einfach klar, wann und ob Sie im Laufe des Tages gelogen haben und ob das unbedingt notwendig war. Auch in diesem Zusammenhang halten wir einen Satz von Ruth Cohn für sehr hilfreich. Sie sagte: »Ich darf nicht lügen. Aber niemand kann mich zwingen, alles zu sagen, was ich denke«. »Wie verantwortlich und reif bin ich mit dieser Tatsache heute umgegangen?«

Zum »keine berauschenden Getränke zu sich nehmen: Hier geht es nicht um den Endlos-Streit um den Nutzen oder Schaden des Alkohols. Zweifellos kann dieser manchmal auch seine guten Seiten haben. Aber fragen Sie sich auch hier, ob Sie dieses Gebot nicht eigentlich tiefer sehen könnten. Dass Sie sich und (zum Beispiel auch andere im Straßenverkehr) gefährden, wenn Sie übermäßig berauschende Getränke zu sich nehmen, ist fraglos. Zu diesem Shila gehört aber auch die Bereitschaft, sich reif und nicht regressiv zu verhalten. »Wo habe ich der in uns allen steckenden Tendenz zur Regression heute nachgegeben?«

Die genannten fünf äußeren Kriterien wollen wir nunmehr durch *fünf Kriterien* ergänzen (in Anlehnung an Ignatius von Loyola), *deren Schwerpunkt gleichsam im eigenen Inneren liegt:*

1. Kriterium: Tu alles aus Liebe.

Wie sich diese Forderung praktizieren lässt, erfährt man weniger durch theoretische Überlegungen oder durch lange Gespräche, sondern indem man immer besser lernt, »im Buch des Lebens« zu lesen. Man »liest« in ihm, wenn man sich, so tief es einem möglich ist, auf die Wirklichkeit einlässt, insbesondere auf die mitmenschliche. Entscheidend ist somit weniger, dass man auf äußerliche Vorschriften hört oder sich kasteit, als dass man immer mehr die eigene Liebesfähigkeit entwickelt.

2. Kriterium: Lerne dich und dein Leben gut kennen.

Dies setzt voraus, dass man sich während und außerhalb der Meditation immer wieder jene Grundfragen stellt, auf die wir gleichfalls bereits gestoßen sind: »Wer bin ich?«, »Wo liegen meine Fähigkeiten und Stärken und wo meine Grenzen und Schwierigkeiten?«, aber auch: »Welche Verpflichtungen habe ich?« Auch dies erfährt man nicht durch grüblerisches Nachdenken oder durch die Ratschläge anderer, sondern vor allem durch die Entwicklung eines »Kompasses«, der darauf geeicht ist, zu spüren, wo man dauerhaft und wahrhaft tiefgreifend Freude und Frieden empfindet und wo sich die »Früchte des Geistes« mehren.

3. Kriterium: Ordne dein Leben.

Sein Leben ordnen heißt alle falschen »Anhaftungen«[56] an primitive Regungen, an urtümliche Bewusstseinszustände und an falsche Konzepte abzulegen und sich in Freiheit und Offenheit demjenigen zur Verfügung zu stellen, was man als »letzte Wirklichkeit« (»Gott«) zu akzeptieren bereit ist. Im »Vater unser« wird das durch die Bitte ausgedrückt: »*Dein* Wille geschehe«. Je besser man sich einem solchen »Willen« hinzugeben vermag, den man als höher ansieht als die eigenen vordergründigen Interessen, und zwar nicht aus einer »ungeordneten Anhänglichkeit« (Ignatius von Loyola)[57], das heißt aus Depressivität und Ichschwäche heraus, sondern weil man sich ihm »gelassen« überlässt, um so mehr können eigene Lebensmöglichkeiten erkannt, erschlossen und gelebt werden. Der Verzicht auf Befriedigung führt somit nicht zur Einengung, sondern zum Gewinn an Lebenskultur.

4. Kriterium: Bleib' im Kleinen treu.

Was erfahren und begriffen wurde, muss in die konkrete Praxis des Alltags umgesetzt werden, wiederum nicht blind eifernd, sondern im permanenten Dialog mit dem eigenen Inneren beziehungsweise mit »Gott«. Nur so kann es Früchte bringen. Dies war der Grund, warum diese Forderung von christlichen Mystikern oft mit der Nahrung in Beziehung gebracht wurde, zum Beispiel, wenn der Meister Eckhart sagte, es sei wichtiger, dem Bedürftigen ein Süpplein zu kochen als in Verzückung zu verharren[58] oder wenn Theresa von Avila feststellte, wer Gott nicht in der Bratpfanne finden könne, der finde ihn gar nicht[59].

Vielleicht hat niemand tiefgründiger den Zusammenhang zwischen Realitätsprüfung, Befriedigung notwendiger irdischer Bedürfnisse, der göttlichen Wirklichkeit, Dankbarkeit und Freiheit, der im vorigen Kapitel unseres Buches ständig umkreist wurde, auf den Punkt gebracht als Friedrich Hölderlin. Das wird an der letzten Strophe seines Gedichtes »Lebenslauf« deutlich. Sie lautet: »Alles prüfe der Mensch, sagen die Himmlischen, /Dass er, kräftig genährt, danken für alles lern, / Und verstehe die Freiheit, /Aufzubrechen wohin er will.«

5. *Kriterium:* Konkretisiere deine Entscheidung in dem Auftrag (dem Apostolat), den du für dich als gültig erkannt hast.

Zwar soll man sich bei der Suche nach seiner »Berufung« auf seine inneren Regungen der Freude und des Friedens verlassen. Aber dies geschieht nicht, indem man sich dem Lustprinzip überlässt, dessen letztlich irrealen und nicht tragfähigen

Charakter ein Freud ebenso aufgezeigt hat wie der Buddha. Vielmehr muss man lernen, zunächst zwischen aufbauenden und zerstörerischen Gemütsbewegungen zu unterscheiden und dann zwischen ihnen seine Wahl zu treffen. Für den Christen heißt das zum Beispiel, sich für das Evangelium, für den Hindu, sich für die Botschaft der Bhagavad Gita[60] zu entscheiden, freilich nicht sklavisch und fundamentalistisch, aber gemäß dem darin zum Ausdruck kommenden Geist.

3. Die körperliche Haltung der Meditation und ihre Voraussetzungen

a. Der ganzheitliche Ansatz

Ohne Einbeziehung des Leibes kann man nicht meditieren. Der körperliche Aspekt der Meditation darf aber nicht so sehr im Vordergrund stehen, dass dabei ihr geistiger Kern auf der Strecke bleibt. Besonders die ungegenständliche Meditation gelingt nur dann, wenn eine richtige Balance zwischen beiden Seiten besteht.

Erfahrene Meditierende wussten immer, dass beim Meditieren der *ganze* Mensch beteiligt sein muss. Dennoch gab es ganz verschiedene Stile der Meditation, die von der jeweiligen Kultur und Religion abhingen. Generell lässt sich sagen, dass der körperliche Aspekt bei der westlichen meditativen Praxis niemals so ausgefeilt war wie bei der östlichen. Das hängt mit der unterschiedlichen Geschichte der Spiritualität in beiden Kulturkreisen zusammen.

Speziell in Indien war auch immer selbstverständlich, dass es ohne eigene meditative Erfahrung keine wirkliche religiöse Praxis gibt und dass dabei auch der Leib mit einbezogen werden muss. Deshalb hat man dort auch die körperlichen Aspekte der Meditation kontinuierlich weiterentwickelt. Anders war es im Westen. Von Anfang an standen hier die Kirchen dem spirituellen Kern der Evangelien zwiespältig gegenüber. Das hing mit der Angst zusammen, durch die Meditation könne der Offenbarungscharakter der christlichen Botschaft verloren gehen und subjektive Erlebnisse, die ja für die Meditation typisch sind, würden vom »objektiven Kern« der Botschaft ablenken und somit zur Ketzerei verführen. Ähnlich dachte man auch im Islam. Daher stand man hier wie dort von Anfang an Erfahrungen eher ablehnend gegenüber, was aber mit Zeiten einer »wilden« Erfahrungssuche alternierte[61]. Durch beispiellose Verfolgungen wurden zudem hier wie dort die Spirituellen immer wieder in den Untergrund gedrängt oder gar vernichtet. Selbst in den Klöstern gab es oft kein Überleben. Dennoch ist die Spiritualität immer wieder neu erstanden. Dabei wurde gewissermaßen »das Rad mehrfach neu erfunden«. Dass unter diesen Umständen die Meditationspraxis einschließlich der Einbeziehung des Leibes bei uns nicht immer so differenziert entwickelt werden konnte wie im Osten, liegt nahe. Um so bemerkenswerter ist, dass sich bei uns trotz aller Widrigkeiten und Verfolgungen dennoch wiederholt eine beeindruckende Mystik entwickelte. Daran zeigt sich, dass hinter der Meditation mehr steht als bloße Willkür, nämlich ein in fast allen Menschen tief verwurzeltes Bedürfnis, die eigene Sehnsucht nach Spiritualität *mit allen Kräften* auszudrücken. Dieses Bedürfnis ist offenbar stärker als alle Widerstände.

Auch das Wissen um die Bedeutung der körperlichen Haltung ist in der christlichen Meditation seit den Tagen der Wüstenväter[62] bis heute niemals endgültig verloren gegangen. Man denke nur zum Beispiel an die Einbeziehung des Leibes im Benediktinischen Chorgebet oder in der religiösen Praxis der Ostkirchen, vor allem durch Gesten wie Verbeugen, Niederknien, Sich Niederwerfen oder das Kreuzzeichen schlagen. Andererseits gibt es auch in den östlichen spirituellen Traditionen in dieser Hinsicht eine große Vielfalt. So finden sich dort Richtungen, in denen der körperliche Aspekt bei der Meditation nur eine untergeordnete Rolle spielt, während andererseits manche Yogaübungen so ausschließlich auf den Körper ausgerichtet sind, dass man sie eher zur Gymnastik oder Artistik zählen muss als zur Meditation. Bezeichnenderweise sind diese Zerrformen allerdings oft nicht originär indisch, sondern eher Exportartikel für den westlichen Markt heute.

Was hier über die genannten gymnastischen Übungen aus dem Osten gesagt wurde, gilt auch, wenngleich mit umgekehrten Vorzeichen, für jene Formen von Meditation bei uns, bei denen der Leib praktisch völlig ausgeklammert wird. Ihre Befürworter behaupten gerne, nur ein solcher Weg sei christlich und frei von östlichen »Verirrungen«. Aber selbst wenn sie noch so sehr darauf bestehen, bei der Sehnsucht, Gott nahe zu sein, dürfe der Leib keine Rolle spielen, verfehlt ihre Praxis mit ihrer Einseitigkeit das Wesen der Meditation nicht weniger als die genannten »indischen Irrwege«.

Nun würde man freilich an der Realität vorbeizielen, wollte man die Geschichte der Meditation in zwei Richtungen aufgehen lassen, wovon die eine den Leib und die Psyche *gemeinsam* ins Spiel brachte, damit sich diese gegenseitig tragen und stützen, während die andere dies versäumte. Immer hat es nämlich in der spirituellen Tradition auch Strömungen gegeben, die sich den »normalen« Regungen des Körpers mit allen Kräften entgegenstemmten. Das findet man sowohl bei mancher christlichen Meditationspraxis als mitunter auch im Yoga und vereinzelt auch bei der tibetischen Tantra-Praxis[63]. Dahinter stand grund-sätzlich das Ziel, die natürlichen Grenzen des Leibs zu transzendieren, dem ganz unterschiedliche Vorstellungen zugrunde lagen:

Christliche asketische Übungen waren oft durch eine ausgeprägte Geringschätzung des Leibes gekennzeichnet. Dies stand zwar im Widerspruch zum Seite 14 genannten Wort des Apostels Paulus, der gesagt hat, wir seien Gottes Tempel, hing aber damit zusammen, dass sich in die christliche Tradition immer wieder ins Extrem getriebene platonische und neuplatonische Ideen einschlichen. In ihnen wurde der Leib als etwas zu Überwindendes angesehen, nach der Formel »soma (der Leib) = sema (ein Grab)«. Ähnliche Vorstellungen liegen auch vielen Yogapraktiken zugrunde.

Anders entstanden war der oft gewaltsame Umgang mit dem Leib beim Tantrismus. Dies erklärt sich aus seinen schamanistischen Wurzeln.

Nun ist zwar der Schamanismus zweifellos eine Vorstufe des Yoga und der Meditation, wie Eliade überzeugend gezeigt hat[64]. Jedoch ist er im Gegensatz zu Yoga und Meditation bis zum heutigen Tag an archaische, praerationale Bewusstseinszustände, vor allem auch an die Ekstase gebunden. Dabei spielt die Vorstellung eine entscheidende Rolle, man müsse den Geist gleichsam aus dem Leib herauspressen, um ihn auf die Schamanenreise schicken zu können. Ganz anders verhält es sich bei der *Meditation*: Sie möchte das Bewusstsein weiter entwickeln und die Einbeziehung des Leibes soll dabei eine Hilfestellung leisten.

Zu den genannten Abweichungen von einer »normalen« Vorstellung vom Leib bei der Meditation kam im Laufe der Entwicklung der uns heute noch bestimmenden mentalen Bewusstseinsstufe ein ganz anderes Spaltprodukt: eine fast ausschließlich maskuline Ausrichtung des Denkens. Diese will sich nicht mit dem (weiblich verstandenen) Leib verbünden, sondern ihn in erster Linie kontrollieren, notfalls auch durch Unterdrückung.

Die Einbeziehung des Leibes bei der Meditation geschieht dann angemessen, wenn dabei die genannten Fehler vermieden und stattdessen die seelischen Prozesse durch ihn gestützt werden. Für dieses Vorgehen sprechen praktische und theoretische Gründe: *Praktisch* steht dahinter die Erfahrung der Psychosomatik, dass körperliche Haltungen und Tätigkeiten Rückwirkungen auf die Psyche haben und umgekehrt. *Theoretisch* dagegen ziehen wir damit die Konsequenzen aus der Tatsache, dass unsere Psyche entwicklungsgeschichtlich aus dem Leib hervorging und sich immer wieder neu aus ihm aufbaut. Das heißt zwar nicht, dass sich die Psyche auf den Leib reduzieren lässt, wohl aber, dass er ihre *Grundlage* bildet. Wir haben es somit mit einer hierarchisch strukturierten Form von Ganzheit[65] zu tun. Dies sollten wir vor allem dann bedenken, wenn wir aus methodischen Gründen zunächst einmal nur die körperlichen Seiten der Meditation betrachten.

Das Verständnis dieser Form von Ganzheit hilft uns auch beim Umgang mit scheinbaren Paradoxien, auf die wir im Folgenden immer wieder stoßen werden. So soll man sich zum Beispiel in einer Haltung offener Weite *nach innen* wenden, obwohl man doch gemeinhin »Weite« mit »außen« in Verbindung bringt. Auch soll man sich streng an die Übungsanweisungen halten und dabei zugleich auf die eigenen Erfahrungen achten. Solche Anweisungen können nur im Kontext eines Sowohl als Auch verstanden werden.

Aber auch hier können praktische Hilfsvorstellungen nützlich sein, zum Beispiel, indem man an einen Sänger denkt, der ein Schubertlied vorträgt: Das scheinbar Einfachste ist dabei für ihn das Schwerste, nämlich das Lied so zu singen, dass sich Melodie und Text vollkommen entsprechen und sich dadurch gegenseitig verdeutlichen. Nur wenn es ihm gelingt, nichts wegzulassen, nichts hinzuzufügen, aber zugleich das Lied ganz aus sich selbst herauskommen zu lassen, wird es »natürlich« klingen. So zu singen erfordert ein Höchstmaß an Übung und Konzentration ebenso wie den Verzicht auf jede oberflächliche Praktik. Und dennoch garantiert weder die Ausbildung noch eine Strenge gegen sich selbst noch die geistige Durchdringung noch die eigene Spontaneität *allein* den Erfolg. Dieser stellt sich erst dann ein, wenn das alles beim Sänger zusammenfällt und wenn er zugleich »begnadet« ist.

b. Der Vorsatz

Mit dem zuletzt Gesagten sind wir beim ersten Schritt der meditativen Übung angekommen, beim *Vorsatz*: Am Anfang der Meditation muss der Entschluß stehen, sich voll und mit aller Kraft auf das Hier und Jetzt der Übung zu konzentrieren und bei diesem zu bleiben, bis man ganz darin aufgeht. Das wird aber nur gelingen, wenn man eine Vorstellung davon hat, wie das gemacht wird.

Der Meditierende soll sich also vornehmen, konstant und für die Dauer der Übung konzentriert dabei zu bleiben. Aber er soll sich weder deren Ergebnis ausmalen oder gar bloß »gaffend dasitzen, als wolle er Fliegen fangen«, wie es der Verfasser der »Wolke des Nichtwissens«[66] drastisch ausdrückt. In der Bhagavad Gita wird das folgendermaßen formuliert: »Für den schweigenden Weisen, der sich zum Yoga aufschwingen will, gilt Handeln als angemessene Methode. Für den, der bereits auf dem Yoga-Weg angekommen ist, gilt Ruhe als die geeignete Methode«[67].

Vielleicht hilft zum näheren Verständnis ein Vergleich mit dem Holzsägen[68]: Wer das nicht geübt hat, wird die Erfahrung machen, dass die Säge nicht leicht ins Holz eindringt, sondern zunächst auf seiner Oberfläche hin und her tanzt. So tanzen auch unsere Gedanken hin und her, sobald wir versuchen, sie zu beruhigen und uns zu konzentrieren.

Wer sich beim Holzsägen nicht von den anfänglichen Schwierigkeiten abhalten lässt, wird feststellen, dass er der Säge erst einmal Halt geben muss, zum Beispiel mit Hilfe eines Fingers. Dann erst kann er sie aufmerksam, ruhig und kräftig vor und zurückziehen, bis eine Kerbe entstanden ist, aus der das Sägeblatt nicht mehr herausspringt. Auch die Meditation kennt anfäng-

liche Hilfestellungen. Dazu gehört vor allem, dass man das Kommen und Gehen des Atems beobachtet. (Davon wird noch zu sprechen sein). Diese Hilfestellungen sollen aber nicht mechanisch werden oder gar in Routine erstarren. Stattdessen muss man sich mit steter Aufmerksamkeit, Ruhe und Kraft in seine Aufgabe vertiefen. In dem Maße, wie das gelingt, wird die Übung – sowohl des Holzsägens als auch der Meditation – immer selbstverständlicher und wirkungsvoller.

Wie aber führt der Vorsatz zur eigentlichen Übung? Dies möchten wir anhand bekannter spiritueller Texte zeigen.

Der *Buddha* sagte:

»Allein zum Ziel führend, o Mönche, ist dieser Weg; (er führt) zur Läuterung der Wesen, zur Überwindung von Kummer und Trübsal, zum Verschwinden von Leid und Unmut, zum Eintritt in den rechten Wandel, zur Verwirklichung der Erlösung; es sind diese vier Grundzüge des Bewusstseins. Welche vier? Da verharrt, o Mönche, ein Mönch beim Körper über den Körper wachend, eifrig, einsichtig, aufmerksam, nach Aufgabe von Gier und Unmut in der Welt; bei den Gefühlen über die Gefühle wachend, eifrig, einsichtig, aufmerksam, nach Aufgabe von Gier und Unmut in der Welt; beim Gemüt über das Gemüt wachend, eifrig, einsichtig, aufmerksam nach Aufgabe von Gier und Unmut in der Welt; bei den Gegebenheiten über die Gegebenheiten wachend, eifrig, einsichtig, aufmerksam, nach Aufgabe von Gier und Unmut in der Welt«[69].

Wenn Sie diese Anweisung genau lesen, so werden Sie bemerken, dass sie trotz ihrer Unmissverständlichkeit eine weitere jener Paradoxien enthält, die für die Meditation typisch sind: Der Meditierende soll sich einerseits konzentriert und ruhig nach innen wenden und dabei seine Bewusstseinsaktivität beobachten mit dem Ziel, deren Gründe zu erkennen und diese dadurch allmählich auszuschalten. Dies soll aber nicht gedanklich und abstrakt, sondern meditativ geschehen. Zugleich aber soll er aktiv und »pathisch« offen sein, obwohl das mehr nach außen weist. In der indischen Meditationspraxis nennt man die dafür erforderliche Haltung »prasanna«. Dabei handelt es sich um einen Begriff mit der Grundbedeutung von »ruhig« im Sinne von innerem Frieden, aber auch von Transparenz und Klarheit.[70]

In der christlichen Meditationspraxis wird das ebenso gesehen.

Schon im 4. Jahrhundert sagt der Wüstenvater Evagrius Ponticus (345-399): »Das Gebet ist die Abwesenheit jeglicher Gedanken«[71] und noch im 19. Jahrhundert gibt der Einsiedler Theophanus die Anweisung: »Im Gebet muss man dem Verstand die äußerste Aufmerksamkeit, dem Herzen Nüchternheit, dem Willen Wachsamkeit zuwenden«[72]. Auf diese Weise sollte man die »Apatheia« suchen, einen vollständig leidenschaftslosen Zustand, der gleichbedeutend ist mit der Befreiung von Knechtschaft und zwanghaften Abläufen[73].

Damit kommt eine nächste Paradoxie ins Spiel. Sie wurde von dem genannten hochgebildeten christlichen Wüstenmönch Evagrius Ponticus in großartiger Weise formuliert. Er sagte, es gelte bei der spirituellen Übung »*über den leiden(schafts-)fähigen Teil der Seele leidenschaftslos zu verfügen,* damit der Intellekt (Geist) durch ihre selbstischen Wünsche nicht gehindert, son-

dern vielmehr durch ihre vitalen Kräfte gefördert zur Erkenntnis aufsteigen kann, in der die Beseligung des ganzen Menschen besteht«[74].

Man soll also keineswegs anstreben, seine Spannungen zu lösen und in einem glückseligen, (»ozeanischen«) Gefühl aufzugehen, wie man uns von Seiten des New Age gern vormacht. Man soll sich aber auch nicht gewaltsam disziplinieren, wie uns eine autoritäre Pädagogik lange Zeit einzureden versuchte. Erst recht soll man keineswegs versuchen, in sich seine Emotionen abzutöten, wie manche asketischen Fanatiker fordern. Ja, das Ziel geht sogar über die Entwicklung liebevoller Gefühle hinaus[75]: Stattdessen geht es darum, seine Affekte, erwünschte sowohl wie unerwünschte, als »geschicktes Mittel«[76] in den Dienst der Meditation zu stellen.

Ganz in diesem Sinne äußerte sich auch der große chassidische[77] Mystiker Rabbi Nachman von Bratzlaw (1772-1810), dessen Aussprüche Martin Buber gesammelt hat: »Man kann Gott mit dem bösen Triebe dienen, wenn man sein Entbrennen und seine begehrende Glut zu Gott lenkt. Und ohne bösen Trieb ist kein vollkommener Dienst«[78].

Ganz im Sinne dieses Ziels ist ein weit verbreitetes Vorgehen *vor* der eigentlichen Meditation: Man kommt leichter in diese hinein, wenn man *vorher* im Laufe des Tages übliche Stereotypien durchbricht, zum Beispiel indem man etwa 10 Minuten lang bewusst etwas schneller oder etwas langsamer geht, als man es gewohnt ist. Oder man sucht bewusst, eingefleischte Gewohnheiten abzustellen, zum Beispiel indem man einen etwas anderen Weg zum Arbeitsplatz wählt als sonst, Phrasen, die man gerne gebraucht, vermeidet oder nicht automatisch zur Zigarette greift.

c. Die Vorbereitung der Übung.

Bevor man den Leib auf die Meditation einstellt, gilt es, sich möglichst günstige Umstände für das Gelingen der Übung zu schaffen. Diese Bedingungen sollen dazu verhelfen, eine innere Haltung einzunehmen, die der Meditation gemäß ist und so zu verhindern, dass man ins Dösen und Phantasieren abgleitet.

Dazu gehört vor allem *die Wahl eines günstigen Ortes* für die Meditation. Gleichgültig, ob man den Platz selbst ausgesucht hat, zum Beispiel, weil man allein zu Haus meditiert oder ob man ihn angewiesen bekam, weil man zusammen mit anderen übt: immer sollte man sich mit ihm zunächst mit Bedacht vertraut machen. Das heißt, dass man vor Beginn der Meditation die gesamte Umgebung in sich aufzunehmen sucht, in der sie stattfindet. Ohne Neugier nimmt man dabei achtsam wahr, wie der Raum aussieht, in dem man übt, und zwar nach allen 6 Richtungen: vor, hinter, links und rechts, ober- und unterhalb von einem.

Wenn man *allein* übt, ist es, wie wir bereits erwähnten, wichtig, dass man sich vor allem einen ruhigen, ungestörten Ort aussucht. Meditiert man aber *mit anderen*, so spielt die Beziehung zu diesen eine wichtige Rolle. Zweifellos ist ein gemeinsames Üben, zum Beispiel in einem Meditationszentrum, für die Intensität der Übung förderlich, besonders bei Anfängern. Diese Gemeinsamkeit soll einen aber nicht ablenken, sondern lediglich eine Atmosphäre stiften, in der man *selbst* umso stiller und abgeschiedener üben kann. Dabei zeigt sich meist etwas Bemerkenswertes:

Obwohl man seine Mitübenden weder ansprechen noch sie neugierig betrachten oder auf andere Weise mit ihnen kommunizieren soll, stellt sich zu ihnen dennoch stillschweigend eine Beziehung her. Dieser Kontakt zu ihnen, ja zur gesamten Umgebung bleibt gleichsam als Hintergrund während der gesamten Übung erhalten, obwohl man sich ganz in diese versenkt. Dabei entsteht eine latente, aber äußerst fruchtbare Spannung zwischen dem »bei sich sein« und der Umgebung. Aus ihr erwächst nicht selten sogar eine tiefe innere Nähe zwischen den Meditierenden. Spätestens am Ende einer längeren gemeinsamen Zeit des Meditierens ist einem klar geworden, wie hilfreich die Bemühung der Nachbarn, innerlich weiterzukommen, für einen selbst war, trotz – oder vielleicht sogar wegen – der Abgeschiedenheit, in der sich alles vollzog.

Wichtig ist auch *der richtige Zeitpunkt* der Übung. Günstig sind besonders die Übergangsstunden von der Nacht zum Tag und vom Tag zur Nacht, in denen sich gleichsam die Zeiten des Schöpferischen und der Wachheit begegnen. Ungünstig ist dagegen, kurz nach einer Mahlzeit zu meditieren. Dass Alkohol und Meditation unvereinbar sind, liegt auf der Hand: er senkt unsere Achtsamkeit.

Wichtig ist aber vor allem, dass man mit *Störungen* umzugehen lernt. *Der erste Schritt* dabei besteht darin, sich klarzumachen:

> ➤ Störungen sind unvermeidlich. Jeder Versuch, sie zu vermeiden, scheitert. Daher soll man lernen, wie man ihnen richtig begegnet.

Konkret geschieht das, indem man sich, wie die Tibeter sagen, den Störungen gegenüber verhält wie der heilige Berg Meru den Wolken gegenüber. So wie dieser Berg nach ihrer Vorstellung im Zentrum des Kosmos steht, soll man sich in seinem inneren Zentrum befinden. Wenn aber der Berg von Wolken umweht wird, werfen sie ihn nicht um, sondern streifen lediglich seine Oberfläche. Genau so soll man sich Gedanken oder anderen Störungen gegenüber verhalten, die einem während der Meditation begegnen: man soll sich weder auf sie einlassen noch sie abwehren. In psychologischer Terminologie ausgedrückt hieße das, man soll die Störungen als »Angetroffenes« auf sich beruhen lassen, aber man soll sie nicht »intentional fokussieren«, sie sich also nicht vergegenwärtigen. (Anders ist es bei der Methode des Vipassanā, wo man Störungen dadurch entschärft, dass man sie bewusst benennt. Wenn mich also zum Beispiel die Nase juckt, dann gebe ich diesem Drang

nicht nach, sondern mache mir einfach klar: »Jetzt also juckt meine Nase. Auch das hilft mir, nicht wegzudösen). Dass es natürlich andererseits falsch wäre, ins Gegenteil zu verfallen und insgeheim auf Störungen zu warten, weil sie möglicherweise »Unterhaltung« bringen, muss nicht besonders betont werden.

Ein *zweiter Schritt* des Umgangs mit Störungen bei der Meditation besteht darin, dass man sich klarmacht, dass diese in irgend einer Form so allgegenwärtig sind wie das Leben selbst. Aber bleiben Sie dabei nicht stehen, sondern fragen Sie sich, welche Störungen sich bei Ihnen am häufigsten einstellten. Störungen von außen? Körperliche Missempfindungen? Wörter? Bilder oder was sonst auch immer? Vermeiden Sie es, die Gründe dafür innerlich zu kommentieren oder gar zu analysieren. Die Meditation ist ja keine Analyse. Es geht auch nicht darum, sich diese Fakten zu merken oder Einzelnes stärker zu beachten als anderes, sondern nehmen Sie jedes für sich in gleicher Weise hin. *Die meditative Achtsamkeit beschränkt sich darauf, bloße Fakten exakt zu registrieren*[79].

Wie das konkret aussieht, wird an einem bekannten Spruch des Zen deutlich: »Der alte Teich./ Ein Frosch springt hinein./ Plumps!«[80].

Begnügen Sie sich also damit, diese Fakten »im Anfängergeist« (also verbunden mit einem gewissen Erstaunen) gelassen hinzunehmen, aber ziehen Sie *nach* (!) *der eigentlichen Übung* eine Konsequenz aus Ihren Beobachtungen:

> ➤ Je mehr man versucht, die äußeren und inneren Störungsquellen beim Meditieren zum Versiegen zu bringen, desto heftiger werden sie sprudeln. Daher muss man eine andere Strategie des Umgangs mit ihnen lernen: Es gilt, allem gegenüber, was bei der Meditation auftaucht, in der Rolle des beobachtenden »Zeugen« zu bleiben, der sich in nichts verwickeln lässt. In diesem Sinne soll der Meditierende nicht (vergeblich) versuchen, einem Ideal von Bewusstseinsleere nachzujagen, sondern er soll sich mit seiner Rolle als »Zeuge« seiner Gedanken und Nichtgedanken identifizieren.

Einen *dritten Schritt* haben wir Ihnen Seite 44 am Beispiel des Umgangs mit einer juckenden Nase bereits nahe gebracht. Er besteht darin, dass man die jeweils auftauchende Störung mit einem Schuss distanzierter Stellungnahme und Humor angeht (und dabei meist mit Erstaunen feststellt, wie schnell sie dadurch aufhört, um alsbald einer neuen Störung Platz zu machen). Dieses Vorgehen ist immer dann angezeigt, wenn man es nicht schafft, bloßer »Zeuge« zu bleiben. Dadurch darf man sich allerdings nicht vom Strom des meditativen Prozesses abkuppeln, zum Beispiel indem man in die Position des ironisch distanzierten Beobachters überwechselt. Vielmehr soll dieser Umweg lediglich dazu verhelfen, möglichst schnell zur Haltung des »Zeugen« zurückzufinden.

Am wirkungsvollsten und auch besser mit dem wünschenswerten Verhalten zu vereinbaren ist allerdings eine *vierte »Technik«*, die weiter als alle bisher genannten

Methoden reicht, weil sie möglich macht, Störungen produktiv umzuwandeln, gleichsam nach dem Motto: »Was unausweichlich ist, dem geh' entgegen«. Das Wesen dieser vor allem beim Tantra verwendeten Methode besteht darin, dass man die Störung selbst in eine Energiequelle verwandelt, die einem Kraft bringt, indem man lernt, die ihr zugrunde liegende Energie, zum Beispiel vom Lärm eines tief fliegenden Flugzeugs, direkt »anzuzapfen«, indem man sich ihr überlässt. Im Prinzip läuft das auf eine weitere Einsicht hinaus:

> ➤ Störungen haben zumindest den einen Vorteil, dass sie uns vorm Dösen bewahren.

Im Laufe der Zeit lernt man auf diese Weise sogar, sich vor einer weiteren Gefahr bei der Meditation zu schützen: vor der Flucht in eine nervöse, sensitive Feinsinnigkeit, deren Kehrseite fast immer in einer erhöhten Intoleranz gegenüber Störungen besteht. Zudem schult man sich so in Gelassenheit.

Man könnte vielleicht alle die Schritte, die in diesem Abschnitt erörtert wurden, mit der Formulierung »*absichtsvolle Absichtslosigkeit*« zusammenfassen, und hätte damit eine weitere jener Paradoxien im Blick, von denen die Meditation so sehr bestimmt ist. Durch diese »absichtsvolle Absichtslosigkeit« lernt man, nicht einem abstrakten Ideal perfekter Bedingungen der

121

Meditation nachzujagen, sondern aus der gegebenen Situation Vorteile zu ziehen.

Uns ist die Hilfe, die von einer natürlichen Situation kommen kann, vor Jahren in Bodh-Gayā deutlich geworden. Wir meditierten damals im Morgengrauen unter einem Abkömmling des Bodhi-Baumes, unter dem der Siddhārta 49 Tage lang in Meditation saß, bis er eines Morgens die Erleuchtung zum Buddha erlangt hat. Unsere Meditation vollzog sich beim lauten Gezwitscher zahlloser Vögel und in förmlichen Duftkaskaden unzähliger Blumen. Zwar hatten wir alle den Eindruck eines »heiligen Ortes«. Mit dem Schweigen und der entsinnlichten Atmosphäre einer Zenhalle hatte der Ort der Erleuchtungserfahrung des Buddha jedoch auch vor 2500 Jahren bestimmt nichts Gemeinsames.

d. Die körperliche Haltung bei der ungegenständlichen Meditation

Konkret raten wir Ihnen, sich *vor* Beginn der eigentlichen Meditation in die zwei Polaritäten einzuspüren, die sich dabei natürlicherweise ergeben und die zusammen eine Grundstruktur bilden, die man »*die äußere Dreiheit bei der Meditation*« nennen könnte:

Die erste Polarität innerhalb dieser Dreiheit wird einem deutlich, wenn man in der richtigen Haltung auf seinem Kissen oder Stuhl sitzt. Dabei stellt sich eine Spannung ein zwischen dem unteren Teil des Leibes, der fest auf seiner Unterlage ruht, und dem oberen Teil, der aufgerichtet ist und dessen Achse nach oben weist. Diese Polarität verleiht dem Körper *Ausrichtung* und elastischen *Halt* zugleich. Überlassen Sie sich zunächst dieser festen Ruhe und spüren

Sie sich dann in Ihren aufgerichteten Leib ein. In dem Maße, wie Sie sich darum bemühen, verstärken sich beide Seiten dieser Polarität wie von selbst. Vermeiden Sie dabei aber jede verkrampfte Anstrengung.

Eine *zweite Polarität* stellt sich ein, wenn Sie den Blick bei der Meditation entsprechend der natürlichen Biegung der Wirbelsäule leicht senken, so dass er auf einem Punkt auf dem Boden landet, der etwa 1 – 1 1/2 Meter vor Ihnen liegt. Die gedachte Linie zwischen diesem Punkt und den Augen, die bei der Meditation (außer bei ganz bestimmten Übungen) normalerweise nicht geschlossen werden sollen, spiegelt gleichsam Ihr *Verhältnis zur Außenwelt* wieder: diese ist ständig »da«, obwohl Sie ganz in Ihrem Körper aufgehen. *Beide Polaritäten zusammen bilden das, was wir »äußere Dreiheit« genannt haben:*

äußere Dreiheit

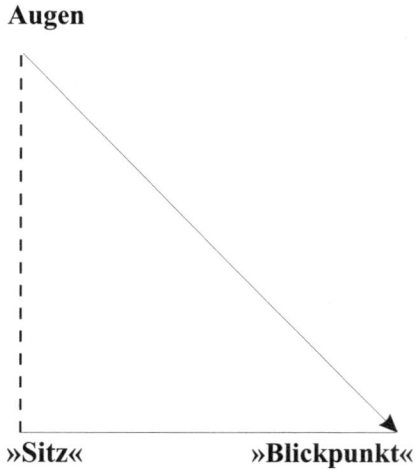

Augen

»Sitz«   **»Blickpunkt«**

Auf diesem Punkt ruht der Blick ständig, wobei es wichtig ist, niemals direkt darauf zu starren oder ihn gar zu markieren. Er verliert vielmehr während der Meditation ebenso jede direkte Bedeutung für mich wie meine gesamte sonstige Umgebung, obwohl beide für mich hintergründig anwesend sind.

Der genannten äußeren Trias stellen wir nun eine *innere Dreiheit* gegenüber. Sie besteht aus den drei wichtigsten körperlichen Dimensionen bei der Meditation: Haltung, Spannung und Atmung, die noch genauer erklärt werden.

Atmung

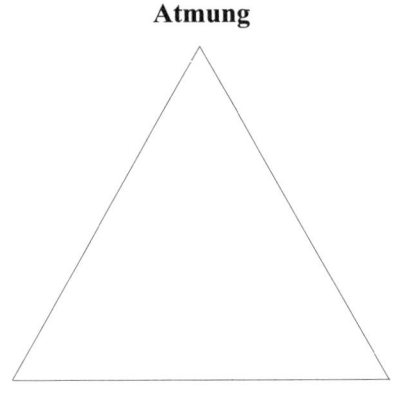

Haltung   **Spannung**

Auch in diese drei Dimensionen spürt man sich *vor* der Meditation ein und geht dabei eine Reihe von Einzelpunkten durch, im Prinzip so, wie ein Pilot vor dem Start und vor der Landung eine vorgegebene Checkliste abliest. Dieses Einspüren und Durchgehen sollte man notfalls während der Übung wiederholen, allerdings nur *im Not-*

fall, nämlich wenn man feststellt, dass man aus der Übung »herausgefallen« ist. Andernfalls sollte man sich ganz auf die Übung selbst konzentrieren.

Im Laufe der Zeit werden Ihnen die verschiedenen Schritte vor Beginn der eigentlichen Meditation selbstverständlich werden, wenn Sie sie *vorher* bedacht haben. Verhalten Sie sich also wie ein Musiker. Auch er muss sich während des Spiels auf das ganze Stück konzentrieren. Das aber ist nur möglich, wenn er sich, bevor er sich an sein Instrument begibt, mit den Noten, dem Fingersatz und der Interpretation vertraut gemacht hat.

Nach der Übung lassen Sie diese nochmals innerlich ablaufen. Natürlich gelang sie nicht. Sollten Sie das Gegenteil meinen, dann spräche das nicht für Ihre Begabung, sondern für Ihre noch nicht genügend ausgebildete Fähigkeit zur Selbstbeobachtung. Außerdem setzt die Idee der Perfektion voraus, dass ich die Übung an einem Ideal messe, statt in ihr aufzugehen. Also nochmals:

> ➤ Die einzelnen Voraussetzungen für die Meditation soll man sich *vor dem Beginn* der Übung klarmachen. Es ist auch günstig, jede Übung im Nachhinein zu reflektieren, eventuell sogar darüber Buch zu führen. Während der Übung selbst soll man sich ausschließlich ohne Kommentar auf das Hier und Jetzt beschränken.

Nun aber zurück zur inneren Trias: Spannung, Haltung, Atmung! Die *Bedeutung* der richtigen Spannung bei der Meditation wird klar, wenn wir uns bewusst machen, dass wir normalerweise jeden Willensimpuls mit einer erhöhten körperlichen Spannung in Verbindung bringen. Diese Verbindung soll aber bei der Meditation ausgeschaltet werden. Dadurch entsteht paradoxerweise in hohem Maße das Gefühl einer starken Autonomie.

Konkret ist das Erspüren der richtigen körperlichen *Spannung* an relativ wenige Einzelheiten gebunden. Gefunden wird sie dann, wenn man weder verkrampft noch schlaff, sondern in seiner »Mitte« sitzt. Eine Hilfsvorstellung für das Finden der richtigen inneren Spannung könnte das Bild einer Saite sein, die vom Geiger auf den richtigen Ton gestimmt wird, nicht zu hoch (= zu gespannt) und nicht zu tief (= zu locker). Hilfreich ist auch, wenn man von der richtigen Spannung zwar eine bestimmte Vorstellung im Sinne eines Richtmaßes hat, sich aber konkret vom eigenen Gespür leiten und vom Körper belehren lässt. Diese und nicht die eigenen Vorstellungen sollten grundsätzlich das »letzte Wort« haben, wenn Sie die richtige Spannung bei sich zu erspüren suchen.

Gelingt es einem nicht, einen bestimmten Körperteil loszulassen, dann sollte man die Aufmerksamkeit gezielt auf diesen richten und ihn einige Male willentlich möglichst stark anspannen, dann aber wieder loslassen. Man rutscht dann meist »wie von selbst« in die richtige Spannung. Eine

ideale Spannung wird man allerdings auf keine Weise erreichen, jedenfalls nicht auf Dauer, denn wir sind lebendige Wesen mit allen dafür kennzeichnenden Beschränkungen und keine Fleisch gewordenen Ideale. Erreichen wird man lediglich eine *ausreichend gute* Spannung. Vor allem müssen wir uns damit abfinden, dass das, was wir uns scheinbar bereits errungen haben, kein fester Besitz ist, sondern zeitweilig immer wieder verloren geht. Dennoch sind wir dadurch mit unserer Übung vorangekommen.

> ➤ Das Gesagte gilt für die Übung insgesamt, insbesondere für die Tiefe des Versenkungszustandes. Besonders nach »gelungenen« Sitzungen verläuft die nächste Sitzung oft unbefriedigend. Das hängt damit zusammen, dass wir wider allen besseren Wissens dazu neigen, auch beim Meditieren einer Idealvorstellung nachzulaufen, statt uns auf das Hier und Jetzt einzulassen und allen scheinbaren Erfolgen oder Misserfolgen mit Gleichmut zu begegnen, wissend, dass es auf diese nicht ankommt, sondern auf Stetigkeit, Achtsamkeit und Anfängergeist.

Zugespitzt könnte man sagen: *»Die ideale Spannung ist die stete, nicht verkrampfte Bemühung um die richtige Spannung«.* Aber selbst dieser Satz ist nicht frei von Tücken, weil auch er uns in die Nähe von falschen Idealvorstellungen bringen kann. Zwei Geschichten sollen veranschaulichen, worum es wirklich geht:

Ein tibetischer Lama, bei dem wir meditierten, legte Wert darauf, dass wir uns nicht zu sehr auf die richtige Haltung konzentrieren sollten, weil dadurch die Gefahr eines falschen Perfektionismus zu groß werde. Einigen Teilnehmern, die den vollen Lotossitz beherrschten, legte er nahe, darauf zu verzichten.

Ähnlich ist die Quintessenz einer Sufi-Geschichte, in der gezeigt wird, dass der »Geist«, aus dem die Übung vollzogen wird, wichtiger ist als die äußerliche Beherrschung von Spielregeln. Sie handelt von einem orthodoxen Derwisch, der ein Flussufer entlangging und dabei hörte, wie ein anderer Derwisch einen Derwischruf falsch aussprach. Das ließ ihn nicht ruhen. Er ging zu ihm und er belehrte ihn, dass der Ruf nicht U YA HU laute, sondern YA HU. Am Abend hörte er, wie aus einer Schilfhütte am anderen Ufer nach wie vor ständig der falsche Ruf »U YA HU« ertönte. Während er sich noch Gedanken über die menschliche Unbelehrbarkeit machte, sah er, wie plötzlich dieser andere Mönch über die Wasseroberfläche zu ihm herüber schwebte und ihn höflich bat: »Bruder, entschuldige, wenn ich dich noch einmal belästige. Aber ich bin zu dir herübergekommen, damit du mir nochmals die richtige Form des Ausrufs nennst. Ich kann sie mir so schwer merken«[81].

Das Gesagte gilt besonders auch für den nächsten Punkt: die richtige *Haltung des Körpers*. Sie fällt dem westlichen Menschen aus zwei Gründen meist schwer: von der Schulzeit an bis ins Berufsleben hinein ist ruhiges Sitzen für viele für uns fast identisch mit Unfreiheit. Als Gegenpol dazu hat sich bei uns eine »Freizeitkultur« entwickelt, die dazu führte, dass die wenigsten zwischen »lässig« und »gelassen« sprachlich unterscheiden können, geschweige denn im Leben.

Wichtig ist daher, dass man sich von vornherein den im Vergleich dazu ganz anderen Charakter bei der Meditation klarmacht und akzeptiert, dass es viel Zeit braucht, bis man die richtige Haltung erlernt hat. Man kann diese nicht willentlich erzwingen, sondern muss sich allmählich immer besser in sie einspüren. Gerade hierbei ist es hilfreich, die verschiedenen Polaritäten im Blick zu behalten, die den Umgang mit dem Körper bei der Meditation charakterisieren. Von der einen haben wir bereits gesprochen: Man sollte mit seinen Sitzhöckern fest auf dem Boden (bzw. auf der Sitzfläche des Stuhls) »gegründet« sein. Zugleich strebt der Oberkörper nach oben. Die richtige Haltung findet man leicht durch die Vorstellung, man würde von einem unsichtbaren Band kontinuierlich nach oben gezogen. Meist stellt man dabei fest, dass sich der Oberkörper ohne Anstrengung noch ein wenig aufrichten lässt.

Im Zen wird mit Recht großer Wert darauf gelegt, dass man »im Lot« sitzt. So sagte ein bekannter Zenmeister der Vergangenheit: »Nur um Haaresbreite aus dem Lot gewichen, und Himmel und Erde fallen auseinander«[82]. Aber auch hier ist wichtig, dass man den Geist nicht durch den Zollstock ersetzt, sondern *»inspiriert«* sitzt. Das lässt sich erreichen, wenn man zunächst aus dem Becken heraus »Achter« dreht: nach vorne und zur Seite, zunächst größere und dann immer kleinere, bis der Körper wie von selbst seinen Schwerpunkt gefunden hat, über dem er sich aufrichten kann.

 **und 8**

Das Strecken des Oberkörpers sollte aber die Lockerheit der Muskeln im oberen Bereich nicht beeinträchtigen. Zwei Hilfen erleichtern das: Die eine ist, dass wir unseren Oberkörper beobachten. Dabei zeigt sich, dass sich der Körper bei aufrechter Wirbelsäule im Fluss der Atmung von selbst leicht hin und her wiegt, wie ein Getreidehalm, der trotz seiner Festigkeit mit jedem Windhauch schwingt. Von diesem rhythmischen Fluss können wir uns leiten lassen. Allerdings neigen wir fast automatisch dazu, uns auf das Strecken der Wirbelsäule und auf die Suche der Lotrechten zu sehr zu konzentrieren. Deshalb ziehen wir dabei zugleich die Schultern hoch und spannen die Gesichts- und Nackenmuskeln an.

Die genannte Schwierigkeit hängt letztlich damit zusammen, dass der meditativen Achtsamkeit ein Spannungsbogen zugrunde liegt, den es im alltäglichen Verhalten kaum gibt. »Normalerweise« neigen wir dazu, uns körperlich anzuspannen und unseren Blickwinkel einzuengen, sobald wir uns konzentrieren. Auch das hängt mit der genannten Verknüpfung von Muskelspannung und Willen zusammen. Denken Sie zum Beispiel daran, wie wir einen Faden durch ein dünnes Nadelöhr schieben: meist angestrengt, mit gerunzelten Brauen und hochgezogenen Schultern, die ganze Aufmerksamkeit auf einen Punkt gerichtet. Nichts soll uns dabei ablenken. Umgekehrt

ist es mit dem Entspannen. So werden Sie, wenn Sie von der Arbeit nach Hause kommen und »relaxen« wollen, vermutlich »alle Viere« von sich strecken. Anders ist es aber bei der Meditation.

> ➤ Die Achtsamkeit bei der Meditation ist weder fokussierend noch nachlässig. Das gilt auch in Bezug auf den eigenen Leib. Auch hierbei hält man sich völlig für das Hier und Jetzt offen.

Die zweite Hilfe besteht darin, dass wir den Schwerpunkt unserer Aufmerksamkeit von seinem üblichen Ort, dem Kopf, zu unserer »Mitte« verlagern. Das entspricht auch dem Ansatz der Meditation, die ja von der »Mitte« des Menschen ausgeht. »Mitte« ist dabei ganz wörtlich gemeint, nämlich als »Mitte des Leibes«. Diese liegt etwa 2-3 Querfinger unterhalb des Nabels, dort, wo man bei der Ausatmung das Verströmen und bei der Einatmung den Neubeginn spürt, der mit jedem neuen Atemzug geschenkt wird. Konkret finden wir diesen »Hara«-Punkt, indem wir einige Male kräftig ein- und ausatmen: Wo sich der Bauch im Rhythmus der Atmung am stärksten vorwölbt und wieder einzieht, liegt der »Harapunkt«.

Vor diesem Punkt sollten sich auch unsere Hände befinden. Wem es nicht möglich ist, sie dort ruhen zu lassen, der kann sie auch in den Schoß legen. Auch in diesem Fall ist es hilfreich, die Übung vorher oder nachher mental richtig zu vollziehen.

Die genannte Handhaltung erinnert uns daran, dass wir nunmehr in unserer »Mitte« angekommen sind. Sie soll weder »begreifend« noch zupackend sein. Vielmehr soll sich darin jene Gleichzeitigkeit von Aufnahmebereitschaft und Achtsamkeit ausdrücken, die ein unverzichtbarer Kern jeder Meditation ist. Dies gelingt, wenn die Hände eine Schale bilden, wobei die normalerweise eher dominierende Hand (beim Rechtshänder die rechte, beim Linkshänder die linke) von der anderen gehalten wird. Die beiden Daumen, also das Symbol des Ichbewusstseins (»den Daumen draufhalten«) werden dabei sorgfältig waagrecht gehalten und berühren sich ganz leicht. Hierdurch drückt sich leibhaftig aus: *Meditation bewegt sich zwischen der Szylla einer Konzentration, die lediglich vom Willen ausgeht und daher zur Überspannung neigt und der Charybdis des Absinkens unseres Bewusstseins ins Dösen.*

Die Stellung unserer Daumen lässt sich wie der Zeiger eines Meßinstruments benutzen, an dem wir die richtige Spannung und Haltung ablesen können: Nach oben gerichtete Daumen weisen darauf hin, dass das Ichbewusstsein zu sehr dominiert, während uns nach unten abgesunkene Daumen zeigen, dass unsere Spannung beim Meditieren nachgelassen hat und der Korrektur bedarf.

Nunmehr können wir den gesamten Körper auf seine richtige Haltung überprüfen, indem wir jeden Bereich durchgehen und ihn zu entspannen suchen[83]. Dabei sollten wir mit den unserem Bewusstsein näheren Gliedern beginnen, um dann zu den bewusstseinsferneren vorzudringen. Am besten beginnen wir mit den Handflächen und schreiten dann zu den Händen, Armen, Schultern, zum Nacken, Kopf und Gesicht fort. Der Weg führt weiter über Rücken, Bauch- und Beckenbereich, zu den Beinen und Füßen. Schön ist es, wenn man so sitzen kann, dass die normalerweise im »Standpunkt« verborgenen Fußsohlen bloß liegen.

Alle Hilfen können allerdings nicht verhindern, dass man anfangs beim Erlernen der richtigen Körperhaltung meist nur von Punkt zu Punkt, ja oft lediglich von Verkrampfung zu Verkrampfung springt. Es erfordert Geduld, bis sich eine mehr ganzheitliche Erfahrung des eigenen Leibes eingestellt hat. Allmählich werden einem aber die geschilderten Hilfen sozusagen zur zweiten Natur.

e. Die Atmung

Dem dritten Element der »inneren Dreiheit«, der Atmung, kommt bei der Meditation eine einzigartige Bedeutung zu. Daher widmen wir ihr einen eigenen Abschnitt. Diese Bedeutung der Atmung hängt damit zusammen, dass auf keinem Weg das Bewusstsein besser *zur Ruhe kommt* und dass wir nirgends stärker als im Atem und im Orgasmus die untrennbare Zusammengehörigkeit von körperlichen, seelischen und geistigen Prozessen erfahren: *nirgends bündelt sich Leibliches und Seelisches stärker zu einem einheitlichen energetischen Fluss als gerade im Atem; nirgends aber können wir auch die Dimensionen des Beschenkens und Beschenktwerdens unmittelbarer erfahren als bei der Atmung und bei der sexuellen Vereinigung.*

Der Atem hat jedoch nicht nur eine enge Beziehung zum Vegetativum, sondern *zur ganzen Wirklichkeit*. Das wurde uns deutlich, als wir uns mit dem hinduistischen Begriff des ātman beschäftigten[84]. Aber auch die Dimension des Spirituellen wird an ihm in besonderer Weise offenbar. Darauf weist auch die Sprache hin: Im Griechischen heißt πνευμα (pneuma) sowohl Geist als auch Luft und im Englischen wird das Wort »Inspiration« sowohl im geistigen Sinne als auch für »Einatmung« verwendet. Wie sehr »Geist« zugleich mit »Leben« in Beziehung steht, wird besonders im Alten Testament deutlich: Jahwe blies dem Adam, den er vorher aus einem Lehmklumpen geformt hatte, den Lebensatem ein. »So wurde der Mensch zu einem lebendigen Wesen« (Gen. 2, 7). Folgerichtig wird bei vielen Arten der Meditation die Atmung als das eigentliche Meditations*objekt* genommen: Mit der Atemmeditation können wir beginnen, sobald wir vorher den Körper in eine gelöste Haltung gebracht haben, wobei wir besonders den Becken-, Wirbelsäulen- und Schulterbereich zu entspannen suchen. Als Nächstes beobachten wir die verschiedenen Körperteile, an denen wir den Atem wahrnehmen: zum Beispiel Nasenflügel und Bauchdecke. Wenn wir sodann auf den Atem*fluss* achten, sollten wir uns an die Grundregel halten, keinesfalls aktiv in ihn einzugreifen. Vielmehr sollten wir bei dem uns schon vertrauten Zugang des Einspürens ansetzen, indem wir uns ohne weitere Absicht zunächst der Atembewegung mit ihrem Kommen und Gehen überlassen. Vielleicht stellt sich dabei sogar Dankbarkeit ein für das Geschenk, atmen zu dürfen. Goethe hat davon im »Divan« gesprochen:

> Im Atemholen sind zweierlei Gnaden:
> Die Luft einziehen, sich ihrer entladen;
> Jenes bedrängt, dieses erfrischt;
> So wunderbar ist das Leben gemischt.
> Du danke Gott, wenn er dich presst,
> Und dank ihm, wenn er dich wieder entlässt.

Vielleicht kann nicht jeder so weit gehen wie Goethe, für den es fraglos war, dass wir von etwas Größerem jenseits der eigenen Person »gepresst« und wieder »entlassen« werden und dass der Atem, den wir »normalerweise« so einfach hinnehmen, eine uns gewährte Gabe ist. Für uns drückt sich jedoch darin der »Geschenkcharakter« unseres Daseins aus: Wir alle sind Beschenkte, bevor wir selbst zu schenken vermögen. Aber wer auch diesem Gedanken nicht folgen kann, sollte sich bis zu der Stille vortasten, die sich wie von selbst einstellt, wenn man ruhig aus- und einatmet. In ihr sollte er erst einmal verweilen.

Achten Sie als Nächstes jeweils gesondert auf das »Gepresstwerden« und auf das »Entlassenwerden«, ohne dadurch den Atemfluß zu stören. Sie werden dabei bemerken, dass sich jeder dieser beiden Pole sogar noch weiter untergliedern lässt: In der tibetischen Meditationspraxis unterscheidet man dementsprechend vier Phasen mit einer jeweils spezifischen Erlebnisqualität: Ausatmung (zur Ruhe kommen) – entleerter Zustand (leer werden) – Einatmung (zur Kraft finden) – Anhalten im eingeatmeten Zustand (Klarheit). Graf Dürckheim hat für diese vier Phasen die Formel gefunden: »sich loslassen (Ausatmung) – sich niederlassen (entleerter Zustand) – eins werden (Einatmung) – neu werden (Anhalten der Luft im eingeatmeten Zustand)«. Christlich ausgedrückt, so betonte er, bedeutet das: »weg von mir – hin zu dir – eins mit dir – neu aus dir«. Hat man längere Zeit so geübt, dann kann man sich *nach* der eigentlichen Übung nochmals mental die verschiedenen Erlebnisqualitäten vergegenwärtigen, die einem im Laufe der Übung deutlich geworden sind und ihnen nachsinnen.

Im Lauf der Zeit wird uns deutlich, dass zwischen dem Grad der Atembeobachtung, dem Grad der Entspannung und dem Grad der Versenkung ein direkter Zusammenhang besteht:

1. der Anfänger wird damit beginnen, die Aufmerksamkeit sinnend auf das Kommen und Gehen des Atems zu richten. Er beobachtet also lediglich, wie der Atem kommt und geht. Der Buddha beschreibt das lapidar:

> ➤ »Wenn er lang einatmet, so weiß er: ›Ich atme lang ein‹. Wenn er lang ausatmet, so weiß er: ›Ich atme lang aus‹. Wenn er kurz einatmet, so weiß er: ›Ich atme kurz ein‹. Wenn er kurz ausatmet, so weiß er: ›Ich atme kurz aus.‹«[85]

2. Mit der Zeit wird man so die Konzentration auf den Atemvorgang selbst lenken können. Günstig ist dabei, die Atemzüge zu zählen, am besten von 1–10, wobei man nach 10 wieder mit 1 anfängt. Hat man dabei den Faden verloren, so fängt man einfach wieder mit 1 an. Dabei sollte man entweder jede einzelne *Ein*atmung oder aber jede einzelne *Aus*atmung mit der nächsten Ziffer belegen. Ist man zu angespannt, dann wird man sich auf die Züge bei der *Aus*atmung konzentrieren, ist man hingegen zu müde oder zu spannungslos, dann belegt man jeden Zug der *Ein*atmung mit einer neuen Ziffer. Damit richtet sich zwar die Aufmerksamkeit noch auf ein quantitatives Moment, während es ja eigentlich um eine Erfahrungs*qualität* geht. Aber schon das bloße Nachspüren, ob man jetzt eher zu angespannt ist oder eher zu sehr »durchhängt«, fördert die Selbstbeobachtung. Der Buddha sagt dazu:

> ➤ »›Den ganzen Körper empfindend will ich einatmen. Den ganzen Körper empfindend will ich ausatmen‹, so übt er sich.«

Schon auf dieser Stufe wird der Atem mit zunehmender Entspannung und Ruhe nach einiger Zeit meist wie von selbst rhythmischer, tiefer und langsamer. Umgekehrt steigern sich Ruhe und Entspannung des Körpers durch die beginnende Atemkontrolle. (Bezeichnenderweise heißt es im Volksmund von einem gelassenen Menschen, dass er einen »langen Atem« habe).

3. Allmählich endet auch die anfangs bloß unvollständige Beobachtung des Atems, die gleichsam nur von Punkt zu Punkt sprang. (Bei der Wahrnehmung des Körpers erging es einem meist ähnlich). Der damit verbundene Zuwachs an Kontinuität ist zugleich ein wesentlicher Schritt vom quantitativen zum qualitativen Umgang mit dem Atem. Deshalb kann man auch die Stütze der Konzentration auf das äußerliche Element des Zählens aufgeben. Die Achtsamkeit richtet sich nunmehr auf die gesamte Ein- bzw. Ausatmung. Es entwickeln sich eine immer stärker geöffnete innere Haltung und ein zunehmendes Gefühl inneren Gleichgewichts. In der Sprache des Buddha ausgedrückt heißt das:

> ➤ »›Heiterkeit empfindend will ich einatmen. Heiterkeit empfindend will ich ausatmen‹, so übt er sich. ›Glückseligkeit empfindend will ich einatmen. Glückseligkeit empfindend will ich ausatmen‹, so übt er sich«[86].

4. Bis man allerdings den Atem *tatsächlich* kontinuierlich beobachten kann, bedarf es noch eines weiteren langen Wegs. In dem Maße, in dem das gelingt, nimmt auch das Gefühl für die Kontinuität des Bewusstseins zu, das anfangs ebenso diskontinuierlich war wie der Atem selbst. Damit wird dieses selbst immer stärker zum Gegenstand der Aufmerksamkeit. Der Buddha sagt dazu:

> ➤ »›Das Denken, den Geist empfindend, erkennend, erfreuend, sammelnd, befreiend will ich ausatmen und einatmen‹, so übt er sich«.

5. Wirklich in die Tiefendimension der Atmung und des Bewusstseinsprozesses beginnt man einzutreten, wenn es einem gelingt, speziell auch die Phasen des Umschlags von Ein- zu Ausatmung bzw. Aus- zu Einatmung wach zu erleben. Selbst Geübte sind dazu meist lange Zeit nicht fähig, häufig ohne überhaupt zu bemerken, dass an diesen Stellen gleichsam ihr »Bewusstseinsfaden« abgerissen ist. Tatsache ist aber, dass speziell in diesem Zustand (die Inder sprechen von turīya) sich am ehesten Keime von höchster Bewusstseinsklarheit ausbilden.

Wie sehr man damit bereits unvertrautes Neuland betreten hat, zeigt sich, wenn man die Bewertung der turīya-Phase in dem großartigen Yoga-Buch von Mircea Eliade liest[87]. Eliade, der diese Zustände bei Yogis mit fortgeschrittener Meditationspraxis beobachtet hat, bringt sie einerseits mit äußerster Bewusstseinsklarheit zusammen und betont mit Recht, dass sie einen Gegenpol zu autohypnotischen Zuständen bilden. Zugleich nennt er sie aber »kataleptische Zustände«[88]. Diese sind aber nicht typisch für turīya, sondern allenfalls für eine gewisse Absicht bei den Yogis, die Eliade beoachtet hat: Die Bewusstseinsklarheit, die sie erzeugt hatten, stand letztlich im Dienste ihrer Sehnsucht, mittels Meditation alle Lebensfunktionen so weit wie möglich zu reduzieren. *Nun ist aber nicht die Beschneidung der vitalen Äußerungen für turīya kennzeichnend, sondern die hohe Integrationsleistung, die den Grad einer extremen Kontinuität des Bewusstseins erreicht hat.*

6. Beim letzten Grad der Atemmeditation schließt sich auf einer höheren Stufe gleichsam der Kreis: man lässt den Atem sein, und zwar in einem doppelten Sinne: Sein-Lassen im Sinne von Absehen von jeder angestrengten Bemühung sowie Sein-Lassen im Sinne eines gelassenen Am-Sein-Beteiligtseins. Beides wird letztlich ebenso zu einer Einheit wie Körper und Geist. Das klassische Werk über die taoistische Meditation aus dem 12. Jahrhundert: »Die Erfahrung der Goldenen Blüte« sagt dazu:

»Man soll seine Atemzüge nicht mit den Ohren wahrnehmen. ›Horchen‹ heißt Hinhören nach dem Unhörbaren. Solange der Atem hörbar ist, ist er grob und oberflächlich und vermag nicht ins Geheimnis einzudringen. Das heißt, der Geist muss ganz leicht und leise werden. Je mehr er sich von der äußeren Wirklichkeit löst, um so leichter wird er; je leichter er wird, um so stiller wird er. Übt man dies lange genug, so kommt was leicht und leise ist plötzlich zum Stillstand. Dies ist die Offenbarung des Wahren Atems, und man erkennt das Wesen des Geistes«[89].

Wie sehr dieser Satz im Kontext einer die Kulturen übergreifenden spirituellen Haltung steht, wird an einem bekannten Satz des Meisters Eckhart deutlich, der gesagt hat: »Nim dîn selbes wâr, – und wo du dich findest, da laß von dir ab; das ist das Allerbeste«[90].

f. Das Erspüren des Körpers mit Hilfe der Chakren

Beim Meditieren lernen Sie, sich zunehmend als leib-seelische Einheit zu spüren, nicht dumpf und undifferenziert freilich, sondern transparent und gegliedert. Dabei kann Ihnen besonders auch die *Meditation der Chakren* helfen, weil diese sich als eine Art von *Bindegliedern zwischen dem Physischen und dem Psychischen* begreifen lassen, in denen diese Bereiche gleichermaßen repräsentiert sind. Das ermöglicht uns, beide Ebenen unseres Wirklichkeitsbezugs leichter als Ganzes zu erfahren, die wir ja »normalerweise« bekanntlich getrennt wahrnehmen, obwohl wir wissen, dass sie letztlich eine Einheit sind.

In der Abfolge der verschiedenen Chakren drückt sich eine Art von *hierarchisch gegliedertem Stufenweg* aus. Er beginnt beim Vegetativen und Animalischen und reicht über den Bereich des Emotionalen bis in die Dimension des Geists. *So drückt er zugleich bestimmte Grade unseres spirituellen Wachstums aus und bildet einen Bezugsrahmen für unsere Weltsicht:* Nur wer in sich die Möglichkeiten erschlossen hat, die in den einzelnen Chakren repräsentiert sind und nicht bloß als »Spezialist einiger weniger Chakren« lebt, gewinnt einen Zugang zur Vielschichtigkeit der Wirklichkeit.

Der bereits genannte Philosoph Heraklit von Ephesos drückt die Grenzen einer solchen beschränkten Sichtweise, die die gesamte Wirklichkeit über einen Leisten spannen möchte, in zwei seiner Fragmente drastisch aus: »Esel würden Häckerling dem Gold vorziehen« (Fragment 9) und: »Schweine erfreuen sich am Dreck mehr als an reinem Wasser« (Fragment 13)[91].

Unter einem Chakra (wörtlich: Rad) versteht man im Hinduismus (speziell im Kundalini-Yoga) und Buddhismus Zentren subtiler, (»feinstofflicher«) Energie. Gemäß dieser Vorstellung sammeln, transformieren und verteilen die Chakren die durch sie strömende Energie. Dabei möchten wir an dieser Stelle nicht auf den Streit um die »wahre Natur« der Chakren eingehen, weil er leicht vom Kern der Sache fortführt, um den es wirklich geht.

Festzustellen ist dazu lediglich, dass es unhaltbar ist, wenn manche »Esoteriker« behaupten, die Chakren und die sie angeblich durchfließenden Energien seien ebenso real wie zum Beispiel der Solarplexus oder der Transport des Sauerstoffs im Organismus. In Wirklichkeit ist ihr Nachweis nie gelungen. Unfruchtbar ist aber auch, wenn man die Existenz von Chakren deshalb bestreitet, weil sie sich anatomisch nicht »dingfest« machen lassen. Das ist auch nicht zu erwarten, weil es sich dabei letztlich nicht um physische Phänomene handelt. Im Prinzip gilt für sie dasselbe wie für den auf der Seite 51 genannten Einwand, es gäbe nichts Seelisches, weil man es auf dem Sektionstisch nicht finden kann.

Im Zusammenhang mit unseren Erörterungen genügt es, wenn wir die Chakren als bewährte Bilder ansehen, die zwar Entsprechungen zu bestimmten Bereichen des Körpers und zu bestimmten Organen haben, aber mit diesen nicht identisch sind[92]. Im Grunde verhält es sich damit wie mit der Tatsache, dass man gewisse Emotionen wie Freude oder Angst mit bestimmten Körperbereichen in Beziehung bringt und mit anderen nicht. *Somit ist es nicht nur vergeblich, nach der physischen Basis der Chakren zu suchen; falsch ist andererseits auch, sie zu bloßen Metaphern zu verflüchtigen.*

Das Gesagte lässt sich an einem *Vergleich mit dem Ichgefühl* deutlich machen, wie es von Freud beschrieben worden ist, obwohl er dieses weniger mit unserem Verhältnis zu unserem Leib als mit dem zu unserer Umwelt in Beziehung brachte. Mit Recht verwies der Begründer der Psychoanalyse darauf, dass dieses Gefühl in seiner heutigen Form nur »ein eingeschrumpfter Rest eines allumfassenden Gefühls ist, welches einer innigeren Verbindung des Ichs mit der Umwelt entsprach«[93]. Zugleich betonte Freud, wenn diese Schrumpfung zeitweilig aufgehoben werde, zum Beispiel in der Verliebtheit, dann sei dieser Zustand zwar außergewöhnlich, nicht aber unbedingt pathologisch[94].

In diesem Sinne kann die Meditation der Chakren helfen, jene »geschrumpfte« Erfahrung unseres Leibs zu überwinden, zu der es im Laufe der Evolution des neuzeitlichen Bewusstseins immer mehr gekommen ist. Wer sich darum bemüht, regrediert keineswegs auf ursprüngliche Erlebnisweisen, sondern gelangt zu einer differenzierten Erfahrung seiner psychosomatischen Einheit und zugleich zu einem tieferen Verständnis der Notwendigkeit, sich lebenslang weiterzuentwickeln, was ja ein Hauptziel jeder Meditation ist.

Bildliche Darstellung der sieben Chakren

Traditionell unterscheidet man 7 Chakren. Jedes Chakra hat »Ausstrahlungen« auf alle Bereiche unseres Daseins. Im 1. und 2. Chakra drücken sich jedoch vor allem *Bewusstseinszustände aus, die mit der materiellen Ebene und mit der Körperwelt zusammenhängen*. Das 3. und 4. Chakra hat besondere Beziehungen zur Thematik *unseres Verhältnisses zur Mitwelt im Sinne von Liebe und Mitgefühl*, und zwar hauptsächlich in einer aktiven, tätigen Weise. Der Schwerpunkt des 5. und des 6. Chakra liegt in der Hinwendung zur Welt der »reinen Formen«, ausgedrückt durch Kreativität, Intuition und Weisheit. Es geht dabei somit vor allem um die Thematik der Selbst*verwirklichung*. Die Bedeutung des 7. Chakra geht darüber noch hinaus: es spielt bei der Erfahrung der Selbst*transzendenz* eine wesentliche Rolle, bei der ich die Beziehung zu jener Dimension aufnehme, die mich im Sinne von Paul Tillich »unbedingt angeht«[95], also letztlich zu einer religiös-spirituellen Ebene[96].

Zusammenstellung der 7 Chakren[97].

1. Chakra (Wurzel-Chakra, Mūlādhārā-Chakra):

Das Wurzel-Chakra wird zwischen dem After und der untersten Wurzel des Genitalorgans erfahren und repräsentiert vor allem unsere »Erd-Eigenschaften« im Sinne unserer vitalen Energien. Nur wenn wir diese beherrschen, gelingt uns auch der Zugang zur äußeren Wirklichkeit, aber auch zu unseren sexuellen Funktionen, zu unserem Atem und unseren geistigen Möglich-

keiten (»ohne Kraft und Energie geht gar nichts«). Bemerkenswerterweise wird in der hinduistischen und buddhistischen Tradition dieses Chakra oft im Bild einer Schlange dargestellt, die in diesem unteren Bereich zusammengeringelt liegt und die sich aufrichten möchte. Das kann als Chiffre für das geistige Prinzip dienen, das zwar von Anfang in uns angelegt, aber noch nicht entfaltet ist[98]. Wir müssen somit zunächst unsere vitalen Energien entfalten, wenn wir sinnvoll leben möchten. Bleiben wir allerdings in diesem Bereich stecken, dann führt dies zu einer dumpfen, ausschließlich von den Trieben bestimmten Existenzform und wir verfehlen letztlich unsere Bestimmung als Menschen.

2. Chakra (Sakral- oder Sexualchakra, Svādhishtāna-Chakra).

Es liegt vor den Genitalien. Traditionell wird es dem Wasser zugeordnet. So wie Wasser befruchtet und alles Leben aus ihm entstanden ist, so nehmen wir uns über diesen Bereich als Teil jenes immerwährenden Schöpfungsprozesses wahr, an dem wir alle teilhaben und der durch Geben und Empfangen gekennzeichnet ist. Auf der anderen Seite richtet sich der natürliche Lauf des Wassers nach unten. Das gilt auch für den Bereich der (sexuellen) Triebe. Auch sie ziehen uns »nach unten«, wenn sie nicht in den Dienst einer personalen Beziehung gestellt werden. Wasser hat auch keine Balken. Wenn wir uns ihm blind anvertrauen, ohne damit umgehen zu können, zerfließen wir in ihm wie Zucker im Tee oder wir werden darin untergehen.

3. Chakra (Manipūra-Chakra):

Sie finden dieses Chakra etwa 3 Querfinger unterhalb des Nabels in Höhe der Seite 126 bereits beschriebenen Harapunkts, an dem die Zen-Meditierenden ihren körperlichen Schwerpunkt erleben. Es hat seine körperlichen Entsprechungen im Nervengeflecht des Solarplexus, der den Magen, die Bauchspeicheldrüse und die Leber innerviert und somit unsere Stoffwechselfunktionen mitbestimmt. Bemerkenswerterweise spricht man im Westen von einem »Solar«-plexus. Darin steckt das lateinische Wort für »Sonne«. Dahinter steht ein tiefes Wissen: wie der Stoffwechsel die Voraussetzungen für unsere körperliche Energie schafft, so wird das 3. Chakra mit Wärme, Vitalität und Aktivität in Beziehung gebracht, nicht nur physisch, sondern auch emotional und geistig. Wenn wir Seite 113 die wundervolle Strophe Hölderlins zitierten, in der er den Zusammenhang von »kräftig genährt« zu sein, die Wirklichkeit zu prüfen und der Fähigkeit, in Freiheit »aufzubrechen« deutlich machte, dann finden wir darin die wohl beste Umschreibung der Funktionen des 3. Chakras: es eröffnet uns die »Motoren«, die uns in die Wirklichkeit hineintreiben: unser Machtstreben und unsere Freude und Begeisterung. Daraus erwächst uns aber auch die Aufgabe, mit diesen Kräften und Energien verantwortungsvoll und konstruktiv umzugehen.

4. Chakra (Anāhata-Chakra):

Das 4. Chakra ist in jeder Hinsicht gleichsam das Chakra der Mitte. Man lokalisiert es in der Mitte des Brustraums und auch seine Zuschreibungen, von denen wir bereits gesprochen haben, weisen in dieselbe Richtung: seine *physischen Aspekte* stehen im inneren Zusammenhang mit den beiden stärksten »rhythmischen« Funktionen unseres Leibs – mit unserer Herztätigkeit und mit unserem Atem. Bei beiden geht es ja um den Wechsel von Eröffnen und wieder zur Ausgangslage zurückzufinden. Es rechnet bereits zu den höheren Zentren, zugleich besteht aber eine enge Gemeinsamkeit mit dem 3. Chakra, vor allem zu dessen aktiven Aspekten; in beiden Chakren drückt sich unser Verhältnis zu den Mitmenschen aus. Die darüber hinausgehende Bedeutung der 4. Chakras erschließt sich uns, wenn wir uns auch hier fragen, was die Lebensweisheit der Völker über den Atem und das Herz weiß.

Bei der Betrachtung des *Atems* wurde uns bereits deutlich, dass wir Leibliches und Seelisches nirgends mehr in ihrer Gemeinsamkeit erfahren als in ihm. Aber wir sind dadurch auch in besonderer Weise an die Wirklichkeit gebunden. Das äußert sich zum Beispiel darin, dass wir uns bekanntlich auf unendlich viele Weisen selbst umbringen können, aber nicht dadurch, dass wir willentlich das Atmen einstellen. Insofern liegt es auf der Hand, dass sich im 4. Chakra unser Wirklichkeitsbezug spiegelt, besonders unsere Bereitschaft, mitzuempfinden, sich einzufühlen und sich einzuschwingen, aber auch die Fähigkeit, innerlich zur Ruhe zu kommen oder den eigenen Egoismus zu überwinden. Aus gutem Grund gibt es keine Meditation ohne Beachtung des Atems.

135

Der *Herz-Aspekt* des 4. Chakras erschließt sich uns, wenn wir uns dem *Herzensgebet* zuwenden, der vielleicht kostbarsten Perle christlicher Meditationspraxis. Darin geht es nicht um die Befriedigung irdischer Wünsche, sondern um die Ausrichtung aller unserer Möglichkeiten auf das »Reich Gottes«. Es wurde von den Wüstenvätern entwickelt[99] und von den Mönchen der Ostkirche bis heute lebendig gehalten. Durch sie kam es auch neuerdings in den Westen zurück[100]. Es ist nicht sinnvoll, seine Praxis im Einzelnen zu schildern, denn es lässt sich konsequent vorwiegend in einer Mönchsgemeinschaft praktizieren. Daher betrachten wir es nur insoweit, als wir daraus ein besseres Verständnis des 4. Chakras gewinnen.

Streng genommen besteht das Herzensgebet in der ständig wiederholten Bitte des Zöllners aus dem Lukasevangelium um Gnade (18, 13). Die Ostkirche brachte das auf die Formel: »Herr Jesus Christus, Sohn Gottes, habe Mitleid mit mir«. Hört man sich in diese Formel immer mehr ein, so fällt *ihr sprachlicher Rhythmus* auf, der sich allerdings in voller Form nur im Griechischen erschließt[101]. Verstärkt wird diese Formel noch dadurch, dass sie *im Rhythmus des eigenen Atems still im eigenen Inneren gesprochen wird, und zwar ununterbrochen*, also bei jeder Tätigkeit. So begleitet sie den Praktizierenden bis in den Schlaf hinein und er wacht mit dieser Formel auch wieder auf[102]. Jede Silbe wird mit einem eigenen Atemzug verbunden. *Die Aufmerksamkeit ist dabei auf die Herzgegend konzentriert.*
Die genannte Formel hat somit den Charakter eines Mantrams, das heißt, dass es sich dabei weder um ein mechanisches Leiern noch gar um eine magische Praktik handelt, sondern um eine Abfolge von Silben, die gesprochen wer-

den, damit wir dadurch unsere Empfindungen mit beeinflussen können[103]. Einer der großen Meister des Herzensgebets, Theophanos der Eremit, hat das folgendermaßen ausgedrückt: »Was bisher ein Gedanken-Inhalt war, wird Gemüts-Inhalt«[104]. Charakteristisch für das Herzensgebet ist aber auch, dass es, wie Theophanos an einer anderen Stelle betonte, immer mehr von einem Gebet, das der eigenen Anstrengung entspringt, zu einem »begnadeten« Gebet wird, das selbsttätig über den Betenden kommt[105].

Die Beziehung des Herzensgebets zum 4. Chakra wird deutlich, wenn Sie sich aufgrund Ihrer eigenen Erfahrungen fragen, was »Mitleid haben« wirklich bedeutet: keine »Sklavenmoral«, wie Nietzsche gemeint hat und auch keine masochistische Unterwerfung, wie in unserer von Egozentrik vergifteten Welt oft unterstellt wird. Natürlich liegen diese Fehlformen nahe. Aber im Grunde meint man mit Mitleid die Bereitschaft, eigene Wünsche und Vorstellungen ohne jeden Vorbehalt aufzugeben, weil man vom anderen, dem man voll vertraut, Heil erwartet, so wie man seinerseits bereit ist, für seine Mitmenschen heilsam tätig zu sein.

Wie sehr auch das Herzensgebet im Kontext der gesamten spirituellen Tradition steht, wird deutlich werden, wenn wir uns später in die Meditation des Bodhisattva Mañjushrī einarbeiten[106]. Dabei wird sich zeigen, dass die Hände von Mañjushri, mit denen er »das Rad der Lehre« weiterdreht, nachdem er seine verschiedenen Kräfte in sich ausbalanciert hat, vor dem Herzen lokalisiert sind.

5. Chakra (Vishuddha-Chakra):

Das Kehl-Chakra wird am unteren Ende des Halses in Höhe der Schilddrüse lokalisiert. Auch hier erschließt sich die Bedeutung des Chakras am Besten, wenn man das »Organ« (wörtlich: Werkzeug) näher betrachtet, das ihm zugeordnet wird: den Hals. Organe sind ja gleichsam ins Leibliche verdichtete Funktionen:

Anatomisch ist der Hals das Bindeglied zwischen dem Leib und dem Kopf; er stellt diesen immer wieder so ein, dass wir in optimaler Weise unsere Sinnesorgane gebrauchen können.

Im Hals liegt die *Schilddrüse*, die die Kehle von vorne umfängt. Sie reguliert den Stoffwechsel und beeinflusst so die Weise, in der wir Nahrung in Energie umwandeln und verbrauchen. Damit greift sie steuernd in die Thematik ein, um die es im 3. Chakra gegangen ist.

Das Thema der Regelung wird auch an einer weiteren Funktion des Halses deutlich: durch ihn läuft bekanntlich sowohl die Speiseröhre wie die Luftröhre hindurch. Ein in dieser Form nur beim Menschen anzutreffender Mechanismus regelt dabei, dass sich Schlucken und Atmen nicht gegenseitig stören.

Schließlich finden sich dort, wiederum nur beim Menschen, die Muskeln, die ermöglichen, dass wir sprechen können. Die Sprache aber, so hat es der Philosoph Martin Heidegger formuliert, »zeichnet den Menschen zum Menschen aus«[107].

Angesichts dessen lag es nahe, dass man im 5. Chakra immer eine *Brücke* gesehen hat, und zwar in mehrfacher Hinsicht. In ihm sind *die eigentlichen Möglichkeiten unserer Kommunikation mit den Mitmenschen verankert*, denn diese verläuft in erster Linie über die Sprache. Dank unserer Sprache können wir einen großen Teil *unserer Konflikte* mit diesen *regeln* und, falls dies nicht möglich ist, sie zumindest *aushalten*. Mit dem »aushalten« wird zugleich gesagt, dass wir dank der Sprache ein *Verhältnis zu uns selbst* gewinnen. Anders als in der archaischen und in der magischen Stufe der menschlichen Bewusstseinsentwicklung[108] wird erst mit voll entwickelter Sprachfähigkeit das Psychische in uns selbst erlebt und nicht nur in die Außenwelt projiziert. So ermöglicht die Sprache die Entwicklung eines *inneren Bereichs*. Vor allem aber erschließt uns die Sprache einen Zugang zur Welt der Vernunft, der Bedeutungen und der Sinnzusammenhänge und damit zur *geistigen Wirklichkeit*. Wo aber der Weg zu den Mitmenschen, zum eigenen Inneren und zum Geist eröffnet ist, ist es auch möglich, die *Zeiten* zu überbrücken: Nur dank unserer Sprache können wir Vergangenheit begreifen und Zukunft planen und damit zugleich in vollem Sinne in der Gegenwart leben.

6. Chakra (ājña-Chakra)

Das 6. Chakra hat seine physische Entsprechung im Zwischenraum zwischen beiden Augen. Jeder kennt dieses Chakra, das man manchmal populär »3. Auge« nennt, von zahllosen Abbildungen hinduistischer oder buddhistischer Heiliger, besonders des Buddha. Es wird entweder in Form eines hellfarbigen Kreises oder eines Edelsteins dargestellt.

Selbst jene, denen es klar ist, dass das Bewusstsein »eigentlich« keinen Ort hat oder die die Existenz von Chakren bestreiten, weil sie ihnen zu spekulativ vorkommt, identifizieren insgeheim das 6. Chakra mit dem »Sitz« des Bewusstseins. Das wird spätestens dann deutlich, wenn sie sich die Stirn reiben oder in tiefe Falten ziehen, um klarer denken zu können. Diese Ahnung reicht bis in die banalste Ebene hinab: wer hätte nicht schon gesehen, wie ein unhöflicher Autofahrer einem anderen »den Vogel« zeigte, wenn er ihm unterstellte, er habe nicht alle Sinne beisammen? Während wir uns mit dem Gesagten noch im Vorfeld der Bedeutungen dieses Chakras bewegen, stoßen wir zu seinem eigentlichen Kern vor, wenn wir das ihm zugeordnete Organ betrachten: die Hypophyse (die Hirnanhangsdrüse). Deren innersekretorische Tätigkeit steuert die Funktion anderer Drüsen und stellt somit deren harmonisches Zusammenspiel sicher.

Einen weiteren Zugang erhalten wir bei der Betrachtung der Farben auf den Bildern des Buddha oder der hinduistischen Heiligen: sie sind weiß oder hellgelb mit der Betonung von »*licht*«. Das Juwel, das sich statt dessen manchmal an seiner Stelle findet, ergänzt diesen Aspekt noch: Man sieht in diesem Kulturkreis im Edelstein ein Symbol der *Festigkeit* und Unerschütterlichkeit. Aus dem Gesagten lässt

sich das Verständnis des 6. Chakras ableiten: Es schließt zwar die Basis des »normalen« Bewusstseins in sich, überschreitet dieses aber, denn es reicht bis zur klaren, intuitiven Erkenntnis dessen, was »wirklich ist«, was »feststeht«. Die damit verbundene Bewusstseinsqualität kann man am besten mit den Worten »klar«, »weit« und »gesammelt« umschreiben, wobei »klar« im Sinne des lateinischen »claritas« gemeint ist: klar und hell zugleich. Somit hat ein Bewusstsein, das die eigentlichen Möglichkeiten dieses Chakras eingeholt hat, das übliche Flackern des Alltagsbewusstseins verloren. Aber nicht nur das! Es schließt auch, gleichsam auf einer höheren Ebene, alle darunter liegenden Möglichkeiten in sich ein, zum Beispiel jene, dass wir, wie Saint Exupéry im »Kleinen Prinz« sagte, »nur mit dem Herzen« (4. Chakra!) gut sehen. Diese höchste Sicht, die dem Menschen möglich ist, führt somit nicht zu jener falschen Uniformität, durch die ein einseitig rationales Denken so oft gekennzeichnet ist, sondern öffnet unseren Blick für die Vielschichtigkeit der Wirklichkeit.

Zwei Begriffe, die wir eben eingeführt haben, müssen näher betrachtet werden, wenn wir das 6. Chakra wirklich verstehen wollen: die Begriffe »hell« und »Intuition«:

Helligkeit gibt es nur, weil auch Dunkelheit existiert. Das gilt auch für das transrationale Bewusstsein, also für jene Bewusstseinsqualität, die über das Alltagsbewusstsein hinausgeht und die eigentliche Möglichkeit des 6. Chakras bildet. Das transrationale Bewusstsein hat zwar die Verschwommenheit praerationaler Bewusstseinszustände ebenso hinter sich gelassen wie den Torkeltanz des rationalen Bewusstseins, der letztlich nirgends zum Ziel kommt. *Aber beim Blick auf das Helle, von dem hier die Rede ist, wird auch das Dunkle mit einbezogen.* Dieser Blick lässt sich nicht durch bloßes Nachdenken, sondern nur durch eigene spirituelle Erfahrung gewinnen. Von ihm sprach bereits Heraklit[109]. Nikolaus von Kues[110] (1401-1464) hat ihm später in der Lehre von der Coincidentia oppositorum, vom Zusammenfallen der Gegensätze[111], philosophische Gestalt gegeben und Leopold Szondi ihn mit dem Begriff »Pontifex oppositorum« psychologisch ausgelotet[112]. Mit diesem Begriff beschrieb er die seiner Meinung nach äußerste Möglichkeit der Ichentwicklung, die sich aber kaum je länger aufrechterhalten lässt, weil sie eine enorme Ichstärke und zugleich Flexibilität voraussetzt. Daher ist sie oft schwer zu ertragen, denn in ihrem Hintergrund lauert das Wissen um die eigene Ohnmacht, vor allem in Form von »Katastrophenahnungen« .

Es mag erstaunen, dass auch die *Intuition* dem 6. Chakra zugeordnet wird. Folgen wir nämlich der Definition dieses Begriffes durch C. G. Jung, dann sieht er in ihr eine irrationale »Grundfunktion«. Sie äußere sich darin, dass sich dabei »irgendein Inhalt als fertiges Ganzes« präsentiert[113]. Dies vollziehe sich als eine »Art des instinktiven Erfassens«, die er »der primitiven Psychologie« zuordnet. Die Intuition wird so zu einem nebulösen Sich-Einklinken in eine innere Ordnung.

Es ist hier nicht möglich, auf die bis heute vor allem von den Philosophen äußerst kontrovers geführte Diskussion des Begriffs »Intuition« einzugehen[114]. So viel aber scheint festzustehen, dass an Jungs These nur die eine Annahme haltbar sein dürfte, dass man die Intuition als mehr oder minder schlagartiges, ganzheitliches Erfassen der Wirklichkeit zu verstehen hat, das natürlich, wie jedes menschliche Denken und Tun, irrtumsanfällig ist. Nicht teilen kann man jedoch seine Meinung von dem »Ort«, an dem er die Intuition ansiedelt: Er liegt nicht »unterhalb«, sondern »oberhalb« unseres alltäglichen Bewusstseins. Das haben bereits Spinoza und Kant gesehen, weshalb der Letztere die Intuition als göttlichen »intellectus archetypus« bezeichnete. (Gegen die damit zugleich gesetzte Beschränkung der *menschlichen* Möglichkeit, Intuition zu entwickeln, ist dann Goethe leidenschaftlich zu Felde gezogen).

Jung hat in seinem Werk permanent praerationale und transrationale Bereiche verwechselt. Dazu ist er vermutlich durch seine fast ausschließliche Beschäftigung mit dem Unbewussten verführt worden. In der Tat gibt es zwischen dem Praerationalen und dem Transrationalen Brücken, vor allem über den Weg der Träume, während Unbewusstes dem Bewussten völlig unzugänglich ist. Dennoch dürfen diese Bereiche nicht gleichgesetzt werden, wie es bei Jung und durch das New Age geschieht, sollen nicht heillose Konfusionen entstehen[115].

Auch in der hier referierten spirituellen Sicht wird die Intuition als eine nicht regressiv, sondern im Zustand höchster Wachheit sich vollziehende menschliche Möglichkeit begriffen. Bergson hat gezeigt, wie das *praktisch* möglich ist: Er sprach von einer »Sympathie« (also inneren Teilnahme), »durch die man sich in das Innere eines Gegenstandes versetzt, um mit dem, was er Einzigartiges und infolgedessen Unaussprechliches an sich hat, zu koinzidieren«[116]. Diese »innere Teilnahme« geschieht bei der Meditation zudem in jener inneren Offenheit, von der wir bereits gesprochen haben und die einen Grundzug jeder meditativen Haltung bildet[117].

Anders als Jung sehen wir in der Intuition auch keine »psychische Grundfunktion«. Im Gegenteil! Mit Ruth Cohn begreifen wir sie »als einzigartige und komplizierte Fähigkeit zur spontanen Erkenntnis«, bei der verschiedene Faktoren zusammentreffen, die jeder für sich geübt werden können und müssen, vor allem Klarheit der Wahrnehmungen, ausreichende Speicherung entsprechender Fakten, geschultes Denken und unblockierte, wache Gefühle[118].

Es versteht sich dabei eigentlich von selbst, dass jeder intuitive Prozess *nachträglich* im Sinne des diskursiven Denkens reflektiert und damit überprüft werden muss, und zwar vor allem aus zwei Gründen: zum einen, weil bei seinem Zustandekommen oft zahlreiche Glieder der Beweiskette fehlen und zum anderen, weil die Möglichkeiten des 6. und 7. Chakras auf dem Stand unseres heutigen Bewusstseins bei niemandem genügend entwickelt sind. Darum hat man in der spirituellen Literatur immer großen Wert darauf gelegt, dass die Annäherung an sie nicht schwärmerisch, sondern in höchster Klarheit erfolgt. Bezeichnenderweise hat man in der hinduistischen Tradition das 6. Chakra mit den »Be-

wusstseinsebenen« des Gewissens, der Neutralität, der spirituellen Hingabe, aber auch mit Strenge in Beziehung gebracht[119].

7. *Chakra* (Sahasrāra-Chakra)

Das oft »Kronen«-Chakra genannte 7. Chakra wird auf dem Scheitelpunkt des Kopfes, ja manchmal sogar etwas darüber, also außerhalb des Kopfes, lokalisiert und damit seine unkörperliche, »feinstoffliche« Natur betont. Jeder kennt seine Darstellung von den Abbildungen des Heiligenscheins bei großen christlichen und buddhistischen Heiligen. Als körperliche Entsprechung dieses Chakras, das in der Yogaliteratur oft durch eine tausendblättrige Lotosblüte gekennzeichnet wird, gilt das Gehirn (genauer gesagt: Großhirn). Häufig wird auch angegeben, dieses Chakra schillere in allen Regenbogenfarben. Allerdings überwiege dabei die letzte sichtbare Farbe des Lichtspektrums vor dem Ultraviolett: violett, jene Farbe, die überall als »spirituelle« Farbe angesehen wird; im Osten bringt man sie zugleich mit Hingabe in Zusammenhang. In diesen Beschreibungen sehen wir Chiffren dafür, dass das 7. Chakra tatsächlich die »Krone« aller unserer Möglichkeiten bildet, auch jener, die in den unteren Chakren zur Manifestation kommen.

Gesagt wird damit aber auch, dass das 7. Chakra so gut wie niemals voll ausgebildet ist und sich daher letztlich einer angemessenen Beschreibung entzieht. Deshalb überschreitet es unsere sprachlichen Fähigkeiten, ganz im Sinne des Seite 58 genannten Satzes von Ludwig Wittgenstein, dass man über das schweigen müsse, worüber man nicht sprechen kann. Daher ist es begründet, dass oft gesagt wird, wer sich in den spirituellen Gehalt des 7. Chakras einspüren wolle, solle nicht darüber nachgrübeln, sondern tue besser daran, sich in die großen spirituellen Schriften der Menschheit zu vertiefen, zum Beispiel in die vier Evangelien, die Bhagavad Gita, das Tao te king oder in Buddhas Reden. Dort sei sehr viel direkter gesagt, worum es dabei wirklich gehe.

So sehr auch wir davon überzeugt sind, dass eine Beschreibung des 7. Chakras nicht möglich ist und vor allem, dass es unverzichtbar für jeden ernsthaft Meditierenden ist, sich immer wieder in die großen Heiligen Texte der Menschheit zu vertiefen, so sehr meinen wir, dass man wenigstens eine Ahnung davon gewinnen kann:

Das Spezifische dabei ist, dass bei der Entwicklung der in den ersten sechs ersten Chakren liegenden Möglichkeiten der Schwerpunkt der Bemühungen bei einem selbst liegt. Dies aber gilt nicht mehr in Bezug auf das 7. Chakra. Zwar muss man sich für das, worum es dabei geht, aktiv eröffnen, aber das Eigentliche geschieht nicht mehr aus eigener Bemühung, sondern ist – christlich formuliert – letztlich Gnade. Wer dieser Gnade teilhaftig wird, der kommt dadurch gleichsam »nach Hause«. Was er zunächst nur geahnt, später intuitiv erfaßt und danach begriffen hat, wird ihm hier zur Gewissheit. Hier gibt es kein Wissen und keinen Wissenden, keine Spaltung von Subjekt und Objekt mehr, sondern dies alles fällt im Sinne des Seite 97 genannten sat-chit-ānanda zusammen. Dabei stellt

sich bereits ein Vorgeschmack jener Verheißung ein, die einstmals Jesus gegeben hat: »Euer Herz soll sich freuen, und eure Freude soll niemand von euch nehmen. *Und an dem Tage werdet ihr mich nichts mehr fragen*« (Joh. 16, 22-23).

g. Die Meditation der Chakren – eine Möglichkeit, mit der Vielfalt menschlicher Existenzformen vertraut zu werden

Bei der Darstellung der *Praxis der Meditation der 7 Chakren* können wir uns relativ kurz fassen; das Wesentliche dazu wurde bereits im letzten Abschnitt gesagt. Wir halten es aber für wichtig, dazu eine richtige Einstellung zu gewinnen. Diese sehen wir darin, dass man sich auch dabei weder in jene skeptische Haltung versteifen sollte, die den Umgang mit den Chakren von vornherein deshalb ablehnt, weil dieser nicht in sein eingeengtes Konzept paßt, das heute oft mit »Wissenschaftlichkeit« identifiziert wird. Auf der anderen Seite aber sollte man sich auch nicht dazu verleiten lassen, die Meditation der Chakren kritiklos mit allen möglichen fragwürdigen Spekulationen in Beziehung zu bringen, die heute oft unter dem Einfluß der New-Age-Bewegung Mode geworden sind, zum Beispiel über die angebliche Bedeutung der Sterne, der Reinkarnation oder von Edelsteinen für die Entwicklung der einzelnen Chakren. Stattdessen empfiehlt sich auch hier jener »mittlere Weg«, der sich von beiden Extremen freihält. Das heißt, es

141

genügt, in ihnen *Stützen* zu sehen, die uns bei unserer meditativen Praxis helfen können, uns selbst als leib-seelische Einheit in differenzierter Weise zu erfahren. Dabei geht es um nicht mehr, aber auch um nicht weniger, als sich mit aller Wachheit dem Erfahrungswissen zu eröffnen, das uns die großen spirituellen Meister, namentlich des Ostens, dazu an die Hand gegeben haben. Das bringt uns einen doppelten Gewinn:

Die Vertiefung in die einzelnen Chakren hilft uns, ein Gespür dafür zu entwickeln, *dass wir tatsächlich eine leib-seelisch-geistige Einheit sind.* Dieses Gespür geht verloren, wenn wir uns im Sinne eines falschen Reduktionismus nur auf das Materielle beschränken; wir verlieren es aber auch, wenn wir ins andere Extrem flüchten, indem wir das Leibliche spiritualistisch ausklammern.

Die Meditation der Chakren ermöglicht uns aber auch einen Blick auf die *Vielfalt unserer Existenzformen*[120]. Jede hat ihre Bedeutung, wenn wir reife Menschen werden wollen.

Die Übung sieht folgendermaßen aus: Machen Sie sich zunächst nochmals mit den Aussagen über jedes der einzelnen Chakren vertraut, nicht nur intellektuell, sondern auch, indem Sie sich emotional in seine »Atmosphäre« einspüren. Dann setzen oder legen Sie sich einige Zeit in meditativer Haltung an einen Ort, wo Sie ungestört verharren können und suchen Sie sich von unten nach oben in jedes einzelne Chakra hineinzuversetzen. Verweilen Sie bei jedem Chakra einige Minuten, bevor Sie zum nächsten übergehen. Am Anfang empfiehlt es sich, sich nur auf ein oder höchstens auf einige Chakren zu konzentrieren. Oft hilft dabei, wenn Sie eine Hand leicht auf die Stelle legen, an der das Chakra lokalisiert wird. Versuchen Sie, sich dieses als Zentrum vorzustellen, von dem gleichsam Ströme von Energie ausgehen. Diese Energien tragen Sie!

Konkret heißt das, dass Sie sich zum Beispiel beim ersten Chakra fragen: Wie gut bin ich »geerdet«, wie fest stehe ich auf dem Boden – nicht nur der Tatsachen, sondern auch rein körperlich? Wie bin ich bis jetzt mit den Möglichkeiten umgegangen, die darin begründet sind? Spielen Sie gleichsam etwas mit diesen Möglichkeiten, zum Beispiel in dem Sinne, dass Sie sich auf Ihre »Erdung« besonders konzentrieren, um sie zu verstärken, aber auch, indem Sie sich fragen, wie es wäre, wenn diese Erdung bei Ihnen noch stärker wäre, oder umgekehrt: was sein würde, wenn sie fehlte, so dass Sie wie ein Blatt im Wind jedem Einfluß ausgeliefert wären. Stellen Sie später auch Beziehungen zu den nächsten Chakren her, zum Beispiel, indem Sie sich fragen, wie sich Ihre Erdung auf Ihre Beziehungsfähigkeit und auf Ihr sexuelles Verhalten auswirkt. Fragen sollten Sie sich aber auch, ob Sie wohl so viel »Bodenkontakt« haben, dass dieser ausreicht, Ihre Mitte zu finden und wie dieser Kontakt Ihre Fähigkeit beeinflusst, die Dinge kommen und gehen zu lassen, oder noch konkreter: »Überwiegt in mir die Erdenschwere so, dass ich allzu sehr im Irdischen stecken bleibe? Oder neige ich dazu, alles für möglich und nichts für wirklich zu halten, weil ich nicht wahrhaben will, dass es ›harte Tatsachen‹ gibt, die ich hinnehmen muss?«

Entsprechende Fragen sollten Sie sich auch bei der Meditation der anderen Chakren stellen. Beim 2. Chakra könnte das zum Beispiel heißen: »Wie gut kann ich mich anspannen? Wie gut mich loslassen?« Vermeiden Sie aber auch bei diesen Überlegungen und Übungen jede Selbstkritik ebenso wie jede Selbstüberschätzung. Sie wissen ja, erst einmal gilt es, die Dinge einfach hinzunehmen im Sinne von: »Hier und jetzt spüre ich, dass es so ist«. Das ist aber nur möglich, wenn man drei Fehler vermeidet: Der erste besteht darin, im Umgang mit derartigen Fragen an sich selbst alles im Vagen zu lassen, statt sich *hier und jetzt* zu einer Meinung durchzuringen. Legen Sie sich also erst einmal zur Probe auf einen Standpunkt fest. Nach 10 Minuten können Sie notfalls wieder zur »Tagesordnung« Ihrer alten Unentschiedenheit zurückkehren. Der zweite Fehler scheint auf das Gegenteil hinzuzielen: Er besteht darin, sich auf einen einzigen Aspekt zu beschränken, statt sich zu fragen, wie man das Gesehene *noch* interpretieren könnte. Machen Sie sich also auch hier nicht zum Spezialisten *eines* Stils, sondern suchen Sie immer mehr Ihren Blick für die Vielfalt der Möglichkeiten zu entwickeln. Falsch ist aber auch, das, was man jetzt bei sich antrifft, für der »Weisheit letzten Schluss« zu halten. *Eine solche endgültige Sichtweise gibt es nicht*; sie kann jederzeit durch andere Aspekte in Frage gestellt oder relativiert werden. Damit ist die Berechtigung der jetzigen Sicht nicht verschwunden. Machen Sie sich also klar, dass manches zwar unabänderlich ist, vieles aber Wandlungen unterworfen. Als Zeugen für die letztgenannte Haltung möchten wir erneut Heraklit zitieren. Er, der als erster Mensch im Abendland stolz von sich sagte: »Ich durchforsche mich selbst«[121], betonte in einem anderen Fragment: »Der Seele Grenzen kannst du im Gehen nicht ausfindig machen, und ob du jegliche Straße abschrittest; so tiefen Sinn hat sie[122]«.

Können Sie zu den physischen oder psychischen Dimensionen eines bestimmten Chakras keinen inneren Zugang finden, so akzeptieren Sie auch das. Aber bleiben Sie dabei nicht stehen, sondern fragen Sie sich: »Wie wäre es, wenn ich diesen Schritt eines Tages doch machen könnte? Was würde sich dadurch an meinem bisherigen Leben ändern?« Liegt Ihre derzeitige Unfähigkeit wirklich nur an Ihrer Begrenztheit und nicht vielleicht auch daran, dass Ihnen das Thema unangenehm ist? Diese Frage sollte man sich aber vor allem auch bei der Betrachtung der höheren Chakren stellen. Viele weichen vor dem Anspruch zurück, den sie darin zu spüren meinen, gleichsam nach dem Motto: »Wenn es das wirklich gäbe, dann müsste ich mein Leben ändern. Das aber will oder kann ich nicht«. Es ist aber auch denkbar, dass Sie zu einem bestimmten Chakra insgeheim schon längst mehr Zugang haben, als Ihnen augenblicklich deutlich ist. Wie dem auch sei: Immer

143

sollten Sie sich den höheren Chakren nur behutsam nähern!

Später, wenn Ihnen ein Zugang zu jedem Chakra möglich ist, sollten Sie das Tempo wechseln und alle Chakren zügig durchgehen, von unten nach oben und dann wieder nach unten. Suchen Sie dabei gleichsam die Energie des nächst tieferen Chakras nach oben bzw. die des höheren nach unten mit zu nehmen. Schließen Sie die Übung möglichst mit dem Herzchakra ab und nehmen Sie sich dabei vor, Ihre Energien nicht egoistisch, sondern zum Nutzen aller fühlenden Wesen einzusetzen. Schön wäre, wenn Sie am Ende Ihrer Meditation dankbar sein könnten, dass Sie allein dadurch, dass Sie ein Mensch und kein Tier sind, unendlich viele Möglichkeiten haben, die Sie sinnvoll einsetzen können, selbst wenn Sie sich augenblicklich noch so schwach und begrenzt fühlen sollten.

h. Der »Ertrag« der ungegenständlichen Meditation.

Durch die Meditation kann der Übende letztlich zu seiner eigenen »Mitte« und zugleich zu einer neuen, vertieften Sicht der Wirklichkeit gelangen. Beides ist nicht nur auf den Zeitraum der Übung beschränkt, sondern hat Konsequenzen, die weit über die Dauer und die Thematik der eigentlichen Übung hinausgehen, denn der Weg der Meditation ist letztlich immer auch ein Weg der Reifung. Allerdings muss erst einmal ein tieferer meditativer Bewusstseins-

zustand erreicht werden, bevor man in den Genuß seiner Früchte kommt. Am Anfang lernt man, immer besser der Hüter der Sinnespforten zu sein, das heißt Sehen, Hören, Riechen, Schmecken, Tasten, aber auch das aktive Denken in der für die Meditation spezifischen Weise zu »kontrollieren«. Das ist ein wichtiger Schritt auf dem Weg zu einer weiteren Ausbildung jener inneren »Organe«, die, wie der Volksmund schon lange weiß, den äußeren Sinnesorganen entsprechen. So vollzieht sich eine Art von Metamorphose des Sehens zur »Ein-Sicht« und des äußeren Hörens zum »Gehorsam« dem gegenüber, was einem »unbedingt wichtig« ist. In dem Maße, in dem das gelingt, wird der meditative Prozess mehr und mehr von bestimmten inneren Wahrnehmungen, vor allem der Stille und des Friedens, begleitet. Letztlich kommt es zum Wandel der Einstellung der gesamten Wirklichkeit gegenüber. Dieser Wandel drückt sich hauptsächlich folgendermaßen aus[123]:

An die Stelle der bisherigen Hektik tritt Gelassenheit und die Fähigkeit, innerlich und äußerlich schweigen zu können.

Das bisherige rationale Ziel- und Zweckdenken mit seiner möglichst auf einen Punkt eingeengten Konzentration sowie mit seiner Kehrseite, der Bereitschaft zur unkonzentrierten »Aufenthaltslosigkeit im Überall und Nirgends«[124] wird von mehr Achtsamkeit und Offenheit abgelöst. Dadurch wandelt sich unser alltägliches Machtstreben immer mehr in Hingabe und an die Stelle der Dominanz des »Lustprin-

144

zips« (Freud) tritt mehr Altruismus, zugleich aber auch die Fähigkeit, »bei sich« bleiben zu können.

Der bessere Kontakt mit dem eigenen Inneren bewirkt, dass der Meditierende zunehmend auf jede Form von Manipulation verzichtet.

Stattdessen wird er geduldiger und bereitwilliger, auch andere gewähren zu lassen. Statt ständig im »besorgenden Umgang mit Zeug«[125], im mechanischen Ordnen und im Organisieren aufzugehen, nimmt das Bedürfnis zu, erst einmal selbst »in Ordnung« zu sein.

In dem Maß, in dem die Einsicht wächst, dass die Wirklichkeit vielschichtig, unverrechenbar und von einem nicht auflösbaren letzten Geheimnis getragen ist, das nichts mit Obskurantismus zu tun hat, sondern das man nur in Zuständen höchster Bewusstheit ahnt, kann man auf Vorurteile und »Killerphrasen«[126] verzichten. Statt ideologisch jene Momente der Realität auszuklammern, die sich nicht »in den Griff« bekommen lassen oder, umgekehrt, sich geheimniskrämerisch von ihr abzuwenden, wächst beim Meditierenden die Ehrfurcht gegenüber der gesamten Schöpfung und er bemüht sich um eine unsentimentale Toleranz, ja letztlich Liebe den Mitmenschen gegenüber.

Weil er die Widersprüche des Daseins nicht verdrängt, sondern innerlich »durchhält«, richtet sich die Aufmerksamkeit des Meditierenden weniger ausschließlich auf äußerliche Handlungen, sondern vermehrt auf die innere Haltung und auf das, was der jeweiligen Situation gemäß ist. So wird das Ideal des fortwährend tätigen Homo faber durch das neue Bild des Homo integer ersetzt, des Menschen, der erst einmal versucht, sich in ein angemessenes Verhältnis zur Wirklichkeit zu bringen, bevor er agiert.

Statt die Welt zu polarisieren und alles, was nicht in den begrenzten Rahmen der eigenen Vorstellungen passt, von vornherein abzuwehren, ist der Meditierende bereit, sich einer letzten und ganzen Wirklichkeit (dem »Geist«) zu eröffnen. Im Sinne von Graf Dürckheim entwickelt er so »Transparenz für Transzendenz«.

Letztlich laufen die genannten Punkte auf die Bereitschaft hinaus, sich von einem an die Welt oder an seine inneren Prozesse verlorenen zu einem vollen Menschen zu entwickeln, der fähig ist, der Wirklichkeit voller Aufmerksamkeit, Gründlichkeit, Tatkraft, Freude, Ruhe, Konzentration und Gleichmut zu begegnen[127].

Abschließend sei angemerkt, dass wir in diesem Zusammenhang absichtlich nicht auf die Erleuchtungserfahrung eingegangen sind. Dies geschah zum Teil, weil wir dies an früherer Stelle bereits getan haben[128], vor allem aber, weil sie mit jeder anderen Erfahrung inkompatibel ist: »nur wer sie *nicht* hat, redet davon«. Allenfalls kann man von den Schritten reden, die zu ihr hinführen.

Imaginative Methoden
bei der Meditation

Nach der gegenständlichen und der ungegenständlichen Meditation kommen wir nunmehr zur dritten Hauptgruppe meditativer Methoden: der imaginativen. Fragt man sich allerdings nach den konkreten Auswirkungen der Imagination auf die Bewusstseinsentwicklung, dann kommt man meist schnell zu einem Ende. Ein Blick in die Literatur zeigt nämlich, dass keineswegs Einigkeit darüber besteht, was der Einzelne jeweils unter Bewusstsein und was er unter Imagination versteht. Das führt häufig dazu, dass aneinander vorbeigeredet wird. Daher wollen wir zunächst in zwei Einschiebungen diesen Fragen nachgehen. Erst danach schildern wir einige imaginative Meditations-»Techniken«, durch die unser Bewusstsein weiter geschult werden kann.

1. Einschiebung:
Was heißt Bewusstsein?

Bei dieser ersten Frage: »*Was heißt Bewusstsein?*« gehen die Meinungen weit auseinander. Das hängt damit zusammen,

dass der *Standort,* von dem her man sich dem Bewusstsein nähert, in hohem Maße das Ergebnis der Antwort mitbestimmt. Bis heute ist es nicht möglich, die Sichtweisen etwa eines Mediziners, eines Psychologen, Philosophen, Anthropologen oder Ethnologen miteinander in Einklang zu bringen. Auch innerhalb der Psychologie oder der Philosophie herrscht darüber keineswegs Einigkeit. Einig ist man sich im großen Ganzen nur darüber, dass das, was wir selbst als unser Bewusstsein erfahren, wenn wir in uns hineinhören, nichts weiter ist als eine Art von Schaum, der auf der Oberfläche eines tiefen Ozeans schwimmt. Das heißt: Wenn wir das Bewusstsein erklären wollen, müssen wir uns also immer einen außerbewussten Unterbau hinzudenken[1], denn in unserer Erfahrungswelt kommt von der unendlich komplexen Arbeit unseres Gehirns, zum Beispiel beim Zustandekommen von Wahrnehmungen, nichts vor[2]: Wenn wir planen, kommunizieren und handeln, kümmern wir uns nicht um die dafür beigeordneten physiologischen »Ausführungsbestimmungen«. Zu diesen Grenzen, die im Wesen der »Sache« liegen, kommen Wissenslücken hinzu. So

146

wissen wir nicht wirklich, wieso im Laufe der Evolution plötzlich Bewusstsein auftauchte. Ein englisches Wortspiel bringt alle diese Lücken auf den Punkt: »What is mind? – no matter! What is matter? – never mind«. Nur so viel steht fest, dass mit dem Bewusstsein eine völlig neue Qualität in die Welt trat, von der wir zwar eine Reihe von Bedingungen ihres Zustandekommens kennen, während sie sich selbst aber nicht auf weitere Faktoren reduzieren lässt. Im tibetischen Buddhismus sagt man zu solchen Phänomenen »Chuni«: »es ist, wie es eben ist«[3]. Somit bildet die Frage nach dem Bewusstsein neben der anderen, Leibniz zugeschriebenen Frage: »Warum gibt es überhaupt etwas und vielmehr nicht nichts?« die äußerste Grenze menschlichen Erkenntnisstrebens.

Man könnte meinen, dieses Problem ließe sich dadurch entschärfen, dass man beim *eigenen* Bewusstsein ansetzt, weil nichts uns vertrauter zu sein scheint als dieses. Unsere Sinnesempfindungen, Gefühle und Gedanken sind uns ja auf eine sehr unmittelbare Weise gegeben. Durch unsere Hinweise auf die Erkenntnistheorie[4], auf Freud[5], sowie auf die Experimente der Wahrnehmungspsychologie[6] ist uns jedoch bereits deutlich geworden, wie sehr unser Blick auf die Realität immer durch die vielen Raster unserer Sichtweise mitbestimmt ist. Dennoch kann es sinnvoll sein, sich *aus methodischen Gründen* auf den Bereich zu konzentrieren, den jeder »phänomenal« als *sein* Bewusstsein erlebt. Das soll auch hier geschehen, aber wie gesagt: auch damit sind die damit verbundenen Probleme nicht

aus der Welt geschafft. So ist es zum Beispiel bis heute noch nicht gelungen, das Bewusstsein, diesen Begriff, der erst 1719 durch den Philosophen Christian Wolff in den deutschen Sprachraum eingeführt wurde, so zu definieren, dass diese Begriffsbestimmung allgemeine Anerkennung findet. Wie der amerikanische Psychologe William James mit Recht bemerkte, ist es etwas, war wir nur dann kennen, wenn uns niemand um eine Definition bittet[7]. Daher muss man sich darauf beschränken, zu sagen, wie Bewusstsein *erscheint*. Dies entspricht auch der genannten Auffassung von Karl Popper, dass man voreilige Grundsatzfragen möglichst vermeiden soll, weil man so nur vordergründige verbale Probleme lösen kann, während die dahinter stehenden Probleme ins Uferlose wachsen[8]. Einiges wenige können wir zweifellos dennoch dazu sagen[9]:

Das Substantiv »das Bewusstsein« verführt – ebenso wie das Substantiv »Selbst« – leicht dazu, dass man es zu einer Sache macht, wie das zum Beispiel Descartes getan hat, als er den Begriff der *res cogitans* prägte[10]. Dies führt fast zwangsläufig zu Fehlschlüssen. Hält man sich nämlich an die Phänomene selbst, dann wird deutlich, dass der wache Mensch kein Bewusstsein *hat* wie zum Beispiel Augen oder Ohren. Sein Bewusstsein geht auch nicht in seiner bloßen Wachheit (»Vigilanz«) auf.

Das, was wir »Bewusstsein« nennen, ist ferner kein einheitliches Phänomen. Wir haben es vielmehr mit vielen Formen von Bewusstsein zu tun, die sich in Intensität und Inhalt unterscheiden. In diesem Sinne *ist* der Mensch ein ständig verschieden waches, gestimmtes, empfindendes, fühlendes, erlebendes, rational wissendes, tätiges und insofern bewusstes Sein, das zugleich die Erfahrung von »etwas« *hat*; dem entspricht *auf Seiten des Physiologischen*, dass es kein einheitliches, klar abgegrenztes Hirnzentrum für Bewusstsein gibt, sondern dass die verschiedenen Tätigkeiten des Bewusstseins sehr spezifische Interaktionen von unterschiedlichen Zentren im ganzen Gehirn zur Voraussetzung haben.

Dass jeder wache Mensch »ein bewusstes Sein« ist, drückt sich vor allem darin aus, dass wir unser Bewusstsein *unausweichlich als unser eigenes,* als *persönlich* erleben. In diesem Sinne erfährt er, dass dieser Körper *sein* Körper ist (*Erlebnis der Körperidentität*), dass er derselbe ist wie gestern (*autobiographisches Bewusstsein*) und dass das, was in der Vergangenheit passiert ist und gegenwärtig um ihn herum geschieht, wirklich ist und dass er es beurteilen kann (*Realitätsbewusstsein*); sowie dass man seine eigenen Gedanken, Worte und Handlungen planen und kontrollieren kann (*Gefühl der Autorenschaft des eigenen Bewusstseins*). Schließlich gibt es *Selbstbewusstsein* und *Selbstreflexion.*

Mit dem zuletzt Gesagten, nämlich dass wir uns dessen bewusst sind, dass wir bewusst sind, kommt eine besondere Unterform des Bewusst*seins* ins Spiel: die Bewusst*heit.* Sie ist entwicklungsgeschichtlich noch viel jünger als dieses. Bewusstheit heißt aber nicht nur, *dass sich jemand*

seines eigenen Bewusstseins bewusst ist, sondern auch, dass man sich als Impulsgeber seiner eigenen Handlungen und Gefühle erfährt[11]. Vermag man zudem seine eigene Situation zu reflektieren und diese in den Kontext seiner Lebensgeschichte zu stellen, so spricht man von *Besonnenheit.*

Bewusstheit und Besonnenheit spielen bei der Meditation eine wesentliche Rolle, besonders bei der »Realisierung«[12] bzw. beim geistigen »Sehen«. Die dazu gehörende Stellungnahme geschieht allerdings erst *nach* der eigentlichen Meditation

Das Bewusstsein beginnt aber bereits unterhalb der zuletzt genannten Ebene; es ist *einfach »da«,* gleichgültig, ob wir uns seiner bewusst sind oder nicht.

Auf keiner seiner vielen Ebenen ist allerdings das Bewusstsein ein bloßer »Selbstläufer«. Auch »unterhalb« der Ebenen der Bewusstheit begleitet es unser Tun und Lassen *und hat unausweichlich mit Dingen oder Vorgängen zu tun, die von ihm unabhängig sind.* Andererseits ist es auch dann noch auf die Welt gerichtet (*intentional*), wenn wir es selbst zum »Gegenstand« unseres Nachdenkens machen, wie das bei der Bewusstheit der Fall ist oder, in Bezug auf unser Thema, wenn wir bei der ungegenständlichen Meditation jede Stellungnahme gegenüber auftauchenden Bewusstseinsinhalten bewusst ausschalten. Es wird dabei gleichsam selbst zu einem Stück »Welt«.

Dass unser Bewusstsein grundsätzlich nach außen gerichtet ist (manchmal auch

148

auf das eigene Innere, das dabei als »innere Außenwelt« erfahren wird), ist eine Voraussetzung dafür, dass es *im weitesten Sinne vernehmendes Wissen von etwas* ist.

Dieses »Etwas« strömt allerdings nicht einfach in uns hinein, denn unser »bewusstes Sein« geht mit der Wirklichkeit *selektiv* um, ist also *kein bloßer »Behälter für die Wirklichkeit«*. Seit Kant wissen wir ja, dass die Welt, die wir antreffen, von uns zwangsläufig geordnet wird. Daraus folgt, dass unser Bewusstsein nicht alle Aspekte der Dinge oder Vorgänge ausschöpft, auf die es gerichtet ist. Vielmehr nimmt es immer nur Segmente der Wirklichkeit wahr.

Unser Bewusstsein ist nicht nur selektiv, sondern auch veränderlich. Dennoch besitzt es zugleich eine Kontinuität: Der erste Aspekt dieses scheinbaren Widerspruchs zeigt sich daran, dass es, wie Seite 92 geschildert wurde, nur eine wenige Sekunden während Kontinuität unseres Bewusstseins gibt, dass wir im Wachen anders bewusst sind als im Traum und dass unser Bewusstsein, wenn wir dösen, anders gegeben ist, als wenn wir uns höchst konzentriert einem Objekt zuwenden. Der andere Aspekt unseres Bewusstseins wird zum Beispiel daran deutlich, dass wir nach einem Schlaf oder sogar nach einer Bewusstlosigkeit »wie von selbst« an die Kontinuität unseres vorhergehenden bewussten Seins anknüpfen.

Einem ständigen Wechsel unterworfen sind aber auch drei weitere Aspekte unseres Bewusstseins: seine Klarheit, seine Weite und seine Helligkeit. *Klarheit* heißt, dass ich deutlich vor mir habe, was ich denke und dass ich weiß und will, was ich tue. *Weite* meint, dass das Feld meiner Aufmerksamkeit in Abhängigkeit von der Situation, in der ich mich befinde, unterschiedlich »weit« oder »eng« ist. Weit ist es zum Beispiel, wenn ich vor einer Landschaft oder am Ufer eines Sees sitze und mich aufgeschlossen auf alles einlasse, das mir begegnet; eng ist es, wenn ich mich ausschließlich auf ein Objekt konzentriere, zum Beispiel weil ich einen Faden einfädle oder einen Knoten auflöse. Auch die *Helligkeit* unseres Bewusstsein wechselt ständig. Sie nimmt nicht nur ab, wenn wir unter dem Einfluß von Drogen, insbesondere aber von Alkohol stehen, sondern zum Beispiel auch, wenn wir müde oder erregt sind. Es gibt aber auch Zustände übermäßiger Bewusstseinshelligkeit, die nicht mit der Meditation identisch sind, vor allem unter dem Einfluss von Aufputschmitteln, zum Beispiel von Amphetaminen.

Nicht übersehen werden darf freilich, dass diese verschiedenen Punkte, die wir methodisch hintereinander dargestellt haben, innerlich eine Einheit bilden. Bewusstseinsklarheit zum Beispiel ist mit Wachheit verbunden. Auch beherrscht nur ein voll wacher Mensch wirklich seine perzeptiven, kognitiven, intellektuellen und Gedächtnis-Funktionen. Ab einem gewissen Grad von Müdigkeit wird auch die Helligkeit seines Bewusstseins abnehmen und selbst das Zeiterleben verändert sich dabei in spezifischer Weise. Diese gegenseitige Abhängigkeit der verschiedenen Faktoren unseres Bewusstseins gilt auch für alle anderen genannten Punkte.

2. Einschiebung: Was heißt »Imagination«?

Auf den ersten Blick ist es keineswegs selbstverständlich, dass die Imagination mit der Meditation in Verbindung gebracht wird, denn die Bewusstseinszustände bei beiden sind »normalerweise« einander diametral entgegengesetzt. Während sich das Bewusstsein bei der Meditation mit den Begriffen »klar«, »deutlich«, »gesammelt« und »wach« kennzeichnen lässt, scheint es sich mit der Imagination und mit der damit verwandten »Phantasie« bzw. mit der »Einbildungskraft« gerade umgekehrt zu verhalten. Viele sehen darin lediglich vage, vieldeutige Zustände, die als Tagträume »unterhalb« der Ebene des Alltagsbewusstseins und ohne kritische Kontrolle verlaufen und die man daher letztlich in der Nähe von Illusionen, ja von Hirngespinsten ansiedeln sollte, und zwar in einem doppelten Sinn: sie dienen entweder der Wunsch*erfüllung* oder der Wunsch*vereitelung*. Auch Freud hat sich in diesem Sinne geäußert. Er schrieb: »Unbefriedigte Wünsche sind die Triebkräfte der Phantasien, und jede einzelne Phantasie ist eine Wunscherfüllung, eine Korrektur der unbefriedigenden Wirklichkeit«[13].

Auch der Stellenwert des Umgangs mit der Wirklichkeit scheint bei beiden Phänomenen völlig verschieden zu sein: Bei der Meditation wird er bekanntlich methodisch in dem Sinne gelenkt, dass Widersprüche, die in der Realität selbst zu liegen scheinen bzw. die zwischen ihr und dem Meditierenden bestehen, nicht vorschnell aufgehoben, sondern gesehen und ausgehalten werden. Wenn der Meditierende es fertig bringt, solche scheinbaren oder wirklichen Gegensätze innerlich durchzuhalten, wird das für ihn nicht selten zu einer außerordentlichen Kraftquelle. In Phantasien dagegen flüchtet man meist aus Schwäche und Passivität. Oft bleibt ein schales Gefühl zurück, wenn sich jemand hemmungslos seinen Tagträumen hingegeben hat.

So unbestreitbar das alles ist, so wenig lässt es sich verallgemeinern. Nicht alle Phantasien sind defensiv und nicht immer wird dabei die Realitätsprüfung eingestellt. Mit Hilfe von Phantasien kann man sich ja auch für zukünftige Situationen wappnen, indem man diese innerlich anschaut und durchspielt und so eventuell sogar verhärtete Positionen aufbrechen kann. Dass es sich dabei um ein wirkliches Anschauen handelt, wird durch die griechische Sprachwurzel des Wortes »Phantasie« nahe gelegt: »phainesthai« bedeutet wörtlich »in Erscheinung treten«.

Auch bei der Imagination im Rahmen der Meditation werden Phantasien innerlich angeschaut, allerdings nicht, um Probleme zu lösen, sondern um das eigene Bewusstsein zu schulen. Dabei wird *aktiv* ein Anschauungsobjekt (»Bild«) geschaffen, das man innerlich vor sich hinstellt (und es sich so im wörtlichen Sinne »ein-bildet«). Dieses Bild sollte nicht besonders »interessant« oder plakativ sein, damit die Aufmerksamkeit auf dem Erkenntnisakt selbst ruhen kann, ohne in etwas hineingezogen zu werden.

Aber selbst wenn das imaginierte Objekt mit einem Gefühlston besetzt ist, wird der Imaginierende selbst weder von seinen Phantasien noch von irgendwelchen Affekten überschwemmt, wie es sonst häufig beim Phantasieren geschieht. Er bleibt vielmehr gelassen und verliert nicht die Kontrolle über das eigene Tun.

Auch mit bloßen Tagträumen lässt sich dieser Prozess nicht vergleichen. Während man bei diesen eher einem Stückeschreiber gleicht, der in seinen eigenen Produkten aufgeht, unter Umständen so sehr, dass er sich in sie verliert, ist die Rolle des Imaginierenden eher mit der eines Schauspielers vergleichbar, der ein ihm bekanntes Stück spielt, sich dabei aber gleichzeitig selbst zuschaut.

Zwei Bedingungen, die zu jeder Meditation gehören, erleichtern diesen Prozess: die Entspannung sowie die Haltung des »ganz dabei-seins«[14]. Bereits jede spontane *Entspannung* regt die Vorstellungstätigkeit an; systematische Entspannungsverfahren fördern dies noch zusätzlich[15]. Da dies jedoch in einem *gesammelten Zustand* geschieht, wird zugleich verhindert, dass die dabei entstehenden Vorstellungen unkontrolliert »ins Kraut schießen«.

Vorstellungen schießen freilich nicht nur oft übers Ziel hinaus, sondern haben manchmal sogar einen gegenteiligen Effekt. Das hängt damit zusammen, dass sie keine bloßen Abbildungen der Wirklichkeit sind, sondern zugleich von den dazugehörigen Begriffen mitbestimmt werden[16] (im Fachjargon heißt das: sie sind auch verbal kodiert). Das aber macht sie blass, wobei die Blässe und die Unkontrolliertheit sich keineswegs immer gegenseitig ausschließen. Oft verstärkt beides sich gegenseitig.

Bei den imaginativen Verfahren der Meditation soll daher die verbale so weit als möglich in eine ikonologische (bildhafte) Kodierung verwandelt werden. Dies geschieht, indem man sich zunächst möglichst viele Merkmale des betreffenden Objekts vergegenwärtigt und in der Erinnerung festhält. Man treibt also gleichsam den Teufel mit Beelzebub aus, indem man an die Stelle unserer Neigung, sich in ungezügelte Phantasien oder aber in blasse Begriffe zu verlieren, die Letzteren konsequent »verbildert«. Dahinter steht die Einsicht, dass man in keinen wirklichen meditativen Zustand gerät, solange die Bilder noch begrifflich »durchwachsen« sind: Ein Baum, von dem ich im Grunde nur weiß, dass er ein Baum ist, während ich ihn in Wirklichkeit nur schemenhaft wahrnehme, berührt mich letztlich wenig; wenn ich ihn aber wirklich erfahre, stellen sich Glück und Erfüllung ein. Das gilt auch für Kunstwerke. Denken Sie etwa daran, was in Ihnen geschieht, wenn Sie sich in das Bild eines Apfelbaums oder einer Brücke versenken, die van Gogh gemalt hat.

Konkret geht man beim Visualisieren folgendermaßen vor:

Stellt man sich zum Beispiel einen roten Ball vor, so sollte man dabei auf alle seine Qualitäten achten: Größe, Form, Farbe, aber auch auf die Beschaffenheit der Oberfläche sowie die Helligkeit und den Abstand, in dem einem dieser Ball innerlich vor den Augen steht. Dabei kann manchmal eine Hilfsvorstellung nützlich sein, die man *nach der eigentlichen Übung* sozusagen als Kontrastprogramm visualisiert: wenn man sich nach der Übung mit dem Ball eine gewisse Zeit lang einen gleich großen roten Würfel vorstellt und danach wieder zum roten Ball zurückkehrt, dann wird dieser meist noch anschaulicher erscheinen. Damit arbeitet man zugleich der Tatsache entgegen, dass bei der Imagination nicht selten statt des visualisierten Objekts ein anderes mit ähnlichen Qualitäten erscheint, also zum Beispiel ein blauer Ball statt eines roten, obwohl man sich diesen vorzustellen suchte. *Auch das soll man ohne Abwehr hinnehmen.* Visualisieren Sie ruhig den blauen Ball, aber vergessen Sie nicht, dass Sie sich eigentlich einen roten Ball vorstellen wollten. Kehren Sie einfach wieder zu dem Objekt zurück, das Sie ursprünglich im Auge hatten, sobald Ihnen das möglich ist.

Wichtig dabei ist, dass man während des gesamten Visualisierens entspannt bleibt. Sobald man feststellt, dass man sich anstrengt, sollte man das sofort korrigieren, denn jede verkrampfte Bemühung blockiert das Ergebnis. Machen Sie sich klar! Auch bei dieser Übung geht es natürlich nicht um irgendwelche Artistik! Im Übrigen gibt es zweifellos gute und schlechte »Imaginierer«. Sollten Sie zu den Letzteren gehören, dann nehmen Sie sich einfach mehr Zeit! Auch hier gilt der Satz: »Der Weg ist das Ziel«.

Worin aber liegt die Wirksamkeit solcher Übungen? Sie schulen nicht nur das anschauliche Denken, sondern auch andere für das Gelingen der Meditation hilfreiche Bewusstseinsqualitäten, zum Beispiel die Achtsamkeit. Außerdem werden durch das Imaginieren auch tiefere Bereiche bis hinein ins Vegetativum angestoßen[17]. Das gilt zwar im Prinzip für jede Meditation. Imaginative Methoden wirken jedoch meist besonders entspannend. Das ist gleichsam ein angenehmes Nebenergebnis, wenngleich es natürlich auch bei den imaginativen Verfahren der Meditation in erster Linie um die Schulung des Bewusstseins geht .

Praktische Übungen zur Imagination

Vorbemerkungen

Die folgenden Übungen werden unter den Voraussetzungen durchgeführt, die für jede Meditation gelten und die wir im Einzelnen bei der ungegenständlichen Meditation beschrieben haben. Die übliche Zeitdauer der einzelnen Übung beträgt etwa 20 Minuten und auch hierbei sollte man diese Zeit vor Beginn der Übung auf einem Wecker einstellen. Wichtig ist aber, dass man anfangs nicht länger übt, als es ohne Verkrampfen möglich ist. Ohne Anleitung dürfte das kaum länger als 20 bis 25 Minuten gelingen. In jedem Fall ist es besser, lieber kürzere Zeit, und seien es nur 5 oder 10 Minuten, in guter körperlicher und geistiger Haltung zu meditieren, als sich vor sich selbst seine Standhaftigkeit auf Kosten der Qualität der Meditation zu beweisen.

Am besten erlernt man das Visualisieren, wenn man dabei nach einer Art Stufenplan vorgeht, bei dem man vom Einfacheren zum Schwierigeren fortschreitet. Wir möchten Ihnen im Folgenden Vorschläge machen, wie Sie der Reihe nach vorgehen können. Bei der einzelnen Übung werden unterschiedliche Akzente betont. Dadurch lassen sich ganz verschiedenartige Aspekte des Bewusstseins schulen. Konkret empfiehlt es sich, bei jeder Übung so lange zu bleiben, bis man sie wirklich beherrscht und erst dann zur nächsten überzugehen. In späteren Phasen kann man allerdings mehrere dieser Übungen im Rahmen einer einzigen Meditation praktizieren, um auf diese Weise bei sich das Gefühl für die jeweilige Eigenart der dabei ins Spiel kommenden Bewusstseinsqualitäten zu fördern, die dennoch eine innere Einheit bilden.

1. Das Kommen und Gehen des Atems beobachten

Streng genommen handelt es sich dabei um eine *Vorübung,* die empfehlenswert ist, um sich auf die eigentliche Visualisation einzustimmen. Sie besteht lediglich darin, dass Sie einige Minuten lang das Kommen und Gehen des Atems beobachten. Am besten richten Sie dabei Ihre Aufmerksamkeit auf das Vorbeistreichen des Luftstroms an Ihren Nasenflügeln beim Ein- und Ausatmen. Je kräftiger Sie diese Übung machen, um so leichter fällt sie Ihnen. Auf den ersten Blick könnte man in dieser Anweisung einen Widerspruch zu der Bemerkung von Seite 45 sehen, man solle mit der »Kraft einer Schneeflocke« meditieren. Der Ausdruck »kräftig« meint jedoch ausschließlich den mentalen Prozess, ist also *innerlich,* nicht aber äußerlich zu verstehen. Die Atmung sollte also keinesfalls forciert werden und daher auch nicht hörbar sein. In einer bekannten Formulierung heißt es daher, man sollte bei der Meditation (bei jeder!) »Duft saugend« atmen.

2. Einzelne Atemzüge auslassen und lediglich mental vollziehen

Wie bei der vorhergehenden Übung beobachtet man auch bei dieser zunächst nur das Kommen und Gehen des Atems, lässt dann aber, nachdem man etwa fünfmal ein- und ausgeatmet hat, den nächsten Atemzug aus und vollzieht ihn lediglich mental. Dabei geht es darum, die Imagination des Atemzugs der realen Atmung immer mehr anzunähern. Anfängern fällt diese Übung oft schwer, vor allem, weil dabei die Atemmuskeln nicht benutzt werden. Gelegentlich kann sich für einen Moment sogar ein starkes Spannungsgefühl einstellen, weniger aus Atemlosigkeit (man atmet dabei ja nur für einen kurzen Moment tatsächlich nicht!), sondern vor allem wegen des Kontrasts zu der entspannten Haltung, in der allein diese Übung gelingt. Dennoch nähern sich mit zunehmender Erfahrung die reale und die imaginierte Atmung immer mehr einander an. *Durch diese Übung soll Ihre Fähigkeit geschult werden, sich etwas leibhaftig vorzustellen.*

3. Die Meditation mit einem roten Punkt, den man mental synchron zur Atmung bewegt

Im Unterschied zu den vorhergehenden Übungen gelingt diese Übung dem Anfänger am besten, wenn er dabei die Augen schließt. Mit zunehmender Erfahrung wird es ihm allerdings meist möglich sein, diese auch während des Visualisierens ein wenig offen zu halten.

Versuchen Sie zunächst, mental einen roten Punkt bzw. einen kleinen Ball auf die Nasenspitze zu plazieren, wobei wir Ihnen empfehlen, *vorher* nochmals zu lesen, was wir Seite 152 bereits beschrieben haben, damit es Ihnen bei der Übung präsent ist. *Während der Übung* sollten Sie aber darüber keinesfalls nachdenken. Sobald Sie den Punkt visualisiert haben, schieben Sie ihn mit der Ausatmung mental möglichst kräftig bis an den Horizont und holen ihn mit der Einatmung wieder auf die Nasenspitze zurück.

Die Dauer der Übung sollte anfangs wiederum etwa 10 Minuten betragen. Später kann dieser Zeitraum verlängert werden. Wichtig ist dabei vor allem, den Punkt im Laufe des Visualisierens ständig im Auge zu behalten.

Diese Übung bereitet erfahrungsgemäß viel Freude, weil sich meist bald ein gewisser Erfolg einstellt. Fast alle berichten, wie sehr sich dabei die Atmung »wie von selbst« vertieft und verlängert, obwohl sie diese nicht aktiv manipuliert haben. Kaum jemals gelingt allerdings die Übung von vornherein perfekt. Vor allem lernt man erst allmählich, wie weit man den Ball von sich wegschieben kann, damit man bei seiner Rückkehr nicht aus dem Atemrhythmus gerät. Auch die Qualität des visualisierten Punktes oder kleinen Balls wird anfangs kaum je getroffen. Aber auch das gelingt mit zunehmender Erfahrung immer besser.

Für ebenso wichtig wie die *Regulierung des Atems* halten wir die *Erweiterung des Bewusstseinsraums*, zu der es durch diese Übung kommt. Manche Übenden sind sogar erstaunt, dass sie sich in einer Haltung offener Weite *nach innen* wenden können, weil sie vorher »Weite« immer nur mit »außen« in Verbindung gebracht haben. Dadurch begegnen sich für sie erlebnismäßig allmählich auch das »Innen« und das »Außen« immer mehr. Das aber ist, wie wir Seite 17 beschrieben haben, ein Merkmal von tieferen Versenkungszuständen.

4. Die Meditation mit einem roten Punkt, den man mental entgegen dem Atemstrom bewegt

Bei dieser Meditation wird gleichsam die 3. Übung umgekehrt. Sie besteht darin, dass man bei der *Ein*atmung den Punkt mental bis zum Horizont schickt und ihn bei der *Aus*atmung wieder auf die Nasenspitze zurückholt. Dadurch verstärkt sich nicht nur die Intensität der Visualisierung, sondern man übt so auch, die Anbindung mentaler Prozesse an ihre körperlichen Stützen zu lockern. Gerade dieses Loslassen, um das es ja bei der Meditation geht, fällt dem Anfänger schwer. Viele wissen zum Beispiel nach kurzer Zeit buchstäblich nicht mehr, ob sie gerade einatmen oder ausatmen. Sollte Ihnen das auch so gehen, dann können Sie darin zumindest ein Zeichen sehen, dass Sie sich immerhin auf Ihre mentalen Prozesse eingestellt haben. Das weist jedenfalls in die richtige Richtung. Fraglos ist allerdings, dass Sie sich bei dieser Übung genügend Zeit nehmen sollten.

5. Die Visualisierung eines roten Punkts, den man über einen weißen Ball laufen lässt

Auch diese Übung folgt dem Schema von Übung 3, nur dass Sie zusätzlich in die Mitte des inneren Raumes zwischen Nasenspitze und Horizont einen großen weißen Ball plazieren, über den Sie den von Ihnen visualisierten roten Punkt auf seinem Weg zum Horizont und zurück klettern und auf der anderen Seite wieder herunter plumpsen lassen. Dadurch kommt in die Übung ein Moment des Unverkrampften, ja Spielerischen, das eine Komponente *jeder* Meditation sein sollte, wie wir Seite 168 näher zeigen werden.

6. Die Visualisierung eines weiten Sees

Bei dieser Übung stellen Sie sich vor, dass Sie am Ufer eines von der Sonne beschienenen Sees sitzen und sehen, wie sich auf ihm durch einen Windhauch die Wellen leicht kräuseln. Achten Sie dabei auf jede Einzelheit, die vor Ihrem inneren Auge auftaucht.

Häufig stellen sich bei dieser Visualisierung Erinnerungen an einen wirklichen See ein, an dem man einmal gesessen hat. Das stört zwar die Übung nicht, ist aber nicht ihr Ziel. Das Lernziel bei dieser Übung ist vielmehr, der Erfahrung von »*offener Weite*« näher zu kommen, einem weiteren Grundelement jeder Meditation. Auch die offene Weite bezieht sich auf den inneren, den Bewusstseinsraum. Sie umfasst aber noch einige weitere – für jede Meditation unverzichtbare – Elemente: *Klarheit, Leichtigkeit* sowie *innere Bewegung*. Sie alle tragen gemeinsam dazu bei, den fixierenden Umgang mit der Wirklichkeit aufzugeben, der zunächst den Fortschritt bei der Meditation blockiert.

Je mehr sich der Zustand offener Weite eingestellt hat, desto sensibler wird man für die *Atmosphäre*, die von einer Szene ausgeht. Eröffnen Sie sich dieser, *aber vermeiden Sie dabei, in subjektive Gefühlsregungen oder in Stimmungen abzurutschen.* Erst recht wäre falsch, diese künstlich zu suchen oder sich gar absichtlich in sie hineinzusteigern (die Psychiater nennen das mit einem treffenden Ausdruck »Affekte pumpen«).

Der Ungeübte tut sich zunächst schwer, zwischen dem einen und dem anderen Bereich zu unterscheiden. Der Unterschied liegt darin, dass mit der Atmosphäre gleichsam eine »angetroffene«, objektive Qualität im Zentrum steht, während man, wenn man in Stimmungen aufgeht, im subjektiven Bereich sowie, psychoanalytisch ausgedrückt, im Lustprinzip, also an einer urtümlichen Bewusstseinsstufe hängen bleibt. Somit verfehlt man den Kern des meditativen Bewusstseins.

Natürlich lassen sich diese beiden Ebenen niemals in »chemisch reiner« Form voneinander unterscheiden. Die Erkenntnistheorie hat uns ja gezeigt, dass die Wirklichkeit immer *zugleich* angetroffen und konstruiert (»ausgedacht«) ist, so dass sich das Objektive und das Subjektive zwangsläufig vermischen. Um so wichtiger ist,

beide dennoch so weit als möglich innerlich zu unterscheiden[18].

Wer *praktisch* nach der Erfahrung von »offener Weite« sucht sowie zwischen Angetroffenem und Konstrukt unterscheiden möchte, dem kann dabei ein Ausspruch helfen, der dem Bodhidharma zugeschrieben wird. Dieser wurde von Kaiser Wu gefragt: »Welches ist das erste Prinzip der heiligen Wahrheit?« Bodhidharma antwortete: »Offene Weite, nichts von heilig«[19]. Um diese sozusagen »unheilige heilige Nüchternheit« muss auch er sich bemühen.

7. Die gleichzeitige Visualisierung eines natürlichen und eines abstrakten Objekts

Die Übung besteht darin, dass man zunächst einen roten Punkt und dann einen von der Sonne beschienenen, vom Wind leicht gekräuselten See visualisiert und dann mental den Punkt über den See hin und her laufen lässt, zunächst synchron, dann entgegen dem Atemstrom.

Inzwischen dürften Sie ja mit der Praxis des Visualisierens schon vertraut sein und daher wird Ihnen diese Übung vermutlich wenig Schwierigkeit bereiten. Ihr Ziel ist, Bilder, die von realen Erinnerungen mitbestimmt sind und abstrakte Objekte in der Visualisierung miteinander zu verschränken, ohne dass dabei der spezifische Charakter des einen und des anderen Objekts verloren geht.

8. Die Visualisierung vorbeiziehender Wolken

Bei dieser Übung, die man am besten an einem warmen Sommertag im Freien macht, betrachtet man zunächst möglichst genau vorbeiziehende Wolken. Man sollte sie nicht anstarren, sondern die Wolkenbildung in ihrer steten Wandlung zwar sorgfältig, aber zugleich auch als Ganzes betrachten. Dann schließt man die Augen und imaginiert, wie dieser Zug der Wolken weitergehen könnte. Nach einer gewissen Zeit vergleicht man dann mit geöffneten Augen die realen Wolkenbildungen mit den imaginierten.

Bei dieser Übung geht es um die Imagination von Gebilden, die sich im Lauf der Zeit ändern, wobei es darauf ankommt, dass Sie Ihre Fähigkeit zur genauen Beobachtung mit Ihrer Phantasie verbinden. *Wichtig ist dabei vor allem, dass Sie sich auf ein inneres Beobachten und nicht auf irgendeine Art von schlussfolgerndem Denken einstellen.*

Es liegt in der Natur der Dinge, dass der tatsächliche Zug der Wolken nie ganz mit Ihren Vorstellungen übereinstimmen wird, selbst wenn Sie ihn vorher noch so gut beobachtet haben sollten. Dennoch lernen Sie auf diese Weise immer besser, Objekte genau zu beobachten. Zugleich entwickelt sich zunehmend Ihr Gespür für den Ablauf von Prozessen und für gestalthaftes Sehen. Auch nimmt allmählich eine Fähigkeit zu, die Goethe »exakte sinnliche Phantasie«[20] genannt hat. Sie geht mit dem Gefühl einer gesteigerten Unmittelbarkeit der Wahrnehmung einher, die manchmal kurz nach der Übung sogar den Charakter einer Seinsfühllung annehmen kann. Dabei wird einem oft deutlich, wie »grau in grau« wir normalerweise die Wirklichkeit sehen.

Sollten Sie sich für Astronomie interessieren, schlagen wir Ihnen eine *Ergänzung dieser Übung* vor, die naturgemäß wesentlich genauere Ergebnisse bringen wird: Betrachten Sie zunächst den nächtlichen Himmel und prägen sich einige Ihnen bekannte Sternbilder ein. Nach etwa einer Stunde imaginieren Sie in meditativer Haltung, was Sie vorhin gesehen haben und übertragen es dorthin, wo aufgrund Ihrer Kenntnis der Bewegungen am Himmel die Sterne *jetzt* stehen müssten. Das vergleichen Sie dann mit dem, was Sie dort tatsächlich sehen. Mit zunehmender Übung wird es Ihnen möglich sein, beides immer besser zur Deckung zu bringen.

9. Die Visualisierung des Wachsens eines Baumes in Ihrer Hand

Für die nächste Übung brauchen Sie etwa eine viertel Stunde Zeit. Legen Sie sich zunächst auf den Rücken, schließen Sie die Augen, bringen Sie sich dann in eine meditative innere Haltung und achten Sie dabei vor allem darauf, dass Sie trotz Ihrer Achtsamkeit voll entspannt sind. Öffnen Sie dann eine Hand so, dass die Innenfläche nach oben weist und imaginieren, in ihr befinde sich der Keim eines Baumes. Schauen Sie sich diesen in Ihrer Vorstellung genau an. Lassen Sie daraufhin den Keim all-

157

mählich wachsen, bis daraus schließlich ein Baum geworden ist, der in voller Blüte vor Ihnen steht. Aus den Blüten entwickeln sich später Früchte, die Sie, ebenso wie das Keimen und das Wachsen, sorgfältig beobachten.

Versuchen Sie dabei, ständig in der Haltung eines sorgfältigen Beobachters zu bleiben, der sich mit Staunen ausschließlich dem Ablauf der Bilder eröffnet, die *tatsächlich* in ihm auftauchen. Laufen Sie also nicht einem im Kopf vorher ausgedachten Programm nach und verzichten Sie auch darauf, das, was Sie erfahren, innerlich zu kommentieren. Ein Kriterium dafür, dass Ihnen das gelungen ist, besteht darin, dass die verschiedenen Schritte des Wachstums nicht ruckartig, sondern kontinuierlich ablaufen.

Am Anfang wird Ihnen dies schwer fallen und Sie werden feststellen, wie sehr wir bewusst oder unbewusst dazu neigen, uns nicht von unseren Abläufen leiten zu lassen, sondern insgeheim alles, was wir tun oder erleben, vorzuplanen und zu kommentieren. Versuchen Sie beides zu vermeiden. Das gelingt Ihnen am besten, wenn Sie sich weder in die Bilder hineinziehen lassen noch sich in die Haltung eines kalt registrierenden Beobachters versteifen.

Eine Hilfe dabei ist, *vor Beginn der eigentlichen Übung* diese innerlich gleichsam in drei Schritte aufzugliedern: in eine *Vorbereitungsphase*, in der Sie sich auf die eigentliche Meditation einstimmen, *in die eigentliche Phase der visualisierenden Meditation*, in der Sie das »Meditations-Objekt« in sich entstehen lassen sowie in eine 3. Phase, *in der Sie die Übung in sich nachklingen lassen*. Erst in dieser Phase sollte der »normale« Denkprozess wieder einsetzen. Dabei könnten Sie sich zum Beispiel die Frage stellen, welchen Baum Sie gewählt haben und warum wohl gerade dieser und kein anderer Baum vor Ihrem inneren Auge erschien. *Ein solches nachträgliches Bedenken sollte Bestandteil jeder Meditation werden. Es hilft, das Erlebte besser in das Alltagsbewusstsein zu integrieren und vermeidet, bruchstückhaft darüber nachzugrübeln.* Diese Übung können Sie später auf zwei Weisen fortführen, nachdem Sie den bisher beschriebenen Teil wirklich beherrschen: *Zunächst* lassen Sie die Blätter und Früchte des von Ihnen visualisierten Baums allmählich welken, bis sie zu Boden fallen und sich im Laufe der Zeit in Erde verwandeln. Damit geht es nicht nur um die Veranschaulichung des Satzes: »alle irdischen Erscheinungen sind dem Gesetz der Vergänglichkeit unterworfen«[21]. Vor allem kann sich so bei Ihnen das Gefühl für die Kategorie des Lebendigen verstärken. Das ist gerade in unserer Zeit mit ihrer zunehmenden Unfähigkeit, Lebendiges und Totes zu unterscheiden[22], besonders wichtig. Achten Sie bei dieser Übung aber auch darauf, wie selbst im Verblühen und Welken noch Reste des vergangenen Lebens spürbar sind. So verhängnisvoll es nämlich ist, beides miteinander zu verwechseln und das Tote an die Stelle des Lebendigen zu setzen, so wichtig ist es zugleich, sich die Übergänge zwischen beiden Bereichen vor Augen zu stellen.

Die nächste Übung sollten Sie nicht mit der vorhergehenden verbinden, da sie eine ganz andere Zielsetzung hat. Ihr erster Teil besteht darin, nochmals die Entwicklung eines Baumes bis zum Blühen und Früchtetragen zu visualisieren. Anschließend sollten Sie versuchen, den Prozess des Wachstums, den Sie im ersten Teil meditiert haben, wie einen rückwärts laufenden Film ablaufen zu lassen. Beginnen Sie also mit den Früchten und enden Sie damit, dass zum Schluss nur noch ein Keim in Ihrer Hand übrig bleibt. Dabei kommt es vor allem darauf an, dass Sie sich auch bei diesem zweiten Teil um die gleiche Anschaulichkeit bemühen wie beim ersten. Hier geht es nicht um die Unterscheidung »lebendig – tot«, sondern »anschaulich – abstrakt«. Heutzutage wird schon ab der Schulzeit einseitig abstraktes Denken gefördert, anschauendes Denken bleibt dagegen unentwickelt. Es geht also bei dieser schwierigeren Übung genau darum, nicht ein »Leichenfeld« zu produzieren, sondern in besonderer Weise die lebendige Anschaulichkeit beizubehalten und so die exakte Phantasie zu üben. Aus gutem Grund ist gerade diese Übung in der spirituellen Praxis sowohl des Ostens wie des Westens weit verbreitet.

Durch diese Übung wird aber auch die Ablösung des Bewusstseins von seiner gegenständlichen Fixierung gefördert und eine Art von Übergang zu den nächsten Übungen geschaffen. Bei ihnen geht es vor allem *um die Entwicklung eines reinen, von den Sinnesqualitäten weitgehend freien Bewusstseins.*

10. Eine Vorübung: Den Mond im Blick haben, während man zugleich einen roten Punkt visualisiert

Visualisieren Sie zunächst den Vollmond, wie er fast senkrecht über Ihrem Kopf steht. Naheliegenderweise wäre es günstig, wenn Sie vorher *tatsächlich* den Vollmond beobachten könnten. Behalten Sie bei der Meditation den von Ihnen visualisierten Mond *mental* weiterhin im Auge, auch wenn Sie nunmehr nochmals die 3. Übung aufgreifen: die Visualisierung eines roten Punkts im Rhythmus des eigenen Atems. *Nochmals*: Ihr innerer Blick folgt bei dieser Übung dem roten Punkt, dennoch bleibt der Mond über Ihrem Kopf weiterhin für Sie mental präsent.

Diese Übung fällt anfangs vielen schwer, weil es ihnen nicht möglich ist, mental den Mond zu vergegenwärtigen, während sie gleichzeitig dem inneren Bild des roten Punktes folgen. Trotzdem lohnt es, sich mit ihr allmählich vertraut zu machen, denn die rein geistige Anschauung geschieht auch ohne Hilfe der Sinne und ohne Zuhilfenahme der Augenmuskeln sowie ohne inneres Sprechen.

Zugleich schaffen Sie damit auch einen Übergang zur letzten Gruppe von Übungen, bei denen Sie nunmehr versuchen, noch besser in den Bereich des Leeren einzudringen, und zwar in Form eines immer konsequenteren Heraustretens aus dem Bereich des Gegenständlichen.

159

11. Visualisierung der Übergänge zwischen verschiedenen geometrischen Figuren und Farben

Das Ziel dieser Übungen besteht darin, immer mehr zur »reinen« ungegenständlichen Anschauung zu gelangen. Beginnen Sie damit, zunächst ein Quadrat zu imaginieren, das Sie etwa in Augenhöhe vor sich aufbauen. Dieses Quadrat verwandeln Sie allmählich (also langsam!) in Ihrer Vorstellung zu einem Kreis, wobei Sie den Übergang von der einen zur anderen Figur ständig im Auge behalten sollten. Aus diesem Kreis bilden Sie als Nächstes vor Ihrem inneren Auge ein gleichseitiges Dreieck. Danach lassen Sie diesen Prozess rückwärts ablaufen, bis Sie schließlich wieder bei dem anfänglich visualisierten Quadrat enden.

Als Nächstes stellen Sie sich ein Dreieck vor, das Sie so lange wachsen lassen, bis sich seine Fläche bis ins Unendliche vergrößert hat. Anschließend verkleinern Sie dieses Dreieck wieder, bis es auf die Größe eines Punktes geschrumpft ist. Lösen Sie dann selbst diesen noch auf, bis buchstäblich »nichts« mehr vor Ihren Augen steht. Nachdem Sie also bei einer unendlich großen und unendlich kleinen Leere »gelandet« waren, beenden Sie die Übung damit, dass Sie das Dreieck wieder auf seine Ausgangsgröße zurückführen. Anschließend lösen Sie dieses langsam endgültig auf und beenden so die Übung.

Bei der *folgenden Meditation* stellen Sie sich zunächst eine blaue und alsdann eine rote Farbfläche vor. Suchen Sie jede dieser Farben so anschaulich wie möglich zu imaginieren. Am Anfang kann man dabei auf äußerliche Hilfen zurückgreifen, bei der Farbe »blau« zum Beispiel durch einen Blick zum blauen Himmel und bei »rot« durch Betrachten eines eindeutig roten Gegenstands, gleich, ob es sich dabei um eine reife Tomate oder um eine farbige Abbildung handelt. Sobald Sie die Farben aber in der eigentlichen Meditation imaginieren, sollten Sie sich gleichsam auf das unendliche Spektrum zunächst von »blau« und dann von »rot« konzentrieren, an dem gemessen das Rot und das Blau, von dem Sie anfangs ausgegangen waren, jeweils nur ein winziges Segment war. Wenn es Ihnen gelungen ist, jede dieser beiden Farben auf die angegebene Weise zu imaginieren, kehren Sie zur roten Farbfläche zurück und verwandeln diese in einem kontinuierlichen Prozess in die blaue und umgekehrt. Lassen Sie diese Verwandlung einige Male zunächst in die eine und dann in die andere Richtung ablaufen und beenden Sie auch diese Übung damit, dass Sie die Farben in einem indifferenten Weiß auflösen, das keine eigene Farbqualität mehr besitzt..

Die Visualisierung des Bodhisattva Mañjushrī

(tibetisch: ›jam-dpal-dbyaṅs, ausgesprochen: Jampalyang)

Wir möchten nunmehr anhand der Meditation des Bodhisattva Mañjushrī all das, was wir bisher über die Praxis der Meditation und speziell der Visualisierung gesagt haben, zusammenfassen. Dadurch kann man nicht nur ein tieferes Verständnis des Wesens der Meditation, sondern auch einen persönlichen Gewinn erlangen, der keineswegs auf Buddhisten beschränkt ist.

Vielleicht können Sie diesen Gedanken nicht teilen, weil Sie in einer anderen Religion beheimatet sind. Wir meinen aber, dass für den Umgang mit dem eigenen religiösen Glauben oder einer Weltanschauung, die einen trägt, das gleiche gilt wie für den Umgang mit der Muttersprache. Kaum jemand beherrscht diese wirklich, der sie nicht mit Hilfe fremder Sprachen vertieft hat. Das ist kein Plädoyer für ein Überzeugungsmischmasch. Wohl aber halten wir die Differenzierung der eigenen Weltsicht durch die Kenntnis anderer Möglichkeiten des Denkens, Glaubens und Fühlens für unverzichtbar. Beginnen wir damit, dass wir zunächst einige Begriffe zum näheren Verständnis der Meditation des Mañjushrī klären:

1. Dass im Mahāyāna unter einem *Bodhisattva* ein Wesen (sattva) zu verstehen ist, das befreiende Erlösung (bodhi) anstrebt oder bereits erreicht hat, das aber auf die endgültige Erlösung (die »Buddha-schaft«) aus Selbstlosigkeit und Mitgefühl mit den leidenden Wesen verzichtet, weil er ihnen auf ihrem Weg zur Erlösung helfen will, haben wir bereits auf Seite 242, Anm. 42, erwähnt. Sein Handeln wird aber nicht nur vom Erbarmen (Karunā) getragen, sondern ist zugleich von höchster Einsicht und Weisheit bestimmt.

Dieser Gedanke spielt auch bei den Erlösungsvorstellungen anderer Religionen eine Rolle. Nicht nur in Tibet bestritten viele religiöse Menschen, dass eine endgültige »himmlische« Glückseligkeit angesichts des Leidens auf der Welt überhaupt denkbar ist. Ihnen war auch selbstverständlich, dass »Buddhanatur« zu besitzen oder ein »Tempel des lebendigen Gottes« zu sein keine Eigenschaft ist, die scheintot in uns ruht wie Schneewittchen im Sarg. Sie wird sich vielmehr in dem Maße, in dem sie realisiert wurde, zwangsläufig in Liebe und Mitgefühl ausdrücken.

Je nachdem, ob die Erlösung noch angestrebt wird oder bereits erreicht ist, unterscheidet man im Mahāyāna irdische und transzendente Bodhisattvas. Während jeder Mensch, dem wir begegnen, ein irdischer Bodhisattva sein kann, sind nach Auffassung des Mahāyāna transzendente Bodhisattvas für das irdische Auge nicht mehr sichtbar, für das geistige Auge fortgeschrittener Meditierender jedoch erfahrbar.

2. *Mañjushrī* zählt zu den transzendenten Bodhisattvas. Gebildete Tibeter setzen keineswegs immer voraus, dass er *real* existiert. Aber auch jene, die ihn lediglich als eine Projektion begreifen, die letztlich ihre Meditation stützen soll, bringen ihm dennoch aufgrund dessen, was er für sie ver-

körpert, ihre ganze Verehrung entgegen. Daher rechnet er zu ihren Lieblingsgestalten. Diese Verehrung lässt sich in Indien bis etwa ins 2. Jahrhundert nach Christus zurückverfolgen.

Heute bildet Mañjushrī zusammen mit Avalokiteshvara[23] und Vajrapāni eine Trias transzendenter Bodhisattvas, deren Funktionen sich mehr oder minder ergänzen. Während bei Avalokiteshvara die Betonung auf einer allumfassenden Hilfsbereitschaft und bei Vajrapāni auf schützender Stärke liegt, liegt der Schwerpunkt bei Mañjushrī auf der (Schönheit und) Weisheit. Das kommt auch in seinem Namen zum Ausdruck: In der Sanskrit-Silbe »man« steckt wie im Lateinischen »mens« die indogermanische Sprachwurzel von »Geist« und die tibetische Übersetzung von Mañjushrī, 'jam-dpal-dbyañs, heißt wörtlich: der »sanfte Herr der Sprache des dharma« beziehungsweise »der Herrliche mit der sanften Stimme«.

3. Was aber hat man unter dem *dharma* zu verstehen, von dem gesagt wurde, Mañjushrī sei der Herr seiner »Sprache«? Es handelt sich dabei um einen Zentralbegriff des Hinduismus und Buddhismus mit vielen Bedeutungen. Wörtlich heißt er »das Tragende« bzw. »das Haltende« und bedeutet somit die wahre Essenz der Wirklichkeit und auch unseres eigenen Wesens. Im Zusammenhang mit Mañjushrī ist Dharma im Sinne einer kosmischen oder letzten Ordnung zu verstehen, die in ihm zum Ausdruck kommt.

Da es sich dabei aber um ein letztes Prinzip handelt, wird auch verständlich, dass die Buddhisten betonen, der historische Buddha habe den Menschen zwar den Dharma *gebracht,* ihn aber nicht *geschaffen.* Vielmehr habe dieser immer schon existiert und der Buddha habe ihn lediglich den Menschen nahe gebracht bzw. sei durch seine Erleuchtung selbst zur Manifestation des Dharma geworden. Dabei habe sich bei ihm etwas Wesentliches ereignet. Wer nämlich diese höchste Möglichkeit geistiger Versenkung und Intuition erreicht habe, erlebe die von allem Zufälligen befreite letzte Wirklichkeit als einen Zustand höchsten Entzückens[24].

Mit dieser Aussage wird aber offensichtlich eine Erfahrung angesprochen, die alle Religionen übergreift. Das geht zum Beispiel aus den Äußerungen mancher christlicher Mystiker hervor. So endet Dantes[25] »Göttliche Komödie« mit dem Satz: »Die Liebe, die beweget Sonn und Sterne«. Auch Teresa von Avila, die ja, wie wir zeigten, wenn es sein musste mitunter auch äußerst nüchtern sein konnte[26], drückte sich ganz in diesem Sinne aus, als sie höchst poetisch sagte: »Gott hat für jeden Menschen die ganze Welt erschaffen, um ihm sein Liebeslied vorzusingen«.

Dieser Poesie begegnen wir auch, wenn wir nunmehr die umseitige Darstellung des Bodhisattva Mañjushrī betrachten. Es ist die Abbildung eines knapp 8 cm großen, mit Gebetsformeln gefüllten Messinghohlgusses, den wir vor Jahren in Tibet erwarben. Dabei handelt es sich zwar nur um *ein* Beispiel aus einer ikonographischen Vielfalt von etwa 20 Erscheinungsformen Mañjushrīs. An ihm können wir uns aber besonders gut Eigenschaften anschaulich machen, die das Wesen der Meditation ver-

deutlichen. Zugleich helfen sie uns, Weisheit differenzierter zu verstehen.

Am besten gehen Sie dabei so vor, wie wir es Seite 158 beschrieben haben. Gliedern Sie also Ihre Übung in drei Schritte: in eine *Vorbereitungsphase, in die eigentliche Phase der visualisierenden Meditation* sowie in eine dritte Phase, *in der Sie die Übung in sich nachklingen lassen.* Ihr Zugang wird erleichtert, wenn er in einer Haltung erfolgt, um die der Philosoph Johann Gottlieb Fichte (1762-1814) im Vorwort seiner ersten Wissenschaftslehre (1797) seine Leser bat. Er schlug ihnen vor, »auf das Ganze einzugehen und jeden einzelnen Gedanken aus dem Gesichtspunkte des Ganzen anzusehen«.

Zunächst zur Vorbereitungsphase:

Wenn Sie in diesem Sinne zunächst *die Gestalt* von Mañjushrī *als Ganzes* ansehen, dann bemerken Sie, dass dieser eigentlich nicht in einer streng meditativen, sondern *in einer leicht gebogenen Haltung* dasitzt. Das ist für alle Darstellungen dieses Bodhisattvas kennzeichnend. Dadurch wird ausgedrückt, dass ihm alles Steife fremd ist. *Weisheit hat immer mit innerer Beweglichkeit zu tun.* Die Bedeutung der körperlichen Haltung für die Meditation wird dadurch natürlich nicht aufgehoben. Aber wie Sie wissen, ist sie kein Selbstzweck, sondern hat nur eine unterstützende Funktion.

Sie sehen auch, dass Mañjushrī *mit Ringen und Ketten geschmückt* ist. Dieser fürstliche Bodhisattvaschmuck symbolisiert seine transzendente, dem natürlichen Auge nicht sichtbare Natur. Auch dazu gibt es christliche Parallelen in der Gestalt des in die Herrlichkeit Gottes eingegangenen Christus als Weltenherrscher, zum Beispiel in frühchristlichen und romanischen Kirchen. Betrachten Sie daraufhin das *Gesicht* von Mañjushrī: Es ist jugendlich und dabei eher intersexuell als männlich. In der *Jugendlichkeit* drückt sich aus, dass eine ständige »jugendliche« Neuschöpfung aus dem Anfängergeist heraus ein notwendiger Aspekt der Weisheit ist. Durch den eher *intersexuellen Ausdruck* dagegen wird auf den weiblichen Aspekt der Weisheit hingewiesen, der ein zentraler Gedanke des Mahāyāna ist.

Auch dieser Gedanke hat eine Entsprechung in der abendländischen Philosophie und in der christlichen Theologie, speziell der russischen. Dort hat man gleichfalls betont, es sei eine Voraussetzung der Weisheit, dass der Betreffende auf die geistige Wirklichkeit bezogen ist, dass man zwischen einem männlichen und einem weiblichen Aspekt der Weisheit unterscheiden müsse und dass beide Seiten letztlich zusammengehören. Während der männliche »Logos«-Aspekt vor allem befruchtend und zeugend wirkt, steht beim weiblichen Sophia-Aspekt die Einheit mit der geistigen Wirklichkeit im Zentrum[27].

Bei der Betrachtung der *Augen* von Mañjushrī werden Sie bemerken, dass sich in der Mitte zwischen den beiden natürlichen Augen, die auf die physische Welt blicken, in Höhe des 6. Chakras[28] ein drittes, das geistige Auge, befindet. Im Unterschied zu den physischen Augen, die uns mitgegeben sind, ist dieses Auge geistiger Natur und muss von uns selbst entwickelt werden. Es eröffnet uns den intuitiven Blick auf das

Wesen und die Wunder der Wirklichkeit. Dieser soll den natürlichen Blick nicht ersetzen, sondern ergänzen: So wie es eine Voraussetzung für das physische Sehen ist, dass sich das Licht der Natur und das Licht des Bewusstseins miteinander verschwistern[29], setzt eine ganzheitliche Erfahrung der Wirklichkeit voraus, dass sich die physische und die intuitive Sicht miteinander verbinden.

An drei Stellen der Kleinplastik finden Sie das Symbol des *Lotos:* Mañjushrī sitzt auf einem Lotosthron. Außerdem sind die beiden Attribute rechts und links neben seinen Schultern, die wir anschließend näher betrachten werden: das Schwert und das Buch (genauer gesagt ein Palmblattmanuskript) jeweils auf einem Lotosstengel aufgerichtet. Damit wird Folgendes gesagt: Wie der Lotos, der dem Schlamm entspringt, im Wasser schwimmt, aber von diesem nicht mehr benetzt wird, so geht nach buddhistischer Sicht auch der spirituell Strebende, der durch Erleuchtung bereits sein wahres Wesen realisiert hat, nicht mehr im Schlamm des *samsāra*[30] und in Verblendung auf. Vielmehr wendet er sich, wie Mañjushrī, der diesen Zustand erreicht hat, den in die irdische Wirklichkeit noch verstrickten Wesen zu und hilft ihnen, die eigene Verblendung zu zerschlagen und spirituelles Wissen zu erlangen.

Kommen wir nunmehr zu den Einzelheiten der Plastik:

Auf einem Lotosstengel neben der rechten Schulter Mañjushrī, also auf seiner männlichen Seite, befindet sich ein *Schwert.*

Wieder hilft uns ein Blick in die eigene jüdisch-christliche geistige Tradition, das Symbol des Schwerts besser zu verstehen:

Ein Flammenschwert schwangen auch die Engel, die Adam und Eva, die Urmenschen, nach dem Sündenfall aus dem Paradies vertrieben. In Genesis 3, 24 lesen wir: »Er vertrieb den Menschen und stellte östlich des Gartens von Eden die Kerubim auf und das lodernde Flammenschwert, damit sie den Weg zum Baum des Lebens bewachten«. Eine weitere bemerkenswerte Stelle finden wir im Hebräerbrief (Hebr. 4,12): »Denn lebendig ist das Wort Gottes, kraftvoll und schärfer als jedes zweischneidige Schwert: es dringt durch bis zur Scheidung von Seele und Geist, von Gelenk und Mark. Es richtet über die Regungen und Gedanken des Herzens«.

Vertieft man sich in diese Beispiele, dann wird deutlich, dass das Schwert weder bei Mañjushrī noch in den genannten Bibelstellen ein Symbol der Gewalttätigkeit ist, sondern für Wahrheit, Unterscheidung bzw. Entscheidung steht. Dahinter steht die Tatsache, *dass es ohne Unterscheidungsvermögen und Entscheidung keine Wahrheit und keine Erkenntnis gibt!* Mañjushrī zerteilt mit seinem Schwert das Dunkel der Unwissenheit (im Sinne einer geistigen Blindheit, die sich von ihren Abhängigkeiten nicht lösen kann). In der Bibel dagegen wird gesagt, dass nicht Gott uns vom Leben ausschließt, sondern dass wir das selbst tun. Den Weg zum Leben muss man aber mit entschiedenem Herzen gehen, das sich von der Kraft der Wahrheit (dem »Wort«) bis ins Innerste treffen lässt.

Aus dem christlichen Kontext können wir auch verstehen, warum Mañjushrīs Schwert auf einem Lotosstengel steht. Zwei scheinbar konträre Stellen aus den Evangelien helfen uns dabei.

Im Matthäusevangelium sagt Jesus: »Ich bin nicht gekommen, um Frieden zu bringen, sondern das Schwert« (Mt. 10, 34). In einer anderen Stelle des gleichen Evangeliums wird dagegen geschildert, wie Jesus dem Petrus Einhalt gebietet, als dieser ihn mit dem Schwert verteidigen will. Er befiehlt ihm: »Stecke Dein Schwert in die Scheide, denn alle, die zum Schwert greifen, werden durch das Schwert umkommen« (Mt. 26, 53).

Das Schwert in der Hand des Gerechten und Reinen ist Symbol der Wahrheit, der Erkenntnis und der Unterscheidung. Daher steht es bei Mañjushrī auf einem Lotosstengel. Mit ihm vertreibt er die Dämonen der Finsternis, bringt Licht und ermöglicht den Neubeginn. Deshalb wird Mañjushrī in Tibet *am Morgen* gepriesen[31], wenn die Sonne aufgeht. Wo das Schwert jedoch zur Unzeit, unwissend oder aus falscher Gesinnung benutzt wird, wird es zum Instrument des Missbrauchs und der Selbstzerstörung, selbst wenn man meint, es zu einem guten Zweck zu gebrauchen (Petrus möchte damit Jesus retten).

Auf der linken, der weiblichen, Seite von Mañjushrī befindet sich, ebenfalls auf einer Lotosblüte liegend, ein *Buch*. In allen Kulturen ist das Buch ein Symbol der Weisheit. Es symbolisiert »die Fähigkeit zu denken, zu sprechen und zu reflektieren, die uns in unserer animalischen Natur fehlt«[32]. Im konkreten Fall handelt es sich

um das Prajñāpāramitā-Sūtra. Sutra heißt wörtlich Leitfaden, Prajñā ist der weibliche, rezeptive, Aspekt der Weisheit, denn Erkenntnis setzt immer Aufnahmebereitschaft voraus. Pāramitā schließlich ist dasjenige, was »das andere Ufer erreicht hat«. Wir haben es somit mit einem Leitfaden zu tun, der uns über den Weg des aufnehmenden Wissens ermöglicht, »das andere Ufer« zu erreichen.

Die Balance zwischen männlich unterscheidendem und weiblich geöffnetem Wissen reicht allerdings allein nicht aus, um Erkenntnis und Weisheit zu erlangen, wenn nicht Kraft hinzukommt. Diese wird durch einen *Löwen* symbolisiert, auf dessen Rücken Mañjushrī sitzt. Der Löwe blickt ihn an, sein Maul ist dabei zum Brüllen halb geöffnet.

Der auf dem Löwen mit der brüllenden Stimme sitzende Mañjushrī iūst eine bekannte Darstellungsweise dieses Bodhisattvas, die auf den ersten Blick im Gegensatz zum Bild vom sanften Herrn der Sprache steht. Eine altindische Fabel löst diesen scheinbaren Widerspruch. In ihr wird erzählt, ein Löwe habe einst, als die Löwin tote Kinder zur Welt brachte, die leblosen Kinder durch sein Gebrüll zu Leben erweckt. Der brüllende Löwe ist daher in Asien ein Symbol der geistigen Erweckung[33], so, wie die mythologisch ihm zugeordnete Sonne jeden Morgen die Wesen zu neuem Leben erweckt. Damit wird aber gesagt, dass nur der »erweckt« werden kann, der sich *vorher* mit den Gegenpolen der Sanftheit, mit seiner Aggressivität und mit seinem »Schatten« (C. G. Jung) auseinandergesetzt hat. Dabei geht es nicht nur darum, unsere aggressiven und sonstigen negativen Potentiale zu bändigen, damit sie nicht für uns selbst und unseren Nächsten gefährlich werden. Wir brauchen deren Energien auch für unser spirituelles Wachstum, müssen also lernen, sie zu transformieren und human einzusetzen.

Dass dies auch im Chassidismus bekannt war, zeigten wir in dem Seite 118 gebrachten Zitat von Rabbi Nachman[34]. Es endet bemerkenswerterweise folgendermaßen: »Ohne bösen Trieb ist kein vollkommener Dienst. Der böse Trieb wandelt sich in dem Gerechten in einen heiligen Engel, ein Wesen der Macht und des Schicksals«[35]. Eine andere Variante dieses Satzes lautet: »Man soll den bösen Trieb nicht ertöten, sondern mit ihm Gott dienen«[36].

Aber auch das ist noch nicht alles: der Drang nach Selbstverwirklichung muss in Beziehung zu unseren Mitmenschen gebracht werden, damit er Frucht bringen kann.

Das wird zum Beispiel an den Darstellungen der zehn *Ochsenbilder* deutlich, die ursprünglich aus dem China der Sung-Zeit (960-1279) stammen und die noch heute bei der Ausbildung von Zenschülern eine wichtige Rolle spielen[37]. Der Ochse bedeutet das eigentliche Selbst, das erst in einem mühsamen Prozess entdeckt und dann in einem Kampf auf Leben und Tod gebändigt werden muss, bis ihn der Hirt schließlich nach Hause führt, um sich daraufhin wieder unter die »Menschen auf dem Markt« zu mischen.

> ➤ Ohne die Mobilisierung von Energien, einschließlich derer, die aus unseren negativen Möglichkeiten stammen, lässt sich Spiritualität nicht wirklich realisieren.

Wir selbst sind speziell bei unserer Ausbildung in tibetischer Meditationspraxis immer wieder darauf hingewiesen worden, wie wichtig es ist, möglichst kraftvoll zu meditieren, ohne dass dabei allerdings die entspannte Haltung vernachlässigt werden darf. Dazu bekamen wir mitunter höchst konkrete Anweisungen, zum Beispiel, wir sollten möglichst viel Sport treiben, zumindest aber sollten wir zeitweilig möglichst bewusst etwas anders tun als üblich, um unseren gewöhnlichen Trott zu durchbrechen. Außerdem sollten wir auf jede nur erdenkliche Weise versuchen, »power« zu tanken, und sei es dadurch, dass wir uns neben ein Bahngleis stellen, um uns von der Dynamik vorbeifahrender Züge anstecken zu lassen. In diesen Zusammenhang gehört aber vor allem auch die von uns bereits beschriebene Anweisung, Störungen, die bei der Meditation unvermeidlich sind, grundsätzlich als Energiequellen zu benutzen[38].

An unserem Figürchen ist deutlich zu sehen, dass der Löwe gezähmt ist und seine Energien im Dienst seines Herrn stehen. Er befindet sich oberhalb des Lotos, dient Mañjushrī als Sitz und schaut ergeben zu ihm auf.

Die Idee der *Balance* wird aber an der kleinen Statue noch an etwas Weiterem deutlich: das linke *Bein* Mañjushrī ist in Meditationshaltung angewinkelt, das rechte Bein dagegen hängt in gelöster, spielerischer (»lilā«)-Haltung nach unten. Der Fuß ruht dabei auf einer Lotosblüte, die zu einem Podest umgeformt ist.

Hier sind die beiden komplementären

Anteile Manjushrīs einander zugeordnet und in Balance gebracht: gefühlshaft-weiblich (links) mit männlich-entscheidend (rechts) einerseits – und andererseits männlich (Schwert) mit spielerischer Haltung bzw. weiblich (Wissen-Buch) mit gesammelter Meditationshaltung des Beines.

Das Spielerische andererseits vollzieht sich keineswegs im luftleeren Raum, sondern steht »auf dem Boden der Tatsachen«, wenngleich diese – ausgedrückt durch das Symbol des Lotos – nicht materiell, sondern geistig erhöht sind. Dadurch wird nicht nur der Gedanke der Balance konsequent zu Ende gebracht, sondern auch das Element des Spielerischen wird so an die richtige Stelle gerückt: *Das Spielerische aber hat, nicht nur im Fall von Mañjushrī, sondern grundsätzlich bei jeder Meditation eine entscheidende Bedeutung.* Darin drückt sich Folgendes aus:

> ➤ Dasjenige, worum es bei der Meditation letztlich geht, kann im Grunde nicht aktiv gewollt werden, sondern muss sich ereignen.

Christlich ausgedrückt würde man sagen, bei diesem Sich-Ereignen in der Meditation kommt letztlich das Element der Gnade »ins Spiel«, und zwar dann, wenn die Voraussetzungen dafür vorhanden sind. Im konkreten Fall wird dieses Ereignis durch die *vor der Brust gekreuzten Hände* Mañjushrīs sichtbar gemacht. Mit ihnen dreht er das »Rad der Lehre« an. *Die geistige Bewegung, um die es dabei geht, ist also kein primär willentlicher Prozess, sondern geht vom Herzen aus.* Zu dieser Gefühlshaftigkeit passt auch sein liebevoller Gesichtsausdruck.

Lieber Leser! Während es in der *Vorbereitungsphase* darum ging, sich an Hand einiger wichtiger Aspekte Mañjushrī speziell mit dem Gedanken der Balance bei der Meditation vertraut zu machen, möchten wir Ihnen nunmehr den eigentlichen Prozess der *visualisierenden Meditation* nahe bringen. Er beginnt damit, dass Sie sich zunächst nochmals in die Abbildung von Mañjushrī versenken, bis Sie sie mit dem inneren Auge sehen können. Vergleichen Sie dabei mehrfach das, was Sie innerlich wahrnehmen, mit der Abbildung im Buch. Machen Sie sich anschließend erneut die Bedeutung der verschiedenen von uns herausgestellten Attribute klar und beziehen Sie sie auf die Einzelheiten des Bildes.

Der nächste Schritt besteht darin, dass Sie sich für etwa 20 Minuten in einen meditativen Zustand versetzen. Versuchen Sie dabei, die Gestalt von Mañjushrī etwa in Augenhöhe oder etwas höher vor sich hinzustellen. Auch dabei dürfte es sinnvoll sein, wenn Sie Ihre Augen schließen. Am Anfang dieser Phase sollten Sie auch noch gelegentlich die Abbildung im Buch zu Hilfe nehmen, falls Ihnen Ihr inneres Bild »wegrutscht«.

Erst nachdem das nicht mehr der Fall ist, sollten Sie den nächsten Schritt gehen, und zwar nur soweit, wie Sie sich damit identifizieren können: Lösen Sie dabei die Gestalt des Mañjushrī in Licht auf und lassen Sie dieses durch eine gedachte Öffnung in Ihrem Scheitel eintreten und Ihren ganzen Körper ausfüllen, bis Sie sich gleichsam in die Gestalt des Mañjushrī verwandelt haben. Versuchen Sie dabei, die Welt gleichsam mit seinen Augen zu sehen.

Die Übung wird damit abgeschlossen, dass Sie die Erfahrungen, die Sie dabei gemacht haben, *in sich innerlich nachklingen* lassen, vor allem die Erfahrung der Balance. Dabei sollten Sie sich im Wesentlichen auf die Frage konzentrieren, welche Elemente Ihnen an Mañjushrī deutlich geworden sind, die auch für Ihr eigenes Leben von Bedeutung sein könnten. Vor allem sollten Sie sich aber um die Entwicklung von Eigenschaften bemühen, die Ihnen helfen könnten, in Zukunft noch besser Weisheit und Mitgefühl zu entwickeln.

Abschließend möchten wir Ihnen aber nicht verschweigen, warum wir die Meditation von Mañjushrī gerade in der heutigen Zeit für nützlich halten. Das Besondere dabei sehen wir im Prajñāpāramitā-Prinzip, das Mañjushrī verkörpert und das wir auf Seite 165 erklärt haben. Bei diesem Prinzip spielt zwar die Bemühung um die Entwicklung des eigenen Bewusstseins eine wesentliche Rolle. Es hat aber nichts mit der utopischen Sehnsucht einer einseitigen, rationalen Aufklärung, nach einem apollinisch strahlenden Bewusstsein zu tun. Diese Sehnsucht ist zwar oft gut gemeint, hat sich aber in der jüngsten Vergangenheit nicht selten tragisch ausgewirkt, weil sie mit ihren Folgen nicht zurechtkam. Daher trat zunehmend das Chaos an die Stelle der erhofften Klarheit. Ebenso wenig geht es dabei um den Emanzipationsprozess eines über sich selbst aufgeklärten Ichs, das letztlich dem Ideal einer totalen Freiheit nachrennt, stattdessen aber nicht selten im eigenen Narzissmus endet. Das Ziel ist vielmehr die Entwicklung von Weisheit und Mitgefühl bei Menschen, die die eigene »Mitte« suchen, weil sie, letztlich aus Liebe, zu den Mitmenschen und ans »andere Ufer« kommen wollen. Dieses Ziel aber scheint im Gegensatz zu den genannten Utopien ein uraltes und doch immer wieder neues Ideal *wirklicher* Aufklärung zu sein, das sich *tatsächlich* bis zu einem gewissen Grad verwirklichen lässt.

Fehlformen
der Meditation

Nachdem wir den gemeinsamen Kern der Meditation, ihre Grunderfahrungen sowie einige ihrer wichtigsten Methoden geschildert haben, insbesondere die gegenständlichen, die ungegenständlichen und die visualisierenden, möchten wir abschließend einige Punkte näher betrachten, die heute im Zusammenhang mit unserem Thema besonders kontrovers diskutiert werden. Dazu rechnen in erster Linie verbreitete Fehlformen der Meditation, ihre Beziehungen zur Psychotherapie, die Rolle des spirituellen Meisters (Gurus), die Streitfrage, wie weit östliche und westliche – vor allem christliche – Wege gemeinsam begangen werden können sowie die Frage nach den Gefahren der Meditation. Dabei werden wir auf bereits aufgezeigte Sachverhalte nur dann eingehen, wenn sie in einem neuen Zusammenhang relevant sein sollten.

Es ist nicht zu leugnen, dass es heutzutage viele Fehlformen der Meditation gibt. Das hängt vor allem mit direkten oder indirekten Folgezuständen der schon in unserer Einleitung erwähnten neuen Bewertung zusammen, die sie seit einigen Jahrzehnten erfahren hat. *Diese neue Bewertung wurde durch viele Fehler erkauft!*

Noch als wir vor etwa 30 Jahren begannen, uns mit Meditation zu beschäftigen, sah man in ihr meist nur einen fremdartigen Importartikel aus Asien, der in unserer Welt keinen Platz hat. Wer sich dennoch damit abgab, stand im Verdacht, aus intellektueller Übersättigung oder Kritiklosigkeit einer bloßen Mode nachzulaufen, die letztlich verwerflich ist, leiste sie doch einer Flucht ins Private oder einer selbstbezogenen Nabelschau Vorschub.

Besonders wer sich mit christlicher Meditation beschäftigte, geriet leicht zwischen alle Stühle. Gegner des Christentums hielten ihm gerne vor, er sei auf einen fremden Zug aufgesprungen, vermutlich um etwas zu retten, was nicht mehr zu retten ist. Den christlichen Religionen seien inzwischen ja – mit oder ohne Meditation – schon längst die Felle davon geschwommen. Die Vorhaltungen aus kirchlichen Kreisen waren ähnlich massiv. Man bekam zu hören, offensichtlich begnüge man sich nicht mit dem geoffenbarten Wort, vermutlich weil man ein verkappter Buddhist oder

– noch schlimmer! – ein Gnostiker sei, der leugne, dass sich Christsein und Meditation gegenseitig ausschließen. Hatte nicht schon Jahrzehnte zuvor der angesehene Religionswissenschaftler Friedrich Heiler auf »die fundamentale Verschiedenheit, ja polare Gegensätzlichkeit« zwischen der »christlichen Offenbarungsreligion« und der »buddhistischen Versenkungsreligion« hingewiesen?[1] Er bestritt sogar, dass das Beten der christlichen Mystiker ein »eigentliches *christliches* Beten« sei. Es sei »im tiefsten Grunde nichts anderes als die neuplatonische Geisteserhebung zum Unendlichen und als eine dem Nirvāna zustrebende buddhistische Versenkung«[2].

Der Gedanke, dass allem Anschein nach das Neue Testament in wesentlichen Teilen spirituelle Texte enthält, war sowieso tabu. Aber selbst der Umstand, dass es im Christentum immer eine Mystik und meist auch eine spezifische Meditationspraxis gegeben hat, die spätestens bei den Wüstenvätern begann und die zum Beispiel in der Ostkirche, im Benediktinischen Stundengebet und in den Ignatianischen Exerzitien der Jesuiten bis heute fortgeführt wird, erweckte vor allem bei Protestanten bestenfalls ein gewisses historisches Interesse. Verbreiteter war eine direkte Ablehnung der Meditation. Sie speiste sich hauptsächlich aus zwei Quellen: Einerseits war die Sorge groß, die eigene Erfahrung werde auf Kosten der Offenbarung überbetont. Oft aber bestand auch eine merkwürdige Übereinstimmung mit jenen, denen Gebet und Kontemplation sowieso nichts bedeuteten. Man teilte ihre Ansicht, dass zumindest jene Formen der Meditation abzulehnen seien, bei denen man sich von einem »Meister« oder »Spiritual« in die Praxis der Meditation einführen lässt, was ja eine unverzichtbare Voraussetzung jeder fortgeschrittenen spirituellen Praxis ist. Darin sah man einen Verstoß gegen die Forderung der Aufklärung, man solle seine »selbstverschuldete Unmündigkeit« aufgeben und stattdessen den eigenen Verstand gebrauchen[3].

Verglichen mit diesen Ansichten hat sich, wie schon in der Einleitung erwähnt, inzwischen die allgemeine Einstellung zur Meditation gewandelt. Dahinter steht eine zunehmende Einsicht in die Krise unserer Gegenwart. Nur noch wenige bestreiten, dass die meisten Weltdeutungen und Hilfestellungen, die von den maßgeblichen Religionen, philosophischen und psychologischen Schulen angeboten werden, als Antwort auf bestimmte Nöte nicht mehr ausreichen, speziell auf jene, für die sich die Meditation zuständig hält.

Einen wesentlichen Grund dafür hat Theodor A. Adorno an der Entwicklung der Philosophie aufgezeigt[4]. Sie gilt aber auch für andere genannte Fachbereiche. Für undenklich lange Zeiten, so sagte Adorno, war der Bereich, der als der eigentliche der Philosophie galt, die Lehre vom richtigen Leben. Philosophieren wurde als Anleitung für ein solches Leben verstanden. Die Philosophie der Neuzeit habe dieses Interesse zunehmend aufgegeben und ihr eigenes Fach immer mehr zu einer Methodenlehre umgestaltet. Die Sphäre hingegen, die bei den Philosophen einstens »Leben« hieß, sei zum Privaten und schließlich nur noch zum Konsum verkommen.

Zeiten, in denen die Menschen von den »offiziell« dafür vorgesehenen Institutionen kaum noch befriedigende Antworten auf die sie wirklich bedrängenden Fragen geben konnten, hat es immer wieder gegeben und immer bot sich dann der Ausweg der *eigenen* Erfahrungen an[5]. So war es auch diesmal. Dabei erinnerte man sich naheliegenderweise der Meditation. Selbst jene, die davon kaum etwas verstanden, ahnten mitunter zumindest, wieso man sich gerade von ihr einen Ausweg aus der gegenwärtigen Krise erhoffen könnte. Dies hing im Wesentlichen mit einigen Punkten zusammen, auf die wir teilweise bereits eingegangen sind:

1. Die Erfahrungen werden dabei nicht unkontrolliert gemacht, wie zum Beispiel unter dem Einfluß von Drogen und Alkohol oder in bloßen ekstatischen Zuständen.

2. Es geht dabei auch um mehr als nur um die Erzeugung von unverbindlicher Erfahrung oder bloßer Stimmung, nämlich um die Entwicklung und Wandlung des eigenen Bewusstseins, nicht nur beim Zen, wo dieses Ziel am direktesten formuliert wird.

3. Außerdem hat die Meditation ihrem Wesen nach in fundamentaler Weise mit den Aufgaben zu tun, mit denen sich, wie gesagt, die meisten von uns heutzutage besonders schwer tun: mit geistiger Orientierung und mit der Mitmenschlichkeit.

Selbst der genannte Friedrich Heiler ist später von der Position seiner Anfangsjahre abgerückt. Zwar erscheine, so betonte er mit Recht, alles religiöse Erleben sub-

jektiv gefärbt. Aber immerhin räumte er ein, dass auch für den christlichen Mystiker nicht das Erlebnis das Entscheidende ist, »sondern das Göttliche, auf das es abzielt und von dem es letztlich hervorgerufen ist«[6].

Dass trotz solcher Nöte, aber auch Einsichten das neu erwachte Bedürfnis nach Meditation mitunter auf Abwege geriet, ist nicht verwunderlich. *Das hängt zum Teil damit zusammen, dass die Meditation zu vielen heute den Ton angebenden gesellschaftlichen Entwicklungen und zu dem, was man mit einem problematischen Begriff »Zeitgeist« nennt, im höchsten Maße quer steht.*

Nicht umsonst sind »light« und »easy« gern benutzte Vokabeln der Werbebranche. In ihnen drückt sich dieser »Zeitgeist« besonders unmittelbar aus. Daher ist die Verlockung groß, sich mit »wilder« Erfahrungssuche im Schnellverfahren (»fast-food-meditation« bzw. »instant-mysticism«) im Gefolge der New-Age-Bewegung zu begnügen. Dort wird zwar die Forderung, jedermann müsse meditieren und sein Bewusstsein weiterentwickeln, pompös verkündet. Aber in Wirklichkeit spiegelt sich in ihrer Süchtigkeit nach Tiefe der konsumistische Weltbezug unserer Gesellschaft, nur dass sich dieser dabei nicht auf den Erwerb materieller Güter, sondern auf ein angeblich geheimnisvolles Wissen oder auf imponierende Fähigkeiten richtet.
Viele so genannte Meditationslehrer haben dem Rechnung getragen. Sie spezialisierten sich darauf, das, was sie Meditation nennen, als »wellness« und »happyness« zu verkaufen. Ihre Kundschaft finden sie vor allem bei Mittelstandsbürgern. Jene unter ihnen, die es nicht so sehr mit dem Denken halten, suchen dabei ein bisschen Balance beim T'ai Chi, etwas Beweglichkeit durch Yoga-Gymnastik oder ein wenig Entspannung durch die »5 Tibeter«, (die mit Ti-

bet ebenso wenig zu tun haben wie der Watschentanz mit Bayern). Eher grüblerische Naturen orientieren sich dagegen lieber an den Lehren und Praktiken aus dem Buddhismus und finden dort ein wenig »Theravāda-Buddhismus[7] für Bildungsbürger, Mahāyāna[8] für verkappte Christen, Zen[9] für Bewusstseinsfreaks und Tantra[10] für Esoteriker«[11]. Naheliegenderweise wird man von all diesen »spirituellen« Häppchen nicht satt, sondern es bleibt lediglich ein leeres Gefühl zurück.

Aber auch bei jenen, die ernsthaft meditieren, klafft oft zwischen Einsicht und Praxis eine große Kluft. Sie hängt damit zusammen, *dass Meditation kein Wundermittel ist, dass meditieren anstrengt und dass man dabei nur weiterkommt, wenn man konstant übt.*

Erschwerend kommt hinzu, dass die Forderung nach einem konstanten Praktizieren im Widerspruch zu einer Tatsache steht, auf die der Philosoph Otto Bollnow hingewiesen hat: »Die Übung hat bisher im Selbstverständnis des Menschen, wenigstens in der abendländischen Tradition, keine hohe Einschätzung erfahren«[12].

Bollnow spricht mit dieser Feststellung eine tiefe Wesensverschiedenheit zwischen im Westen lebenden und östlichen Menschen an, besonders Japanern und Chinesen. Bei ihnen war und ist im Allgemeinen auch heute noch die Bereitschaft, sich in *eine Sache* zu vertiefen, größer als bei uns.
Außerdem kommt es vor, dass viele bei uns mit völlig falschen Zielvorstellungen an die Meditation herangehen, zum Beispiel, weil sie sich davon seelische Hilfe oder Machtzuwachs versprechen. Darauf werden wir in den folgenden Abschnitten und im nächsten Kapitel noch näher eingehen.

Aber selbst wer diesen falschen Voraussetzungen nicht verfällt, hat damit noch keine Erfolgsgarantie. Hat man nämlich lange und ernsthaft geübt, dann wird man oft lieb gewordene Ansichten in Frage stellen und Gewohnheiten abstellen müssen, wenn man sich selbst treu bleiben möchte. Wer aber ist dazu schon ohne Not bereit? Jedenfalls sicher niemand, dem nicht aus eigener Einsicht aufgegangen ist, dass Meditieren für seine geistige Entwicklung wichtig ist. Das aber merkt man eigentlich erst post festum, also erst dann, wenn man menschlich wirklich weitergekommen ist. *Somit bedarf es einer erheblichen Vorleistung, um »bei der Stange« zu bleiben.*

Noch eine weitere Schwierigkeit muss hier erwähnt werden. Sie hat damit zu tun, dass der Meditation das Ideal des innerlich befreiten, »geistesmächtigen« Menschen zugrunde liegt. Dieses Ideal klingt aber für viele elitär. Ernsthaft Suchende fühlen sich von dieser Vorstellung oft eher abgestoßen. Sie sollten sich daher von vornherein die Frage stellen, ob Meditation wirklich elitär ist.

Unsere Antwort dazu lautet, dass Meditation, ebenso wie der religiöse Glaube und wie jede von einem Ideal bestimmte Einstellung, zwar insofern elitär ist, als sie einen radikalen Unterschied zwischen denen schafft, die sich mit ihrer gegenwärtigen Situation begnügen und jenen, die sich innerlich weiter entwickeln und an einem »anderen Ufer« ankommen möchten. Wer aber begreift, dass hinter diesem Bedürfnis mehr steht als bloß verkappte Egozentrik und dass die Mitmenschen durch spirituelle

Praxis nicht ausgeschlossen, sondern mit einbezogen werden, auch jene, denen dieses Bedürfnis fehlt, wird das anders sehen. Das wird ihn ermutigen, der Botschaft der spirituellen Meister zu trauen, die zu allen Zeiten sinngemäß gesagt haben: »Bemühe dich um die Weiterentwicklung deines Bewusstseins. Dann wirst du nachträglich feststellen, dass du zwar vielleicht elitär angefangen hast. Aber du wirst auf diesem Weg jedenfalls egalitär enden«[13].

Besonders erhellend fanden wir in diesem Zusammenhang, was ein bedeutender indischer Meister unserer Zeit, Gopi Krishna, einem Fragenden dazu gesagt hat: »Je mehr ich die Europäer über Meditation reden höre, desto mehr empfinde ich, dass ich ihnen eigentlich davon abraten muss. Die verstehen ja gar nicht, worum es geht. Lesen Sie in Ihren Heiligen Schriften, Sie finden dasselbe wie in unseren: Du sollst Deinen Mitmenschen lieben; du sollst Gott lieben; du sollst Gott in deinen Mitmenschen lieben. Und alles andere ist überflüssig. Nirgends steht: Du sollst meditieren. Wenn du aber Gott lieben willst und deinen Mitmenschen und du entdeckst die große Wahrheit, dass meditieren dazu helfen kann, und eine ganz entscheidende Hilfe dazu sein kann, dann sollst du meditieren und wenn du das nicht entdeckst, dann sollst du es bleiben lassen«[14].

Hilfreich dürfte aber auch sein, wenn man seine *Ansprüche* in Bezug auf die Meditation durch die Überlegung zurückschraubt, dass in unserer »geistlosen« Zeit Meditation zwar besonders wichtig ist, dass deren Ziel bei den meisten von uns aber vermutlich nicht eine Art von spiritueller Hochleistung sein dürfte, was sowieso ein Widerspruch in sich wäre, sondern eher der Erwerb einer gewissen »eisernen

Ration« an geistiger Orientierung und Kompetenz.

Was aber die *Bedenken* gegenüber der Meditation angeht, so ist es nützlich, diese an den *vier größten Missverständnissen* zu messen, die einen daran hindern, damit weiterzukommen:

1. Falsch ist, die Meditation auf einen *Zustand der Konzentration* zu reduzieren, bei dem das Bewusstsein nur auf einen Gegenstand ausgerichtet ist (Gefahr der Verengung).

2. Falsch ist auch, in ihr nur einen Weg der *Entspannung* zu sehen, der einem wohltut und zugleich für die Gesundheit nützlich sein soll, zum Beispiel weil dabei Stress abgebaut wird (Gefahr, die Meditation zur bloßen Psychotechnik verkommen zu lassen).

3. Es geht dabei auch nicht um angenehme tranceähnliche Glückszustände, die man mit Hilfe von mehr oder minder archaischen, vor allem suggestiven, autohypnotischen oder pseudoschamanistischen Praktiken erreichen möchte, sei es in moderner oder – umgekehrt – in »echter«, »ursprünglicher« Verpackung, wie sie heutzutage allenthalben angeboten wird (Gefahr des Rückfalls auf archaische Bewusstseinszustände oder auf das Lustprinzip).

4. Unbegründet ist auch die Hoffnung, mit Hilfe von Meditation unsere alltägliche Zerstreutheit und vordergründige Sicht der Wirklichkeit zu überwinden, um damit schnell und unangefochten zu einer endgültigen »Erkenntnis höherer Welten« zu gelangen[15] (Gefahr des Hochmuts oder des Narzissmus).

Diese vier Punkte sind aber auch ein Leitfaden, um die gravierendsten *Formen des Missbrauchs der Meditation* zu durchschauen:

1. Weit verbreitet ist die Hoffnung, dass die Meditation endlich ihren religiösen Ballast abwirft, *um uns stattdessen noch tüchtiger, noch leistungsfähiger, noch mehr fit zu machen.* Es ist kein Zufall, dass scharf kalkulierende Unternehmer, nicht nur in Japan, Zeit und Geld dazu verwenden, um ihre leitenden Angestellten in Praktiken des Yoga oder des Zen schulen zu lassen. Sie haben dabei häufig – zumindest insgeheim – die Samurais im Kopf, die in Japan mit Hilfe von Zenmethoden lange Zeit dazu missbraucht wurden, ihr Leben ohne mit der Wimper zu zucken für die jeweils gerade herrschende Staatsideologie zu opfern[16]. Eine dazu analoge, natürlich unserer Zeit angepasste, Opferbereitschaft erwartet man auch heute noch oft von seiten mancher japanischer Betriebe, wenn sie ihre Mitarbeiter unter diesem Vorzeichen zum Meditieren schicken.

Zwar wird man durch konsequentes Meditieren oft leistungsfähiger, sozialer und manchmal auch gesünder, vor allem weil man gelernt hat, sich besser zu konzentrieren, nach innen Gelassenheit und nach außen Anpassungsfähigkeit zu entwickeln sowie die Gesamtsituation besser im Auge zu behalten. Tatsache ist jedoch, dass derjenige, der die Meditation auf das Niveau eines bloßen Fitnesstrainings herunterschrauben möchte, ihr Wesen verfehlt.

2. *Schief ist auch, wenn Feministinnen, denen die maskulinen Vorzeichen, die hinter den eben genannten Zielen stehen, mit Recht ein Greuel sind, den Spieß einfach umdrehen und die Meditation in den Dienst ihrer eigenen Ideologie stellen möchten.* (Meditation als »sanfter Weg«). Zwar werden bei vielen Formen der Meditation tatsächlich gerade auch weibliche (in der chinesischen Meditationspraxis würde man sagen: Yin-Aspekte unseres Bewusstseins angesprochen und gefördert. Aber:

> ➤ Das Ziel der Meditation ist nicht der Ersatz einer »Halbseitenlähmung links« durch eine »Halbseitenlähmung rechts«, sondern die Versöhnung männlicher und weiblicher Wesenszüge bzw. Zugangswege zur Wirklichkeit.

3. In New-Age-Veröffentlichungen ist oft von »*wunderbaren*« *Fähigkeiten* die Rede, die sich durch Meditation entwickeln lassen. Wenn man von bloßen Phantastereien absieht, stehen dahinter meist Berichte, dass spirituelle Meister in Ost und West angeblich eine breite Palette solcher Fähigkeiten besitzen. Sie reichen vom Gedankenlesen bis zum Schweben durch die Luft. Es gehört nicht in den Rahmen unserer Arbeit, den Wahrheitsgehalt dieser Behauptungen zu untersuchen. Bemerkenswert ist aber, dass jene, denen man am ehesten den Besitz solcher »Mahāsiddhas« zutrauen würde, wie diese übernatürlichen Fähigkeiten bei Erleuchteten im Vajrayāna ge-

nannt werden, alles taten, um ihre Umgebung nicht durch ihre tatsächlich oft ungewöhnlichen Möglichkeiten zu verwirren. Beispiele dafür gibt es zu allen Zeiten, im Westen sowohl (etwa bei Teresa von Avila) wie im Osten (etwa bei dem in diesem Jahrhundert lebenden Sadguru Gnanānanda[17]).

> Die Sehnsucht nach wirklicher meditativer Einsicht und die Sehnsucht nach Mahāsiddhas ist miteinander nicht vereinbar.

Was man von der letztgenannten Sehnsucht halten soll, hat Nietzsche scharf, aber zutreffend ausgedrückt, als er von jenen »kleinen Muckern und Dreiviertels-Verrückten« schrieb, die »sich einbilden dürfen, dass um ihretwillen die Gesetze der Natur ständig *durchbrochen* werden«[18].

4. Geht es beim falschen Streben nach »Kräften«(Mahāsiddhas) um Aufgeblasenheit und Machtansprüche, so tendieren kirchliche Kreise bei ihrer Annäherung an die Meditation oft eher zu falscher Anspruchslosigkeit, wenn sie diese (möglichst in Maßen!) in den Dienst des *kirchlichen Betriebs* stellen wollen. Da sie selbst durch keine eigene spirituelle Praxis hindurchgegangen sind, beschränkt sich ihre »Meditation« meist darauf, Bibelstellen, die ihnen wichtig sind, den Zuhörern in verschiedener Weise »meditativ« interessanter zu machen.

Unsere religiöse Krise lässt sich auf diese Weise selbstverständlich nicht beheben. Diese Krise besteht, wie der große evangelische Theologe Paul Tillich gesagt hat, darin, dass »eine ... Kirche, in der Meditation und Kontemplation, Ekstase und ›mystische Vereinigung‹ keinen Raum mehr haben, aufgehört (hat), Religion zu sein; (sie) ist zu einem intellektuellen und moralischen System in traditionellen religiösen Begriffen geworden«[19]. Halten wir also fest:

> Meditation und Kontemplation sind für den religiösen Glauben unverzichtbar und daher ist auch die Annäherung der Christen an die Meditation für sie eine Frage auf Tod und Leben.

Diese Annäherung kann aber nur darin bestehen, dass man die spirituellen und meditativen Wurzeln des eigenen Glaubens wieder neu entdeckt, diesen dementsprechend in neuer Weise erfährt und aus einer solchen Erfahrung heraus auch neu bezeugen kann. Der katholische Theologe Karl Rahner hat das auf den Punkt gebracht:

> »Der Fromme von morgen wird ein ›Mystiker‹ sein, einer, der etwas ›erfahren‹ hat, oder er wird nicht mehr sein ... Es bedarf einer Mystagogie[20] in die religiöse Erfahrung, ... die so vermittelt werden muss, dass einer sein eigener Mystagoge werden kann.«[21]

Die Beziehung zwischen Meditation und Psychotherapie

Auf den ersten Blick könnte man meinen, Meditation und Psychotherapie gehörten zusammen, denn wer meditiert, muss dabei 3 Bereiche seiner Existenz in Ordnung bringen: den Willensbereich (Erregungen), den Bereich der Begierden und Triebkräfte (Egoismus und Narzissmus) sowie den Bereich der Vorstellungen und Pläne (Illusionen). Dennoch ist es falsch, die Meditation und die Psychotherapie zu vermischen. *Sinnvoll ist stattdessen, zunächst die eigenen Schwierigkeiten zu lösen und dann zu meditieren.*

Streng genommen hätten wir diese Zusammenhänge als 5. Punkt des vorigen Kapitels erörtern müssen. Da aber bei uns heute oft kritiklos die Grenzen zwischen Meditation und der Psychotherapie überschritten werden, wird oft verkannt, worum es im einen und im anderen Fall geht. Daher halten wir es für sinnvoll, ihre Beziehungen in einem eigenen Abschnitt darzustellen. Hinzu kommt die Aktualität des Themas für uns persönlich wegen unseres Berufs als Psychoanalytiker. Wir beginnen mit zwei Feststellungen:

1. Die Erfahrungen in der Meditation spielen sich ebenso im Bereich des Psychischen ab wie die Erfahrungen in der Psychotherapie. Da es aber auf dieser Ebene keine »reinen« Phänomene ohne Überschneidungen mit anderen Bereichen gibt, folgt daraus, dass man *in der Praxis* vielfache Übergänge zwischen Psychotherapie und Meditation erwarten kann.

2. Dennoch halten wir eine überstürzte Ehe zwischen beiden sowohl grundsätzlich wie praktisch für falsch, denn sie würde einen Rückfall in den Schamanismus bedeuten. Damals lag die Rolle des Priesters, Gurus und Psychotherapeuten, anders als heute, noch in *einer* Hand, während Meditation im heutigen Sinne noch gar nicht möglich war, weil dafür die bewusstseinsmäßigen Voraussetzungen beim Einzelnen noch fehlten. Der Schamanismus ist aber ein Merkmal der magischen Stufe der menschlichen Bewusstseinsentwicklung, das heißt einer Zeit, in der ein individuelles Bewusstsein in unserem Sinn noch gar nicht existierte[1].

177

Auch *praktisch* wäre eine solche Entwicklung nicht erstrebenswert. Sie würde dazu führen, dass das heute schon unübersichtliche Chaos von mindestens 200 psychotherapeutischen Schulen mit etwa 10000 Techniken[2] noch weiter zunähme. Stattdessen wäre eine besonnene Annäherung sinnvoll, bei der nach Gemeinsamkeiten und Unterschieden zwischen beiden gefragt wird. Ein erster Schritt auf diesem Weg wäre die meditative Schulung vieler Psychotherapeuten, zumal man bei ihnen ja eigentlich ein Interesse an den verschiedenen Bewusstseinsformen voraussetzen sollte[3]. Sie hätten dabei auch einen praktischen Gewinn, könnten sie auf diese Weise doch lernen, durch die Begegnung mit den verschiedenen Methoden der Meditation die eigenen therapeutischen Wege immer neu zu reflektieren.

Trotz der genannten Einschränkungen wäre sogar *eine vorsichtige Übernahme bestimmter Meditations-»Techniken« durch darin geschulte Psychotherapeuten* denkbar. Wir denken dabei vor allem an einzelne subtile Methoden der Selbstbeobachtung im Klima eines »heilsamen Schweigens«, wie sie von manchen buddhistischen Schulen entwickelt worden sind[4], denn diese weisen unmittelbare Parallelen zur psychoanalytischen Technik der »freischwebenden Aufmerksamkeit« auf: In beiden Fällen soll man sich völlig jeder Stellungnahme enthalten. Ein solcher auf Einsicht beruhender Dialog zwischen den Vertretern beider Methoden könnte das Verständnis für das Spezifische der eigenen Methode verbessern. Zugleich würden manche Gemeinsamkeiten sichtbar, die heute vielfach noch zu wenig bedacht werden:

1. Beiden Richtungen sind gewisse Äußerlichkeiten gemeinsam[5]:

Sowohl bei der (analytischen) Psychotherapie als auch bei der Meditation richtet sich die Aufmerksamkeit zunächst auf das bloße Registrieren innerer Prozesse (»analytische Grundhaltung« bzw. »Achtsamkeit«). Dadurch soll der Analysand bzw. Meditierende aus den gewohnten Geleisen seines Denkens und seiner Emotionalität katapultiert werden. Das geschieht durch ständig neue Konfrontation mit immer demselben Material (bei der Psychoanalyse) bzw. durch die Konstanz der äußeren Situation (bei der Meditation), bis man (bei der Psychoanalyse) seine »Bekanntschaftsempfindung durchstößt«[6], bzw. bis einem (bei der Meditation) etwas »im Anfängergeist[7]« aufleuchtet.

Immer aber soll der Patient (bei der analytischen Psychotherapie) bzw. der Übende (bei der Meditation) der bloße »Zeuge« seiner eigenen Erfahrungen bleiben bzw. sich völlig auf die Beobachterrolle beschränken[8]. Hier wie dort wird somit eine methodische »Spaltung innerhalb des Ichs« des Betreffenden angestrebt, was voraussetzt, dass dieses so weit entwickelt ist, dass es zu dieser geistigen Leistung überhaupt fähig ist.

Sowohl bei der Psychoanalyse als auch bei der Meditation (speziell im Zen) sollen sämtliche Gedanken, Gefühle und Empfindungen ohne Unterscheidung und Auswahl ins Bewusstsein treten (»Zensurfreiheit«).

Gemeinsam ist beiden auch, dass sie sich ausschließlich auf das Registrieren, nicht aber auf die Befriedigung ihrer Wünsche, Begierden und Triebe konzentrieren (»Abstinenzregel«).

Analogien bestehen ferner darin, dass bestimmte erwünschte Ichfunktionen gefördert werden (zum Beispiel die Selbstwahrnehmung), *andere unerwünschte dagegen abgebaut* (zum Beispiel die Neigung zum illusionären Denken). Ja, es finden sich sogar bemerkenswerte Übereinstimmungen in bestimmten Grundannahmen, vor allem zwischen dem psychoanalytischen und dem östlichen Weg, obwohl Freud diesem »offiziell« nicht nahe stand.

Im fast 1100 Seiten umfassenden Registerband seiner »Gesammelten Werke« kommen daher Stichworte wie »Buddhismus«, »Hinduismus« oder »Meditation« nicht vor.

Gemeinsam ist zum Beispiel auch die Überzeugung, dass man Theorie und Praxis nicht trennen darf oder die optimistische Idee, dass eine tiefe Einsicht zur inneren Wandlung führt[9]. Ja, selbst in der dahinter stehenden geistigen Haltung gibt es viele Gemeinsamkeiten.

Aber diese mussten von Freud aus Konzession an den Geist seiner Zeit ebenso geleugnet werden wie seine Transzendenzerfahrungen[10] oder die religiösen[11] und philosophischen Interessen[12] seiner Kindheit und Jugendzeit. Ein differenzierter Beobachter wie Viktor von Weizsäcker hat das schon früh gesehen. Er schrieb:

»Mir scheint, es sei eigentlich asiatische Weisheit, die auch in ihm zu uns kam, um hier bald aufzuleuchten, bald als uneuropäisch wieder ausgestoßen zu werden«[13].

Deshalb wurde Freud letztlich zum »Begründer einer agnostischen Sekte«[14], über die nur wenige seiner Ansätze hinaus reichen.

2. *Finden wir somit manche tatsächlichen Gemeinsamkeiten zwischen dem psychoanalytischen und dem meditativen Weg, die bei dem erst genannten aufgrund des Zeitgeists vielfach nur gebrochen in Erscheinung treten, so sind auf einer anderen Ebene viele Zugangswege tatsächlich unvereinbar.* Dazu gehört, dass bei der analytischen Psychotherapie das Erzählen der eigenen Biographie eine wesentliche Rolle spielt, wodurch zugleich auch frühe emotionale Erfahrungen wieder belebt werden sollen. Anders ist es bei der (östlichen) Meditation. Dort werden die Schüler dazu angehalten, ihre eigenen Konzepte permanent in Frage zu stellen, zum Beispiel, indem sie lernen, sich, wie geschildert, »im Anfängergeist« zu betrachten. Ein typischer Satz in diesem Sinne lautet: »Triffst du den Buddha, wirst du ihn töten«[15].

3. Die Unterschiede werden noch unvereinbarer, sobald man die *Zielsetzungen* der Psychotherapie und der Meditation betrachtet.

Durch *Psychotherapie* sollen seelische Störungen behoben werden, durch die der Betreffende direkt oder indirekt (als Folge seines gestörten Verhältnisses zu den Mitmenschen) beeinträchtigt wird. Das heißt, es geht im Wesentlichen um die Beseitigung von Angst, Depressionen, Gehemmtheit, sozialem Versagen, Selbsttäuschungen oder psychosomatischen Störungen. Dazu dient bei anderen psychotherapeutischen Schulen neben dem Aufdecken unbewältigter Erfahrungen auch ein Erlernen von Entspannungsmethoden oder das Einüben neuer Sichtweisen (»das Skript soll umgeschrieben werden«).

Die *Meditation* dagegen möchte keine eingeschränkte oder gestörte Funktionstüchtigkeit wiederherstellen, sondern ist auf eine Integration von Selbst und (einer im weitesten Sinne verstandenen) Wirklichkeit ausgerichtet[16]. *Diese Integration soll letztlich zu einer größeren Reife, ja zum Heil des Meditierenden führen. Daher wendet sich die Meditation im Grunde an den »gesunden« Kern der Persönlichkeit,* sei es – buddhistisch ausgedrückt – durch Förderung »heilsamer« (z. B. Mitgefühl, Gleichmut, Weisheit) und Abbau »unheilsamer Eigenschaften« (Gier, Selbstsucht, Hass, Verblendung) oder christlich ausgedrückt durch Öffnung für die Wirklichkeit Gottes. Wenn dabei überhaupt etwas aufgedeckt wird, »dann ist es das Morgen und nicht das Gestern, die Ewigkeit und nicht die Säuglingszeit«[17].

Hinzu kommt, dass fast alle Methoden der Psychotherapie mit dem Instrument der »therapeutischen Regression« arbeiten[18], nicht nur die Psychoanalyse, sondern auch die Entspannungsmethoden: Sie zielen aus methodischen Gründen frühere, »tiefere«, Ebenen des Bewusstseins an. Ganz anders

ist es bei der Meditation. Zwar werden dabei beim Anfänger mitunter regressive Zustände toleriert[19], aber nur zeitweilig und notgedrungen, damit er gleichsam vorübergehend einen Schritt zurücktreten kann, um Fuß zu fassen für den nächsten Schritt nach vorn. Ihrem Wesen nach wird jedoch die Ausbildung (»Selbstkonditionierung«) höherer Bewusstseinszustände »oberhalb« des Alltagsbewusstseins anvisiert und daher setzt jeder fortgeschrittene Zustand der Meditation voraus, regressiven Aufwallungen zu widerstehen, dabei aber zu ertragen, dass niemand diese dauerhaft zu überwinden vermag.

4. Zum Grundsätzlichen tritt, noch über das Maß hinaus, das wir bei Freud aufgezeigt haben, *das Zeitbedingte*: Sowohl die Meditation als auch die Psychotherapie sind heute in hohem Maß davon bedroht, Opfer des Zeitgeistes zu werden. Von der Gefahr, dass die Meditation in den Dienst vordergründiger modischer Interessen gestellt wird, handelte ja das ganze vorliegende Kapitel. Dem entspricht auf Seiten der Psychotherapie die Gefahr einer extremen Polarisierung: In vielen verhaltenstherapeutischen Schulen wurde der Mensch unter dem Einfluss materialistischer Vorstellungen zu einem seelenlosen Reflexwesen erniedrigt; in den analytischen Verfahren wurde dagegen der gesamte überpersönliche Bezug des Menschen praktisch ausgeklammert (bei Freud) bzw. der einzig reale Kontakt damit wurde ins Unbewusste verlegt (bei C. G. Jung)[20]; manche »humanistischen« Richtungen hingegen, vor allem

solche, die in der Tradition einer trieb-feindlichen christlich-jüdischen Kultur stehen, stilisieren den Menschen zu einem esoterisch verklärten Wesen hoch.

5. Hinzu kommt, dass in neuerer Zeit sowohl auf Seiten der Psychotherapie als auch auf Seiten der Meditation im Rausch einer steigenden Nachfrage nach diesen Methoden die ursprünglichen Zielsetzungen vielfach aus den Augen verloren wurden, was hier wie dort zunehmend zu einem *Verwischen der Grenzen* weit über das Erforderliche hinausführte.

Die *Psychotherapie* hat im Laufe ihrer Entwicklung immer mehr ihren ursprünglichen Anspruch überschritten, Symptome zu beseitigen. Statt dessen konzentrierte sie sich angesichts einer wachsenden Zahl von Ichstörungen (Narzissmus[21], Orientierungslosigkeit, illusionäre und wahnähnliche Verkennung der Realität) zunehmend darauf, den Patienten zur Entwicklung eines Gefühls von innerer Kohärenz, Einheit und Kontinuität zu verhelfen und somit deren Selbstverwirklichung zu begünstigen. So sehr das von der Sache her berechtigt ist, so unverkennbar und zugleich problematisch ist, dass sich dabei seit Freuds Zeiten das Verständnis dessen, was unter »Selbstverwirklichung« zu verstehen sei, vielfach geändert hat.

Der Begründer der Psychoanalyse betonte trotz seiner Vorbehalte gegenüber dem Spirituellen immer, dass eine Selbstverwirklichung, die diesen Namen verdient, über das eigene Ich mit seinen Interessen hinausstreben muss. Daher beantwortete er die Frage, woran man die »Normalität« eines Menschen erkennen könne, nicht mit einem Hinweis auf irgendwelche fehlen-den Symptome, sondern mit dem Satz: »daran, dass er lieben und arbeiten kann«[22]. Das aber ist im Grunde nichts anderes als eine säkularisierte Form des Benediktinischen »ora et labora«, »Bete und arbeite«.

Seit den Tagen Freuds sieht man allerdings in unserem Fach, anders als das Christentum und der Buddhismus, anders auch als Freud selbst, Selbstverwirklichung mehr und mehr als einen Prozess an, der Macht und Autonomie verleihen soll. Dahinter steht letztlich ein narzisstisches Ideal[23], das nicht nur dem Wesen der Meditation diametral entgegengesetzt ist,[24] sondern auch die Psychoanalyse selbst in eine Schieflage bringt. Wenn viele ihrer Vertreter sich weiterhin so ausschließlich darauf konzentrieren, gerät sie in Gefahr, zum Helfershelfer einer Entwicklung zu werden, die die generelle Tendenz zum Narzissmus, dem vielleicht größten Übel unserer Zeit, noch weiterbefördert[25].

Zeitgleich mit dieser Entwicklung nahm unter den Psychoanalytikern das aufklärerische Ideal Freuds ab, worauf vor allem Jürgen Habermas hinwies. Um »wissenschaftlich« im Sinne der heutigen Naturwissenschaften zu sein, rannten viele ihrer Vertreter statt dessen im Verband mit anderen Humanwissenschaftlern, auch mit solchen, denen sie innerlich nicht nahe standen, immer atemloser einem »szientistischen Selbstmissverständnis« unter reduktionistischem Vorzeichen nach, das je nach Schule psychologistischer, soziologistischer oder biologistischer Art sein konnte[26]. In der Hoffnung, auf diese Weise das eigene System von »nicht wissenschaftlichen« Bestandteilen zu »reinigen«, verzichteten sie dabei zunehmend auf die von Freud vorausgesetzten Wertvorstellungen, allein schon deshalb, weil Werte ja nicht quantifizierbar sind.

Diese Entwicklung bedeutet auch in einer anderen Hinsicht eine Kapitulation vor dem Ideal der Aufklärung: Während es noch für Kant in hohem Maße um die Metaphysik ging (also um die Frage nach dem »Sein«, wobei man diesen Begriff in erster Annäherung durch »Sinn« ersetzen kann[27]), ist die Frage nach dem Sinn weitgehend aus unserem Fach verschwunden, wenn man von der Logotherapie von Viktor Frankl absieht. Symptomatisch dafür ist die herablassende Haltung vieler unserer Fachkollegen den großen spirituellen und religiösen Traditionen der Menschheit gegenüber. Viele blicken auf sie als auf etwas Infantiles herab.

Dass in diesem Kontext viele Psychotherapeuten auch die Meditation gründlich missverstehen, liegt auf der Hand. Sie sehen in ihr auch heute noch nicht viel mehr als eine Einladung zur Entdifferenzierung hart errungener Ichgrenzen, ganz in der Tradition des auf seinem Fachgebiet, der psychosomatischen Medizin, hochverdienten Franz Alexander (1891-1964), der den Yoga und das Zen mit der schizophrenen Regression verglichen hat.[28]

Wird die Meditation auf der einen Seite von vielen Psychotherapeuten missdeutet, so wird sie auf der anderen Seite oft von denen missverstanden, die sie praktizieren. Speziell Meditationslehrern, die einerseits Europäer und Amerikaner und andererseits Asiaten in die Meditation einführten, fällt auf, wie sich Meditierende in Europa und in den USA oft gar nicht auf die wirklichen Ziele der Meditation einlassen, sondern von ihrer Übung offen oder insgeheim erwarten, dass sie ihnen Hilfe in ihren seelischen Nöten gibt[29]. Statt den eigenen Erfahrungen im Hier und Jetzt in der Haltung eines bloßen Beobachters gegenüberzutreten, beschäftigen sie sich beim Meditieren vorwiegend mit ihren Phantasien und Träumen und statt sich zu konzentrieren, graben sie in vergessenen Erinnerungen oder bemühen sich, frei zu assoziieren[30]. Manche versetzen sich gar in Trancezustände oder bauen idealisierende Übertragungen auf ihren Lehrer auf, indem sie ihn zu einem gloriosen Objekt hochstilisieren, um mit ihm zu verschmelzen und so durch seine »Allmacht« die eigene Ohnmacht zu kompensieren. So ist es nicht erstaunlich, dass wir uns im Westen mit der Meditation meist schwerer tun als Asiaten[31].

Es ist nicht schwierig zu begreifen, was es heißt, wenn zum Beispiel bei einer Gruppe von 15 Teilnehmern, die drei Monate lang täglich 16 Stunden (!) meditiert hatte, am Ende mehr als die Hälfte noch immer emotionale Fragen erforschte, statt wirklich zu meditieren[32]. Bei Untersuchungen mit dem Rorschachtest, die zu Beginn und am Ende dieser Periode durchgeführt wurden, bestand der einzig messbare Unterschied in einer leichten Abnahme (!) der Produktivität sowie in einer merklichen Zunahme triebdeterminierter Antworten bei einigen Teilnehmern[33].

Wir halten diese Studie für außerordentlich informativ. Wenn man den dabei betriebenen Aufwand betrachtet, wird deutlich, dass eine »Brechstangen-Meditation« den Übenden nicht weiterbringt. Sie kann ihn nicht einmal von seinem hintergründigen Drang abhalten, durch Meditation Heilung seiner emotionalen Mangelzustände zu erwarten, sondern frustriert ihn lediglich und blockiert seine Kreativität. Um so wichtiger ist hier die Rolle des Meisters, der den Schüler mit Augenmaß und Humor in einer Balance von Praxis und Belehrung an die eigentlichen Ziele der Meditation heranführen sollte. Wegen der Wichtigkeit dieses Punktes sei an dieser Stelle nochmals betont:

> ➤ Wo wirklich eine psychische Störung vorliegt, soll man zunächst diese beseitigen und dann meditieren, nicht aber ein Gemenge zwischen beiden anstreben, das weder Fisch noch Fleisch ist.

Zwei Einschränkungen der Regel von der zeitlichen Trennung von Psychotherapie und Meditation müssen wir hier freilich anführen:

Eine Erfahrung lehrt, dass sich manche Menschen ausgeglichener fühlen, wenn sie regelmäßig meditieren. Ein solcher seelischer Gewinn ist zwar erfreulich, aber weder ein primäres Ziel der Meditation, noch kann man ihn direkt anzielen.

Meditation kann auch in bestimmten Fällen zur Stützung bei schweren seelischen oder schweren Krankheiten angebracht sein, zum Beispiel bei manchen chronisch Depressiven, vor allem aber bei Krebskranken und Sterbenden. Dazu bedarf es aber in jedem Fall einer sorgfältigen Indikationsstellung. Es hat sich nämlich immer wieder gezeigt, dass schwere psychische Störungen bis hin zu chronischen Psychosen auftreten können, wenn Menschen zu meditieren versuchen, die dafür nicht geeignet sind. Gefährlich ist auch, wenn unter dem Stichwort »Meditation« Methoden angeboten werden, die diesen Namen nicht verdienen[34]. Aus gutem Grund fordern daher erfahrene Meditationslehrer von den Teilnehmern ihrer Kurse, dass sie *vor* deren Beginn Unbedenklichkeitserklärungen ihrer Therapeuten bringen, wenn sie sich in psychotherapeutischer oder psychiatrischer Behandlung befinden.

Wie streng die Grenzen zwischen Psychotherapie und Meditation gewahrt werden müssen, wird spätestens dann deutlich, wenn man sich zum Beispiel vorstellt, eine meditativ vermittelte Erhellung des Lebenssinns würde eines Tages zur einklagbaren Kassenleistung. Das ließe sich nur noch als Perversion sowohl der Psychotherapie als auch der Meditation begreifen.

6. An die Stelle von kritiklosen Grenzüberschreitungen sollte stärker der Dialog zwischen Psychotherapie und Meditation treten. Das könnte sowohl den einen wie den anderen helfen, sich besser als bisher auf sich selbst zu besinnen. Beide kennen ja keine Lösung der Welträtsel, noch können sie ein ewiges Heil in Aussicht stellen. Wohl aber vermitteln die Psychotherapeuten Hilfe in seelischer Not, die die Medita-

tion nicht zu geben vermag. Auf einem anderen Feld dagegen vermag die Meditation einen Schritt weiter zu gehen als Freud, der am Schluss seiner Schrift »Das Unbehagen in der Kultur« bekannt hatte: »Ich beuge mich ihrem Vorwurf, dass ich ... keinen Trost zu bringen weiß«.[35]

In diesen Dialog sollten auch die Theologen mit einbezogen werden. Der erste Schritt dabei müsste allerdings in der Tugend der Bescheidenheit bestehen. Auch dafür gibt es heute bereits deutliche Ansätze:

Prominente Analytiker sehen die Tatsache, dass sich der Gegenstand der Psychotherapie immer mehr vom Symptom zum Charakter und schließlich zum Leben des Menschen selbst erweitert hat, schon lange mit Missbehagen[36]. Einsichtige unter ihnen warnten, dass sie dadurch immer mehr in einen Bereich gerät, für den sie letztlich nicht geschaffen wurde (und, wie man hinzufügen muss, für den viele Psychotherapeuten während ihrer Ausbildung nicht geschult wurden).

Prominente Theologen begreifen zunehmend die Bedeutung der Meditation für die kirchliche Praxis, vorausgesetzt, dass sie nicht in Gestalt von Zerrformen geschieht, auf die wir Seite 176 verwiesen haben.

Prominente Meditationslehrer dagegen weisen immer mehr darauf hin, wie unangemessen es ist, wenn sich die Meditation in den Bereich der Therapie einmischt.

Hier könnte in der Tat das gemeinsame Gespräch weiterführen!

Die Rolle des »Meisters« (Gurus) bei der Meditation

1. Die Fragwürdigkeit der Rolle des Gurus für den heutigen Menschen

Fast alle Erfahrenen betonen, dass es in fortgeschritteneren Phasen der meditativen Praxis der Beziehung zu einem kompetenten geistigen »Meister« bedarf, wenn man innerlich weiterkommen möchte. Diese Behauptung wird jedoch vielfach mit Argumenten in Frage gestellt, die sich nicht ohne weiteres abweisen lassen:

Die Rolle eines Gurus gilt als unvereinbar mit der Mahnung Kants, man solle sich seines *eigenen* Verstandes bedienen[1].

Der historische Buddha lernte zwar bei Gurus, trennte sich aber später wieder von ihnen und erreichte seine Erleuchtung ohne sie. Danach hat er nie mehr etwas über Gurus gesagt, weder zustimmend noch ablehnend. Wohl aber maß er, nicht anders als Kant, dem Verstand eine große Bedeutung zu und betonte, wie wichtig es ist, sich auf ihn zu stützen[2].

Bis zum heutigen Tag gab es manche bedeutende spirituelle Meister, die selbst keinen Guru hatten, in diesem Jahrhundert zum Beispiel, wie Seite 56 erwähnt, Sri Ramana Maharshi.

Ein bekanntes Wort von Jesus lautet: »Nur einer ist euer Meister, ihr alle aber seid Brüder« (Mt 23, 8). Daher lehnen viele Christen die Institution des »Meisters« grundsätzlich ab.

Dazu kommt, dass bei uns ein sachliches Gespräch über spirituelle Meister nur schwer möglich ist, weil deren Rolle in den letzten Jahren durch Pseudo-Gurus in Misskredit geraten ist. Inzwischen ist die Diskussion über die Rolle des Gurus bei uns so aufgeheizt, dass Argumente allein dabei oft keine große Rolle mehr spielen, ist doch inzwischen sein Bild für die einen zum »Suchbild«, für die anderen aber zum »Feindbild« geworden[3].

»Suchbild« ist der spirituelle Meister für jene, die ihn als Symbolfigur für den Aufbruch in eine neue Zeit ansehen. Von ihr erhoffen sie sich, dass sie den heutigen Wirklichkeitsbegriff überwindet, der alles, was über eine rational erkennbare und sachlich zu meisternde Welt hinausgeht, in das Reich der Phantasie verweist[4]. Zum »Feindbild« wird der Meister dagegen dort, wo man in der spirituellen Suche unserer Zeit samt den Gurus nichts sieht als eine Gegenreaktion zur Aufklärung, geboren letztlich aus Trägheit und fehlender Bereitschaft, deren Forderung nach Autonomie nachzukommen. Angesichts dieser kontroversen Standpunkte ist unverzichtbar, dass sorgfältig bedacht werden muss, was ein Guru ist und worin seine Funktion besteht, ob man zwischen echten und Pseudogurus unterscheiden kann und ob seine Rolle nicht zumindest heute anachronistisch ist.

2. Was ist ein Guru?

a. Der Guru als überpersönliches Prinzip

Bemerkenswert ist, wie bedeutsame spirituelle Meister selbst die Rolle des »Gurus« verstehen: *sie machen diese Rolle nicht unbedingt an einem anderen Menschen fest* und schon gar nicht an einem angeblichen »spirituellen Spezialisten«. Vielmehr sagen sie:

> ➤ 1. Jeder kann mir zum Meister werden, der mich auf meinem spirituellen Weg weiterbringt, sogar mein Feind, falls ich bereit bin, in der Auseinandersetzung mit ihm meine Bewusstheit und Mitmenschlichkeit weiterzuentwickeln.
> 2. Es gibt tausende gute Lehrer, aber nur wenige gute Schüler.

Im Sinne des ersten Satzes äußerte sich zum Beispiel immer wieder der gegenwärtige Dalai Lama. So begann er seine Rede anläßlich der Verleihung des Friedensnobelpreises mit einem Gebet für die Peiniger seines Volkes, die Chinesen, nicht aus Stimmungsmache, sondern weil ihm immer klar war, welche Rolle diese für sein Volk spielen. Das hält ihn aber nicht davon ab, bis heute für die Rechte der Tibeter leidenschaftlich sich einzusetzen.

Die Bedeutung der zweiten Aussage hingegen, es gäbe unzählige gute Lehrer, aber nur wenige gute Schüler wird an einem scheinbar paradoxen Satz deutlich, den uns der indische Meister Swami Nityananda Giri sagte: *Was nutzt mir ein geistiger Meister, wenn ich nicht dafür reif bin? Bin ich aber reif, wofür brauche ich dann noch einen Meister?*

Dieser Satz besagt, dass es zunächst gar nicht darum geht, einen Meister zu finden, sondern zu spüren, dass »der Mensch nicht vom Brot allein lebt« (Mt 4,4) und daraus Konsequenzen für sich selbst zu ziehen. Der erste Schritt dabei ist, sich zunächst innerlich so weit zu öffnen, dass spirituelle und Seinserfahrungen[5] überhaupt möglich sind. Die Suche nach einem geistigen Meister ist gemessen daran zweitrangig. *Diese ist nur dann sinnvoll, wenn man dafür innerlich reif ist.* Ist das aber der Fall, dann findet man auch einen Meister, wie ein indisches Sprichwort behauptet, das es sinngemäß auch in allen anderen spirituellen Traditionen gibt:

➤ Jeder findet seinen Meister dann, wenn er ihn wirklich sucht.

Wirklich finden werden wir den Meister somit erst, nachdem wir, in der Sprache Graf Dürckheims ausgedrückt, den »inneren Meister« bereits entdeckt haben[6]. Was also generell für die Meditation gilt, hat speziell auch für die Suche nach dem spirituellen Meister Gültigkeit: man kann »den Hund nicht zum Jagen tragen«.

Aus dem Gesagten folgt auch, dass man die Frage nach der Rolle eines spirituellen Meisters nicht mit dem Klischee abtun kann, nur kindische, faule oder feige Leute suchten Gurus und diese würden deren Sehnsucht ausnutzen. Tatsache ist lediglich, dass viele an Meister mit diesem Anspruch herantreten und natürlich auch, dass es falsche Gurus gibt. Beiden muss gesagt werden:

➤ Wer Abhängigkeit sucht, sucht in Wirklichkeit keinen Meister. Ein »Meister« aber, der einen anderen in Abhängigkeit bringen möchte, führt diesen Titel zu Unrecht.

b. Der Guru als konkrete Person

Worin aber besteht die Rolle eines Meisters, wenn man diese im genannten Sinne versteht, aber nicht so weit fasst, wie es in den Sätzen des Dalai Lama zum Ausdruck kommt, sondern wenn eine konkrete Person seine Funktion innehat? Zunächst einmal, dass auch dann noch das Gesagte Gültigkeit hat. *Ich kann also meinen Wunsch nach spiritueller Erfahrung und nach Reifung niemals an einen anderen delegieren, auch nicht an einen noch so kompetenten spirituellen Meister.*

Warum unter diesen Umständen, zumindest in fortgeschrittenen Stadien der spirituellen Praxis, dennoch die Beziehung zu einem spirituellen Meister hilfreich sein könnte, wird deutlich, wenn man sich fragt, was man bei diesem eigentlich lernen kann.

3. Was kann man bei einem spirituellen Meister lernen?

Eine Antwort auf diese Frage erhält man, wenn man sich klarmacht, dass es ganz verschiedene Formen des Wissens gibt, mit denen jeder von uns im Laufe seines Lebens zu tun hat. Der Philosoph Max Scheler hat diese in drei Gruppen untergliedert:

»Herrschafts- und Leistungswissen«. Dabei geht es um *»Vitalwerte«.* Dieses Wissen entspringt dem »Trieb zur Macht« sowie dem »Herrschaftsstreben über den Gang der Natur, die Menschen und Vorgänge der Gesellschaft, den Ablauf der seelischen und organischen Prozesse«[7];

»Bildungswissen«. Dabei geht es um *»Geisteswerte«.* Das Thema dieses Wissens sind die wahren Strukturen der Welt,

beziehungsweise beim »humanistischen Bildungswissen« ist es die »freie Selbstentfaltung aller Geisteskräfte der Person«[8]. Dazu kommt das

»Heilswissen« (»Erlösungswissen«). Im Zentrum stehen hier »Heiligkeitswerte«. Das Wissen, um das es dabei geht, »gründet in dem Verlangen des Menschen, aus partikulärer Welterfahrung auszubrechen und sein Schicksal zu bergen in einer übermächtig geglaubten Wirklichkeit« und hat zwei »Urkategorien des Religiösen« zur Voraussetzung: »Das Heil und die Liebe zum Heil aller Dinge«[9].

Leider ist von Schelers genannten drei Bereichen heutzutage kaum mehr übrig geblieben als ein Torso, denn bei uns beschränkt man sich neuerdings immer mehr auf Herrschaftswissen. Es wird im Wesentlichen von den modernen positiven Wissenschaften, den rationalen Techniken und den Organisationslehren repräsentiert. Auch »humanistisches Bildungswissen«, soweit es nach den »wahren Strukturen der Welt« fragt, wird meist nur noch als Teil des Herrschaftswissens begriffen. Besonders an unserem Schulsystem wird deutlich, wie sehr man inzwischen ein Mehr an Bildung mit einem Zuwachs an Informationen gleichsetzt.

Erst recht hat der andere Aspekt des humanistischen Bildungswissens, bei dem es nicht nur um die »Welt« geht, sondern um die »Selbstentfaltung aller Geisteskräfte«, inzwischen seine Bedeutung als gesellschaftliches Ideal verloren. Er nahm zusammen mit dem Heilswissen denselben

Weg, den Adorno bei der Philosophie festgestellt hat[10]: Man hat die Fragen, mit denen diese sich früher beschäftigt hat, inzwischen schon längst ins Private abgedrängt.

Im Unterschied zu den heute üblichen Lernzielen geht es bei der *spirituellen Praxis* um alle drei genannten Wissensformen:

Zum Erlernen der Meditation bedarf es, wenngleich in modifizierter Form, durchaus auch eines Stücks *Herrschafts- und Leistungswissens*. Niemand kann meditieren, der nicht zunächst gelernt hat, seine Körperhaltung, seine Atmung, seine Gedanken und die anderen dafür notwendigen Umstände im Rahmen des Notwendigen zu beherrschen. All das eignet man sich aber nur dann an, wenn man sich an die Spielregeln hält, die man dafür braucht. Im Grunde verhält es sich dabei nicht anders als bei jedem anderen Lernen auch, zum Beispiel in der Schule oder während unserer Berufsausbildung, als wir uns die Fertigkeiten aneigneten, die wir später verwendeten:

> ➤ Wer nicht bereit ist, bei der Meditation methodisch richtig und konsequent zu üben, bleibt beim Versuch, dadurch sein Bewusstsein weiterzuentwickeln, auf einer Ebene des Dilettantismus und der Illusionen stecken.

In hohem Maß gehört auch das *humanistische Bildungswissen* zur Thematik der Meditation, und zwar sowohl was die Methode, als auch was das Ziel angeht. Das wird deutlich, wenn man sie am Studium der

Philosophie misst. Kant sagte von diesem, man solle dabei nicht *Gedanken,* sondern *denken* lernen und der Lehrer solle den Schüler nicht *tragen,* sondern *leiten.*[11] Beides setzt mehr als bloße Wissensvermittlung zwischen dem Lehrenden und dem Lernenden voraus, nämlich eine bestimmte Form der *Kommunikation.*

> ➤ Eine den Lernenden nicht tragende, sondern leitende Form der Kommunikation ist auch ein Grundprinzip der Lehrer-Schüler-Beziehung beim Erlernen der Meditation.

Wer unter der Anleitung eines Meisters meditiert, findet sich also in gewisser Hinsicht in Gesellschaft mit dem Studierenden der Philosophie (jedenfalls wenn dieser in der von Kant geforderten und nicht nur in der von Adorno kritisierten Weise ausgebildet wird). Eine Parallele gibt es aber auch zur Rolle eines angehenden Psychoanalytikers, und zwar insofern, als dessen Berufsausbildung ebenfalls mit einer speziellen Form der Kommunikation (im Rahmen seiner Lehranalyse) steht und fällt.

Die Behauptung, dass sowohl der Zugang zur psychoanalytischen Technik als auch das Erlernen der meditativen Praxis in einer Meister-Schüler-Beziehung den Rahmen des Leistungs- und Herrschaftswissens überschreitet, stößt dennoch bei vielen auf *grundsätzliche Vorbehalte.* Es stört sie, dass dabei offenbar ein *privilegiertes Wissen* vorausgesetzt wird, das sowohl beim Lehrenden als beim Lernenden über den Rahmen seiner bloß intellektuellen Möglichkeiten hinausgeht und auf einem begrifflich so schwer zu fassenden Merkmal wie Reife basieren soll. Das kommt ihnen undemokratisch vor und scheint der in der Einleitung zu diesem Kapitel genannten Forderung der Aufklärung zu widersprechen, man solle sich nicht von der Meinung eines anderen abhängig machen, sondern sich auf den eigenen Verstand verlassen.

Tatsächlich besteht bei beiden Methoden diese Abhängigkeit nicht zwangsläufig, sondern es wird alles getan, sie zu vermeiden. Auch zeigt sich an der Psychoanalyse, dass man tatsächlich bestimmte Erfahrungen nur dann machen kann, wenn sich die Benutzung des eigenen Verstandes *und* die Beziehung zu einem »Eingeweihten« miteinander verbinden. Insofern versteht sich die Psychoanalyse trotz der für sie typischen Methode mit Recht als Aufklärungsbewegung, obwohl auch sie letztlich ein initiatisches Prinzip, also eine Art von »Gemeinschaft der Wissenden« voraussetzt. Sie weiß, dass bloßes Nachdenken dem Analysanden nicht nutzt, wenn er seine Einsichten nicht im Licht der analytischen Situation in der Übertragung bei einem Analytiker gewonnen hat, der wiederum auf die gleiche Weise, nämlich durch *seine eigene Lehranalyse,* zu seinen Erfahrungen kam. *Hier besteht aber durchaus eine Parallele zur spirituellen Schulung, vorausgesetzt dass man den therapeutischen Weg durch den initiatischen, den Analytiker durch den spirituellen Meister und die Übertragung durch die Meister-Schüler-Beziehung ersetzt und im Übrigen sieht, dass der analytische Prozess an eine therapeutische Regression gebunden ist, der spirituelle Weg aber an eine Weiterentwicklung des Bewusstseins.*

Die Erfahrung lehrt, dass sowohl die Psychoanalyse als auch die Meditation zu den letzten Institutionen gehören, durch die heute noch jenes Bildungswissen gefördert wird, dessen Ziel im Sinne von Max Scheler in der »freien Selbstentfaltung aller Geisteskräfte der Person« besteht.

Dennoch liegt der Schwerpunkt der Meditation bei der dritten von Scheler genannten Wissensform: dem *Heilswissen*, das die Beziehung zu einer als »übermächtig geglaubten Wirklichkeit« voraussetzt. Der Wirklichkeitsbereich, der dabei ins Spiel kommt, ist der des Geistigen. Um ihm mit Hilfe der Meditation nahe zu kommen, bedarf es einer besonderen Form der Kommunikation: der Initiation. Beide Begriffe sollen nunmehr besprochen werden.

4. Der Zugang zum Geist mit Hilfe des Meisters

a. Was versteht man unter »Geist«?

Mit der Behauptung, bei der Meditation solle eine Beziehung zur geistigen Wirklichkeit aufgenommen werden, tun sich viele begreiflicherweise ähnlich schwer wie mit der Beziehung zum Meister selbst. Ist nicht vor etwa 150 Jahren die letzte große »Epoche des Geistes« – Weimarer Klassik, Frühromantik, Hölderlin, deutscher Idealismus – ziemlich wirkungslos zu Ende gegangen? Diese Wirkungslosigkeit zeigt sich daran, wie wenig sie uns davor bewahren konnte, seitdem in einer weitgehend »»Geist-losen« Epoche leben zu müssen. Zwei beispiellos blutige Weltkriege und ein Jahrzehnte währender »kalter Krieg« zwischen zwei ungeistigen Systemen – Kommunismus und Kapitalismus – in diesem Jahrhundert zeugen von dieser Tatsa-

che ebenso wie die Folgen einer wachsenden Diktatur der Maschinen. Deren ursprüngliche Aufgabe, uns zu dienen, steht schon längst nur noch auf den Werbeprospekten. De facto aber schlagen sie immer dröhnender den Takt, der uns in eine Welt führt, die nicht menschengemäß, sondern in der der Mensch immer maschinenähnlicher gemacht werden soll.

Aber der derzeitige Generalangriff auf den Geist drückt sich nicht nur darin aus, dass unsere Welt zunehmend von Effektivität, Rationalität, Anonymität und Perfektionierung beherrscht wird. Mindestens ebenso »wirksam« sind die Mittel, die man uns dagegen anbietet: diese laufen auf die immer ausschließlichere Umlenkung unserer Interessen auf weltimmanente Ziele hinaus und gipfeln letztlich in der Züchtung der Illusion, alle unsere Sehnsüchte ließen sich in verdinglichter und materialisierter Form bereits in dieser Welt befriedigen (Erich Fromm nannte diesen Grundpfeiler unserer Erwerbsgesellschaft »Habensmodus«)[12]. Angriffe gegen diese Entwicklung wirken indes schwach (zum Beispiel von seiten der Kirchen) oder naiv (zum Beispiel von seiten des New Age) und zerschellen nur allzu oft und schnell an den »hard facts« unserer »geist-los« gewordenen Welt.

Nun ist aber auch heute nicht nur für jeden religiösen Menschen der Umgang mit dem Geist unverzichtbar, wie zum Beispiel an dem Satz von Jesus deutlich wird: »Gott ist Geist, und die ihn anbeten, die müssen ihn im Geist und in der Wahrheit anbeten« (Joh. 4, 24). Auch Meditation ist ohne Beziehung zum Geist undenkbar, was nicht nur für ihre religiösen Formen gilt. Daher müssen wir uns zunächst fragen, was überhaupt mit »Geist« gemeint wird. Hilfreich ist dabei ein Blick in die Geschichte dieses Begriffes, eine Antwort geben können uns aber auch die Buddhisten und vor allem unsere Mystiker.

An der *Geschichte des Wortes »Geist«* wird deutlich, dass damit nicht eine einzelne Erscheinungsform gemeint, sondern eine große Bandbreite von Phänomenen abgedeckt wird, die sich nicht auf einen Begriff bringen lässt. Am einen Ende stehen dabei lebensstiftende Kräfte, am anderen dagegen trifft man auf eine überpersönliche Wirklichkeit, an der der Einzelne teilhat.

Der *emotionale und Leben spendende Aspekt* des Geists wird zum Beispiel am (weiblichen!) hebräischen Wort »rûah« deutlich, das das ganze Feld von Hauch, Atem und Lebensodem, aber ebenso Wind und Sturm umfaßt. Dass es sich dabei um keine Sonderentwicklung handelt, zeigt sich am althochdeutschen »geisa«, aus dem unser Wort »Geist« hervorgegangen ist. Es bedeutet »wüten« bzw. »Aufgeregtheit«. Den Bogen zur *überpersönlichen Wirklichkeit* schlägt dagegen zum Beispiel das griechische Wort »Pneuma« (πνευμα). Es bedeutete ursprünglich Atem (nicht Atmen), und zwar im Sinne einer Teilnahme des Einzelnen an einem universalen Prinzip. Ähnlich umfassend ist ein anderer altgriechischer Begriff: »Nous« (νους). Er meint einen weiteren Aspekt des Geistes, nämlich eine *Vernunft*, die von einem frei denkenden und urteilenden Ich ausgeht und sich an der Ordnung der Dinge orientiert.
Ganz im Sinne dieses zweiten, »objektiven« Pols begreifen auch die *Buddhisten* den Geist. Sie schreiben ihm im Wesentlichen drei Bestimmungsmerkmale zu: äußerste Klarheit, umfassende Ganzheit sowie Quintessenz der Wirklichkeit[13] (»klar«, »spontan«, »selbstleuchtend«). Damit sagen auch sie, dass der Geist von seinem Wesen her über den Einzelnen hinaus auf ein Unbedingtes, Absolutes, »Wesentliches«, zielt.

b. Was verstehen die spirituellen Meister unter Geist?

Die Sicht der Mystiker und spirituellen Meister vereint in sich alle diese Aspekte, nur dass sie auch hier nicht von der Etymologie und Philosophie ausgehen, sondern von der eigenen Erfahrung. Dabei betonen sie wie die Buddhisten, dass sich der Geist gleichsam auf die Quintessenz der Wirklichkeit bezieht. Diese aber sei alles andere als bloß ein erhabener, letztlich ungreifbarer Bereich, der vage über uns schwebt und zu dem wir uns durch eine Art von gequältem Klimmzug hochsublimieren sollen. Im Gegenteil: Die Begegnung mit ihm habe eher den Charakter eines Überfalls »von oben«, dem es standzuhalten gelte. Wer aber dazu bereit sei, der gewinne eine besondere Art des Wissens, das meist von einer Art Glücksgefühl begleitet sei. Wir sind auf dieses Gefühl bereits gestoßen, als wir von »sat- chit-ānanda« sprachen[14].

Zweifellos missversteht man demnach die Begegnung mit dem Geist, wenn man meint, man müsse dabei unsinnlich und feinsinnig auf einer Leier zirpen. Eher verhält es sich so, wie beim genannten Bodhisattva Manjushri, der auf einem brüllenden Löwen sitzt[15].

Aber noch etwas Weiteres betonen die spirituellen Meister: Zwar »weht der

Wind« (des Geistes), wie Jesus sagt, »wo er will« (Joh. 3, 8). Erfahren könne man ihn aber vor allem, wenn man dazu (durch eine *Initiation*) hingeführt werde. Da bei dieser zwar auch (Heils-)Wissen vermittelt wird, der Schwerpunkt jedoch nicht dort liegt, soll die Initiation in einem eigenen Abschnitt behandelt werden.

5. Schritte auf dem Weg zur Initiation

a. Vorbemerkungen zur Meister-Schüler-Beziehung

Die Beziehung zwischen Meister und Schüler hat ganz unterschiedliche Aspekte, die sich natürlich, wie bei jeder anderen Beziehung auch, nicht fein säuberlich trennen lassen. Dabei ändern sich im Laufe dieser Beziehung ihre Schwerpunkte. Der erste und wichtigste Punkt der Meister-Schüler-Beziehung lässt sich jedoch durch ein weiteres indisches Sprichwort ausdrücken:

> ➤ »Der Meister steht immer hinter dem Schüler, nie vor ihm«.

Das heißt, der Guru schlägt keine Schneisen in die Realität, denen entlang der Schüler ihm zu folgen hat, sondern allenfalls stützt er ihn, wenn er strauchelt. Gehen muss er *selbst*! Ob er das tut, zeigt sich an

einem einfachen Kriterium, das Graf Dürckheim »Kopernikanische Wende« genannt hat[16]: Der Schüler muss bereit sein, zu akzeptieren, dass sich nicht mehr alles nur um ihn und sein eigenes Tun dreht, sondern dass er zusammen mit seinem Werk im größeren Zusammenhang einer neuen Wirklichkeit steht. Diese neue Perspektive wird im Zen durch eine Strophe ausgedrückt, die man dem Bodhidharma in den Mund gelegt hat, dem ersten Zen-»Patriarchen«, der das Zen in China einführte: »Ich kam ursprünglich in dieses Land, um den Dharma[17] zu überliefern / Und von Irrung zu befreien./ Eine Blume öffnet fünf Blütenblätter/ Von selbst reift die Frucht«.[18]

Bodhidharma sagt somit, dass bei ihm »etwas« von selbst geschah, als er dafür reif war. Auch beim Schüler muss das Entscheidende *selbst* eintreten, aber die Gegenwart des Meisters kann ihm das erleichtern. Seine Präsenz soll also nichts anderes, als zu ermöglichen, dass beim Schüler gleichfalls »etwas« geschieht. Insofern hat er für ihn gleichsam die Funktion eines Katalysators. Dabei wäre sogar hinderlich, wenn der Meister mit dem Schüler etwas Besonderes täte, sondern wesentlich ist nur, dass er selbst eine Entwicklung durchlief, die ihn zur Meisterschaft gebracht hat.

> ➤ Der Guru ist somit kein »Macher«, sondern ein »Ermöglicher«.

192

b. Die Auflösung alter Identifikationen

Auch wenn die Rolle des Meisters nicht in der Funktion eines Lehrers im konventionellen Sinne aufgeht, ist doch unbestreitbar, dass man bei ihm etwas lernen kann, was letztlich auf »Realisierung«[19] hinausläuft. Das setzt allerdings voraus, dass man sich von der »Anhaftung«[20] an überholte Konzepte löst, die den Zugang dazu verstellen. Der Lernprozess bei einer Meister-Schüler-Beziehung beginnt somit paradoxer Weise damit, dass man sich von etwas trennt, nämlich von alten Identifizierungen. Man soll sich dadurch gleichsam zum Gefäß machen, das erst einmal gereinigt werden muss, damit es das Wissen aufnehmen kann, um das es bei der Meditation geht. Dies ist aber im Alleingang kaum möglich. Ein bekannter Sufimeister sagte dazu: »Man kann bei sich selbst Erste Hilfe leisten, indem man einen Verband um eine Schnittwunde wickelt. Man kann sich aber nicht selbst operieren«[21].

Über die Notwendigkeit einer solchen Entidentifizierung, wie man diesen Prozess psychoanalytisch ausdrückt, herrscht zwischen den großen spirituellen Traditionen Einigkeit. Die Vorstellungen jedoch, worin dabei der Schwerpunkt liegt, sind verschieden. Die monotheistischen Religionen betonen vor allem die ethische Komponente, also das Aufgeben narzisstischer Haltungen zugunsten von mehr Vertrauen (»Glauben«) und Selbstlosigkeit. Der Buddhismus dagegen sieht eher die epistemologische Seite, also den Erkenntnisgewinn[22].

Nur er führe aus dem Hin und Her der Meinungen heraus und ermögliche wirkliche Realisierung. Dass sich beide Seiten jedoch letztlich ergänzen können, zeigt sich zum Beispiel daran, dass einer der bedeutendsten Mystiker unserer Zeit, der in Indien lebende christliche Mönch Henri Le Saux (Abhishiktananda) (1910-1973) ganz im Sinne der Tradition seiner Wahlheimat sagte: »Erst dann beginnt der Mensch, Gott wahrhaftig zu verstehen, wenn er erkennt, dass er nichts über ihn weiß«[23].

Konkret heißt »Entidentifizierung«, dass wir bereit sind, viele unserer überkommenen Ansichten und Gewohnheiten zu vernichten. Für gewöhnlich tragen wir diese permanent vor uns her wie einen großen Zettel mit einer Gebrauchsanweisung, auf der steht: »So bin ich« bzw. »So ist die Welt«. Das hat einen subjektiven Vorteil, den ein Lehrer von uns, der Psychiater Hans Bürger-Prinz, salopp so formulierte: »Gewohnheit spart Hirn«. Wir bezahlen aber diesen Vorteil damit, dass wir dadurch ständig in erheblichem Maße an uns selbst und an der Welt vorbeilaufen, selbst wenn wir, äußerlich gesehen, in ihr aufgehen sollten, weil wir uns ihr blind anpassen. In dem Maße jedoch, in dem wir uns aus diesen eingefahrenen Haltungen mittels »Entidentifizierung« bis zu einem gewissen Grad lösen, wird jeder Augenblick reicher und mehr von Sinn erfüllt.

»Bis zu einem gewissen Grad« heißt, dass auch dabei Augenmaß unverzichtbar ist. Wir würden ja jeden Bezug zur Wirklichkeit verlieren, wollten wir zum Beispiel den Morgen damit beginnen, dass wir uns »authentisch« die Zähne putzen, dann den ganzen Tag von unserer mehr oder minder großen Originalität geleitet verbrächten, bis wir schließlich als »ich selbst« zu Bett gingen. Im Übrigen hieße das, dass wir uns nur einem neuen Programm (einem »Entidentifizierungsprogramm«) unterwürfen.

So notwendig somit eine solche Ent-identifizierung ist, um zu sich selbst zu kommen, so schmerzlich ist der damit verbundene Loslösungsprozess. Er setzt voraus, dass man viele lieb gewordene Illusionen aufgibt. *Ja letztlich wird er wie eine Art von Tod erfahren,* und zwar wiederum ganz konkret, das heißt als jener grauenvolle Zustand, bei dem uns etwas uns Unfassliches, letztlich aber Unausweichliches anstarrt, wenn wir ihm begegnen; etwas, was der moderne Mensch nach Kräften verdrängt und verharmlost.

Die Bedeutung der Entidentifizierung ist für das Gelingen der Meditation nicht weniger wichtig als unsere Einstellung zum Tod für das Gelingen unseres Lebens. Wegen dieser Bedeutsamkeit wollen wir das Gesagte am Beispiel der *Auseinandersetzung mit dem eigenen Tod* veranschaulichen.

c. Die Veranschaulichung des Gesagten an einem weiteren Beispiel über den Umgang mit dem eigenen Tod

Wenn wir sagten, die Entidentifizierung im Rahmen einer Meister-Schüler-Beziehung werde als eine Art von Tod erfahren, dann meinten wir das keineswegs metaphorisch, sondern höchst konkret. Aber schon bei der Meditation des eigenen Sterbens[24] wurde Ihnen vermutlich deutlich, wie schwer es einem fällt, sich dieser Erfahrung wirklich auszusetzen. Vergleichen Sie damit zum Beispiel die Leichtigkeit, mit der den meisten von uns der Satz über die Lippen geht, der Tod sei ein integraler Bestandteil des Lebens. Diese Feststellung ist zwar der Idee nach wahr, aber kaum ein westlicher Mensch

wird, wenn es hart auf hart geht, seinen *eigenen* Tod so erleben, wenn man von einzelnen begnadeten Kindern und von denen absieht, die bis zu ihrem Tode in ihrem Glauben Halt finden. Eben so selten sind jene wenigen reifen Menschen, die wie Hiob »alt und lebenssatt« sterben dürfen (Hiob 42, 17). Die Verleugnung besteht dabei also darin, dass man auf flotte Weise so tut, als seien solche Ausnahmen die Regel.

Ähnlich flach ist, wenn man sich, vor allem im New Age, auf Nahtoderfahrungen beruft, bei denen das Sehen des so genannten »klaren Lichts« eine große Rolle spielt und wenn man dabei möglichst noch wie aus der Pistole geschossen das »Tibetische Totenbuch« oder andere literarische Zeugnisse der Menschheit zitiert, in denen sich diese Lichterfahrungen niederschlugen.

Aus eigenem Erleben können wir die Existenz solcher Erfahrungen nur bestätigen und außerdem halten wir das »Tibetische Totenbuch« für einen der großen spirituellen Texte der Menschheitsgeschichte. So tief beeindruckend wir somit derartige Erfahrungen und den Versuch ihrer Deutung finden, so sehr stimmen wir andererseits dem katholischen Theologen Hans Küng zu, der der Sterbeforscherin Elisabeth Kübler-Ross bei einer Fernsehdiskussion einmal entgegengehalten hat: »Auch mich bewegen diese Erfahrungen. Aber eines sollten Sie nicht vergessen: Wirklich gestorben ist von denen, die Ihnen davon berichtet haben, ja keiner. Sonst hätte er es Ihnen nicht erzählen können«.

Gespräche mit anderen Menschen, die gleichfalls Nahtoderfahrungen hatten, zeigten uns, dass sie dadurch zwar dem eigenen Sterben gelassener gegenüberstehen als früher, statt es zu verdrängen. Das führte bei den meisten dazu, dass sie sich seitdem dafür offener halten können, dass eines Tages auch ihr reales Sterben vermutlich anders sein wird als ihre damaligen Erfahrungen.

Ähnlich verhält es sich mit der Entiden-tifizierung bei der Meditation. Auf den ersten Blick scheint sie dem heute oft verbreiteten Anspruch des »mündigen Bürgers« auf Autonomie zu entsprechen. Auch hier klafft allerdings in der Praxis oft eine Kluft zwischen diesem Anspruch und wirklicher Mündigkeit. Nun werden wir aber unsere überlebten Identifizierungen am ehesten dann aufgeben, wenn wir jemandem begegnen, der offenbar seinerseits gewagt hat, Prägungen hinter sich zu lassen, um kompromisslos der Wirklichkeit ins Auge zu schauen. Seine Präsenz kann uns dazu ermutigen, dasselbe ebenfalls zu versuchen. Somit zeigt sich auch an dieser Stelle, dass unsere Beziehung zum Meister gerade das Gegenteil dessen ermöglichen kann, was darüber meist phantasiert wird, nämlich dass er dazu da sei, um mit ihm auf regressive Weise zu verschmelzen.

Im Übrigen gilt natürlich für die Beschäftigung mit dem Tod dasselbe wie für alle anderen existentiell wichtigen Fragen: *Der Meditierende hat kein Monopol auf das Thema.* Auch alle Religionen, ja alle »Wissenden« betonen, wie wichtig die Auseinandersetzung mit dem eigenen Sterben ist. Persische Dichter sprachen vom »Sterben vor dem Sterben«[25], Goethe stellte fest: »Und so lang du das nicht hast,/ Dieses: Stirb und werde!/ Bist du nur ein trüber Gast/ Auf der dunklen Erde«[26] und ein alter deutscher Spruch lautet: »Wer nicht stirbt,/ eh' er stirbt,/ der verdirbt,/ eh' er stirbt«.

Das Besondere bei der spirituellen Schulung besteht aber auch hier darin, dass der Meister uns an etwas hinführen kann, von dem er aus eigener Anschauung *konkret* weiß, um was es sich dabei handelt. Vor allem gibt er uns durch seine Anleitung zur Entidentifizierung ein Instrument in die Hand, das es uns ermöglicht, *unsere eigenen Erfahrungen zu machen*, die im Übrigen keineswegs immer mit denen des Gurus identisch sein werden.

> ➤ Ein Ziel der meditativen Entidentifizierung ist, dass sie hilft, die in unserer Zivilisation weit verbreitete Neigung aufzugeben, an sich richtige Wahrheiten im Sinne von »Killerphrasen«[27] zu missbrauchen, statt zu deren substanziellem Kern durchzustoßen.

6. Das Wesen der Initiation.

a. Ihre Prinzipien

Die *Merkmale* der Initiation haben wir in unserem »Handbuch der Meditation« beschrieben[28]. Wir werden sie hier nicht wiederholen. Da vielen aber allein schon die *Tatsache* der Initiation seltsam vorkommt, möchten wir ihre *Prinzipien* aufzeigen.

Vielleicht versteht man am leichtesten, worum es sich dabei handelt, wenn man von ihren Restbeständen ausgeht, die noch bis in unsere Zeit hineinreichen. Man kann sie sich an der »Einsegnung« klarmachen, die es ja auch heute noch auf vielfache Weise gibt, zum Beispiel bei der katholischen Firmung, der evangelischen Konfirmation oder der jüdischen Bar-Mizwa. Abstruse Abkömmlinge dieses rituellen Aktes wurden sogar in der ehemaligen DDR praktiziert, nämlich als so genannte »Jugendweihe«.

Charakteristisch für die Einsegnung ist zum einen ihr *sozialer Aspekt*. Er besteht darin, dass sich dadurch gleichsam die Tür zu der Gesellschaft öffnet, in deren Auftrag man eingesegnet wird. Ab diesem Moment kann man bei ihr Mitglied werden, mit allen Rechten und Pflichten, die daraus folgen. Die Einsegnung muss allerdings *durch einen dazu Berufenen vollzogen* werden (einen Pfarrer, einen Bischof oder in der DDR durch einen Parteisekretär). Nur er ist dazu legitimiert, den zu Initiierenden in jene letzte Wirklichkeit einzuführen, von der her sich die Gesellschaft definiert, der man nunmehr zugehört.

Auch bei der *Initiation im Rahmen einer spirituellen Schulung* kennt man eine soziale Komponente, denn wer initiiert wurde, kann aufgrund dieser Tatsache Mitglied einer spirituellen Gemeinschaft werden (die der Hinduismus und der Buddhismus »sangha« nennt). Während das jedoch keineswegs eine zwangsläufige Folge der Initiation ist, sind *zwei andere Momente dabei unverzichtbar:* 1. *die besondere Form der Kommunikation zwischen Lehrer und Schüler* sowie 2. die Tatsache, *dass sowohl der Akt der Initiation selbst als auch die Wirklichkeit, in die man dadurch eingeführt werden soll, in erster Linie geistiger Natur sind.*

Das Wort »Lehrer«, das wir soeben gebrauchten, trifft allerdings nicht wirklich den Sachverhalt, um den es bei der Initiation durch den russischen Starzen, den chassidischen Zaddik, den Sufi-Scheich, den indischen Guru, den Roshi beim Zen oder den tibetischen Lama geht. Wenn dieser nämlich dem Schüler bei den drei Schritten zur Seite steht, die Voraussetzung für den Zugang zur geistigen Wirklichkeit sind: *Erleben, Einsicht in das Erlebte und Übung*[29], so benutzt er zwar alle möglichen Hilfestellungen in Form von Lehre, Weisung, eigenem Beispiel und mitunter auch von wohl dosierten Schocks[30]. Natürlich hängt auch die Weise, wie er diese Mittel einsetzt, in hohem Maße sowohl von der Überlieferung, der er sich verpflichtet fühlt als auch von seiner Persönlichkeit ab. Aber selbst ein noch so kluger Einsatz von Mitteln und Methoden *allein* würde eine Initiation nicht möglich machen, wenn sie nicht von etwas ganz anderem getragen wäre:

> ➤ Voraussetzung für eine Initiation ist, dass der Meister im Sinne eines dem Meister Eckhart zugeschriebenen Wortes ein »Lebemeister« und nicht bloß ein »Lesemeister«[31] ist. Die Legitimation, einen anderen zu initiieren, bezieht er somit aus seiner spirituellen Kompetenz, die ihm Zugang zum geisti-

Der letzte Grund für diese Kompetenz liegt also weniger im Wissen des Meisters um die Möglichkeiten und Gefahren des spirituellen Wegs, das der Schüler erst noch erwerben muss. Zwar besitzt er solche Kenntnis tatsächlich, wenn er diesen Titel mit Recht führt. Aber bloße theoretische Kenntnisse reichen nicht aus. *Entscheidend für diese Kompetenz ist vielmehr, dass der Meister der geistigen Wirklichkeit bereits begegnet ist, die der Schüler erst anstrebt.* Das ermöglicht ihm, die von ihm erworbene Erfahrung *für den Schüler erkennbar auszustrahlen*, ohne dass dieser ihn deswegen imitieren soll. Somit *weist* der Meister weniger einen Weg, als dass er selbst dieser Weg *ist*, so wie Jesus von sich selbst sagt: »Ich bin der Weg« (Joh. 14, 6).

b. Bedenken gegen die Initiation

Für viele Zeitgenossen klingt dieser zuletzt genannte Satz bedenklich, für manche Christen hört er sich geradezu blasphemisch an.

Dass man heute der Initiation gegenüber oft *Bedenken* hat, hängt vor allem mit der Vermutung zusammen, durch diese Art von Beziehung werde ihr Missbrauch geradezu vorprogrammiert, vor allem durch die Züchtung von Abhängigkeit. Wer die »Szene« kennt, weiß zwar, dass wirkliche Meister (nicht anders als erfahrene Analytiker) ihren Einfluss nur selten missbrauchen. Aus unserer Geschichte heraus ist jedoch das Misstrauen verständlich:

– Das vermeintliche Gefälle an spiritueller Kompetenz zwischen Meister und Schüler erinnert manche von uns an Zeiten, in denen sich zahlreiche Kirchenfürsten gottähnlich fühlten und sich dementsprechend gebärde-

ten (und wer könnte schon sagen, dass sich dies nicht auch heute noch oftmals findet?)
– Dazu kommt, dass sich heute Pseudogurus oft ähnlich anmaßend aufführen wie dazumal viele Kirchenfürsten. Ja sie fordern sogar mehr als diese. Damals begnügte man sich meist mit einer
– *äußeren* Unterwerfung. Sie aber nutzen ihre Adepten nicht nur oft schamlos aus oder missbrauchen sie sogar, sondern fordern außerdem, dass man sich ihnen auch *innerlich* unterwirft[32].
– Eine wesentliche Rolle spielt aber auch eine weitere Seite der Kirchengeschichte. Schon im 4. Jahrhundert meinte der Kirchenvater Tertullian, seit Christi Erscheinen tue weiteres Suchen nicht mehr not[33]. Seitdem ist bei uns, anders als in fast allen vor- und nichtchristlichen Kulturen, die existentielle Erfahrungssuche aus dem Gleichgewicht geraten: sterile Zeiten, in denen dogmatische Behauptungen den Ton angaben, wechselten mit kurzen Episoden »wilder« Erfahrungssuche ab. Die Möglichkeit dagegen, durch Vermittlung eines geistesmächtigen Menschen zu lernen, wie man der transzendenten Wirklichkeit begegnen kann, ging dabei weitgehend verloren, wenn man von einzelnen Mönchsorden mit ihrer Institution des Spirituals oder geistigen Meisters absieht. Was wir heute als »Guruismus« mit Recht geißeln, ist nur von dieser Voraussetzung einer immer wieder abgerissenen geistigen Tradition her zu interpretieren.

Der eben genannte Punkt, die abgerissene Tradition, ist wohl auch die tiefste Ursache für die Schwierigkeit, die viele von uns mit dem initiatischen Prinzip haben. Das hängt damit zusammen, dass offenbar das Bedürfnis nach geistiger Führung bei uns allen ähnlich unabweisbar ist wie der Wunsch nach Autonomie[34]. Wenn aber dieses Bedürfnis keinen passenden Rahmen findet, in dem es sich angemessen befriedigen lässt, drängt es, nicht anders als auch sonstige nicht gestillte Bedürfnisse, mitunter unvermittelt nach vorne, kann sich dann aber nur ungestaltet äußern. Das treibt die einen leicht irgendwelchen Scharlatanen in die Hände und liefert andererseits jenen Munition, die grundsätzlich gegen jede eigenständige Erfahrungssuche sind. *Gerade ihnen muss aber gesagt werden, dass man eine Idee nicht von ihrem Missbrauch, sondern nur von ihrem Wesen her interpretieren (und fördern!) soll.*

Selbst wer unserem Plädoyer für die Berechtigung des initiatischen Prinzips zustimmt, sollte sich allerdings fragen, ob auch überzeugte *Christen* die Rolle des Meisters so positiv sehen können, wie sie hier gezeichnet wurde. Steht sie nicht im Widerspruch zu dem Seite 185 zitierten Satz Jesu: »Nur einer ist euer Meister, ihr alle aber seid Brüder«? Um eine Antwort zu finden, wollen wir diese grundsätzliche Frage in einige Teilaspekte auflösen.

Dabei sollte man zunächst klären, was »Meisterschaft« ohne den Kontext dieses Bibelwortes bedeutet. Ihr eigentliches Kriterium wird darin gesehen, dass am Meister die überpersönliche geistige Wirklichkeit (»das Göttliche«) besonders deutlich wird, nicht weil er sich göttlich gebärdet oder weil er wie einige römische Kaiser verlangt, dass man ihn wie einen Gott verehrt, *sondern wegen seiner Hingabe an Gott und seinen Nächsten, in denen sich seine Beziehung zu dieser Wirklichkeit ausdrückt.* In diesem Sinne ist Jesus auch für viele östliche Meister ein einzigartiger Meister. Er ging aber, worauf die Christen mit Recht hinweisen, in dieser Rolle ebenso wenig auf wie in irgendeiner anderen. Durch keinen Aspekt, außer dem der Liebe, lässt sich sein Wesen definieren.

Diese Einschränkung hat eine Parallele zur christlichen Vorstellung von Gott als einer Person. Christliche Theologen sehen zwar in der Personalität ein unverzichtbares Attribut Gottes. Sie betonen aber, jedenfalls, wenn sie nicht nur traditionalistisch denken, dass sich Gott auf keine Qualität einengen lässt, auch nicht auf die der Personalität. Vielmehr überschreite er in seiner Unbegreifbarkeit alles, was man über ihn sagen kann, so dass seine Personalität letztlich eine Chiffre sei, die dazu verhelfe, sich ihm zu nähern.

Fragen muss man sich allerdings, wie ein Christ angesichts des genannten Wortes Jesu: »Nur einer ist euer Meister« beanspruchen kann, Meister zu sein. Da wir keine Theologen sind, können wir hier keine dogmatische Antwort geben, aber wir verschweigen nicht unsere Meinung dazu. Sie gründet auf dem Zusammenhang, in dem dieser Satz steht, aber auch auf einem anderen Satz Jesu im selben Evangelium: »Was ihr einem meiner geringsten Brüder getan habt, das habt ihr mir getan« (Mt 25,40). An ihm wird deutlich, dass Jesus ein Liebender war, der vorbehaltlos auf seinen Nächsten zuging. *In diesem Sinne* hat er auch seine Jünger auf seine Nachfolge verpflichtet, aber sie darüber hinaus weder auf seine Person noch auf ein Dogma eingeschworen.

So verstehen wir auch sein Wort vom *einen* Meister. Er sagte es seinen Jüngern, bevor er zu seiner gewaltigen »Weherede« ansetzte, in der er leidenschaftlich die lieblose Selbstgerechtigkeit der »Pharisäer und Heuchler« angriff (Mt 23,13–33). Beides gehört aber zusammen: Seine Schüler (die »Jünger«) ermahnte er, sie sollten sich keinen Titel (»Meister«) zulegen, der nur ihm zukomme. Von den Pharisäern aber hatte er vorher gesagt, man solle zwar auf ihre Rede hören, aber nach »ihren Werken nicht tun« (Mt 23, 3). Damit rückte er Maßstäbe ins Zentrum, die es allen zu allen Zeiten gab. Wir sind ihnen bereits in der Feststellung von Gopi Krishna begegnet, dass es in jeder Religion darum gehe, Gott zu lieben, seinen Nächsten zu lieben und Gott in seinem Nächsten zu lieben[35]. Gemessen daran ist jeder »Meister«-Titel zweitrangig. Vor allem lässt sich aus ihm kein persönlicher Anspruch an den Schüler ableiten, *denn Meister ist man nur in dem Maße, in dem man sich einem Anspruch unterwirft, der letztlich überpersönlich ist.*

Damit erhalten wir zugleich ein gültiges Kriterium für die Unterscheidung zwischen einem richtigen und einem falschen Meister: Die Meisterschaft hat zwar eine Erleuchtungserfahrung zur Voraussetzung[36]. Aber das letzte Kriterium für diese besteht, wie Pater Lassalle immer wieder betonte, in ihren »Nachklängen«, das heißt konkret: in einer Zunahme der Liebesfähigkeit, des Mitempfindens, der Duldsamkeit, Mildtätigkeit und Selbstlosigkeit gegenüber den Mitmenschen (also in Haltungen, die analog den Seligpreisungen der Bergpredigt sind). Das alles macht aber deutlich, dass *Meister nur derjenige ist, in dessen Liebe die göttliche Liebe aufleuchtet.* Da jedoch nach christlichem Verständnis Jesu Liebe zu den Menschen unüberbietbar war, hat für den Christen auch das Wort Jesu Berechtigung: »nur einer ist Meister«.

7. Konsequenzen aus dem Gesagten für das Verständnis der Beziehung zwischen Lehrer und Schüler

Am eben Gesagten wird deutlich, wie fundamental die Wirklichkeit verzeichnet wird, wenn es heute manchmal Mode geworden ist, den Meister zu einem unerreichbaren Superman oder zu einem spirituellen Artisten zu stilisieren. Damit werden nicht nur jene Wesensmerkmale völlig verzerrt, die jemanden *tatsächlich* als Meister kennzeichnen. Auch *psychologisch* bedeutet eine solche Sicht einen Rückfall in primitive Phantasien, denen noch ein hierarchisch strukturiertes Eltern-Kind-Modell mit idealisierten Elternfiguren zugrunde liegt.

Nicht auf exzeptionelle Eigenschaften kommt es beim Meister an, seien sie real oder phantasiert, sondern zum einen darauf, dass er, wie gesagt, seine Liebesfähigkeit in besonderer Weise entwickelt hat und zum anderen, dass der Schüler das an ihm besonders gut entdecken kann. Dahinter steht aber letztlich ein Privileg, das wir alle teilen, nämlich Abbild, ja »Tempel des lebendigen Gottes«[37] sein zu dürfen, bzw. buddhistisch ausgedrückt, Buddhanatur zu besitzen. Daher darf der Meister aus diesem Privileg auch keinen besonderen Anspruch an seinen Schüler ableiten, wenn er die eigene Rolle nicht völlig pervertieren möchte. Der Schüler andererseits soll dem Guru zwar Achtung, ja Ehrfurcht entgegenbringen, aber soll sich ihm nicht unterwerfen. Unterwerfen soll er sich allerdings der Wirklichkeit, die der Meister verkörpert. Vor allem aber sollte er die Chance erkennen, die in dieser Beziehung liegt:

> ➤ Durch die Begegnung mit dem Meister kann sich dem Schüler die geistige Wirklichkeit in besonderer Weise eröffnen.

Wenn später aus der Begegnung eine Beziehung geworden ist, muss auch sie in Voraussetzungen gründen, die nicht hinter den Bewusstseinszustand unserer westlichen Industriegesellschaft zurückgehen, der dialogisch und nicht autoritär angelegt ist. Diese dialogische Struktur ist allerdings weder eine Errungenschaft der Neuzeit noch ist sie auf den Westen beschränkt, wenngleich der Aufklärung das Verdienst zukommt, dass das Bedürfnis nach Dialog bei uns seitdem immer mehr zum Allgemeingut wurde, zumindest der Idee nach.

Wie *alt* die Einsicht in die dialogische, von Liebe geprägte Struktur der Meister-Schüler-Beziehung freilich tatsächlich ist, wird zum Beispiel daran klar, dass sie bereits Jesus voraussetzte, als er in seinen Abschiedsreden zu seinen Jüngern sagte: »Ich nenne euch nicht mehr Knechte, denn der Knecht weiß nicht, was sein Herr tut. Vielmehr nenne ich euch Freunde« (Joh. 15, 15). Die *Grundhaltung* hingegen, auf der dieser Dialog basiert, hat ein östlicher Meister folgendermaßen charakterisiert: »Wenn sich einer schon wirklich Schüler nennen darf, ist er bereits dort, wo auch der Meister ist, auf dem Weg, nur dass man es beim Meister schon etwas mehr sieht als beim Schüler«[38].

Dieses Wort macht zugleich deutlich, dass das Meister-Schüler-Verhältnis im Osten – im Gegensatz zu einem bei uns verbreiteten Vorurteil – nicht anders verstanden wird als im Westen. Obwohl dort die gesellschaftlichen Ordnungen auch heute noch oft stärker hierarchisch strukturiert sind als bei uns, identifiziert man in Asien die Funktion des Gurus nicht einmal mit derjenigen eines Lehrers, sondern ganz im Sinne des zuletzt genannten Jesuswortes mit der eines *spirituellen Freundes* (kalyāna mitta).

> ➤ Dieser soll aber nicht Machtansprüche ausüben, sondern geistesmächtig sein. Wie weit er das ist, zeigt sich daran, jedenfalls in buddhistischer Sicht, dass er Disziplin übt, dass sein Geist ruhig geworden ist, dass er sich auf rechte Weise bemüht, sich in der Überlieferung auskennt, die Wirklichkeit in ihrer Vergänglichkeit, Leidhaftigkeit und Wesenlosigkeit versteht, geschickt in der Rede und von Natur aus mitfühlend ist und niemals müde wird, zu lehren[39].

All die genannten Gesichtspunkte sind weitere Argumente dafür, dass die Meditation einschließlich einer geglückten Meister-Schüler-Beziehung ganz auf der Linie der großen spirituellen und religiösen Traditionen des Ostens und des Westens liegt, diese aber gerade für den heutigen Menschen aktualisiert: Wer mit Hilfe dieser Beziehung einen Zugang zu seinen Mitmenschen und zur gesamten Wirklichkeit gefunden hat, wird seinerseits bereit sein, seine Machtansprüche in Geistesmächtigkeit zu transformieren und Verantwortung für seine Mitmenschen und für sich selbst zu übernehmen.

Die Feststellungen aus den letzten beiden Abschnitten können aber auch dazu beitragen, dass sich speziell für den *Christen* das Verhältnis zum Meister entkrampft. Die Notwendigkeit einer Begegnung mit der höchsten Form geistiger Wirklichkeit (mit »Gott«) sollte für ihn zwar so vordringlich sein, dass, gemessen daran, die Frage nach einem Meister zweitrangig sein könnte. Sucht er jedoch *eigene* spirituelle Erfahrungen, dann wird er auf die Dauer an dieser Frage kaum vorbeikommen. Dabei kann ihm auch hier die eigene Tradition helfen. Vor allem Ignatius von Loyola hat betont, dass jeder von uns vor der Notwendigkeit steht, *selbst* eine »Unterscheidung der Geister« zu treffen. Nichts kann mich davon entbinden, auch ein Meister nicht, wenn ich nicht nur die letzte Wirklichkeit, sondern auch mich selbst nicht verraten möchte.

Eine solche Unterscheidung ist allerdings mehr als bloß ein intellektueller Prozess, nämlich ein *erfahrendes* Unterscheiden: Der Unterschied zwischen dem, was einem nutzt und was nicht, muss dabei selbst erlebt und gespürt werden[40]. Das ist aber noch nicht alles, sondern es bedarf eines nächsten Schrittes. Ignatius sagt dazu in seinen »Geistlichen Übungen«, man müsse danach eine »Wahl« treffen[41]. Ihr Ziel ist, ungeordnete Neigungen (affectiones) von sich zu entfernen, und, nachdem sie abgelegt sind, den Bezug zu einer überpersönlichen Wirklichkeit (Ignatius nennt sie den »göttlichen Willen«) zu suchen »in der Ordnung des eigenen Lebens zum Heil der Seele«[42].

Diese Schritte lassen sich auch auf die irdische Wirklichkeit einer Meister-Schüler-Beziehung übertragen. Der Umgang mit einem Meister soll einem zwar helfen, »ungeordnete Neigungen« ebenso aufzugeben wie falsche Identifikationen. *Man darf jedoch nicht stattdessen sein eigenes Ich aufgeben.* Das ist aber leichter gesagt als getan, wie wir im nächsten Abschnitt dieses Kapitels zeigen werden. Gelingen wird es letztlich nur dann, wenn der Schüler gelernt hat, im Laufe seiner spirituellen Praxis mit jenem Phänomen umzugehen, das sich wie ein roter Faden durch unser ganzes Buch gezogen hat: mit der *Balance*. Praktisch drückt sie sich meist durch das Wort »aber« oder »jedoch« aus:

Der Schüler kann zwar nur dann weiterkommen, wenn er einem Meister, der diesem Anspruch gerecht wird, unbedingt vertraut. *Aber* er darf von ihm nur das übernehmen, was ihm einsichtig ist und der Vernunft nicht widerspricht. Das Durchhalten dieses Spannungsbogens ermöglicht ihm, sich gleichsam im Lichte des Meisters zu sehen und dadurch den eigenen geistigen Kern in sich zu entdecken. Der Zen nennt das mit einem wunderbaren Ausdruck »Übertragung von Herz-Geist zu Herz-Geist«. Dieser Prozess vollzieht sich zwar meist nicht wortlos, *dennoch* geht es dabei letztlich nicht um Worte, sondern darum, dass der Schüler dank der Begeg-

201

nung mit dem »Wesen« des Meisters zu einer tieferen Sicht der Wirklichkeit durchbricht, die sich ihm spontan im Hier und Jetzt eröffnet. *Aber dennoch* ist es *seine* Sicht, um die es dabei es geht und nicht die des Meisters.

8. Gefahren bei der Meister-Schüler-Beziehung

Es liegt auf der Hand, dass das vielschichtige und sensible Geschehen bei einer Meister-Schüler- Beziehung kaum jemals ungestört verläuft. Vor allem ist es angesichts der genannten Tatsache, dass eine Mehrzahl westlicher Menschen insgeheim eine Therapie sucht, wenn sie zum Meditieren geht,[43] wichtig, beides auseinander zu halten. Der erste Schritt dabei besteht darin, dass man die für die Meister-Schüler-Beziehung kennzeichnende »Übertragung von Herz-Geist zu Herz-Geist« nicht mit der Übertragung bei einer psychoanalytischen Behandlung verwechselt. Diese lebt davon, dass der Analysand unbewusstes Material auf den Analytiker projiziert und ihn dadurch zwangsläufig lange Zeit verzerrt wahrnimmt. Das Gelingen der Beziehung zu einem Meister dagegen hängt in hohem Maß davon ab, dass man ihn so weit als möglich als konkrete Person sehen kann. Das heißt, man soll einerseits nicht die Augen davor verschließen, dass er wie jeder Mensch charakterliche Mängel und/oder neurotische Züge haben wird. Es wäre also absurd, gleichsam einen charakterlich, moralisch und spirituell »chemisch

gereinigten« Meister zu erwarten bzw. diese Erwartung in ihn hinein zu phantasieren, indem man ihn idealisiert.

Die Toleranz hat allerdings ihre Grenzen. Zwar lässt sich nicht bestreiten, dass auch unreife oder sogar psychisch kranke Menschen bis zu einem gewissen Grad spirituelle Erfahrungen haben können. Manchen von ihnen gelingt es sogar, mehr oder minder ungeschoren durch eine spirituelle Schulung hindurch zu tauchen, ohne dass sie dadurch wesentlich reifer werden. Das macht sie aber als Lehrer gefährlich, wenn ihre Schwierigkeiten allzu eklatant sind und vor allem, wenn sie das selbst nicht wissen oder wenn der Schüler das nicht erkennt bzw. nicht wahrhaben will.

➤Jeder Schüler sollte sich also fragen, wie gut jemand, den er als Meister akzeptieren möchte, die »klassischen« Fehlformen falscher Spiritualität überwinden konnte. Wie frei ist er von Machtansprüchen und Größenideen, von leibfeindlichem, weltflüchtigem oder dualistischem Denken? Geht es ihm letztlich vor allem um exzeptionelle oder regressive Bewusstseinszustände? All das drückt sich insbesondere in Verstiegenheit, in falscher Askese und in einem autistisch-undisziplinierten Denken aus, das den Boden unter den Füßen verloren hat. Wie sehr lassen sich andererseits bei ihm die »klassischen« Früchte wirklicher Spiritualität erkennen, also Weisheit und Mitgefühl, Bewusstseinsklarheit, Gelassenheit, Heiterkeit und Ambiguitätstoleranz, die es ihm ermöglichen, die Wirklichkeit, insbesondere die mitmenschliche, liebevoll zu bejahen, ohne das mit einem Mangel an Kritikfähigkeit zu bezahlen?

Eine ideale Methode, sich dem Meister gegenüber ein gesundes Augenmaß zu bewahren und ihn weder zu idealisieren noch ihn zu entwerten, sondern ihm mit Verständnis und Liebe zu begegnen, gibt es natürlich nicht. Um so wichtiger ist es, die Schulung der Achtsamkeit, die ja für jede Meditation unerläßlich ist, auch auf den Umgang mit dem Meister auszudehnen.

Für *beide* Seiten des Meisters offen zu sein, fällt allerdings gerade heute vielen schwer, und zwar aus verschiedenen Gründen: Auf der einen Seite neigt man als Folge der Verbildung durch die Auswüchse einer (an einem verzerrten Freudianismus und an gewissen Zerrformen des Boulevardjournalismus orientierten) Entlarvungssucht dazu, sich gierig auf jeden menschlich-allzu menschlichen Fleck bei seinem Nächsten zu stürzen, besonders wenn man hinter diesem etwas Spirituelles vermutet. *Hier paaren sich überhöhte Erwartungen mit Enttäuschungsbereitschaft.*
Auf der anderen Seite neigen viele Vertreter von pseudospirituellen Bewegungen dazu, »in jede verkorkste Seele einen kleinen Apollo und Buddha einzuschmuggeln«[44], wie das der Pfarrer und Psychoanalytiker Otto Pfister formuliert hat. *Das macht sie oft blind für eklatante Charakterfehler bei ihrem Guru, die sich mit dem Anspruch seiner Rolle tatsächlich nicht mehr vereinbaren lassen.*

Bekanntlich gibt es aber nicht nur kranke, sondern auch verantwortungslose, böse Menschen, *auch unter den Gurus!* Niemand kann bezweifeln, dass manche von ihnen die sowieso schon sensible Situation der Meister-Schüler-Beziehung ausnutzen. Das geschieht im Wesentlichen auf folgende Weise:[45]

a. Der Lehrer missbraucht seine Macht, indem er das Selbstgefühl seiner Anhänger je nach Bedarf oder Lust und Laune verstärkt oder aber vernichtet. Dabei hält er die Gefühle seiner Gefolgschaft ständig auf Trab, indem er abwechselnd Bedarf mit den großen Hämmern der Angst und der Hoffnung agiert.
b. Diesen Machtmissbrauch legitimiert der »Guru« oft damit, dass er vorgibt, er besitze ein Monopol, zumindest aber einen besonderen Draht zu einer letzten Wahrheit oder zu welchem sonstwie Letzten auch immer, der seinen Anhängern abgeht.
c. Eng ist damit eine andere Gefahr verbunden; Welwood nannte sie die »transpersonale Karotte am Horizont«[46]. Wenn man sie den Schülern vor die Nase hält, jagen diese ihr ständig nach wie ausgehungerte Tiere, ohne Hoffnung, sie je zu erwischen.
d. Dazu kommt ein gruppendynamisches Moment: An sich ist es für den Schüler wünschenswert, wenn der Meister einer Gemeinschaft vorsteht. Auf diese Weise erhält er Weggefährten, die ihm Nähe, gemeinsame Suche, aber auch Korrektur ermöglichen (in christlichen Gemeinschaften spricht man von »correctio fraterna«, brüderlicher Korrektur). Gefährlich ist aber, wenn eine Gruppe nur noch von der Abhängigkeit vom Guru und von der Ergebenheit gegenüber der »gemeinsamen Sache« zusammengehalten wird. Dadurch wird die Übereinstimmung mit den Ansichten der Gruppe wichtiger als der gesunde Menschenverstand oder ein unabhängiges Urteil.
e. Ein derartiges Urteil wird vor allem dadurch verhindert, dass der Guru einen Wall zwischen der Gruppe und dem Rest der Welt errichtet. Jedes Ausscheren aus diesem Rahmen wird als mangelnde Loyalität oder gar als Häresie gebrandmarkt.
f. Die Selbstachtung des einzelnen Gruppenmitglieds wird ausschließlich von der gemeinsamen Sache abhängig gemacht. So kommt es zum Verschwinden jedes natürlichen Selbstgefühls, das Wilhelm Busch mit dem Satz: »Sie freuen sich mit Weib und Kind/ schon bloß, weil sie vorhanden sind« charakterisiert hat.

Die Gruppe wird auf diese Weise *zur Mutter* gemacht, von der man abhängig ist wie ein Säugling. Wie ein solcher sein Selbstgefühl vom Glanz in den Augen seiner Mutter bezieht, so erhält man jetzt auch die eigene Selbstachtung nur noch vom (realen oder bloß phantasierten) Glanz in den Augen des Gurus. Er wird zum Zentrum der Wirklichkeit, um das sich alles dreht. Oft überbietet er dabei sogar noch die Rolle der »Mutter Gruppe«, indem er sich gleichsam zu einer androgynen Kultfigur, zu Vater und Mutter *gleichzeitig*, aufbläht und dadurch seine Anhänger in der geschilderten Weise magisch missbraucht. Da zudem auch die Gruppe archaische mütterliche Züge hat, verstärkt sich dadurch für viele die Abgängigkeit sogar noch weiter bis zu einem Punkt, dass der Ausstieg aus einer solchen Gemeinschaft fast unmöglich wird.

g. Die genannten Gefahren sind besonders deshalb aktuell, weil in unserer Gesellschaft die natürlichen Familienbande zunehmend zu zerbrechen drohen oder bereits zerbrochen sind. Das erleichtert das Entstehen der irrealen Hoffnung, auf dem Weg einer Meister-Schüler-Beziehung ein verlorenes Paradies wieder zu finden. Das ist zwar begreiflich. Dennoch fügt man so dem Betrug, dessen Opfer man dereinst war, als einem zur rechten Zeit eine wirkliche Kindheit vorenthalten wurde, lediglich einen weiteren Betrug hinzu. Die verlorene Kindheit gewinnt niemand dadurch zurück, dass er sich später selbst wieder zum Kind macht. Vielmehr gilt es einzusehen, dass man in einem solchen Fall vermutlich erst einmal eine Therapie braucht und erst nach deren Abschluss meditieren sollte.

So wichtig das alles ist, so notwendig ist es auch, nicht den anderen Pol der Gefahren einer Meister-Schüler-Beziehung zu übersehen: die Schwächen, Fehlhaltungen und Fehleinschätzungen *auf Seiten des Schülers*. Die größte Rolle spielt dabei die Neigung, sich vom Guru abhängig zu machen. Dies kann im Sinne jener *pathologischen*

Hingabe geschehen, von der wir schon anfangs gesprochen haben, als wir den Begriff »falsche Selbsttranszendenz« einführten[47].

Die falsche Selbsttranszendenz ist kein religiöser Zug, wie man vielleicht meinen möchte, sondern hängt vor allem mit unserer Neigung zusammen, uns auf infantile Weise abhängig zu machen. Dies aber gründet wiederum in der allmenschlichen Bereitschaft, blind einer Autoritätsperson zu folgen, bloß weil man meint, er (oder sie) müsse wissen, was für einen selbst gut sei[48].

Mindestens ebenso häufig ist allerdings die Tendenz, den Meister zu »*vergöttlichen*«. Dabei projiziert man auf ihn meist grandiose Erwartungen im Sinne einer »idealisierenden Übertragung«. Besonders bei Meditierenden, die sich östlichen Gurus zuwenden, ist dieser Mechanismus verbreitet. Viele von ihnen verbrämen ihn zwar mit dem schönen Wort »Demut«. In Wirklichkeit verhalten sie sich aber existentiell unaufrichtig. Insgeheim suchen sie nämlich, ihr »kleines Ich«, das »arme Ding«, wie Freud es genannt hat[49], in sein Gegenteil zu verwandeln: es soll über eine archaische Verschmelzung mit der scheinbaren Grandiosität des Gurus selbst grandios werden. Dabei verkennen sie:

> ➤ Nicht der Guru soll zu einem Gott aufgeblasen werden, damit sich dadurch der Schüler seinerseits insgeheim zu einem Gott aufblähen kann, sondern es gilt, den »göttlichen Kern« im einen wie im andern zu entdecken.

Nicht minder fragwürdig ist auch das scheinbare Gegenteil dieser Preisgabe des eigenen Ichs, nämlich seine *illusionäre Umdeutung* (»Inflation«). Der Schüler lässt sich dann nichts mehr sagen, weil er sowieso alles besser weiß und verliert dadurch den Boden unter den Füßen. Statt eine Beziehung zum Meister aufzunehmen und die Mitmenschen im Blick zu haben, identifiziert er sich dabei völlig mit dem, was *er* unter »Geist« versteht und versucht dadurch, »wie Gott« über der Wirklichkeit zu schweben. Das führt dann zu jener eigenartigen *Klarheit ohne Wärme,* die man besonders oft bei Menschen antrifft, die sich am Rande spiritueller Gemeinschaften oder in exklusiven esoterischen Kreisen bewegen.

Beide Extreme, sowohl die pathologische Preisgabe wie die pathologische Inflation des eigenen Ichs, sind nur teilweise Gegensätze. Gemeinsam ist ihnen, dass es sich dabei um mehr oder minder unbewusste Strategien handelt, mit deren Hilfe man aus der Realität aussteigen möchte. Vor allem will man so die Begegnung mit jener Komplexität der Wirklichkeit vermeiden, die Ruth Cohn gemeint hat, als sie sagte: »Ich bin wichtig, du bist wichtig, die Welt ist wichtig, die Balance dieser drei ist lebenswichtig«[50]. Durch beide Fehlhaltungen verkehrt sich aber das Wesen der Meditation ins Gegenteil, denn man zieht sich dadurch sowohl vor der Realität als auch vor den Mitmenschen zurück, obwohl der Weg der Meditation nur dann nicht verfehlt wird, wenn er letztlich zu beiden hin führt.

Falsch wäre es freilich auch hier, den moralischen Zeigefinger zu erheben, statt zu sehen, dass sich in diesen beiden missglückten Formen der Begegnung mit der Welt und den Menschen unsere gesellschaftliche und geistige Realität spiegelt. Ihre Zunahme bei uns hängt vor allem damit zusammen, dass wir in einer Zeit leben, die vielen ein Maß an Autonomie abverlangt, von dem sie überfordert werden, vor allem wenn sie noch jung sind.

Wie sehr es sich im Übrigen bei den beiden häufigsten Fehlformen der spirituellen Praxis, nämlich bei der pathologischen Hingabe und bei der narzisstischen Aufblähung des eigenen Ichs, *tatsächlich* weitgehend um unbewusste Mechanismen handelt, wird auch daran deutlich, dass beide insgeheim zusammengehören. *Gemeinsam ist beiden vor allem die Abwehr von Nähe sowie die Störung der Beziehungsfähigkeit* (auch wer mit einem anderen verschmelzen möchte, will ihm ja letztlich nicht nahe sein, jedenfalls nicht auf einer personalen Ebene!). *Bei den einen* drückt sich diese sie verbindende Störung so aus, dass sie überhaupt unfähig sind, tiefere Beziehungen einzugehen oder dass sie zumindest eine Beziehung zwanghaft abbrechen, sobald sie in ein schwierigeres Stadium kommt. Die anderen dagegen können nicht zwischen Beziehung und Abhängigkeit unterscheiden. Daher misslingt es ihnen, in der Nähe eines anderen Menschen zu reifen oder aber sie halten an seiner Nähe sogar dann noch fest, wenn sie dadurch in eine pathologische Abhängigkeit geraten oder wenn ihr Partner sie quält. All das spielt sich in einer missglückten Meister-Schüler-Beziehung oft nicht sehr viel anders ab als in einer unglücklichen Liebesbeziehung.
Weil aber, wie erwähnt, unreifes Anklammern und Beziehungsunfähigkeit oft geradezu untrennbar zusammengehören, schlägt das eine häufig ins andere um, wie schon Nietzsche ge-

sehen hat. Er lässt den Zarathustra sagen: »Man vergilt es einem Lehrer schlecht, wenn man immer nur der Schüler bleibt. Und warum wollt ihr nicht an meinem Kranze rupfen? Ihr verehrt mich; aber wie, wenn eure Verehrung eines Tages umfällt? Hütet euch, dass euch nicht eine Bildsäule erschlägt«.[51]

Aus diesem Satz wird aber auch verständlich, warum eine spirituelle Beziehung vor allem dann entgleist, wenn der Schüler den Meister vorher bewusst oder unbewusst zu einem Idol (zu einer »Bildsäule«) gemacht hat: Idole sind, wie Jean Gebser gezeigt hat, Ausdruck einer archaischen – nämlich der magischen – Bewusstseinsstufe[52]. Diese hatte zwar sowohl kollektiv als auch individuell ihre Zeit, aber sie erweist sich als extrem instabil, ja oftmals sogar als verhängnisvoll, wenn sie zur Unzeit vorkommt.

Bei der Betrachtung der genannten Gefährdungen sollten wir freilich eines nicht übersehen: es handelt sich dabei um Zerrformen, die im Rahmen von Meister-Schüler-Beziehungen insgesamt eher die Ausnahme als die Regel sind und die sich vermeiden lassen, wenn man die Spielregeln einhält, die wir bereits genannt haben. Wir müssen diese Gefährdungen zwar kennen, damit wir damit umgehen können. Ihre Möglichkeit darf uns aber nicht davon abhalten, uns auf die Begegnung mit einem Meister einzulassen, wenn das für unsere spirituelle Weiterentwicklung wichtig ist. Wie weit wir westlichen Menschen uns auch auf das Abenteuer östlicher Spiritualität einlassen sollten, soll im nächsten Kapitel geprüft werden.

»Orient und Okzident sind nicht mehr zu trennen« Wie weit gilt dieser Satz Goethes auch für die Meditation?

1. Unterschiede zwischen westlichem und östlichem Denken

Die in der Einleitung erwähnte Polarisierung vieler Gemüter bei uns gegenüber der Meditation nimmt meist noch zu, wenn es um einen Brückenschlag zur östlichen Meditationspraxis und Philosophie geht. Ungeteilte Zustimmung trifft dann auf leidenschaftliche Ablehnung, vor allem sobald auch christliche Inhalte berührt werden. Dennoch muss sich jeder, der sich mit Meditation beschäftigt, mit diesen Fragen auseinandersetzen, weil sie mit der »Sache« selbst zusammenhängen. Eine kritiklose Imitation östlicher Denkweisen und Methoden freilich wird dem Problem ebenso wenig gerecht wie die Haltung der Gegner jeder Begegnung mit dem Osten, die darin letztlich nur eine törichte Mode sehen oder sich durch sie sogar in ihrer Identität bedroht fühlen.

Beide Positionen – Zustimmung und Abneigung für oder gegen östliche Wege – haben bei uns eine lange Tradition und jede beruft sich auf ein bekanntes Dichterwort. Das eine stammt von Rudjard Kipling. Er schrieb 1889: »Oh, East is East and West is West, and never the twain shall meet«[1]. Dem steht Goethes im Titel dieses Kapitels genannter Satz aus dem »West-Östlichen Divan« gegenüber, der zwar ursprünglich nur auf den Vorderen Orient gemünzt war, inzwischen aber auf ganz Asien auszudehnen ist.

Zweifellos wäre eine umfassende Diskussion der mit der Beziehung zwischen Ost und West zusammenhängenden Fragen wünschenswert, würde aber, wie manche anderen Themen, die in unserem Buch angesprochen wurden, völlig seinen Rahmen sprengen. Wir werden uns also auch hier mit Stichworten begnügen.

Die Frage nach der Begegnung zwischen Ost und West ist deshalb so komplex, weil in sie unzählige Gesichtspunkte hineinspielen, vor allem soziologisch-politische, praktische, philosophisch-theologische und asketisch-spirituelle. Dazu kommt, dass weder der »Westen« noch der »Osten« zeitlich oder örtlich als Einheit gesehen werden darf. Dennoch lässt sich nicht vermeiden, vom einen wie vom anderen zu sprechen, wenn man nicht an der Wirklichkeit vorbeigehen will. Zwangsläufig schafft man damit Angriffsflächen. Am schwersten erfassen lassen sich aber persönliche Vorlieben und Abneigungen, obwohl sie mehr als alles andere hinter den unterschiedlichen Meinungen stehen. Wenn irgendwo im Zusammenhang mit unserem Buch, gilt hier der Seite 81 erwähnte Satz Freuds, dass man selten unparteiisch ist, wo es um die letzten Dinge des Menschen geht. Ein jeder würde dabei, fährt Freud fort, von »tief begründeten Vorlieben beherrscht«.

Alle genannten (Streit)-Punkte haben sich in einer schier unübersehbaren Literatur niedergeschlagen. Interessierte seien vor allem auf zwei Veröffentlichungen hingewiesen, die hier sichtend und klärend wirken. Für die Darstellung der psychologisch-anthropologischen Aspekte finden wir nach wie vor das im Literaturverzeichnis angegebene Buch von *Hajime Nakamura* besonders hilfreich. Religiös Interessierten dagegen sei ausdrücklich das grundlegende Buch von *Michael von Brück* nahegelegt, das er zusammen mit Whalen Lai verfasst hat[2]. Es geht in mehr als 800 Seiten auf einen zentralen Aspekt dieses Problems ein: auf die Beziehungen zwischen Buddhismus und Christentum.

Selbst innerhalb unserer begrenzten Möglichkeiten müssen wir uns jedoch mit dem Vorwurf auseinandersetzen, *die Begegnung zwischen Ost und West sei nur eine gefährliche Mode*. Ein Blick in die Geschichte zeigt etwas anderes: diesen Dialog gab es seit dem Mittelalter immer wieder, ohne dass dadurch die abendländische Tradition gefährdet wurde:

»Im 15. Jahrhundert wurde die griechische Kunst, christlich geläutert und durchseelt, wiedergewonnen; im 17. Jahrhundert beginnt durch die Vermittlung der Jesuiten eine Renaissance fernöstlichen, insbesondere chinesischen Geistes. Das Barock ist wesentlich durch den chinesischen Universalismus mitgeprägt: Seide, Porzellan, der Zopf und die Chinoiserien sind Spuren des fernöstlichen Einflusses; die Philosophie und Ethik des Rokoko ist auf eine erstaunliche Weise eher konfuzianisch als christlich. In der Lebenszeit Mozarts treten die ägyptischen Altertümer und die Mysterien des Nillandes in das Gesichtsfeld Europas«[3].

Warum diese Begegnung auch heute noch nicht abgeschlossen werden darf, hat der Physiker und Philosoph C. Fr. von Weizsäcker gezeigt, als er feststellte: »Die abendländische Kultur ist mehr von der Reflexion, die asiatischen Kulturen sind mehr von der Meditation bestimmt«[4].

Bis zum heutigen Tag ist nicht nur C. Fr. von Weizsäcker, sondern sind auch viele andere führende Naturwissenschaftler, insbesondere Physiker, den Weg »zwischen Jerusalem und Benares«[5] gegangen. Der Theologe Hans Waldenfels meinte, das hänge vor allem damit zusammen, dass sie die Religionen Asiens als ganzheitsorientiert und irrtümlich als irrational einschätzten und darin einen Gegenpol zu ihrem gewohnten Denken und alltäglichen Lebensverhalten sähen[6]. Wir halten jedoch die Meinung, das Interesse der Gelehrten am östlichen Denken und an der östlichen Re-

208

ligion lasse sich als eine Art Hobby von Leuten erklären, die damit die Anstrengungen ihrer Berufspraxis ausgleichen wollen, für zu einfach. Vielmehr sehen wir darin eher die Feststellung eines realen Defizits in der Entwicklung des neuzeitlichen westlichen Christentums. C. Fr. von Weizsäcker schrieb: »Ich bin, stets und nicht unwillig, Mitglied der lutherischen Kirche geblieben. Aber soviel mich das Neue Testament anging, sowenig ging mich, so schien mir zu meiner Enttäuschung immer wieder, die Kirche an. An den Stellen, an denen ich suchte, in der Ethik und in der Mystik, forderte sie mich nicht; sie mutete mir weder die Bergpredigt noch das Johannes-Evangelium zu ... Ich habe mich seitdem, bei wacher Bewusstheit der tiefen kulturellen Differenzen, im spirituellen Asien selbstverständlicher zu Hause gefühlt als in Europa. Ich wusste: dort sind Menschen, die sehen und sind«[7].

Natürlich wird man hier einwenden, von Weizsäcker sei nur ein Einzelfall und im Übrigen seien, anders als er, viele maßgebliche Naturwissenschaftler nicht mehr kirchlich gebunden. Bemerkenswerte Selbstzeugnisse machen jedoch deutlich, wie gerade bei ihnen, die vielleicht den Geheimnissen der Wirklichkeit am dichtesten auf der Spur sind, das Interesse an religiösen Fragen und speziell an der Mystik nach wie vor lebendig ist[8]. Dass sie es mehr im Osten als im Westen stillen, hängt mit dem Verlust unserer spirituellen Tradition zusammen. Außerdem sind viele in Asien entwickelte Sichtweisen und Konzepte leichter mit den Einsichten der heutigen Physik, Psychologie und Philosophie vereinbar als unsere westliche Denkart[9]. Östliche Auffassungen von der Vernetzung der Wirklichkeit oder vom Wesen der Substanz oder des Subjekts rechnen zum Beispiel dazu.

Worin sich aber die westliche und die östliche Sichtweise in ihrem Kern voneinander unterscheiden, hat der vielleicht beste Kenner beider Kulturen, Suzuki Daisetsu, folgendermaßen charakterisiert:

Der westliche Geist ist »analytisch, unterscheidend, differenzierend, induktiv, individualistisch, intellektuell, objektiv, wissenschaftlich, verallgemeinernd, begrifflich, schematisch, unpersönlich, am Recht hängend, organisierend, Macht ausübend, selbstbewusst, geneigt, anderen seinen Willen aufzuzwingen«. Die Wesenszüge der östlichen Mentalität lassen sich dagegen nach Suzuki folgendermaßen umschreiben: »synthetisch, zusammenfassend, integrierend, nicht unterscheidend, deduktiv, unsystematisch, dogmatisch, intuitiv (bzw. affektiv), nicht diskursiv, subjektiv, geistig individualistisch und sozial kollektivistisch«[10].

Zwei oberflächliche Behauptungen bringt Suzuki Daisetsu nicht, die fast regelmäßig angestellt werden, wenn über die Beziehung zwischen westlichem und östlichem Denken geredet wird und die oft den Zugang zum Verständnis der jeweils anderen Spiritualität erschweren. Die eine hat mit unserem Rationalismus zu tun, die andere bezieht sich dagegen auf den angeblichen Irrationalismus des Ostens und macht diesen am Begriff »māyā« fest.

Das Schlagwort vom Rationalismus des Westens ist vor allem unter dem Einfluß des New Age populär geworden, der damit gerne die eigene Unlust am klaren Denken rechtfertigt. Wer jemals taoistische, hinduistische oder buddhistische Schriften studiert hat, weiß, wie falsch diese Behauptung ist. Für zutreffender halten wir die Feststellung eines gebildeten Tibeters, Chöne Kalsang. Er sagte: »Die Menschen aus dem Westen erklären die Ursache ihrer emotionalen Leiden oft mit der Feststellung, dass sie, wie alle Leute in der westlichen Zivilisation, im Allgemeinen zu viel denken. Doch wenn ich genauer hinsehe, denken sie nicht so viel. Sie denken oft in die falsche Richtung, daher meine ich, sie denken zu wenig. Das Denken wird zum trockenen Ast, wenn man versäumt, ein gutes Herz zu bewahren. Alle Weisheit und das Glück zu leben kommen aus der Logik des Herzens, und der Verstand ist dazu da, die Herzenslogik auf kluge Weise auszudrücken«.[11]

Chöne Kalsang wies damit auf eine Denkart von uns hin, die sich jedem aufdrängt, der die neuere Wissenschafts- und Geistesgeschichte studiert. Charakteristisch für sie ist, dass man mit einer bemerkenswerten Ausschließlichkeit ein Ziel ins Auge fasst, das man für erstrebenswert hält und alsdann »ohne Rücksicht auf Verluste« nach vorn prescht, um es »in den Griff« zu bekommen. Alles, was einem dabei nutzt, wird sofort »kapitalisiert«, auch wenn es dadurch aus seinen natürlichen Zusammenhängen gerissen werden sollte. Alles dagegen, was keinen Nutzen verspricht, lässt man links liegen, nachdem man die Kräfte des Gemüts gleichsam an der Garderobe abgegeben hat.

Auf diese Weise lernten die Europäer und Nordamerikaner seit der Aufklärung zwar, auf beispiellos geschickte Art die Natur zu beherrschen und daraus die Technik zu entwickeln. *Der Umgang mit dieser führte aber zu einer gefährlichen Sonderentwicklung:* während fast alles andere, mit dem wir zu tun hatten, unseren Zielen untergeordnet wurde, wurde die Technik gleichsam zum Selbstläufer, dem man sich seinerseits unterordnete. Dadurch blieben viele von uns in fragwürdiger Weise am Äußerlichen und Machbaren hängen. Der Preis dafür besteht darin, dass wir immer mehr für spirituelle Phänomene und für die Zusammengehörigkeit von Herz und Verstand unsensibel geworden sind.

Betrachtet man aber die Rationalität in dem hier gebrachten umfassenden Sinne eines »Herz- und Verstand-Denkens«, dann wird auch deutlich, wie falsch es ist, wenn viele Verteidiger des überkommenen westlichen Denkens den Meditierenden unterstellen, sie würden den Verstand abwerten.

> ➤ Wie sollte jemand Zugang zu »höheren«, transrationalen Bewusstseinszuständen finden und wie sollte er im tiefen Versenkungszustand »alles« loslassen können, wenn er nicht vorher gelernt hat, differenziert auch mit seinem Verstand umzugehen?

Falsch ist auch die Unterstellung, der Osten würde die irdische Wirklichkeit nur als »māyā« ansehen, und zwar im Sinne von Täuschung, Illusion und Schein. Dass dort »māyā« zwar *auch* diese Bedeutung hat, darin aber nicht aufgeht, betonten wir bereits Seite 96. In Wirklichkeit klingt in diesem Wort immer auch eine Bedeutung an, die etwas Ähnliches meint wie die mittelalterliche Philosophie, wenn sie den Begriff »natura naturans« gebrauchte: Natur in ihrem schöpferischen, hervorbringenden Aspekt[12]. Weil der Osten den Zugang zu diesem Bereich vielfach besser entwickeln und bewahren konnte als wir, ging ihm nahe liegender Weise auch der Blick für transrationale und spirituelle Phänomene weniger verloren als uns.

Dass sich das derzeit auch in Asien fast überall rapide ändert, seitdem die modernen Kommunikationsmittel dort Einzug gehalten haben, zeigte die Trägerin des alternativen Nobelpreises, Frau Helena Norberg-Hodge, am Beispiel des kleinen Himalajastaates Ladakh. Jeder, der sich längere Zeit dort oder in ähnlich abgelegenen Ländern in Asien aufgehalten hat, wird erschüttert ihre Beobachtung bestätigen müssen, dass sogar alte Kulturen gerade aufgrund ihrer geistigen Offenheit wie Kartenhäuser zusammenzubrechen drohen, sobald »›Dallas‹ im Kasten flimmert«[13].

2. Die Rolle von C. G. Jung im west-östlichen Dialog

Wenn wir als Nächstes nach der *Berechtigung einer Übernahme östlicher meditativer Praxis durch den Westen* fragen, kommen wir um eine Auseinandersetzung mit dem Werk und der Person von C. G. Jung nicht herum, denn unsere Vorstellungen von den Beziehungen zwischen dem westlichen und dem östlichen Bewusstsein wurden von ihm stärker geprägt, als manchem deutlich ist. Niemand kann dabei bestreiten, wie groß Jungs Rolle als Vermittler von westlicher und östlicher Geistesart lange Zeit war. Er schrieb bedeutsame Einleitungen zu so wichtigen Schriften östlicher Spiritualität wie dem Buch »Die große Befreiung« von Suzuki Daisetsu und dem Tibetischen Totenbuch »Bardo Thödol« und verfasste auch ein bemerkenswertes Vorwort zum chinesischen Buch der Wandlungen, »I Ging«. Andererseits warnte er: »Die östliche Haltung verletzt die speziell christlichen Werte, und es nützt nichts, diese Tatsache zu übersehen«[14]. Zwar empfahl er: »Ich sage, wem ich kann: ›Studieren Sie den Yoga. Sie werden unendlich viel daraus lernen‹«, führte diesen Satz jedoch mit der Warnung fort: »aber wenden Sie ihn nicht an«[15]. An anderer Stelle mokierte er sich sogar über die »geistigen Bettler unserer Tage«, die allzu leicht geneigt seien, »sich das Almosen des Ostens anzueignen«. In ihnen sah er »heimatlose Seeräuber, die sich an fremden Küsten diebisch niederlassen«[16].

Begreiflicherweise sind diese Sätze Balsam für jene, die sich gegen eine Übernahme östlicher meditativer Praktiken durch den Westen wehren. Selbst wenn ihnen die Schärfe von Jungs Polemik zu weit geht, werden sie doch seine Meinung teilen, dadurch werde eine Situation heraufbeschworen, die ähnlich gefährlich für uns sein könne wie die Folgen des hellenistischen Synkretismus im dritten und vierten Jahrhundert für den Zusammenbruch der Antike[17]. Ihnen muss aber gesagt werden, dass zwar die Gefahr einer Art von spirituellem Spätkolonialismus unverkennbar ist, der darin besteht, dass wir den Osten mit den eigenen Vorstellungen überschwemmen und ihn dann außerdem auch noch geistig ausplündern. Feststeht aber auch, dass sich der geistige Bereich von der stürmischen weltweiten Vernetzung auf allen Gebieten nicht ausnehmen lässt, die wir derzeit erleben.

Wie groß die Gefahr ist, dass es dabei zu einem kontur- und charakterlosen Gemenge kommt, sahen wir am Beispiel von Ladakh. Aber solche beklagenswerten Folgen sind nicht zwangsläufig. Wir meinen, dass es nicht nur unvermeidbar, sondern sogar notwendig ist, dass sich jede der beiden Seiten der geistigen Einstrahlung der anderen aussetzt und bereit ist, von ihr zu lernen. Damit teilen wir im Übrigen auch die Meinung des Dalai Lama. Warum aber sollte sich dieser Lernprozess nur auf das östliche Denken beschränken und nicht aber auch auf seine spirituelle Praxis? Bei Jung jedenfalls waren es offenbar weniger sachliche als persönliche Gründe, die ihn zu seinen Warnungen veranlassten.

Das wird zum Beispiel an einer Indienreise deutlich, die Jung 1938 aufgrund einer Einladung für einige Monate unternahm. Er trat sie im Grunde eher wie ein Tourist und nicht wie ein Lernender an. »Bewaffnet« war er dabei erstaunlicher Weise allerdings weniger mit Literatur über Asien als vor allem mit einer alchimistischen Schrift[18]. Was er dann in Indien erlebte, hat ihn zwar offenbar manchmal bewegt, doch äußerte er sich in seinen Reiseschilderungen oft merkwürdig platt darüber. Er nahm auch drei Ehrendoktorhüte in Empfang und sprach mit einer Reihe von indischen Gelehrten, war jedoch nicht bereit, mit einem geistigen Meister in persönliche Beziehung zu treten. Selbst dem Kontakt mit so erlauchten Persönlichkeiten wie Gandhi oder Ramana Maharshi vermied er zum Erstaunen von Freunden, die Indien kannten. Erstaunlich war für sie vor allem, dass er selbst die Begegnung mit Sri Aurobindo ablehnte, obwohl dieser ähnlichen Interessen nachging wie er selbst: Auch Aurobindo hat sich, nicht anders als Jung, intensiv mit den Beziehungen zwischen dem östlichen und dem westlichen Bewusstsein beschäftigt.

Wie sehr Jungs Verhalten von Tendenzen bestimmt war, die sich nicht gerade zur Nachahmung empfehlen, zeigt sich zum Beispiel daran, dass er, als er später nochmals auf Ramana Maharshi zu sprechen kam, bekannte: »Ich fürchte, wenn ich noch einmal nach Indien reise, um das Versäumte nachzuholen, so ginge es mir wieder gleich: ich könnte mich, trotz der Einmaligkeit und Unwiederholbarkeit dieses zweifellos bedeutenden Menschen nicht dazu aufraffen, ihn persönlich zu sehen«, denn dieser, (wie er ja betont hatte, »einmalige Mensch«!) »ist ein Typus, der war und sein wird. Darum brauche ich ihn auch nicht aufzusuchen; ich habe ihn in Indien überall gesehen«, denn Ramana Maharshi sei »der weißeste Punkt in einer weißen Fläche«[19].

Auch wer Jungs Intuition noch so sehr bewundert, die bei anderen Gelegenheiten unverkennbar war, wird sich fragen müssen, was es eigentlich bedeutet, wenn er behauptet, einer der größten spirituellen Gestalten unserer Zeit sei zwar »unwiederholbar«, aber dennoch nicht mehr als ein bloßer »Typ«, den man gar nicht persönlich kennen lernen muss, um zu wissen, um wen es sich dabei handelt. Es steht uns nicht zu, das psychologisch im Sinne der Seite 38 genannten Beobachtung Freuds zu deuten, bestimmte (schizoide) Menschen gingen mit konkreten Verhältnissen um, als seien sie abstrakte. Gleichgültig, ob das auch auf Jung zutrifft oder nicht, dürfte eine Erklärung dafür anderswo zu suchen sein:

Jung war ein typischer Repräsentant seiner Zeit, in der man zwar den einseitigen Rationalismus und Individualismus des Westens beklagte und in einer gewissen Weise von Asien schwärmte, sich aber weigerte, das historisch-gegenwärtige Indien einschließlich seiner herausragenden Persönlichkeiten zur Kenntnis zu nehmen. Die westliche Sicht Asiens war insofern, wie Michael von Brück betont, »bis zum Zweiten Weltkrieg weitgehend Projektion eigener Wünsche und geistesgeschichtlicher Defizite«[20].

Die Tendenz, die eigenen Phantasien auf die andere Seite zu projizieren und dabei die Gegensätze zwischen West und Ost oft tendenziös überzustrapazieren, beginnt bei Schopenhauer und lebt auch heute noch in manchen Köpfen. Jean Gebser hat gezeigt, wie unhaltbar das ist. Er schrieb: »Die Ansicht, dass West und Ost Gegensätze seien, ist falsch ... West und Ost sind Ergänzungen. Verglichen mit dem dualen, spaltenden Charakter des Gegensatzes, ist das Wesen der Ergänzung polarer, einigender Natur. Der Gegensatz ist ein Begriff, die Ergänzung eine Konstellation ... Ein nichts als rationales Gegensatzdenken führt zur Spaltung, und auf die Dauer führt es zum Tod. Bewegt man sich dagegen bewusst im polaren Spannungsfeld der Ergänzung, leuchtet die Möglichkeit einer harmonischen Ganzheit auf«[21].

Jungs Haltung und die seiner Vorgänger reicht in unserer immer mehr zusammenwachsenden Welt für einen zukünftigen Umgang mit dem Osten einfach nicht mehr aus. Kein vernünftiger Mensch wird seine Leistung und die seiner Vorgänger in Abrede stellen, durch die das Gespräch mit dem Osten immerhin in Gang gekommen ist. Aber es genügt nicht, den Osten nur vom eigenen Schreibtisch aus zu betrachten und zu benoten, Gegensätze zu konstruieren, wo es eigentlich darum ginge, Fehlendes bei sich selbst zu ergänzen und sich der Auseinandersetzung mit einer spirituellen Praxis zu stellen, die einzigartig auf der Welt ist. Wir brauchen daher neue Voraussetzungen für den Ost-West-Dialog.

Richtungweisend sind dafür in dieser Situation vor allem Frauen und Männer, die sich nicht mit der Rolle jener »spirituellen Trockenschwimmer« begnügt haben, von denen wir Seite 22 sprachen. Sie redeten nicht bloß über die anderen, sondern lebten bei ihnen und gewannen eine Kompetenz im Dialog zwischen West und Ost aufgrund eigener Reflexion *und Praxis*. Wir möchten hier stellvertretend für viele andere aus der Generation der »Gründerväter« dieser neuen Haltung von östlicher Seite wieder den Namen von Suzuki Daisetsu und von westlicher Seite Graf Dürckheim und Eugen Herrigel sowie die Patres Griffiths, Lassalle, Merton, Monchanin und Le Saux nennen. Dazu gehören aber auch einige zum Buddhismus konvertierte Europäer, die sich weiterhin mit der Tradition der Welt ihrer Herkunft auseinandergesetzt haben wie E. L. Hoffmann (Lama Anagarika Govinda), S. Feniger (Nyanaponika) und A. Gueth (Nyanatiloka). Die Kenntnis ihrer Bücher ist ebenso wie das Werk des gegenwärtigen Dalai Lama, der immer wieder im Gespräch mit führenden Vertretern der westlichen Kultur in ihrer ganzen Breite steht, für jeden eine Voraussetzung, der die Eigenart und die Besonderheiten der spirituellen Praxis beider Kulturkreise näher kennen lernen möchte.

Wer die Schriften dieser Protagonisten einer lebendigen Beziehung zwischen West und Ost liest, stößt auf *drei Botschaften*:

> ➤ Die Erste lautet, dass ein Dialog unverzichtbar ist, die Zweite, dass nur der Brücken bauen kann, der selbst auf einem festen Fundament steht[22] und die Dritte, dass dieser Dialog mit der anderen Seite schwierig ist, allein schon wegen der Sprachbarrieren.

Daraus folgt, dass die »Hochzeit zwischen Ost und West«[23] Missverständnisse und Verwirrung anrichten würde, wenn sie unkritisch oder vorschnell geschlossen würde. Dennoch würden aber alle Kenner der jeweils anderen Seite Carl Friedrich von Weizsäcker zustimmen, der bekannt hat: »Die Begegnung beider (Kulturen) erscheint mir manchmal als das eigentliche weltgeschichtliche Ereignis der gegenwärtigen Jahrhunderte«[24].

3. Die Begegnung zwischen westlicher und östlicher Spiritualität

Die Begegnung zwischen östlicher und westlicher Spiritualität scheint noch schwieriger zu sein als die Suche nach den Gemeinsamkeiten und Unterschieden im westlichen und östlichen Denken, denn dabei steht noch stärker das im Zentrum, was uns alle »unbedingt angeht«. Man kann sich hier auch nicht auf eine uninterpretierte, »reine« Erfahrung zurückziehen, da es diese ebenso wenig gibt[25] wie einen Glauben ohne dogmatische Voraussetzungen[26]. Dennoch fand man inzwischen gerade bei der gemeinsamen spirituellen Praxis erstaunlich gut zueinander. Voraussetzung dafür war eine klare, überschaubare Methode der ungegenständlichen Meditation: vor allem das Zen. Daran wurde deutlich:

Beschränken werden wir uns bei der Betrachtung der Gemeinsamkeiten und Unterschiede zwischen den verschiedenen Formen der Spiritualität auf Christentum und Buddhismus, da hier die Differenzen in den Grundlagen besonders groß zu sein scheinen. Günstig ist dabei, dass der genannte, seit wenigen Jahrzehnten zunehmende interreligiöse Dialog dennoch gerade zwischen Christen und Buddhisten stattfand. Vor dieser Zeit waren allerdings die Vorbehalte der Christen gegenüber dem Buddhismus besonders ausgeprägt. Dabei brachten sie vor allem vier Argumente: der Buddhismus sei atheistisch, nihilistisch, agnostisch und egoistisch.

In Wirklichkeit bestritt der Buddha weder die Möglichkeiten einer letzten Erkenntnis noch einer höchsten Erleuchtung. Er predigte auch keinen Atheismus, sondern ließ lediglich die Gottesvorstellungen seiner Zeit auf sich beruhen, weil sie, wie alle bloßen Vorstellungen von Gott, zeitgebunden waren und sich nicht mit dem verbinden ließen, worum es ihm wirklich ging: um unmittelbare Erfahrung. Wie sollte man zum Beispiel »Gott« als Verursacher der Schöpfung erfahren können? So erklärt sich auch, dass sich die Buddhisten bis heute einen Schöpfergott nicht vorstellen können.

Alle bloßen Vorstellungen, so lehrte der Buddha, lenken von dem ab, was für ihn ausschließlich im Zentrum stand: brahma-vihāra, was wörtlich »göttliche Verweilungszustände« heißt, wir würden sagen: das Spüren des Göttlichen im Menschen. Diese »vier göttlichen Zustände«, zu denen ein solches Spüren führt, äußern sich im Empfinden der Nächstenliebe sowie in Mitleid, Mitfreude und in der Herstellung von seelischem Gleichgewicht[27]. Sie zu erreichen ist das eigentliche Ziel der buddhistischen Praxis. *Warum sie auch für jeden Nicht-Buddhisten Kern der eigenen Spiritualität sein sollten, muss wohl nicht näher begründet werden.*

Heute äußert man sich von Seiten der Christen auch offiziell positiver zum Buddhismus[28]. Bemerkenswert ist allerdings, dass es schon vor der genannten Wandlung des geistigen Klimas bei uns einige erlauchte Geister gab, die auf die Bedeutung des Buddha, ja der gesamten östlichen Spiritualität hinwiesen. Dazu gehörten neben Carl Friedrich von Weizsäcker der katholische Theologe Romano Guardini sowie auf evangelischer Seite Dietrich Bonhoeffer. Zwar hatten auch sie östliche Spiritualität selbst nicht praktiziert, aber jeder von ihnen brachte die wichtigste Voraussetzung für diesen Dialog mit: *die Verankerung in einem spirituellen Fundament, das in der eigenen Religiosität gründet.*

Unserer Überzeugung nach gibt es bis heute keine großartigere Würdigung des historischen Buddha von christlicher Seite, als die von Guardini. Seine zentrale Aussage war, dass dieser »unfassliche Geist«[29], der mehr gewollt habe, als nur besser zu werden oder den Frieden zu finden[30], für ihn der Einzige war, »der den Gedanken eingeben könnte, ihn in die Nähe Jesu zu rücken«. Was er christlich bedeute, habe noch keiner gesagt[31].

Auch Dietrich Bonhoeffer schrieb schon als junger Mann, dass man in Indien – und, wie man ergänzen muss, auch sonst in Asien! – viel lernen kann, ja sogar, dass »im dortigen ›Heidentum‹ viel mehr Christliches steckt als in unserer ganzen Reichskirche«[32].

Dass bei uns heute ein vernünftiger Mensch dem Buddhismus gegenüber nicht mehr so argumentiert wie unsere Väter, hat nicht nur mit der genannten neuen Einstellung an der Spitze der kirchlichen Hierarchie zu tun, sondern auch mit deren Basis. Bei beiden ist in einer immer mehr zusammenrückenden Welt das Gefühl der Nähe zum andersdenkenden Nachbarn und damit auch das Verständnis für ihn gewachsen. Selbst darin, dass im Buddhismus, anders als in den monotheistischen Religionen und zum Beispiel auch im Hinduismus, die Gottesfrage zweifellos weder Ausgangs- noch Orientierungspunkt der spirituellen Praxis ist, wird nicht mehr unbedingt als gravierendes Gesprächshindernis angesehen.

Auch geht es heute für viele Christen weniger um den rechthaberischen Besitz einer letzten Wahrheit und der rechten Lehre, als vielmehr um Heil und Erlösung[33]. Das aber hat verschiedene Folgen, die ihrerseits wiederum den Dialog fördern: 1. Wer nach dem Heil fragt, fragt auch nach dem *Weg,* der dazu führt. Die Frage nach der Orthopraxie aber, also nach der richtigen *Methode,* war im Osten – auch in den Ostkirchen – immer wichtiger als die Orthodoxie, also die Frage nach der Rechtgläubigkeit. 2. Man schaut sich mehr als früher im Hier und Jetzt um. Deshalb wird der Graben, der das Diesseits vom Jenseits trennt, schmaler. 3. Weil man sich heute aber in erster Linie als Wanderer auf dem Weg begreift, wird der Andere, ja sogar der Andersgläubige, immer mehr zum *Mitwanderer,* mit dem man sich in der gemeinsamen Suche und im Wunsch, sich gegenseitig zu helfen, verbunden weiß.

Der in manchen Ländern immer noch zunehmende Fundamentalismus lässt sich in vielfacher Hinsicht als eine Gegenreaktion zu dieser Entwicklung begreifen. Er wurzelt letztlich in der Angst vor einer inneren Wandlung.

Einen *zweiten Grund* für die Veränderung der Einstellung zu diesen Fragen zeigte Pater Lassalle auf. Er betonte, dass immer mehr Christen im modernen Denken geschult und mit den Einsichten der kritischen Bibelwissenschaft vertraut sind. Daher fragen sie sich, was ihnen garantiert, dass das, was sie bei ihrer Suche nach den Quellen ihres Glaubens finden, auch wirklich die Lehre und Erfahrung Christi ist. Für Lassalle selbst gab es dafür nur eine Antwort: »*Wenn es ... überhaupt eine Gewähr gibt, so kann es nur die eigene religiöse Erfahrung sein, die wir in tiefem Gebet und in der Kontemplation finden. Nur dort kann uns unmittelbar von Christus selbst die Antwort gegeben werden. Darum muss das Suchen nach den Quellen immer mit der religiösen Erfahrung verbunden sein*«[34].

Wem diese Aussage von Pater Lassalle zu »ketzerisch« vorkommt, der sollte sich klar machen, dass keine Glaubensaussage endgültig und absolut sein kann, *denn sie ist auf einem Grund entstanden, der, wie jede Erfahrung, grundsätzlich niemals voll verfügbar sein kann.* Diese Einsicht ist im Christentum unter dem Einfluss des griechischen Denkens, wo man in erster Linie nach einer absoluten Wahrheit fragte, allmählich in den Hintergrund getreten. Nicht besonders betont werden muss, dass die

Tatsache, dass man heute allmählich umdenkt, natürlich kein Freibrief für Beliebigkeit ist.

Hinzu kommt als *drittes Moment*, dass sich neuerdings viele Christen auch in den Ostkirchen umschauten, oft nachdem sie vorher nach Asien geblickt hatten. Im Vergleich mit beiden ging ihnen dabei auf, in welchem Ausmaß sie selbst unspirituell geworden sind und wie sie dadurch den Blick für die Ganzheit der Wirklichkeit verloren haben[35]. Das half ihnen, den Seite 176 zitierten Satz Karl Rahners zu begreifen, das Christentum werde nur dann eine Zukunft haben, wenn es eine eigene Mystagogie entwickle. Dadurch wurden sie angeregt, mehr als bisher an ihre eigene große spirituelle Tradition anzuknüpfen.

Auch bei dieser Rückbesinnung haben die spirituellen Meister Asiens geholfen. So wies zum Beispiel D.T. Suzuki schon früh auf die Bedeutung westlicher Mystiker hin, vor allem des Meisters Eckhart, und erhellte uns deren Werk im Lichte seiner eigenen Tradition[36]. Zugleich zeigte er dessen Nähe zur indischen Denkart auf. Viele der Sätze von Eckhart lasen sich für ihn wie eine Übersetzung unmittelbar aus dem Sanskrit. Wie eng dieser Zusammenhang tatsächlich ist, wurde uns selbst anlässlich eines Seminars bei Swami Nityananda Giri deutlich, der uns Texte von Eckhart im Lichte der hinduistischen Advaita-Philosophie erschloss.

Bedeutsam ist aber auch ein *viertes Moment*. Es hängt mit einer Entwicklung zusammen, die im Westen begann, inzwischen aber auch immer mehr auf den Osten übergegriffen hat. Peter L. Berger beschrieb es folgendermaßen[37]:

»Die moderne Gesellschaft hat die Glaubwürdigkeit religiöser Theodizeen bedroht, nicht aber die Erfahrungen beseitigt, die nach ihnen verlangen« ... Was die Modernität erreicht hat, »ist die ernsthafte Schwächung jener Wirklichkeitsdefinitionen«, die das »Menschsein erträglicher machten« ... Im Laufe dieser Entwicklung hat sich »die Plausibilitätsstruktur (der Religionen) von der Gesellschaft als ganzer auf viel kleinere Gruppen von bejahenden Einzelnen verschoben«.

Die von Berger beobachtete Entwicklung schwächte zwar die institutionelle Rolle der Kirchen, hatte aber andererseits zur Folge, dass sich bei vielen *Christen* das Bedürfnis nach authentischer Erfahrung steigerte. Damit wuchs bei ihnen zugleich die Einsicht, wie falsch es war, dass man lange Zeit den religiösen Glauben unter Vernachlässigung des Erfahrungsmäßigen und Mystischen nur noch als etwas Institutionelles, Intellektuelles und/oder bloß Moralisches angesehen hatte. Auch die Schiefheit der Position jener Scheinaufgeklärten wurde deutlich, für die der Glaube bis heute allenfalls noch einen gewissen Wert im Sinne einer besseren sozialen Kontrolle hat. Als unreligiös begriff man jedoch vor allem die Haltung derjenigen, die ihren Glauben zur Rettung ihrer Seele auf ewige Zeiten instrumentalisieren wollten. Mit den Worten des Meisters Eckhart gehen sie alle mit Gott um wie mit einer Kuh, die nur noch wegen der Milch und des daraus gewonnenen Käses interessant ist[38], also um des eigenen Nutzens willen.

Aber auch viele *Buddhisten* lernten durch den Kontakt zu ihren christlichen Schwestern und Brüdern. So begriffen sie besser als vorher, dass das Licht der Erleuchtung nicht nur in der Meditationshalle leuchtet, sondern auch auf dem Marktplatz und in welchem Umfang es bei der Lehre des Mahāyāna oder bei der Weisheit der zehn Ochsenbilder[39] um die Zuwendung zu allen lebenden Wesens geht. Auch wurde ihnen deutlich, dass die Grundgestalt des Buddha nicht nur die des in der Lotoshaltung sitzenden Meditierenden ist, sondern nicht minder die des Stehenden, der sich erbarmend den Mitmenschen zuwendet.

4. Gemeinsamkeiten und Unterschiede zwischen Christentum und Buddhismus

Die bei religiös und spirituell engagierten Menschen in Ost und West unter dem Druck der Verhältnisse wachsende Bereitschaft, im Anderen weniger als früher den Fremden mit dem falschen Glauben zu sehen, als vielmehr den Bruder, der ähnliche Erfahrungen macht und ähnliche Ziele verfolgt als man selbst, ist zwar erfreulich. Sie kann aber entgleisen, wenn sie nicht mit Einsicht gepaart ist[40]: Unser Verhältnis zum Nächsten ist ja nicht nur so positiv, wie zum Beispiel in Schillers Ode: »An die Freude«, die Beethoven in der 9. Symphonie vertont hat, sondern zeigt immer auch eine Kehrseite. Diese kommt in der biblischen Geschichte von »Kain und Abel« ebenso zum Ausdruck wie in der indiskreten Brüderlichkeit jener, die über den An-

deren einfach verfügen, ohne dabei die Grenzen von Respekt oder Scham zu wahren. Religiösität oder Spiritualität *allein* schützen bekanntlich vor all dem nur wenig, wie uns die Missionsgeschichte aller Religionen lehrt.

Die eigene Spiritualität wird zur Demagogie, wenn man sie anderen aufzwingt und fremde Spiritualität führt zum Chaos, wo sie kritiklos übernommen wird. Wer die eigene Tradition ohne Not durch eine andere ersetzt, gewinnt nichts, sondern verliert unvermeidlich eigene Substanz. Ein menschlicher Weg besteht dagegen darin, sich über das Andersartige beim Anderen zu freuen, sich dabei aber den offenen Blick für das Gemeinsame und das Trennende zu bewahren und vom Anderen zu lernen. In einem Vortrag beschrieb der Dalai Lama, wie das praktiziert werden kann:

»Die unterschiedlichen religiösen Lehren und Botschaften sind nützlich, sie sind notwendig. Jede Religion hat eine bestimmte Qualität. Die eine Religion legt Gewicht auf diese Aspekte, während eine andere Religion mehr jene Aspekte betont. Jede ist in ihrer Art einzigartig. Unter den heutigen Umständen bedarf es des engeren Kontakts, gegenseitiger Achtung und gegenseitigen Lernens zwischen den Religionen. Auf diese Weise kann man neue Ideen kennen lernen und neue Erfahrungen durch andere Religionen machen. Dies bereichert die eigene Praxis«[41].

Bevor wir nach den Konsequenzen aus dem Gesagten für die Meditation fragen, wollen wir – ohne Anspruch auf Vollständigkeit – einige Gemeinsamkeiten und Unterschiede zwischen Jesus und Gautama

Siddhārta beziehungsweise ihrer jeweiligen Botschaft zeigen[42]:

Gemeinsam ist bei beiden, dass die Quellenlage über ihr Leben und ihre Äußerungen heutigen Ansprüchen zwar nicht genügt, aber andererseits nicht so unsicher ist, wie man lange Zeit gemeint hat. Vieles Überlieferte beruht zwar zweifellos auf Legenden. Dennoch kann man bestimmte Tatsachen voraussetzen:

Sowohl Siddharta Gautama Buddha, der vermutlich von 563-483 vor Christus lebte, als auch Jesus waren Wanderprediger.

Bei beiden hatte ihr soziales Umfeld kein Verständnis für ihre Botschaft; auch die Hüter der religiösen Tradition, der sie entstammten, leisteten erbitterten Widerstand.

Beide sammelten Jünger um sich.

Ihre Ausstrahlung auf ihre Umgebung gründete weniger in einem schulmäßigen Wissen als vielmehr in ihrer einzigartigen Erfahrung einer letzten Wirklichkeit.

Beiden ging es weniger um eine Welterklärung, die man abständig diskutieren kann, als vielmehr um eine innere Kehre.

Beide sahen die Quelle menschlicher Übel in der Verstrickung in Begierden und Ichsucht; beide lehrten einen mittleren Weg zwischen Sinneslust und Selbstquälerei[43].

Beide legten ihre Offenbarungen und ihre Botschaft nicht schriftlich nieder.

Nach ihrem Tod gebrauchten ihre Anhänger nicht ihren Namen, wenn sie von ihnen sprachen, sondern einen Hoheitstitel (der »Erleuchtete«: »Buddha« bzw. der »Gesalbte«: »Christus«, »Messias«).

Selbst die zentrale Botschaft der beiden war weitgehend identisch. Sie lautete: *Du bist bereits daheim.* Buddhistisch heißt das: »Du hast bereits Buddhanatur, realisiere das, was schon da ist«. Jesus hingegen lehrte: »Du bist bereits der Gnade teilhaftig. Lasse sie dir schenken«. Das gilt schon für die Kinder. Von ihnen sagte er (im Präsens, nicht im Futur!): »Menschen wie ihnen gehört das Himmelreich« (Mt. 19, 14), »ihre Engel im Himmel sehen allzeit den Himmlischen Vater« (Mt. 18, 10) und die Erwachsenen ermahnte er, wie Seite 109 erwähnt wurde, umzukehren und wie die Kinder zu werden.

Den genannten Gemeinsamkeiten bei Buddha und Jesus stehen allerdings auch fraglose *Unterschiede* gegenüber:

Beide stammten aus unterschiedlichem Milieu: der Buddha war der wohlhabende Sohn eines Gaufürsten, während Jesus aus einer Handwerkerfamilie kam.

Auch die Schüler des Buddha gehörten vorwiegend der Oberschicht an, fast alle Jünger Jesu dagegen waren arm.

Dementsprechend wandte sich der Buddha vorwiegend an Hörer, die in ihrem Leben keine Erfüllung fanden und daher einen neuen Weg suchten. Jesu Botschaft dagegen richtete sich vor allem an die Mühseligen und Beladenen, die Armen, Schwachen und Kranken, »die des Arztes bedürfen« (Lk. 5, 31).

Auch im Umgang mit den Mitmenschen unterschieden sich beide. Beim Buddha, der asketisch lebte, bestand bei aller Güte ein ungeheurer Abstand zu seinen Mitmenschen. Jesus dagegen wurde von seinen Feinden vorgeworfen, er sei ein »Freund der Zöllner und Sünder«, ein »Fresser« und »Weinsäufer« (Mt. 11, 18-19).

Der Buddha wurde etwa 80 Jahre alt und seine Botschaft war in hohem Maße von Altersweisheit mitbestimmt. Jesus hatte dagegen, als er gekreuzigt wurde, die Lebensmitte noch nicht überschritten. Das dürfte auch für die jeweilige Botschaft und ihre Vermittlung bedeutsam gewesen sein.

Der Buddha war ein harmonisch in sich Ruhender, Jesus dagegen ein leidenschaftlich Ergriffener, der sich als Gesandter seines Vaters verstand.

Im Zentrum des Lebens stand beim Buddha ein *Versenkungsweg*, bei Jesus dagegen die *persönliche Gottesbeziehung*.

Die Botschaft des Buddha gründete im indischen *Kreisdenken*. Demnach ist unser Werden und Vergehen einem Weltgesetz unterworfen, das sich einem ewigen Kommen und Vergehen von Empfindungen und Körperhaftem, von Vorstellungen und Wahrnehmungen, von Triebkräften und Bewusstseinsakten äußere (samsāra). Jesu Botschaft war hingegen vom jüdischen Geschichtsdenken mitbestimmt. Dieses ist aber auf ein *Ziel* gerichtet und rückt die Einmaligkeit und Unwiederholbarkeit des *jetzigen,* als einmalig erlebten Daseins ins Zentrum.

Beide verkündeten zwar eine Frohbotschaft. Diese lief aber beim Buddha auf eine *Befreiung vom ewigen Kreislauf* hinaus, die hier und jetzt eintreten kann, wenn Gier (Lebensdurst), Hass und Unwissenheit im Individuum erloschen sind. Jesu Botschaft dagegen ging von einer menschlichen Urerfahrung aus: »In der Welt habt ihr Angst« (Joh. 16, 33), enthielt aber die Zusage einer *Erlösung durch Gott* im Sinne einer zukünftigen Befreiung (wenn man endgültig beim »Vater« aufgehoben sein wird).

Voraussetzung für die *Befreiung vom Leid* waren beim Buddha Einsicht, Achtsamkeit, Loslassen und Ruhe. Insofern wollte er die Wurzel des Übels gleichsam durch eine Austrocknung des Lebenswillens beseitigen. Bei Jesus dagegen setzte die *Erlösung von der Sünde* die Gnade Gottes voraus, aber auch Nächstenliebe, ein reines Herz (»Selig sind, die reinen Herzens sind«) (Mt 5, 8), Gerechtigkeit und Widerstand gegenüber den Versuchungen der Sünde.

Der gemeinsame Kern der *Botschaft* von Buddha und Jesus, wir hätten bereits hier und jetzt Zugang zu einer letzten Wirklichkeit, war so revolutionär, dass er bis zum heutigen Tag nirgends einfach hingenommen werden konnte.

Der Zenmeisters Hakuin (1685-1768), eine der größten Gestalten des japanischen Buddhismus, beklagte das mit bewegenden Worten in seinem »Preisgesang des Zazen«, der bei der Zenmeditation regelmäßig rezitiert wird: »Wie traurig, dass die Menschen das Nahe nicht sehen/ und die Wahrheit weit in der Ferne suchen. /Das ist wie mitten im Wasser aufschreien vor Durst,/ wie ein Kind aus reichem Haus, das umherirrt unter den Armen«.

Dass hinter derartigen Äußerungen *gemeinsame Erfahrungen* stehen, zeigt sich daran, dass sich westliche Mystiker mitunter fast identisch äußerten, oft sogar in einer ähnlich poetischen Sprache.

So dichtete zum Beispiel Angelus Silesius (1627-1677), der einige Jahrzehnte vor Hakuin gelebt hatte: »Gott ist in mir das Feu'r und ich in ihm der Schein: /Sind wir einander nicht ganz inniglich gemein?«. Die Mystiker im Westen konnten allerdings das Erfahrene kaum je so ungeschützt mitteilen wie Hakuin und wenn sie sich daran nicht hielten, bekamen sie es meist mit dem sprichwörtlichen *furor theologicus*, dem »theologischen Zorn«, zu tun und konnten froh sein, wenn sie sich dadurch nicht um Kopf und Kragen brachten.

Bemerkenswert sind die genannten Äußerungen der Mystiker vor allem auch deshalb, weil ja das *Verhältnis zur Welt* im Westen anders ist als im Osten. Dort wandelt sich allerdings neuerdings nicht nur die Religiosität, sondern auch der Bezug zur Welt vielfach tiefgreifend, besonders durch den Einfluß des Marxismus (wie in China) und durch den Amerikanismus (vor allem in Japan).

Suzuki Daisetsu sagte über das Verhältnis zur Welt in *Asien*, jedenfalls wie es ursprünglich war, man wolle diese dort nicht verwandeln, sondern liebe sie so, wie sie ist. Man wolle sie auch nicht zu einem Mittel machen, um etwas zu erreichen, was den Lauf des Lebens in eine völlig neue Bahn lenken würde[44]. Diese Feststellung galt insbesondere für buddhistische Länder.

Ganz anders war und ist das Verhältnis zur Welt im Westen. Von Anfang an ging es sowohl im Judentum und Christentum, aber auch im abendländischen Denken darum, den Menschen in ihr zu verankern. Das beginnt in der biblischen Schöpfungsgeschichte mit dem Befehl: »Macht euch die Erde untertan« (Gen. 1, 28), findet sich in einzigartiger Weise im griechischen Denken und in der griechischen Kunst und ist auch ein Kerngedanke des Christentums. Das zeigt sich zum Beispiel daran, dass in dessen wichtigstem Gebet, dem »Vaterunser«, Gott nicht nur im Himmel, sondern auch auf Erden ist, dass Jesus bei seinem Abschied von dieser Welt seinen Vater bittet: »Ich bitte nicht, dass du sie von der Welt nimmst, sondern dass du sie vom Bösen erlöst« (Joh. 17, 15). Ja, der Gedanke der Wichtigkeit der Erde wird bis zum letzten Kapitel der Bibel durchgehalten, das mit dem Satz beginnt: »Ich sah einen neuen Himmel *und eine neue Erde*« (Offb. 21,1). Allerdings wurde dieser genuin christliche Bezug zur irdischen Wirklichkeit im Laufe der Geschichte des Christentums oft in eine im Grunde unchristliche Weltflucht verkehrt.

Dass das Gefühl von der Bedeutung der irdischen Wirklichkeit nach der Vorherrschaft des Christentums sogar noch zunahm, zeigte sich uns am Beispiel der Aufklärung. Es wurde selbst von denen geteilt, die dem Christentum fernstanden. Charakteristisch ist hierfür zum Beispiel der Satz Nietzsches, den er dem Zarathustra in den Mund legte: »Bleibt der Erde treu, meine Brüder«[45]. Sein Gewicht erhält er, wenn man weiß, dass Nietzsche in dieser Erde lediglich ein »erbärmliches, kleines Gestirn« sah.

5. Konsequenzen für die Meditation: Das Gemeinsame stärken – die Unterschiede wahren

Die in diesem Kapitel zusammengestellten Argumente legen den Schluss nahe, dass wesentliche spirituelle Erfahrungen bei Buddhisten und Christen zwar naturgemäß inhaltlich verschieden, aber strukturell einander sehr ähnlich sind. Demnach gilt vermutlich der Satz eines Zenmeisters, mit der Erfahrung beim Zen sei es wie mit dem Geschmack von Tee: er sei für Christen und Buddhisten derselbe[46], nicht nur für das Zen, sondern auch für andere spirituelle Erfahrungen. Andererseits sind die großen Unterschiede von östlicher und westlicher Denkart sowie die oft völlig unterschiedlichen Voraussetzungen und Ziele von Christentum und Buddhismus nicht von der Hand zu weisen. Somit ist kaum vorstellbar, dass eine unkritische Vermischung der Spiritualität beider, um im Bild zu bleiben, die belebende Wirkung von Tee erzeugen dürfte. Eher muss man erwarten, dass dabei ein undefinierbares, künstliches Gebräu entsteht (»Karma Cola«), das niemandem gut bekommt.

Wie kann man aber den reinen Geschmack des »Tees« vom Geschmack des »Karma Cola« unterscheiden? Wir meinen: dadurch, dass man die eigene Erfahrung sorgfältig prüft, aber auch, dass man eine Leitidee hat, die einem als Richtmaß für deren Beurteilung dienen kann. Für uns sind das zwei Sätze, die Lehrer von uns geprägt haben. Der eine ist dem Titel eines Buches von Ruth C. Cohn entnommen: *Es geht ums Anteilnehmen*[47], den anderen hat der Zenmeister und Jesuit AMA Samy (Arul M. Arokiasamy) formuliert, indem er eine Anweisung des Mahāyāna modifizierte: »*Verlasse niemals das Haus, aber sei immer auf dem Weg; auf dem Weg, aber niemals daheim*[48]. Diese Sätze sind gleichsam unser Motto: *Wir meinen, dass es nicht um eine Verschmelzung mit der anderen Seite geht, sondern um die Anteilnahme an deren Erfahrungen. Dabei soll man nicht die angestammte Tradition gegen eine fremde eintauschen, soll aber in der eigenen unter keinen Umständen erstarren.* Das heißt: »Daheim« sind wir aufgrund einer Verheißung[49], aber erfahren können wir das nur, wenn wir auf dem Weg sind. Eine Voraussetzung dafür ist, dass bei der Begegnung mit einer uns fremden Spiritualität oder Meditationspraxis zwei Extreme vermieden werden. Das eine gleicht dem Verhalten eines Grizzlybären, der am Flussufer auf vorbeischwimmende Lachse wartet, einen nach dem anderen aus dem Wasser zieht, ihnen die Leber herausreißt, sie frißt, den Rest aber achtlos liegen lässt. Das andere besteht darin, den eigenen Glauben zum Idol zu machen, dem man sich blind unterwirft, um sich so Sicherheit zu verschaffen.

Der Satz des Meisters Eckhart: »Darum bitte ich Gott, dass er mich Gottes quitt mache«[50] gilt dem inneren Kampf gegen diese Form von Ideologisierung ebenso wie andererseits der Zen-Spruch, den wir bereits kennen gelernt haben: »Triffst du den Buddha unterwegs, wirst du ihn töten«[51].

Wer einen »mittleren Weg« gehen möchte, der sich auch hier statt dieser Einseitigkeiten anbietet, sollte sich klarmachen, worauf er sich dabei einlässt. Er sollte sich also so unmittelbar wie möglich in die Unterschiede des jeweiligen Bewusstseins und speziell des ihm zugeordneten Denkens hineinversetzen, ohne sie zu bewerten, aber auch ohne sie wegzurationalisieren. Vermutlich wird ihm dabei aufgehen, dass er auf die Dauer in der anderen Lebensform ein Fremdling bleiben und am Ende zwischen allen Stühlen sitzen wird, wenn er diese kritiklos gegen die eigene eintauscht.

Auch dafür hat der Dalai Lama ein treffendes drastisches Bild gewählt. Er sagte zu uns, es sei »ziemlich verrückt«, wenn man aus einem Supermarkt einfach herausrennt und in einem anderen zu suchen anfängt, bevor man sich nicht wirklich gründlich in dem umgeschaut hat, in dem man sich gerade befindet. Sollte man allerdings in der eigenen Tradition keinen Halt finden, dann solle man durchaus versuchen, »ins andere Haus« zu gehen.

Ein »Grizzlybärenverhalten« sehen wir auch dann, wenn man die verschiedenen Formen der Meditation aus dem Hintergrund herausreißt, aus dem heraus sie entstanden sind. Dafür müsste man jedenfalls einen gewaltigen Substanzverlust in Kauf nehmen. Zu diesem Hintergrund zählt, wie wir Seite 38 zeigten, ein jeweils typischer Kult ebenso wie eine bestimmte Lebensführung. Was den *Kult* betrifft, so weiß jeder Kenner, dass es keine christliche, keine tibetische spirituelle Praxis und keinen Zen gibt

ohne dafür charakteristische äußere Zeichen, zum Beispiel ohne Niederwerfungen vor einem Symbol des Heiligen oder ohne Rezitation besonderer Texte. In einer fortgeschritteneren Phase der eigenen Praxis wird man kaum darum herumkommen, sie mit zu vollziehen, und zwar nicht nur äußerlich, sondern auch mit dem Herzen. Man kann sich also an ihnen nicht vorbeimogeln, will man nicht vor sich selbst unglaubwürdig werden und damit auch den Erfolg der Übung in Frage stellen. Wir werden noch diskutieren, ob und wie sich das mit der eigenen Identität vereinbaren lässt, wenn es sich dabei um Rituale handelt, die aus einer anderen Kultur oder Religion stammen.

Zur *Lebensführung* des Meditierenden gehört zum Beispiel in der Regel ein zumindest zeitweiliger Verzicht auf Fleisch während der Zeiten des Praktizierens, eine bestimmte Art des Umgangs mit dem Meister und den anderen Meditierenden, letztlich aber mit allen Menschen, bei Buddhisten sogar mit allen lebendigen Wesen.

> ➤ Speziell *die Beziehung zu den Mitmenschen* ist von großer Bedeutung für die spirituelle Praxis und gerade dieser Punkt ist auch für das Verständnis der Begegnung von westlicher und östlicher Spiritualität besonders wichtig. Es gibt nämlich im Osten keine Entsprechung zu gewissen Gütern, die unser Denken seit der Aufklärung bestimmen: zum »Ideal der selbstverantwortlichen Vernunft«, zur »Güte des gewöhnlichen Lebens« und zum Ideal eines »universalen und unparteiischen Wohlwollens« (Ch. Taylor)[52].

Auch diese Punkte wurden wiederholt vom Dalai Lama angesprochen. Er fragte mehrfach westliche Besucher, wieso es bei uns bessere karitative Einrichtungen gäbe als unter den Buddhisten, wo doch dort das Mitgefühl einen so breiten Raum einnähme.

Man kann sich vor sich selbst auch nicht damit herausreden, dass im 20. Jahrhundert bei uns diese Ideale mit Füßen getreten wurden wie kaum jemals zuvor. Sie existieren dennoch und wer sie kennt, kann von ihnen nicht mehr absehen. Er kann sich also zum Beispiel nicht einfach auf Selbstverwirklichung beschränken, wenn er weiß, dass die Meditation per definitionem den *ganzen* Menschen und die *ganze* Wirklichkeit meint.

Was das für die Praxis bedeutet, wird an dem von Carl Friedrich von Weizsäcker stammenden Begriff *»Ambivalenz des Fortschritts«*[53] deutlich. Von Weizsäcker sagte damit, es gäbe zwar einen Fortschritt in der Bewusstseinsevolution, dafür müsse aber, wie für alles im Leben, ein Preis gezahlt werden. Für unser Thema heißt das, dass Ideale wie die »Güte des gewöhnlichen Lebens« erst seit der Säkularisierung als Folge der Aufklärung allgemein verbindlich wurden, obwohl auf christlicher Seite schon lange die Lehre von Jesus, die Botschaft eines heiligen Benedikt oder eines heiligen Franziskus und auch viele Werke der Barmherzigkeit existierten und obwohl letztlich auch der Buddha oder der Mahāyāna dieselbe Botschaft verkündet hatten. Nie aber existierten vor der Aufklärung schon Vorstellungen von sozialer Gerechtigkeit, von Rechtschaffenheit oder

von der Würde der Frauen und der Kinder in unserem Sinne. Der Preis dafür besteht darin, dass sie erst Allgemeingut wurden, seitdem der Einfluss der beiden Religionen zurückging, auf denen letztlich diese Botschaft fußt: Christentum und Buddhismus. Wir deuten das weniger als ein Zeichen ihres Versagens oder ihrer Wirkungslosigkeit, sondern eher im Sinne des Wortes von Jesus: »Erst wenn das Weizenkorn in die Erde fällt und stirbt, bringt es vielfältig Frucht« (Joh 12, 24); für unser Thema hat das aber noch eine weitere Konsequenz:

> ➤ Die Vorstellung einer christlichen oder buddhistischen »Spiritualität pur« geht an der Wirklichkeit vorbei. Irreal ist aber auch ein Pochen auf die eigene Spiritualität ohne Dialog mit den anderen.

Jede Form von Spiritualität ist ebenso wie jede Religion ein komplexes System von Wahrnehmungsweisen, Vorstellungen und Verhaltensweisen[54], das nicht nur vertikal (vom Gründer ausgehend) verankert, sondern auch horizontal (in Richtung auf andere geistige Strömungen) vernetzt ist und auf Vorformen zurückgeht. Insofern ist sie immer auch reformbedürftig und daher lässt sich auch der Dialog zwischen christlicher und buddhistischer Spiritualität vom Wesen der Sache her nie abschließen. Sätze dagegen wie »kein anderes Evangelium« oder »kein anderer dharma« sind hermeneutisch naiv und verkürzen die Komplexität der Wirklichkeit.

Der Dialog mit anderen geistigen oder religiösen Traditionen ist aber nicht nur unverzichtbar und unabschließbar. Er kann auch, soll er redlich bleiben, nicht darin bestehen, dass die andere Seite gleichsam domestiziert wird, zum Beispiel indem man das Zen »christianisiert«[55] oder umgekehrt die Meditation in einem agnostischen Sinne »humanisiert«. Dahinter stehen zwei Tatsachen:

1. die Meditation lässt sich auf keine einzelne Religionsgemeinschaft beschränken. 2. Jede ihrer Formen berührt Fragen, die immer auch zum Bereich des Religiösen gehören[56].

Christen tun sich mit beidem oft besonders schwer, denn zweifellos legen einige biblische Aussagen einen christlichen Exklusivitätsanspruch nahe.

Dazu zählen vor allem Joh. 12, 45 (»wer mich sieht, sieht den, der mich gesandt hat«), Apg. 4, 12 (»in keinem anderen ist das Heil zu finden«) sowie 1. Tim 2, 5 (»einer ist Gott, einer auch Mittler zwischen Gott und dem Menschen: der Mensch Jesus Christus«).

Daher müssen wir uns erneut fragen: Ist für Christen der »Weg zwischen Jerusalem und Benares« überhaupt möglich, ohne dass sie ihren Glauben aufgeben oder gar in eine Patchwork-Identität abgleiten? Dabei müssen wir auch hier betonen, was wir bereits bei der Frage nach der Rolle des Meisters gesagt haben: wir sind keine Theologen. Dennoch möchten wir auf drei Punkte hinweisen:

1. Wir meinen, die zitierten biblischen Aussagen müssten, nicht anders als das Wort vom »einen Meister«, an der einzigartigen Person und Gottesbeziehung Jesu festgemacht werden, nicht aber an einer bestimmten Lehre.

2. Es gibt Bibelstellen, die von einer unmittelbaren mystischen Erfahrung sowohl bei Jesus als bei seinen Anhängern zeugen, zum Beispiel wenn Jesus, Joh 10, 30, sagt: »Ich und der Vater sind eins« sowie Gal. 2, 20, wo Paulus bekennt: »Nicht mehr ich lebe, sondern Christus lebt in mir«. Mystische Erfahrungen und ein Anspruch auf Exklusivität schließen sich aber gegenseitig aus. Den Anspruch auf Exklusivität im *Christentum* kann nur der stellen, der auch die *mystischen* Seiten des Christentums im Blick hat.

3. Uns selbst haben bei der Klärung dieser Fragen einige der Thesen aus dem Buch unseres Lehrers, des Zenmeisters, AMA Samy: »Warum Bodhidharma in den Westen kam« weitergeholfen. Wir deuten sie folgendermaßen:

1. Nicht nur unser Bewusstsein und unsere Spiritualität entwickeln sich lebenslang, sondern auch unser Glaube[57], nie können dabei aber Vertrauen und Loyalität fehlen. Wo sie nicht mehr vorkommen, kann man auch nicht von »Glauben« sprechen. Vertrauen und Loyalität werden jedoch in den höchsten Glaubensstufen – beim »verbindenden« beziehungsweise beim »universalierenden« Glauben, gleichsam in einer höheren Einheit »aufgehoben«[58]. *Verbindender Glaube* findet sich, wo man weitgehend von ichhaften Strebungen frei geworden und auf das Wohl aller Lebewesen bezogen ist. *Dabei wird die Loyalität zu den Werten und zum Glauben der Herkunftsgruppe mit der Loyalität zur »Gemeinschaft der Gemeinschaften« verbunden*, also zu den Werten und spirituellen Erfahrungen, die von allen Menschen »guten Willens« geteilt werden. Auch dabei engagiert man sich noch in der Gemeinschaft, der

man entstammt, aber man weiß, dass alles Realisierte angesichts des letzten Geheimnisses unzulänglich bleibt.

Der *universalierende Glaube* ist noch seltener anzutreffen, *denn dabei geht es letztlich*, wie bei der mystischen Erfahrung, *um die Bereitschaft zur Lösung aus allen Fixierungen* (der Christushymnus des Philipperbriefs nennt das »Entäußerung« – Kenosis – und schreibt sie Jesus zu, Phil. 2, 7). Dennoch will auch dieser Glaube, wenngleich in höchster Intensität, nicht mehr als jeder andere zum Ziel gekommene Glaube auch, nämlich dass man sich der Gerechtigkeit und Liebe in der Welt verpflichtet fühlt und in ihr ein Abbild der göttlichen Liebe sieht. Diese Verpflichtung und Zentrierung im Absoluten wird so zur Quelle, die einen immer mehr mit Liebe erfüllt.

Natürlich ist auch der höchst entwickelte Glaube angefochten, vom Irrtum bedroht und bedarf, christlich ausgedrückt, der göttlichen Gnade. Das zu bestreiten wäre ähnlich töricht wie die Meinung, man werde gläubig, wenn man sich durch theologische Fachbibliotheken quält oder sich durch permanentes Sitzen im Lotossitz eine Bänderdehnung an den Knien zuzieht. Aber sein auf alle Menschen ausgerichteter Charakter macht den Gläubigen auch für andere Formen der Spiritualität aufgeschlossen. *Wer ihn praktiziert, für den ist auch selbstverständlich, dass ein tieferes Eindringen in eine fremde Spiritualität nur für den sinnvoll und fruchtbar ist, der in seinem eigenen Glauben verwurzelt ist und dazu auch steht.* »Einen Glauben haben« heißt heutzutage allerdings für manche nicht unbedingt, einer bestimmten Konfession anzugehören.

2. Niemand kann den Reichtum des eigenen Glaubens ausloten, der keinen anderen kennt. Das ist kein Plädoyer für ein Gemenge verschiedener religiöser Formen, wohl aber halten wir eine zeitweilige »spirituelle doppelte Staatsbürgerschaft« bei wirklich religiösen Menschen für denkbar. *Dann kann man auch manche fremde Riten mit vollziehen.* Wer das nicht wagt, wird bei der Begegnung mit anderen Formen der Spiritualität leicht zum Voyeur. Voraussetzung für ein solches Wagnis ist allerdings die »gelassene« Überzeugung, dass einem Gott überall begegnen kann.

Zur Bewertung dieser Behauptung gehört auch, dass man begreift und respektiert, wie sehr nicht nur das allgemeine Bewusstsein und jede Religion, sondern auch die Praxis der Meditation sowie das Bedürfnis nach Kommunikation mit den anderen abhängig vom jeweiligen Zeitgeist ist. So gehörte zum Beispiel zur Zeit der Wüstenväter oder über lange Epochen im Hinduismus Weltflucht zum guten Ton und Weltoffenheit hätte damals einfach als Frivolität gegolten. Heute wiederum neigt man dazu, das damalige Verhalten von vornherein als pathologisch abzutun. Beides ist falsch. Falsch ist natürlich auch, dem Zeitgeist nachzurennen. Man sollte sich aber über unsere gegenwärtige geistige Situation mit ihren Gefahren, aber auch Möglichkeiten im Klaren sein und sie ins eigene Urteil mit einbeziehen.

3. Die Probleme bei einer Begegnung mit anderen Formen der Spiritualität, für die wir hier eingetreten sind, liegen weniger auf der intellektuellen als auf der emotionalen und moralischen Ebene. Es geht dabei ja weder um Neugier noch gar um Mutwillen, sondern um die Bereitschaft, bisherige Verhaltensmuster und Emotionen aufzugeben, um ein neues Selbst zu entwickeln.

Schlussfolgerungen

Meditation –
ein Weg zur eigenen Mitte und
ein Weg zur Wirklichkeit

1. In unserem Buch zeigten wir, dass es verschiedene *Wege* der Meditation gibt: gegenständliche, ungegenständliche und imaginative. Die *Art* der meditativen Praxis wird dabei in hohem Maße von den sozialen, kulturellen und geistig-religiösen Umständen geprägt, unter denen der Betreffende lebt. Auch tragen *persönliche Faktoren* wie Alter, Temperament, Ausdauer oder Vorlieben, sowie die Fähigkeit zur Introspektion und zum Umgang mit dem eigenen Körper dazu bei, dass jeder Meditierende seine eigenen Erfahrungen macht.

Aus diesem Pluralismus und der Bedeutung von subjektiven Faktoren bei der Meditation zieht man oft falsche Schlüsse: Die einen verabsolutieren nur eine einzelne Methode. Andere begnügen sich mit einem bloßen Ekklektizismus, der unkritisch jeden Weg aufgreift, der ihnen für ihr persönliches Weiterkommen nützlich scheint. Wiederum andere folgern daraus, Medita-

tion sei bloß subjektiv und daher mit rationalem Denken unvereinbar, der Willkür werde dabei Tür und Tor geöffnet, wirkliche Erkenntnis sei von ihr nicht zu erwarten. Alle drei Standpunkte halten wir für falsch: Dem Ersten ist entgegenzuhalten, dass Pluralismus auch ein Zeichen von Freiheit und Kreativität sein kann, dem Zweiten, dass man zunächst einmal *eine* Sprache sprechen sollte, bevor man eine andere lernt, dass aber andererseits niemand seine eigene Sprache wirklich gut spricht, der nicht auch andere kennt. Den Dritten muss man sagen, dass die Meditation eine Methode ist, die auf Injunktion, auf einem »Komm' und sieh'« beruht. Man lernt sie nicht kennen, wenn man ihr mit der Haltung eines Eckenstehers begegnet, der über etwas seine Meinung abgibt, auf das er sich nicht wirklich eingelassen hat. Insgesamt aber gibt es trotz der genannten Verschiedenheiten eine gemeinsame Basis der Meditation, und zwar sowohl in Form

227

eines Grundkonsenses als auch in Form bestimmter methodischer Voraussetzungen.

2. Der *Grundkonsens* besteht darin, dass mindestens drei Voraussetzungen erfüllt sein müssen, damit man von Meditation sprechen kann:

a. Die Bewusstseinsschulung muss durch das Studium der hinter der jeweiligen Übung stehenden Lehrinhalte ergänzt sowie von der Bereitschaft zu einer bestimmten Lebensführung getragen werden. Diese Faktoren bilden eine Einheit, die sich nur künstlich auseinander dividieren lässt, da es weder eine voraussetzungslose Meditation noch existentielle Einsichten ohne Konsequenzen für die zukünftige Gestaltung des eigenen Lebens gibt.

b. Existentielle (und ebenso mystische oder transrationale) Erfahrungen kann man nicht allein mit dem »Kopf« (intellektuell) oder mit dem »Bauch« (emotional) machen, sondern nur unter Einsatz der ganzen Person. Diese Erfahrungen müssen auch zu *Konsequenzen* führen, und zwar sowohl in dem Sinne, dass man die Welt »mit neuen Augen« sieht als auch, dass man mit ihr konkret anders umgeht.

c. Da wir *heute* meditieren, muss unsere Übung auf den Errungenschaften *unseres heutigen Bewusstseins* aufbauen. Niemand erhält Zugang zu neuen Bewusstseinszuständen, der nicht zunächst im Denken seiner Zeit verankert ist. Ebenso wenig kann man sich »ungestraft« in überlebte Bewusstseinszustände hineinflüchten. Zwar gründet die Meditation in einer jahrtausendealten Tradition und hat sich daher auch aus magisch-okkulten Vorstufen entwickelt. Immer aber war ihr Weg in Richtung auf ein weiteres, höheres und klareres Bewusstsein, nie hingegen auf eine Regression ausgerichtet. Wer also aus der Gegenwart »nach vorn« oder »nach hinten« flieht, verfehlt das Wesen der Meditation und schadet sich unter Umständen sogar selbst.

3. Sind die genannten *generellen Voraussetzungen* erfüllt, dann kann die Meditation (und auch der Yoga in seinen Hauptformen) den Menschen zu seiner Mitte bringen. Das setzt einige *methodische Schritte* voraus, die man meist erst nach längerer Zeit beherrscht. Dazu gehört, dass man während der Übung möglichst Zerstreuungen vermeidet und auf Phantasien und Triebwünsche nicht eingeht, sondern sich stattdessen um jene wache Offenheit bemüht, die für das Gelingen der Meditation Voraussetzung ist. Dabei sind Schmerzen durch die ungewohnte Körperhaltung, Frustrationen, sowie eine Verunsicherung durch das Infragestellen bisheriger Konzepte anfangs fast unvermeidbar. Gerade die Letztere ist oft so gravierend, dass man von einem »Tod des kleinen Ichs« reden kann. Dabei handelt es sich jedoch nur um Zwischenstufen auf dem Weg zu einer Art von »Neugeburt«, die darin besteht, dass sich immer mehr ein Gefühl von Lebendigkeit und innerer Fülle, der Eindruck äußerster Klarheit und Wachheit sowie die Erfahrung von Autonomie und Ichstärke einstellen. Meditationslehrer mit spiritueller Kompetenz sehen aber sogar

das als eher zweitrangig an, gemessen daran, dass der Meditierende allmählich Zugang zu jenem begrifflich nur schwer zu fassenden Bereich bekommt, den christliche Mystiker und Hindus oft (wahres) Selbst und die Buddhisten Buddhanatur nennen.

4. Realisierung[1] und Erleuchtung sind zwar das hohe Ziel der Meditation, man könnte sagen: ihre »Blüten«. Was aber zählt, sind ihre »*Früchte*«. Nur wenn das alles zusammentrifft, ist die Meditation geglückt, weil sich darin ein weiteres zentrales Kriterium jeder Meditation ausdrückt: Inneres und Äußeres werden immer mehr zur Einheit. Das heißt aber auch, dass es genau umgekehrt ist, wie oft behauptet wird, nämlich dass die Meditation dem Narzissmus und der »Süchtigkeit nach Tiefe«[2] Vorschub leiste. Wer seine Praxis insgeheim zur Verstärkung dieser Fehlhaltung missbraucht, der wird nicht nur mit seiner Übung nicht weiterkommen, sondern sich eventuell sogar dadurch schaden.

Aus dem Gesagten folgt außerdem, dass der Meditierende auch nicht der »sanfte Spinner« ist, als der er von seinen Kritikern gerne hingestellt wird. Dieser Vorwurf greift lediglich ein Teilmoment auf, verabsolutiert und verzerrt es. Dahinter steht, dass er nicht ertragen kann, dass die meditative Haltung mit der Mentalität einer gewissen erfolgsorientierten Ellenbogengesellschaft unvereinbar ist. In Wirklichkeit wird sich der Meditierende allein schon aufgrund seiner gewachsenen Aufgeschlossenheit gegenüber den Mitmenschen

nicht blind den bestehenden Verhältnissen anpassen, sondern bereit sein, diese aktiv so umzugestalten, dass sie menschlicher werden. *Symbol* dafür sind die Augen in den helfenden Händen des Avalokiteshvara[3] oder das Schwert des Mañjushrī[4], das radikal zwischen dem als falsch und dem als richtig Erkannten trennt. *Konkret* kommt das in zahllosen Werken spirituell geschulter Menschen zum Ausdruck, obwohl sie Meditation oft auf ganz unterschiedliche Weise praktiziert haben. Die kultivierende Tätigkeit der Benediktiner im Mittelalter zeugt davon ebenso wie heute zum Beispiel die Arbeit mit geistig Behinderten in der Nachfolge von Rudolf Steiner oder die selbstlose Hilfe für sozial geächtete Kinder, die wir bei Yoginis[5] in Indien sahen.

5. Die Fähigkeit, »mit sehenden Händen« auf die Welt zuzugehen, statt diese gleichsam mit der Gießkanne einer naiven Zuwendung zu überschütten, hilft dem Meditierenden auch beim Umgang mit einem Dilemma, das Fritz Perls (1893-1970), der Begründer der Gestalttherapie, formuliert hat: »Wenn du für einen mehr tust, als er braucht, bist du sein Mörder, wenn du aber weniger für ihn tust, als er braucht, bist du sein Dieb«[6]. Obwohl Perls selbst nicht meditiert hat und lebenslang unausgeglichen blieb, wird doch gerade an diesem drastischen Zitat eines der wichtigsten Ziele der Meditation deutlich: *die Entwicklung der Fähigkeit, Maß und Balance zu finden.* Voraussetzung dafür ist, dass man gelernt hat, sowohl auf die Einhaltung äußerer

Spielregeln und auf die Mitmenschen als auch auf seine »innere Stimme« zu achten, in der unser wahres Selbst zum Ausdruck kommen kann[7].

Die letzten Sätze können allerdings leicht missverstanden werden. Sie bedeuten nicht, dass man nicht aufs Ganze gehen sollte. Wenn wir an unsere großen Vorbilder denken wie Pater Lassalle, Abhishiktananda oder Thomas Merton, so drängten sie in erster Linie nach letztmöglicher Realisierung und im Übrigen war ihr Leben zwar nicht unbedingt im Sinne eines äußeren Erfolgs, aber in einem tiefen inneren Sinn fruchtbar. Nichts wäre ihnen fremder gewesen als die Vorstellung von Maß und Balance in einem irgendwie bürgerlich-behaglichen Sinn. Eher lebten sie aus einem »Über-Maß« an Spannung, die sie mit äußerster Konsequenz fruchtbar zu machen suchten, für sich und andere. Psychoanalytisch ausgedrückt: sie konnten mit der von Freud aufgezeigten Tatsache kreativ umgehen, dass der Mensch nicht besonders gut geeignet ist, glücklich zu sein und sein scheinbares Glück meist mit einer kräftigen Portion Verdrängung erkauft.[8]

> ➤ Der Gedanke an Maß und Balance bei der Meditation ist somit untrennbar mit Wachheit und Realisierung verbunden.

6. Zu den individuellen und spirituellen Früchten der meditativen Praxis kommen überindividuell-geistige. Sie werden deutlich, wenn man sieht, wo sich der Weg der Meditation mit dem neuzeitlichen Denken trifft und wo Gegensätze bestehen: Gemeinsam ist, dass im Grunde beide den zukunftsorientierten Optimismus teilen, der sich seit der Renaissance und verstärkt seit der Aufklärung entwickelt hat, ja man kann den heutigen spirituellen Weg durchaus als Aufklärungsbewegung verstehen, geht es doch auch dabei um Existenzerhellung und um Mündigkeit. Allerdings konzentriert er sich nicht auf naturwissenschaftliche und technische Errungenschaften, sondern auf die Weiterentwicklung unseres Bewusstseins.

So eng diese Gemeinsamkeit ist, so wenig lässt sich mit der meditativen Haltung ein Trend vereinen, der seit der Achsenzeit bis heute untrennbar zur mentalen Bewusstseinsstufe gehört: die Identifikation ihrer Vertreter mit der Rolle von nur noch maskulin orientierten Rebellen, die um jeden Preis nach Fortschritt und Selbstverwirklichung streben. Um das zu erreichen, lösen sie sich mit Gewalt aus dem bergenden Zusammenhang, dem wir alle entsprungen sind[9] (und der uns nach Überzeugung der Mystiker nach wie vor trägt).

Angesichts dieser Situation hat Spiritualität gerade heute eine besondere Bedeutung: Ihr ganzheitlicher Ansatz kann zum Heilmittel gegen die Folgezustände der in unserer Zeit entstandenen Mängel werden, vor allem gegen die Verkümmerung aller weiblichen, kontemplativen und rezeptiv-pathischen Möglichkeiten, sowie gegen den Verlust an Geborgenheit im Gefolge des genannten besinnungslosen Emanzipationsdrangs.

Wie die Menschen im Westen seit dem Ausgang des Mittelalters mit dem genannten Verlust an Geborgenheit umgehen, zeigte der Psychoanalytiker Horst-Eberhard Richter: Nachdem sie ihre religiöse Verankerung verloren hatten, kompensierten sie das dadurch entstandene Ohnmachtsgefühl, indem sie sich in egozentrische Allmachtsphantasien hineinsteigerten, in denen sie sich selbst gottähnlich fühlten. Richter nannte das »Gotteskomplex« und stellte fest: »Sicher fühlen sie sich nur, wenn sie überall und zu jeder Zeit ihr Verhalten nach eigenen Erkenntnissen und eigenem Entschluss steuern«[10].

Ein Bild für diese Haltung, das Richter allerdings nicht aufgriff, sehen wir in der Gestalt des blind gewordenen Faust, wie sie Goethe im fünften Akt seines gleichnamigen Alterswerkes gezeichnet hat[11]. Äußerlich gesehen geht es ihm am Ende seiner Tage nur noch um die Vollendung seines grandiosen Lebenswerks einer Landgewinnung, mit der er die zerstörerischen und das Leben bedrohenden Kräfte der Natur bändigen und »vielen Millionen Räume eröffnen« will[12]. Genauer besehen ist aber sein Werk zwiespältig, fragwürdig und bedrohlich. Hinter ihm steht nicht, wie Faust sich selbst einredet, der »Gemeindrang« eines freien Volkes[13], sondern die Gewaltherrschaft dämonischer Mächte, die alles niedermachen, was sich ihnen in den Weg stellt. In seinem hybriden Machtwunsch und Selbstbehauptungswillen nimmt Faust das zwar nicht wahr, aber es kommt ihm entgegen, wodurch er sich mitschuldig macht (schon der Buddha zeigte, dass Nichtwissen eine ethische Dimension haben kann!). Ihm geht es nur noch darum, dass ihm sein »Hochbesitz« noch nicht »rein[14]« ist, solange es ein Stück Welt gibt, das er sich noch nicht unterworfen hat, und sei es eine halb verfallene Kapelle und ein paar morsche Bäume.

Um seinen ideologischen Drang (Reinheit ist ein zentrales Symptom von Ideologien![15]) auszuleben, geht er buchstäblich über Leichen: Wer seinem Plan im Weg steht wie das greise Paar Philemon und Baucis, das sich mit einem frommen und friedlichen Leben begnügt, muss beseitigt werden. Während sie von seinen Helfershelfern, wenn auch ohne sein Wissen, umgebracht werden, deklamiert er die Quintessenz seines Strebens, die zum Credo

des modernen Menschen geworden ist: »Das ist der Weisheit letzter Schluss:/ Nur der verdient sich Freiheit wie das Leben,/ Der täglich sie erobern muss«[16]. (Hitler tönte später, erfüllt vom gleichen Geist: »Wer leben will, der kämpfe also, und wer nicht streiten will in dieser Welt des ewigen Ringens, verdient das Leben nicht«).

Als Faust schließlich stirbt, geschieht das nicht, indem er das Leben, das ihm geschenkt wurde, wieder zurückgibt, sondern im Wahn, sich durch sein angeblich vollendetes Werk eine Quasi-Unsterblichkeit verschafft zu haben (»Es kann die Spur von meinen Erdentagen/ Nicht in Äonen untergehn«)[17]. Das letzte Wort aber hat nicht er, sondern Mephisto, der zynisch das Wort zitiert, mit dem Jesus sein Liebeswerk völliger Hingabe besiegelt hat: »Es ist vollbracht«[18].

Es ist symptomatisch für unsere Zeit, dass bis vor kurzem nur wenige, die kaum Gehör fanden, die ironische Kritik des alten Goethe und seine Sorge wegen des »heraufkommenden Maschinenwesens« das »kommen und treffen wird«[19], realisierten. Dabei hätte man allein schon aufgrund bestimmter Äußerungen Goethes durchaus dafür hellhörig werden müssen, dass jetzt der »Maler einen anderen Pinsel« benutzte als im Faust I[20]. Stattdessen verherrlichten nicht nur die Nazis und die DDR-Machthaber, sondern fast alle »Faust-Experten« die angeblich fortschrittsoptimistische Geschichtsprophetie des alten Meisters. Dass sich seine Prophetie auf etwas ganz anderes richtete, nämlich auf die Einseitigkeit einer Rationalität, deren prinzipielle Bedeutung Goethe durchaus schätzte, dämmert uns erst heute, ist aber immer noch kein Allgemeingut.

Bevor man allerdings über eine solche Verblendung des westlichen Denkens den Stab bricht, sollte man sich daran erinnern, wie zum Beispiel auch das Zen in Japan lange Zeit nur ein einseitig maskulines und chauvinistisches Konzept vertrat, nachdem es über Indien und China dorthin gekommen war.

Die Konsequenz für unser Thema liegt auf der Hand: Wir müssen lernen, so schwer es uns auch fällt, in den Voraussetzungen des eigenen Denken Distanz zu gewinnen. Auch ist selbst ein guter Weg (und dazu rechnet nicht nur die Meditation, sondern auch das rationale Denken und die Technik) vor Missbrauch und zwiespältigen Folgen nicht gefeit. Deswegen ist die Offenheit für neue Impulse und Anstöße, die Dialogbereitschaft mit Andersdenkenden, das Eingeständnis der eigenen Irrtumsanfälligkeit, vor allem aber der Wille zu steter Wandlung und Erneuerung ein lebenslanger Bestandteil jeder spirituellen Praxis.

Eine falsche Konsequenz wäre allerdings, wollte man der Meditation deswegen gleichsam die Zähne ziehen, indem man nach Methoden sucht, durch die sie störungsfrei würde. Sinnvoll ist dagegen, dass man auch weiterhin voller Verehrung auf jene originellen, oft aber auch rauhen und schwierigen Frauen und Männer hört, die tatsächlich spirituelle Erfahrungen gemacht haben, ohne dass man ihnen deswegen kritiklos nachläuft.

7. Die vielleicht wichtigste Aufgabe einer *zukünftigen Spiritualität* sehen wir darin, dass sie durch ihre Methoden praktikabel macht, was schon Goethe feststellte und nach ihm viele andere, wenngleich manchmal tastend und fragwürdig, – zum Beispiel Hegel, Schelling, Coleridge, Emerson, Steiner, Gebser, Jung, Szondi und Wilber: ein ausschließlich dualistisches Denken, bei dem Natur und Geist, Männliches und Weibliches, Naturbeherrschung und Religiosität, Weisheit und Mitgefühl auseinander fallen, reicht für die Lösung vieler unserer Probleme nicht aus. Selbstverständlich muss man auch weiterhin die Natur auf den Prüfstand stellen und Scharfsinn entwickeln. *Dies muss aber durch ein Denken ergänzt werden, hinter dem ein beruhigter und entfalteter Geist steht, der für jene Aspekte der Wirklichkeit offen ist, von denen wir selbst ein Teil sind.*

Dieses Denken hat zur Voraussetzung, dass es dabei weder um Unterordnung geht, sei es unter ein Prinzip, eine Methode oder einen Meister noch um die Erhöhung des Einzelnen über die anderen, sei es im Sinne eines privilegierten, eines esoterischen oder eines Geheimwissens. Die Fruchtbarkeit des spirituellen Wegs beruht vielmehr auf einer Balance, die im Buddhismus durch die Zusammengehörigkeit von Buddha, Sangha und Dharma charakterisiert wird, von der die christlichen Mystiker wussten, wenn sie Gott über sich, Christus in ihrem Nächsten und den Heiligen Geist in sich selbst erfuhren und die die heutige Psychologie durch das Verhältnis von Ich, Wir und Es kennzeichnet[21].

Wer diese Behauptung nicht durch die eigene Praxis bestätigen kann, für den bleibt sie ein bloßes Glaubens- oder gar nur Lippenbekenntnis. Wer aber zusammen mit anderen Meditierenden erfahren hat, wie sehr Ich, Wir und Es zusammenfallen, wenn man sich der Wirklichkeit eröffnet, der befindet sich auf dem Weg zur Mitte, angefochten zwar und für Irrtum anfällig, aber gelassen, heiter und auf den Nächsten bezogen.

Anhang

Anmerkungen

Hinweis: Genaue bibliographische Angaben zu den hier kurz genannten Werken s. Literatur, S. 251 ff.

Motto

1. *C. G. Jung*: Vorwort zu D. T. Suzuki: Die große Befreiung. Gesammelte Werke 11, 590
2. Zitiert nach *G. Wehr* (Hrsg.): Theologia Deutsch S. 22.
3. Verdienst (sanskrit: punya, tibetisch: bsod nams) bedeutet nicht äußeren Verdienst, sondern die Auswirkung von Bewusstseinsformungen, die das Wesen des handelnden Subjekts verändern. Sie werden *anderen – in einem »Energietransfer« – zur Hilfe dargebracht (R. und M. v. Brück, 1996, 154).*
4. *Shāntideva:* Bodhicharyāvatāra X, 1-2,41,55, 142 ff, in der Ńbersetzung von *E. Steinkellner,* 1981.

Einführung

5. Diese Form der Anrede benutzen wir nur an dieser Stelle. Obwohl man sie immer häufiger verwendet, empfinden wir sie beim Lesen als künstlich und umständlich. Künstlich scheint uns, dass dabei die beiden Geschlechter willkürlich auseinandergerissen werden. Wir möchten stattdessen der Tatsache Rechnung tragen, dass es in unserer Sprache kein Wort gibt, das gleichzeitig sowohl die Gattung, das heißt *alle* menschlichen Wesen als auch den Menschen allgemein sowohl *als Mann und Frau* bezeichnet. Vor allem sind wir davon überzeugt, dass es ein Ziel der Meditation ist, einen Bewusstseinszustand anzustreben, der nicht auf die Unterdrückung bzw. die Dominanz eines einzelnen Geschlechts auf Kosten des anderen ausgerichtet ist, wie es vielfach in der mentalen Phase der Bewusstseinsentwicklung der Fall ist, deren Ende wir uns offenbar nähern. Das alles haben wir im Blick, wenn wir im Folgenden oft nur *ein* Geschlecht ansprechen. (Zur mentalen Bewusstseinsstufe siehe Anmerkung 36 S. 236)
6. *A. und W. Huth:* [7]1997.
7. *A. und W. Huth*: [2]1996.
8. Das Wort »New Age« ist ein inzwischen undurchschaubar gewordener Sammelbegriff für völlig unterschiedliche Bewegungen mit vielfach religiösem oder pseudoreligiösem Charakter. Ursprünglich in den USA entwickelt, haben sich seine verschiedenen Richtungen inzwischen über die ganze westliche Welt verbreitet. Diese Zerrformen bilden ein merkwürdiges Konglomerat von »Tiefsinn, Flachsinn und Unsinn« (DER SPIEGEL), das für ihre Betreiber nach wie vor oft äußerst ertragreich ist. (Siehe dazu W. Huth 1995, S 141 ff). Unabhängig davon haben führende Vertreter unseres Geisteslebens schon seit Jahrzehnten auf die Notwendigkeit einer geistigen Wende hingewiesen und aufgrund verschiedener Indizien vermutet, dass ein neues Zeitalter bevorsteht. Dazu zählten zum Beispiel Sri Aurobindo, Jean Gebser, Pater Lassalle, Leopold Szondi und Ken Wilber. Bemerkenswerter-

weise sprach auch Papst Johannes XXIII. bereits 1961 in der Einberufungsbulle zur Begründung des II. Vatikanischen Konzils davon, »dass die Menschheit an der Schwelle zu einem neuen Zeitalter steht« (Johannes XXIII, Discorsi, messagi, colloqui del santo padre Giovanni XXIII, Rom 1960, Bd. 4, 868 ff.). Bemerkenswert ist auch, dass zwar alle Genannten die gegenwärtige Krise sahen, sie aber nicht pessimistisch, sondern als unvermeidliche Übergangsphase interpretierten. Man hat ihre Hinweise mit der Killerphrase abgetan, sie müssten allein schon deshalb nicht ernst genommen werden, weil sie mit einer »runden« Zahl in unserem Kalender, dem Jahr 2000, zusammenhingen. Auch um das Jahr 1000 und das Jahr 1500 habe man ähnlich »dahergeredet«. Aber abgesehen davon, dass um das Jahr 1500 *tatsächlich* ein gewaltiger geistiger Sprung erfolgte – seitdem begann sich das moderne Denken in unserem heutigen Sinne durchzusetzen – gibt es eine Summe von Faktoren, die im Sinne dieser Vermutung sprechen (Siehe dazu *W. Huth* 1995, S. 160-162).

9   Siehe *H. Waldenfels*: 1988, S. 113.
10   Siehe dazu *K. Popper*: 1975 und 1977.
11   Ausführlicher dargestellt in *W. Huth*: 1995, S. 166-194.
12   Näher mit Literaturangaben bei *M. von Brück/ Wh. Lai*: S. 498.
13   *D. Bonhoeffer:* 1966, S. 133.
14   Zitiert nach *K. H. Weger:* 1991, S. 158-159.
15   *V. Satura: 1991, S. 49-50.*
16   Der Begriff »Spiritualität« ist in letzter Zeit zu einem Modewort geworden, das vielfach nur den Charakter eines »bloßen Ausrufezeichens« oder einer »ungefähren Geste« hat (*W. Greshake,* zitiert bei *Chr. Schütz*). Zugleich tun sich viele mit ihm schwer, weil das dahinter stehende Wort »Geist« für sie verständlicherweise zum Reizwort geworden ist, das sie nicht gern über die Lippen bringen. Dennoch sind beide Begriffe unverzichtbar, wenn es um Meditation geht. Deshalb werden wir sie in der Folge immer wieder heranziehen. (Zum Begriff »Spiritualität« siehe *Chr. Schütz,* Sp.

1170 ff sowie *W. Huth,* 1996, zum Phänomen des Geistes siehe S. 190-192).
17   Näheres bei *W. Huth*: 1971, S. 296-298.
18   *F. Nietzsche:* Zarathustra, Werke II, 285.
19   *E. Underhill*: S. 3. Der *Begriff* »Mystik« findet sich erst ab dem 17. Jahrhundert (*J. Sudbrack,* 1992, S 16). Anders steht es mit dem damit gemeinten *Phänomen.* Dieses ist älter als alle heute praktizierten Religionen. Auch ist Mystik keinesfalls einheitlich, sondern hat viele Facetten, die von den religiösen, kulturellen, bewusstseinsmäßigen und persönlichen Voraussetzungen des jeweiligen Mystikers abhängen. Dennoch stehen hinter dieser Vielfalt gewisse Gemeinsamkeiten, vor allem, dass die Mystiker gleichsam hinter den unzähligen Aspekten der Wirklichkeit die *eine* Wahrheit suchen. Dabei setzen sie fast immer bei den »natürlichen« Möglichkeiten des Menschen in Bezug auf Konzentration, Versenkung und Leerwerden an (*K. Rahner,* persönliche Mitteilung), möchten sich also keineswegs eine »Hinterwelt« erschleichen, wohl aber das unmittelbar erfahren, was andere nur glauben. Dafür sind sie vielfach bereit, sich an den Grenzen des Denkbaren und Erfahrbaren zu bewegen. Diese »cognitio Dei experimentalis« (*Thomas von Aquin* Summa theolog. II-II, qu. 97, 92), eine selbständige Suche nach Wahrheitserkenntnis mit offenem Ausgang, bezahlten viele von ihnen, vor allem christliche und muslimische Mystiker, mit dem Leben. Dass sie oft von traditionell Religiösen angegriffen wurden, hängt vor allem damit zusammen, dass die Mystiker bei ihrer Suche nach dem Heil beziehungsweise nach Gott, dem Absoluten und einem letzten Sinn oft eine im wörtlichsten Sinne lebensgefährliche Gratwanderung zwischen ihrer subjektiven Erfahrung und den Lehren der religiösen Institutionen, in denen sie aufgewachsen sind, unternahmen. Seit dem 19. Jahrhundert wurden sie auch von Seiten vieler Rationalisten, von scheinaufgeklärten Agnostikern und Atheisten angegriffen. Äußerlich begründet man das vor allem mit ihrer angeblichen Unklarheit, obwohl viele von ihnen kompetente Philoso-

phen oder Mathematiker waren. Bestenfalls sah man in ihnen seltsame Menschen mit oft schlichter Religiosität oder allenfalls interessante Abnorme. Schaut man indes genauer hin, dann zeigt sich, dass diese neuerlichen Angriffe eher mit einer Tatsache zusammenhängen, die ein großer südindischer Weiser dieses Jahrhunderts, Swami Gnanananda, lapidar auf den Punkt gebracht hat: »der Mystiker will nichts außer Gott, der Atheist will alles außer Gott«. Wie sollten sie da nicht von vornherein ins Schussfeld jener geraten, die »alles wollen außer Gott«? (persönliche Mitteilung von Swami Nityananda Giri).

20 Wie sollte man sich auch dem transrationalen Bereich »jenseits der Vernunft« nähern können, wenn man nicht einmal die Vernunft zu würdigen weiß? Das war schon einem Platon selbstverständlich, über dessen Akademie der Satz geschrieben war: »Lass niemand hier eintreten, der nicht mit der Geometrie vertraut ist«. Auch in der Folgezeit teilten viele ganz unterschiedliche Meditationslehrer, Mystiker und spirituelle Meister Platons hohe Einschätzung der Rationalität und der Mathematik, zum Beispiel Nikolaus von Kues, Rudolf Steiner und Lama A. Govinda. Viele von ihnen waren sogar selbst kreative Mathematiker oder Naturwissenschaftler (siehe *H.P. Dürr*).

21 Man denke zum Beispiel im Christentum an die Rolle des Benedikt von Nursia, der der damaligen Zeit ein neues Verständnis von der Würde der Arbeit gegeben hat oder im Buddhismus an die Rolle des gegenwärtigen Dalai Lama, der geradezu zum Symbol für den gewaltlosen Kampf für Freiheit und Menschenwürde auf der ganzen Welt geworden ist.

22 Der Begriff »Achsenzeit« wurde von Karl Jaspers geprägt (Siehe *K. Jaspers:* 1957, S. 14-30). Er verstand darunter einen zwischen etwa 800 bis 200 v. Chr. stattfindenden geistigen Prozess, der etwa um das Jahr 500 v. Chr. kulminierte. Damals wurden an den verschiedensten Stellen der Welt, im Abendland, im vorderen Orient, in Indien und in China die bis dahin bestimmenden Formen des mythischen Bewusstseins abgelöst und durch das bis heute

maßgebliche rationale Bewusstsein ersetzt.

23 *J. W. von Goethe:* Gott und Welt. Zur Bedeutung von Goethes ganzheitlicher Sicht siehe *H. Leisegang* 1932.

24 *D. H. Shapiro:* 1987, S. 48-49.

25 Schamanische Praktiken sind bei uns neuerdings sehr in Mode gekommen. So wichtig bestimmte Züge davon für uns auch heute noch sind, vor allem ihr enger Bezug zur Natur und die damit verbundene ehrfürchtige Haltung ihr gegenüber, so wenig handelt es sich dabei streng genommen um Meditation: Historisch gesehen ist der Schamanismus der Vorläufer der Meditation und sein eigentliches Element ist die *Ek*stase (nach außen gewendet), das Element der Meditation hingegen die *En*stase (nach innen gewendet). (Siehe dazu *M. Eliade:* 1985, 328 sowie *A. und W. Huth:* 1996², 197-225).

26 Siehe *D. Kantowsky: S. 30.*

27 *P. Tillich:* Offenbarung und Glaube, Gesammelte Werke VIII, 1970, 111.

28 *E. Fromm* in *E. Fromm/ D.T. Suzuki/ R. de Martino:* S. 111. Der Hintergrund dieser »Malaise« besteht im Verlust eines »geistigen Zentrums« bei vielen Menschen heute. Weil sie die Wirklichkeit nicht mehr auf dieses Zentrum beziehen können, können sie auch kein Gefühl mehr für das entwickeln, was sie »unbedingt angeht«. Gelegentlich hat man bei uns aus polemischen Gründen das Gefühl von Sinnlosigkeit und Leere, das hinter dem von Fromm geschilderten Abgestorbensein steht, mit der »Leere« des Shūnyatā gleichgesetzt. Das ist natürlich falsch. »Leere« im buddhistischen Sinne ist nicht »Nichts«. Sie hat auch nichts mit Nihilismus zu tun, sondern besagt, dass die Dinge – und vor allem das Ich – keine Existenz in und aus sich selbst haben, sondern von einander abhängen. Anders ausgedrückt: alles ist nur, weil es mit anderem kommuniziert. Das Sein ist ursprünglich In- und Miteinandersein (im Sanskrit spricht man von pratitya-sāmutpāda. (Näher erklärt bei *R. und M. von Brück:* 1996, S. 43-44).

29 *E. Fromm* a.a.O.: S. 112. Bemerkenswerterweise drückt sich das auch in der Sprache aus:

Das englische »health« (Gesundheit) hat als Wurzel das Wort »hale«, das mit »whole« (ganz) und unserem Wort »heil« verwandt ist.

30 *J. W. von Goethe*: Was wir bringen – Lauchstädt Sz 19/ Nymphe.

31 Der Begriff »Schöpfung« wurde von uns absichtlich gewählt, um den dynamischen Charakter dessen zu betonen, was sich sowohl im Kosmos wie in uns selbst dauernd weiter entwickelt und neu wächst.

32 In Anspielung auf einen Ausspruch des *Buddha:* Majjhima-Nikāya 22 (Gautama Buddha Reden S. 131).

33 In Anspielung auf das japanische Wort »sesshin«, die Übung des Zen-Schülers in Gegenwart des Lehrers, was wörtlich übersetzt »Berührung der Herzen« heißt. Siehe dazu *A. und W. Huth:* 1996², 231.

34 *Th. W. Adorno:* 1966, S. 39.

35 Kurt Gödel zeigte in dem nach ihm benannten Theorem, dass kein Prinzip sich selbst beweisen kann. Es kann nur durch ein hinter ihm liegendes Prinzip bewiesen werden, für das dann dasselbe gilt, und zwar bis in alle Unendlichkeit. So kann man zum Beispiel rational nicht beweisen, dass die Rationalität einen endgültigen Zugang zur Wirklichkeit erschließt und durch den religiösen Glauben nicht, dass dieser uns eine letzte Einsicht in die Realität eröffnet. Dadurch geraten wir in eine nicht aufzuhebende Spannung zwischen der offensichtlich allmenschlichen und nicht endenden Sehnsucht nach einer absoluten Wahrheit und der Unmöglichkeit, mittels der Logik oder der Empirie zu dieser durchzustoßen. (Siehe *W. Huth:* 1988, S. 86-87).

36 Es würde den Rahmen dieses Buches sprengen, wollten wir hier das Thema der menschlichen Bewusstseinsevolution näher behandeln, das vor allem von J. Gebser untersucht wurde. Seine These lautet, dass es im Lauf der menschlichen Bewusstseinsgeschichte zu drei Mutationen des Bewusstseins gekommen sei: von der ursprünglichen archaischen entwickelte sich dieses zur magischen, mythischen und mentalen Stufe, die derzeit dominierte. Gegenwärtig stünden wir allerdings auf der Schwelle zur nächsten Bewusstseinsstufe: dem integralen Bewusstsein. (Siehe *J. Gebser* Band II-IV, sowie *K. Wilber* 1984).

37 Siehe *R. Tarnas:* S. 466.

Der gemeinsame Kern der Meditation angesichts der Vielfalt ihrer Erscheinungsformen

1 Zum Phänomen und zur Praxis der Achtsamkeit siehe *Sh. Suzuki:* 1975. Eine gute Definition der Achtsamkeit gibt Buddhaghosa, ein zum Buddhismus konvertierter hinduistischer Gelehrter, der im vierten Jahrhundert gelebt hat: »Ihr Merkmal besteht darin, dass sie nicht verschwimmt, ihr Wesen, dass sie nicht verwirrt wird, ihre Äußerung, dass sie einen Schutz bildet oder das Objekt vor Augen hat, ihre Grundlage in fester Wahrnehmung oder in den Grundlagen der Achtsamkeit, d. i. der Betrachtung über Körper, Gefühl, Bewusstsein und Geistobjekte. Wie einen Pfeiler hat man die Achtsamkeit zu betrachten, da sie fest auf dem Objekte gegründet ist; oder wie einen Türhüter, insofern sie über die Sinnespforten wacht«. (Zitiert nach *M. Epstein:* 1996, S. 173)

2 Der Gedanke, dass man die Welt der alltäglichen Wirklichkeit nicht von einer jenseitigen »Hinterwelt« trennen könne, findet sich sowohl im Mahāyana-Buddhismus (in der Lehre des Nāgārjuna, dass das Nirvāna mit dem samsāra, dem Kreislauf von Geburt, Tod, Wiedergeburt zusammenfalle), als auch bei christlichen Mystikern, zum Beispiel bei Thomas Merton. (Siehe *M. v. Brück/ Wh.Lai:* 1997, 495)

3 Näher bei *M. von Brück/ Wh. Lai:* 1997, S. 55.

4 Zitiert nach *P. Goldberg:* 192.

5 Hier scheint es uns hilfreich, im Sinne von Leopold Szondi zwischen Affekten und Gefühlen zu unterscheiden. Affekte wie zum Beispiel Wut, Ärger oder Angst sind komplexe Faktoren, ohne die es keine Dynamik gäbe. Genetisch gesehen hängen sie vermutlich mit Schutzfunktionen zusammen, die wir auch mit

anderen höher entwickelten Lebewesen teilen. Gefühle, zum Beispiel Liebe, Trauer oder Sehnsucht dagegen sind spezifisch menschlich und viel stärker auf die Mitwelt bezogen. (Siehe *W. Huth*, 1976, 129 ff)

6 Siehe *M. Eliade*: 1985, S. 341.

7 Siehe ebd. S. 221.

8 Siehe ebd. S. 119.

9 *K. R. Popper*, in *K. R. Popper/J. C. Eccles*: 1977, 216.

10 Zum Wesen des Dualismus siehe *J. Gebser*: III, 520-522. Seine spezielle Bedeutung für die spirituelle Praxis wurde von *Th. Merton* beschrieben. Siehe *M. von Brück/Wh. Lai*: 1997, 495.

11 Die Unterscheidung der beiden Kommunikationsformen der digitalen und der analogen Information zieht sich wie ein roter Faden durch das wichtige Buch von Ludwig Frambach. Zum Begriff »Anfängergeist« siehe S. 68.

12 Siehe *K. Dietzfelbinger:* S. 24 ff.

13 Zitiert nach *Nyanaponika* (Hg): Añguttara-Nikāya, Bd. II, 162.

14 Siehe *W. Huth*: 1988 S. 124 ff.

15 Zitiert nach *J. Quint:* S. 55.

Die meditative Grunderfahrung

1 Ausführlich beschrieben bei *A. und W. Huth*, 1996, S. 75-85. William James, auf den wir uns am Ende dieses Kapitels vor allem berufen, spricht von »mystischen« Erfahrungen (1979, S. 358 ff.). Wir dagegen benutzen zunächst die von Graf Dürckheim geprägten Begriffe »Seinsfühlung« bzw.»Seinserfahrung«. Sie sind für viele weniger vorbelastet als das Wort »Mystik«. Das Phänomen »Mystik« stellt gleichsam deren letzt möglichen Gipfel dar. (Seinsfühlungen werden beschrieben bei *K. Graf Dürckheim*: 1983, S. 22-23 sowie bei *A. und W. Huth:* 1996, S. 81-85).

2 *F. Nietzsche*: III, 803.

3 Siehe dazu *D. Sigmund*, 1994, dessen Arbeit wir auch die genannten Äußerungen von Richard Wagner und Kraepelin entnommen haben.

4 Sollte darin womöglich gar zum Ausdruck kommen, dass die großen Religionen Recht haben, wenn sie behaupten, der Mensch sei von seinem Wesen her auf Liebe angelegt? Die größten Dichter des Abendlandes behaupten bekanntlich dasselbe: Dante endet die Göttliche Komödie mit dem Satz: »Die Liebe, die beweget Sonn und Sterne« (Siehe S. 162) und im Faust wird am Ende selbst der Teufel in das »verfluchte Abenteuer« des »Liebeselements« hineingezogen. (Zeile 11783-11784).

5 *A. Koestler*: 1971, 246-247.

6 Zitiert nach *G. Wehr*: 1971, S. 47.

7 *J. Böhme*: Aurora, Kapitel 11, 67 (S. 167).

8 Das Wort »noetisch« ist vom griechischen »Noema« (Gedanke, Sinn) abgeleitet. Der Begriff »noetisch« meint somit einen Denkakt mit bestimmten Sinngehalten.

9 *W. James*: S. 360.

10 *F. Nietzsche*: Aus dem Nachlaß. Werke III, 530.

11 *W. Huth:* 1988, S. 124.

12 Siehe S. 30.

13 Zitiert nach *W. James:* S. 393.

14 »Wahn« ist hierbei im Sinne des »fortgeschrittenen«, das heißt länger dauernden, bereits stabilisierten Wahns zu verstehen. Für dessen Ausbruch gilt das Gesagte indes nicht.

15 *W. Huth: 1988,* S. 306.

16 *S. Freud:* X, 303.

17 Zitiert bei *W. Huth*: 1988, S. 324.

18 Huxley gebraucht diesen Begriff im Zusammenhang seiner Erfahrungen mit der Droge LSD. Sie ist jedoch nicht darauf einzuschränken. Siehe *A. Huxley:* S. 19.

19 Siehe *W. James*: S. 366.

20 Siehe *W. Huth*: 1971.

Übungen zur gegenständlichen Meditation

1 Da wir die Unterschiede der beiden Begriffe »Meditation« und »Kontemplation« bereits in unserem »Handbuch der Meditation« erörtert haben (*A. und W. Huth*, 1996, insbesondere S. 179-184), möchten wir die Geschichte und

auch Problematik dieser beiden Begriffe hier nicht weiter diskutieren. Im vorliegenden Zusammenhang benutzen wir den Begriff »Kontemplation« im traditionellen Sinne als eine vorwiegend im christlichen Raum angesiedelte ungegenständliche Form des Betens. (Siehe *W. Jäger*, 1982, S. 9)

2 Näher ausgeführt bei *G. S. May*, der auch das nachfolgende Beispiel bringt.

3 Näher beschrieben bei *W. Huth*: 1995, S. 128 ff.

4 *M. Heidegger*: 1957, S. 169.

5 *M. Heidegger*: 1957, S. 166-180.

6 Diesen von Goethe zum ersten Mal aufgezeigten Gedanken hat *Hans Leisegang* in seinem leider viel zu wenig beachteten Buch »Denkformen« in die philosophische Praxis einzuführen gesucht.

7 *H. M. Enomiya-Lassalle*: 1986, S. 351.

8 *H. M. Enomiya-Lassalle*: 1986, ebd.

Weitere Übungen zur Vertiefung des bisher Erlernten

9 Näher ausgeführt bei *Th. Kuhn* 1978, sowie *K. Wilber* 1998, S. 51.

10 Näher begründet bei *K. Rahner* 1965.

11 Dies entspricht im Wesentlichen auch der »Theorie der drei Welten« von Karl Popper (Siehe *K. R. Popper* in *K.R. Popper/J.C. Eccles: 1977, S. 61-77*).

12 *K.R. Popper*: 1976.

13 Näher *J. Hemleben*: S. 13-14.

14 Zitiert nach *J. Hemleben*: S. 97.

15 Das Folgende ist näher ausgeführt bei *W. Huth*: 1988, S. 93.

16 Siehe dazu *H. Sedlmayr*: S. 100.

17 *K. Wilber*: 1988 b, S. 20.

18 *V. Sigusch*: S. 856.

19 Zitiert nach *V. Sigusch*: S. 848.

20 Siehe zum Folgenden *I. Kant*: Kritik der reinen Vernunft sowie *K. Wilber*: 1998, S. 115 ff.

21 Siehe *I. Kant*: Kritik der praktischen Vernunft, Kritik der Urteilskraft sowie *K. Wilber*: 1998, S. 116 ff.

22 Zum Folgenden siehe *K. Wilber*: 1998, S. 147 ff sowie 217 ff.

23 Dass das Phänomen »Glaube« nicht in einem bloßen »ich glaube, dass« aufgeht, wurde Seite 30 ausgeführt. Wir zeigten auch bereits wiederholt (zum Beispiel Seite 21 und 30), dass dieses Tun nicht auf das stille Kämmerlein beschränkt sein kann, sondern auch mit der Beziehung zu den Mitmenschen zu tun hat.

24 *K. Wilber*: 1998, S. 223.

25 Das Koān ist ein Hilfsmittel, das das Erreichen des Erleuchtungszustands beschleunigen soll.

26 Der Psalmist drückt diese Überzeugung aller Mystiker mit dem Satz aus: »Von allen Seiten umgibst du mich« (Psalm 139, 5).

27 Ein Zustand, der sich der »normalen« Vorstellung entzieht und in dem die »drei Wurzeln des Unheilsamen«: Gier, Hass und Wahn, »ausgeblasen« sind.

28 Ausführlich zitiert bei *K. Wilber*: 1988, S. 10.

29 Zum Wesen der Seinserfahrungen siehe S. 30-39.

30 Daher gehören aus gutem Grund im Buddhismus Buddha (der Erleuchtete), dharma (die Lehre, wörtlich das »Tragende« bzw. »Haltende«) und sangha (die Gruppe der Suchenden, die sich um einen Meister schart) zusammen.

31 Siehe dazu *A. M. Arokiasamy*: 1995, S. 86-88.

32 In diesem Sinne sagt der Apostel Paulus, einer der größten Mystiker aller Zeiten: »wenn ich alle Erkenntnis hätte, hätte aber die Liebe nicht, dann wäre ich ein dröhnendes Erz oder eine lärmende Pauke« (1. Kor. 13, 1). (Zur Mystik des Apostels Paulus Siehe *A. Schweitzer* 1981).

33 *R. Fuller Sasaki: zitiert nach H. Dumoulin*, 1985, 237.

34 Siehe S. 16.

35 Zum Begriff »Mystagogie« siehe S. 176.

36 *L. Wittgenstein*: 1978, 7, S. 115.

37 Dass im Laufe der Kirchengeschichte das erstgenannte »Bein« immer mehr hypertrophierte, das Letztere hingegen zunehmend schrumpfte, trug weitgehend zu der gegenwärtigen religiösen und spirituellen Krise mit bei.

38 Zitiert nach *A. Schimmel*: 1985, S. 191.

39 Zu den monotheistischen Religionen rechnen das Judentum, das Christentum und der Islam.

40 Siehe *K. Rahner*: 1965.

41 Zitiert nach *G. Wehr*: 1978, S. 10.

42 In Anlehnung an *Lama A. Govinda*, 1975, S. 159, der sich dabei bezeichnenderweise auf ein Zitat des großen Hindu-Meisters Srī Aurobindo beruft. Im Grund ist es keine Frage, dass falsche Askese ein Irrweg der Meditation ist. Die Spirituellen haben immer gewusst oder sie sind, wie der Buddha, nach leidvollen Erfahrungen darauf gestoßen, wie absurd es ist, einem »Götzendienst des leeren Magens« zu frönen *(A. Schimmel*: 1985, S. 172), statt einen Mittelweg zwischen übertriebener Askese und übertriebener Befriedigung zu gehen. So erklärt sich zum Beispiel auch, dass Jesus, der am Anfang seines Wirkens in der Wüste 40 Tage lang gehungert und gedürstet hatte, später von seinen Feinden als » Fresser und Weinsäufer« bezeichnet wurde (siehe S. 220), während der Buddha erst seine Erleuchtung erfuhr, nachdem er nach einer radikalen asketischen Episode sehr zur Missbilligung seiner Schüler wieder zu essen angefangen hatte. Ähnliche Berichte gibt es auch aus dem Bereich der islamischen Mystik. (Siehe *A. Schimmel*, S. 172)

43 Bezeichnenderweise heißt der Titel »Dalai Lama«: Lehrer, dessen Weisheit so groß ist wie der Ozean. In ihm sind diese beiden Komponenten integriert. Die Zusammengehörigkeit von Gottesliebe und Nächstenliebe ist übrigens auch ein zentraler christlicher Gedanke. So heißt es 1. Joh 2,9: »Wer sagt, er sei im Licht, aber seinen Bruder hasst, ist noch in der Finsternis.«

44 Zitiert nach *J. Quint*: S. 67.

45 *W. Schels*: S. 93.

46 *J. W. v. Goethe*: Maximen und Reflexionen 993.

47 Diese Unterschiede wurden bereits im 12. Jahrhundert von Bernhard von Clairvaux gesehen. Er unterschied das »speculari«, das wissenschaftliche Erkennen, von dem »contemplari«, der »wahren und gewissen Geistesschau eines jeden beliebigen Dings«. (Siehe *L. Kerstiens in: J. Ritter/ K. Gründer* Bd. I, Sp. 858- 859)

48 Siehe *D. Bohm*: S. 266.

49 Dies gilt auch ganz konkret: aus gutem Grund ist das Essen ein wichtiger Teil jeder Meditation. Auf der anderen Seite ist das Mampfen und Schlingen im Rahmen unserer »fast food«-(Un)-Kultur ein präziser Ausdruck der gegenwärtigen geistigen Situation mit ihrer Fixierung an die »orale Phase« (Freud), die sich in ihrer Habgier und ihrem Infantilismus ausdrückt.

50 *S. Freud*: Gesammelte Werke XIII, 69.

51 *J. W. v. Goethe*: Gott und Welt. Vermächtnis.

52 *Lama A. Govinda*: 1975, S. 239.

53 Siehe S. 47 ff.

54 *J. W. v. Goethe*: Schriften zur Natur- und Wissenschaftslehre. Vorschlag zur Güte.

55 Siehe Bibliographie im *Literaturverzeichnis*.

56 Leicht abgeändert nach *D. T. Suzuki*, 1958, S. 119. Dass sich (zumindest bei der Zenmeditation) der »Anfängergeist« *tatsächlich* schulen lässt, wurde auch experimentalpsychologisch nachgewiesen. Siehe *A.. und W. Huth*: 1996, S. 48-50.

57 *S. Freud*: X, 126-136.

58 *S. Freud*: X, 127-128.

59 Unter Anspielung an einen bekannten Witz: »Ein Schwachsinniger, ein Wahnkranker und ein Neurotiker wird gefragt: »Wieviel ist 2 und 2?« Der Schwachsinnige antwortet »5«, der Schizophrene »Der Weltuntergang«, während der Neurotiker sagt: »4. Aber es kotzt mich an.«

60 *H. Diels*: Heraklit von Ephesos. Fragment 12.

61 Eine zweite Chiffre, auf die man im Zusammenhang mit dieser Erfahrung immer wieder stößt, ist die eines alles durchdringenden Klanges, der, wie erwähnt, manchmal auch den Charakter der »donnernden Stille« haben kann.

62 *A. Zajonc*: S. 12.

63 Zitiert nach *H. Waldenfels*: 1988, S. 99.

64 Siehe *A. Zajonc*: S. 13-17.

65 Siehe S. 61.

66 *R. Guardini*: 1990, S. 19-20. Vielleicht lässt sich das Verhältnis von Phänomen und Wesen am leichtesten am Beispiel einer auf Goldgrund gemalten Ikone veranschaulichen: Das

Bild wächst gleichsam aus dem Goldgrund heraus. Beide gehören untrennbar zusammen und bilden eine Einheit.

67 Ausführlich dargestellt bei *A. und W. Huth:* *1996,* S. 112.

68 Schauen wird hier als ein das Wesen der Erscheinungen erfassendes »Wahr-nehmen« verstanden, im Unterschied zu Sehen im Sinne einer lediglich unreflektierten Auslieferung an die Sinneswahrnehmungen. Der Gedanke der Verwandlung des Schauenden durch das Schauen wurde vor allem von Ludwig Klages betont. Näheres dazu bei *A. und W. Huth:* *1996,* S. 94.

69 *J. W. v. Goethe:* Schriften zur Natur- und Wissenschaftslehre. Bedeutende Fördernis durch ein einziges geistreiches Wort.

70 Vielleicht erstaunt es Sie, liebe Leser, dass wir auch in der Folge immer wieder tibetische Übungen bringen werden. Das hängt damit zusammen, dass bei der tibetischen Meditationspraxis die menschlichen Sinne, die Vorstellungskraft und auch der Intellekt viel stärker mit einbezogen werden als zum Beispiel beim Zen. Das erleichtert dem Anfänger die Meditation. Am Ende löst man sich freilich auch dort von allen solchen Stützen, *und auch Sie sollten das lernen!*

71 Siehe *M. von Brück/ Wh. Lai: 1997,* S. 34 sowie S. 281 ff.

72 Näher beschrieben bei *Dalai Lama:* 1997, S. 143 ff.

73 *S. Freud:* 1968, S. 38.

74 Diese Grundübung tibetischer Meditationspraxis gibt es in vielen Varianten. Eine für westliche Menschen brauchbare Schilderung fanden wir bei Kathleen McDonald (S. 76-85). Bei unserer eigenen Darstellung greifen wir teilweise auf ihre Gliederung zurück.

75 *Ch. Lasch: 1980.* Lasch gebraucht das Wort »Narzissmus«, um damit die einseitige Suche nach egozentrischen Lust- und Glücksgefühlen zu brandmarken, bei der die Situation der Mitmenschen nicht mehr im Auge behalten wird. In der Psychoanalyse dagegen wird dieser Begriff vor allem zur Kennzeichnung psychodynamischer Voraussetzungen für bestimmte Rückzugsweisen oder Barrieren gegenüber der Umwelt bzw. für Abwehrmaßnahmen gegenüber Depressionen verwendet. Siehe dazu *W. Huth:* 1988, S. 227-229.

76 *S. Freud:* XIII, 64.

77 Auf diesen Punkt zielte die Meditation eines der größten indischen Mystiker dieses Jahrhunderts, Srī Ramana Maharshi, hin (Siehe S. 56 sowie S. 212). Er meditierte jahrelang über die Frage: »wer bin ich?« (»who am I?«) und ließ auch seine zahllosen östlichen und westlichen Schüler über diese Frage meditieren.

78 Siehe S. 73.

79 Zitiert nach *A. Schimmel:* S. 454.

80 Teile der folgenden Übung einschließlich ihrer philosophischen Grundlagen wurden beschrieben von *A. Keller,* 1997.

81 So schreibt Ignatius in seiner »Vorbemerkung« zu den »Geistlichen Übungen«, »dass jeder gute Christ mehr dazu bereit sein muss, die Aussage des Nächsten für glaubwürdig zu halten, als sie zu verurteilen«. (*Ignatius von Loyola* S. 25).

82 *I. Kant:* Kritik der reinen Vernunft A XI.

Die ungegenständliche Meditation

1 Siehe dazu *A. Zajonc:* S. 11 ff.

2 Siehe *E. Pöppel:* 1985.

3 Wir können dies im Einzelnen nicht ausführen und verweisen daher besonders auf das von *K. Weis* herausgegebene Buch über die Zeit.

4 Siehe dazu *H. Leisegang:* 1951, S. 78 ff sowie *W. Huth:* 1987.

5 Siehe dazu *J. Gebser:* VI, 24ff. Gebser verweist darauf, dass das früher, vor dem Aufkommen der mentalen Bewusstseinsstufe, bei uns nicht anders gewesen sein dürfte. Darauf deute zum Beispiel noch unser Wort »einst« hin, das sich ebenfalls sowohl auf die Vergangenheit wie die Zukunft bezieht (»einst war ich in Rom« – »einst wird kommen der Tag«).

6 Zur Auffassung der Gegenwart bei *Heidegger* siehe »Sein und Zeit«, vor allem § 65 und § 69.

7 Auch hier bestehen Parallelen zum Denken Goethes, bei dem die beiden Begriffe »Polari-

tät« und »Steigerung« eine wesentliche Rolle spielen. Er sieht in diesen Begriffen, wie er in einem Brief an den Kanzler von Müller vom 24. Mai 1828 schreibt, die »zwei großen Triebräder der Natur«.

8   Siehe zum Folgenden *M. Heidegger*:1958, S. 14-28.

9   Hier kann der komplexe Begriff »Gnosis« nicht umfassend besprochen werden. Nur so viel soll dazu gesagt werden, dass er keinesfalls mit dem Gnostizismus identisch ist. In diesem sehen wir einen Irrweg, der die letzte Wirklichkeit (»Gott«) durch Erkenntnis »in den Griff« zu bekommen sucht, letztlich um dadurch Erlösung zu finden. Zum (unberechtigten) Vorwurf, bei der Meditation gehe es um Gnostizismus siehe S. 58-59.

10   Parallel dazu wird auch »kenshō«, »Wesensschau«, verwendet. Siehe *A. und W. Huth*: 1996, S. 218.

11   *H. M. Baumgartner*: S. 3.

12   *St. Hawking* in: *Hawking und Penrose*: S. 51.

13   *E. Husserl*: 1948, S. 25.

14   Die Vedānta-Philosophie ist von allen indischen Gedankensystemen am engsten mit der indischen Religion verbunden und beeinflusst in der einen oder anderen Form die Weltanschauung jedes Hindu-Denkers bis in die heutige Zeit. (Erster Hauptvertreter Shankara um 700 n.Chr.)

15   Diesen Gedanken vertritt auch der Buddhismus in Bezug auf jeden voll Erleuchteten. (*Lama A. Govinda*: 1975, S. 253).

16   Siehe dazu *M. von Brück*: 1986, 64.

17   Siehe dazu S. 68. Im Übrigen ist es kein Zufall, dass wir »Anfängergeist« mit »sehen« und nicht mit »hören« in Verbindung bringen, denn beim Sehen ist eher das subjektive Element betont, beim Hören dagegen ein intersubjektives. Aus gutem Grund gibt es daher auch keine optische Entsprechung zum Wort »ge-horchen«.

18   *A. Schopenhauer*: Die Welt als Wille und Vorstellung. Drittes Buch, Welt als Vorstellung, 34, S. 231-232.

19   Siehe *C. Fr. von Weizsäcker*: 1971, 480

20   Siehe dazu den im *Literaturverzeichnis* angegebenen ausgezeichneten Artikel von Martin Dornes.

21   *K. Jaspers*: 1973, S. 48.

22   *C. G. Jung*: Z.B. Band 11, S. 287.

23   Näheres Siehe *Lexikon der östlichen Weisheitslehren* S. 356, Stichwort »Skandha«.

24   Hinter dem buddhistischen Begriff des Grobstofflichen steht die Vorstellung eines aus Nahrung gebildeten Körpers. Er ist gleichsam die Bühne, auf der sich das feinstoffliche (zum Beispiel seelische) Geschehen abspielt (Siehe *Lama A. Govinda*: 1975, S. 172-173). Auch diese Annahme kann man sich, wie den Begriff des Selbst, durch den physikalischen Begriff des »Feldes« verdeutlichen: Es ist »etwas, das Ausdehnung in Raum und Zeit besitzt, im Gegensatz zu einem Teilchen, das zu einem bestimmten Zeitpunkt nur an einem Punkt vorhanden ist«. (*St. Hawking*: 1988, S. 226)

25   Siehe S. 16.

26   *I. Kant*: Kritik der reinen Vernunft A VII.

27   Zitiert nach *E. Underhill*: S. 221.

28   Wenn hier und an anderen Stellen von »Hindus« oder »Hinduismus« gesprochen wird, dann darf dabei nicht außer Betracht gelassen werden, dass es sich dabei um einen von außen kommenden Sammelbegriff für die verschiedensten Religionen Indiens handelt, der erst im 12. Jahrhundert von den muslimischen Eroberern geprägt wurde für Menschen, die jenseits des Flusses Sindhu lebten. (Siehe *Lama A. Govinda*: 1993, S. 15).

29   Siehe *H. Küng*: 1994, S. 514 ff. Während der Begriff »Religion« in erster Linie eine Institution meint, geht es bei der Mystik ebenso wie beim Glauben immer um die innere Dimension einer Religion. Gläubig sein oder Mystiker sein heißt daher nicht notwendig, einer Religionsgemeinschaft anzugehören.

30   Näher ausgeführt bei *W. Huth*: 1988, S. 56 ff.

31   Siehe *E. Underhill* S. 3-4.

32   *Peter Wust* hat das nach allen Seiten in seinem Buch »Ungewissheit und Wagnis« ausgeleuchtet.

33   Siehe *K. Wilber*: 1996, S. 420.

34   In heutiger Terminologie ausgedrückt wird

damit gesagt, dass Idealisierung und Verleugnung sowie die Suche nach so genannten High-Zuständen Irrwege sind.

35 Wir erwähnten bereits in Anm. 28 in der Einführung (Seite 235), dass der buddhistische Begriff »Shūnyatā« nicht als »Nihilismus« interpretiert werden darf. Ebenso wenig hat er mit Gleichgültigkeit zu tun. »Eine Leerheit ist immer eine Leerheit von etwas und damit kein ›Nichts‹« (*Lama A. Govinda*: 1993, S. 101). Wirklich verstanden meint »Leere«: »reines, wahrnehmendes Bewusstsein, frei von allen Begrenzungen und aller Einschränkung«, verbunden mit den positiven Merkmalen »völlig ungetrübt«, »selbstleuchtend« und »kraftvoll«. Manchmal wird dabei sogar der Ausdruck »Licht des Nichts« gebraucht. Damit kommt, auch ganz im Sinne der christlichen Mystik, die von »Entäußerung« (κένωσις) spricht, zum Ausdruck, dass Leere ein Zustand von höchster Empfänglichkeit und von unendlicher Potentialität ist. Zugleich heißt das, dass diese »Freiheit von allen Begrenzungen« und »Potentialität« den Blick immer schon auf die konkreten Erscheinungen dieser Welt hinlenkt, damit sie in ihrer fundamentalen Einheit gesehen werden können.

36 Siehe S. 30.

37 Zitiert nach *M. Epstein*: S. 110.

38 Patañjali lebte etwa im 2. Jahrhundert v. Chr. und verfasste ein bekanntes Yoga- Sūtra in 8 Stufen, also eine systematische Meditationsanweisung (Siehe *Literaturverzeichnis*).

39 Zitiert nach *Nityananda Giri*: 1992, S. 59.

40 *M. Weber:* I, S. 263.

41 Siehe dazu *H. P. Dürr* (Hrsg.): 1987.

42 *H. Waldenfels*: Absolutes Nichts. Zur Grundlegung des Dialogs zwischen Buddhismus und Christentum. Freiburg 1976, zitiert nach *M. von Brück/ Wh. Lai*: 1997, S.224. (Sperrung des Endes des Zitats durch A. und W. Huth.)

43 Siehe Anm. 29 in der *Einführung* (S. 235-236)

44 Näher ausgeführt bei *K.R. Popper/J.C. Eccles*: S. 61-77. *Ken Wilber*, der diesen Gedanken weiter ausführt und Parallelen z. B. zum Werk von Jürgen Habermas herstellt, nennt sie die »Großen Drei«. (1996, S. 186 ff.)

45 Näher ausgeführt bei *Lama A. Govinda*: 1975, S. 39.

46 *A. Mager*, zitiert nach *J. Sudbrack*: 1989, 117.

47 *A. Koestler*: 1968, S. 2889-290.

48 Bodhisattva, wörtlich »Erleuchtungswesen«, heißt im Mahāyāna-Buddhismus ein Wesen, das zwar die Buddhaschaft bereits erreicht hat, jedoch so lange auf die Früchte seiner Erleuchtung: das Eingehen ins endgültige Nirvāna, verzichtet, bis alle Wesen erlöst sind. (Siehe *Lexikon der östlichen Weisheitslehren* S. 44)

49 Siehe *St. Faber*: S. 34.

50 *S. Freud*: XVI, 249.

51 In Anspielung auf das Buch von *Karlfried Graf Dürckheim*: »Der Alltag als Übung«, 1970.

52 Von Regression spricht man in der Psychoanalyse, wenn jemand, der bereits einen gewissen Entwicklungsstand seiner Ichorganisation und damit auch seines Bewusstseins erreicht hat, vorübergehend oder dauernd auf eine bereits durchschrittene Entwicklungsebene zurücksinkt. Das kann zum Beispiel während besonderer emotionaler Belastungen, durch Krankheit, toxisch, zum Beispiel durch Drogen oder Alkohol, aber auch methodisch gewollt im psychoanalytischen Prozess oder bei bestimmten Entspannungstechniken geschehen. Auf einem ganz anderen Blatt steht, dass heute oft in verhängnisvoller Weise willkürlich Regressionsprozesse gezüchtet werden, zum Beispiel durch Infantilisierung mittels Werbung, aber auch durch Trancezustände, die man künstlich erzeugt, zum Beispiel durch manche Formen von Rockmusik, weil man sich davon einen »Kick« verspricht. Von diesen Prozessen ist hier die Rede.

53 Siehe zu den folgenden Abschnitten die außerordentlich erhellenden Ausführungen von *K. Wilber*: 1996, S. 820 ff.

54 *A. und W. Huth*: 1996, S. 141-148.

55 Teilweise in Anlehnung an *M. Schneider*: Unterscheidung der Geister. In: An unsere Freunde. Informationen der Süddeutschen Jesuiten. München Januar 1999, S. 23-26.

56 Der Begriff »Anhaftung« ist ein zentraler Begriff buddhistischer Ethik. Auf einige seiner Facetten gingen wir an verschiedenen Stellen bereits ein. Er wird hier in einem umfassenden Sinn gemeint, der diese einzelnen Aspekte in sich vereint.

57 *Ignatius von Loyola:* Geistliche Übungen S. 64.

58 Siehe S. 60.

59 Siehe S. 108.

60 Die Bhagavad Gita, der »Gesang des Herrn«, ist einer der bedeutendsten Texte der spirituellen Weltliteratur. Sie wurzelt im Hinduismus, besonders im Epos Mahābhārata und ist wohl um das Jahr 200 v. Chr. entstanden. Ihr Text wurde von dem Benediktiner Bede Griffiths spirituell kommentiert und liegt in einer Erläuterung und Übersetzung ins Deutsche durch Michael von Brück vor, München, 1993.

61 Näher ausgeführt bei *W. Huth:* 1988, S 68 ff. Bezüglich der dazu vielfach parallelen Entwicklung im Islam siehe die Untersuchung von *Annemarie Schimmel* über die islamische Mystik.

62 Seit den Zeiten des Urchristentums sonderten sich fromme christliche Frauen und Männer, die »Wüstenväter«, von der Welt und auch von der Weltkirche ab und zogen sich in die Wüste zurück. Die Hauptstätten dieser »Alleinlebenden« (μοναχός – aus diesem Wort entwickelte sich der Begriff »Mönch«) waren in der ersten Zeit Ägypten, Palästina und Syrien, in späteren Zeiten vor allem der Berg Athos in Griechenland und die Höhlenklöster in Kiew in Rußland. Der ehemalige römische Soldat Pachomius (etwa 292 bis 346) gründete in Oberägypten das erste Kloster und schuf auch die erste Mönchsregel. Aber offenbar gab es bereits vor seiner Zeit unter christlichen Einsiedlern präzise Meditationsanweisungen.

63 Tantra heißt wörtlich »Gewebe«, »Zusammenhang« bzw. »Kontinuum«. Das tibetische Tantra führt sich selbst auf die Tradition des historischen Buddha Shākyamuni zurück, wurde aber im Wesentlichen erst im 3. nachchristlichen Jahrhundert entwickelt. Diese keineswegs einheitliche Überlieferung ist stark auf die menschliche Erlebnisfähigkeit ausgerichtet und arbeitet neben anderem vielfach mit Visualisierungstechniken. Ihr Ziel ist es, den spirituellen Weg zu intensivieren und zu beschleunigen.

64 Siehe *M. Eliade:* 1985, insbesondere S. 111 ff und 319 ff.

65 Das Verhältnis von Hierarchie und Holarchie, das diesen Gedanken zugrunde liegt, findet sich eingehend beschrieben bei *K. Wilber:* 1996, S. 19-53.

66 *Die Wolke des Nichtwissens,* S. 129. Dieses christliche Meditationsbuch »The Cloud of Unknowing« mit genauen Anweisungen wurde von einem unbekannten Autor um das Jahr 1320 verfasst. Sein Einfluss auf die spätere christliche Mystik, bis zu Johannes vom Kreuz (1542-1591), war bedeutend.

67 *Bhagavad Gita,* S. 144.

68 In Anlehnung an *P. Debes:* S. 694 ff.

69 *Gautama Buddha:* Die vier edlen Wahrheiten, S. 109.

70 *Bhagavad Gita,* S. 66.

71 Zitiert nach *M. von Brück/ Wh. Lai:* 1997, S. 506. Bei der Auslegung der Stelle wies Michael von Brück darauf hin, dass diese Aussage eine fast wörtliche Entsprechung zu Patañjalis erstem Yoga-Sūtra ist, wonach Yoga als citta vritti nirodha (Stillegung der Gedankenbewegungen) definiert wird.

72 Zitiert nach *A. Rosenberg:* 1983, S. 9

73 Zitiert nach *A. Rosenberg:* 1983, S. 10.

74 Zitiert nach *G. Bunge:* S. 123.

75 In Anspielung auf das 3. Zitat unseres Vorworts (Siehe S. 104).

76 Zum Begriff »geschicktes Mittel« siehe S. 25.

77 Der Chassidismus ist eine vielschichtige jüdisch-mystische Strömung, die sich in vielfachen Ausprägungen bis ins Mittelalter zurückverfolgen lässt.

78 Zitiert nach *M. Buber:* Worte des Rabbi Nachman in: *M. Buber:* 1963, Dritter Band. Schriften zum Chassidismus, S. 908.

79 Im Anschluß an *M. Epstein:* S. 118-137, dessen Einteilung wir im folgenden Abschnitt teilweise übernehmen.

80 Zitiert nach *M. Epstein:* S. 122.
81 Die Geschichte findet sich ausführlich bei *R. E. Ornstein:* 1974, S. 140-141.
82 Zitiert nach *J. Linnewedel:* 1983, 67.
83 Einzelheiten empfehlen wir unserem kleinen Meditationsbuch, *A. und W. Huth*, 1997[7], zu entnehmen, wo die Haltung beim Meditieren auch durch eine Reihe von Bildern veranschaulicht wird.
84 Siehe S. 100.
85 Majjhima-Nikāya, 118. Rede. Zitiert wie die folgenden Buddha-Zitate nach *Lama A. Govinda:* 1975, S. 173-174.
86 Dass Heiterkeit auch im Christentum eine zentrale Rolle spielt, wird oft vergessen. Es zeigt sich aber zum Beispiel noch an dem bekannten Kirchenlied »Geh aus mein Herz und suche Freud«.
87 *M. Eliade:* 1985, S. 65 sowie S 108-109.
88 Katalepsie ist ein Zustand äußerster Starre der Muskulatur, fast immer im Zusammenhang mit bestimmten neurologischen oder psychiatrischen Erkrankungen.
89 *Die Erfahrung der Goldenen Blüte:* S. 85.
90 Zitiert nach *G. Wehr:* 1994, S. 58.
91 Zitiert nach *H. Diels:* S. 24.
92 Näheres siehe *Lexikon der östlichen Weisheitslehren*, S. 63-65.
93 *S. Freud:* XIV, 425.
94 *S. Freud:* XIV, 423.
95 Siehe S. 20.
96 Diese Einteilung erfolgt teilweise in Anlehnung an *M. M. Özelsel:* 1995, S. 211-212.
97 Teilweise in Anlehnung an das *Lexikon der östlichen Weisheitslehren* sowie *H. Johari, Sh. Sharamon/ B. J. Baginski* und *K. Vollmahr*.
98 Zur Vielfalt der Schlangensymbolik siehe *A. und W. Huth:* 1995, S. 76-81.
99 Zur Tradition der Wüstenväter siehe Anm. 62 S. 243 in diesem Kapitel.
100 Wer sich näher damit befassen möchte, der sei auf die Einführungen von *A. Rosenberg* (1983) und *A. Selawry* verwiesen.
101 Der griechische Wortlaut – in lateinischer Schrift umschrieben – lautet so: Kyrie Jesou Christé hyie Theou. Eleison mou ton hamartolon.
102 Das hat eine Parallele zu der Arbeit mit Koāns in der Praxis des Zen.
103 Das Wesen des Mantrams (beziehungsweise Mantras) haben wir ausführlich dargestellt in *A. und W. Huth*: 1996, S. 122-124.
104 Zitiert nach *A. Selawry:* Seite 35.
105 Siehe *A. Selawry:* Seite 31.
106 Siehe S. 161-169.
107 *M. Heidegger:* 1959, S. 13.
108 Siehe Anm. 236 in der *Einführung* (S. 236).
109 Siehe dazu *Th. Buchheim:* S. 79.
110 Näheres zu Leben und Lehre von Nikolaus von Kues im Buch von *E. Meffert* (Siehe *Literaturverzeichnis*).
111 Dem entspricht die »Einheit in der Differenz« (bedhābedhā), die die buddhistische wie auch die hinduistische Geistesgeschichte geprägt hat. (Siehe *M. von Brück/Wh. Lai*: 1997, 740)
112 Siehe *L. Szondi*: 1956, S. 152-157 sowie *W. Huth:* 1976, S. 221-227.
113 *C. G. Jung*: Band 6, Psychologische Typen, 1960. S. 480-482.
114 Näheres bei *Th. Kobuch* (Siehe *Literaturverzeichnis*).
115 Ausführlich diskutiert bei *K. Wilber*: 1995, S. 328 ff.
116 *H. Bergson*: S. 183.
117 Siehe S. 42.
118 *R..C. Cohn*: 1975, S. 136.
119 Siehe *H. Johari*: S. 84.
120 Den Begriff »Existenzform« gebrauchen wir in Anlehnung an das Konzept von Leopold Szondi. Wir verstehen darunter, dass jeder Mensch, obwohl er im Laufe seines Lebens eine bestimmte Identität entwickelt hat, durch eine Reihe weiterer – latenter – Eigenschaften und Handlungsmöglichkeiten mitbestimmt wird. In uns sind somit mehr Möglichkeiten angelegt, als in einer konkreten Situation realisiert werden können. Jede dieser manifesten oder latenten Möglichkeiten wird durch unterschiedliche Faktoren determiniert, vor allem durch die Veranlagung (das »Erbe«), die Erziehung (»Prägung«), wirtschaftliche und soziale Umstände, sowie das geistige Klima (das Zeitalter und die Kultur), in dem man lebt. Auch die Weltanschauung, zu der man sich

bekennt (selbst wenn dieses Bekenntnis darin bestehen sollte, sich zu nichts zu bekennen), mit ihren Werten und Normen und mit ihren Auswirkungen auf die Einstellung zur geistigen und zur religiösen Wirklichkeit sowie zu den Mitmenschen gehört zu den Faktoren, die unser Schicksal mitbestimmen. Im Laufe des Lebens treten auch unterschiedliche Existenzformen ins Zentrum. Manche von ihnen können unsere Entwicklung fördern, andere blockieren sie. Kaum jemand ist aber so festgelegt, weder zum Guten noch zum Bösen, dass nicht vieles, was heute bei ihm nur Möglichkeit ist, morgen für ihn zur Wirklichkeit werden könnte. Daher ist auch praktisch niemand davor gefeit, nicht eines Tages psychisch schwer zu erkranken, auch wenn er sich heute noch so stabil fühlen sollte oder in Zeiten, die die Historiker gern die »großen« nennen, asoziale Handlungen zu begehen, die ihm unter anderen Umständen fremd sein würden. (Siehe dazu *W. Huth*: 1976, S. 199-200)

121 *H. Diels:* Heraklit von Ephesos: Fragment 101, S. 29.

122 *H. Diels:* Heraklit von Ephesos: Fragment 45, S. 26.

123 Die folgende Zusammenstellung erfolgt teilweise in Anlehnung an eine Tabelle bei *J. Gebser:* V/II, S. 62. Gebser wollte darin allerdings nicht die spezifischen Bewusstseinsprozesse bei der Meditation aufzeigen, sondern die Auswirkungen einer »Bewusstseinsmutation« auf dem Weg zum »integralen Bewusstsein«. (Siehe Anm. 36 in der *Einführung*, S. 236)

124 Siehe S. 68.

125 Siehe S. 95.

126 Unter einer Killerphrase versteht man in der Kreativitätsforschung eine allgemeine Richtigkeit, die man benutzt, um sich damit ein konkretes Problem vom Hals zu schaffen, zum Beispiel, indem man den Vorwurf eines moralischen Versagens mit dem Bibelzitat »abschmettert«: »Wir sind Sünder allzumal«.

127 Mit den zuletzt genannten Eigenschaften wurden die so genannten »sieben Erleuchtungsglieder« des Buddhismus angesprochen.

128 *A. und W. Huth:* 1996, 217-222.

Imaginative Methoden bei der Meditation

1 *K. Jaspers*: 1953, S.9.

2 Sie drückt sich jedoch auf die verschiedenste Weise aus, physiologisch zum Beispiel in einer Erhöhung der Aktivierung des Stoffwechsels in bestimmten Teilen des Gehirns, die mit spezifischen Aufgaben und Tätigkeiten korreliert, und psychologisch in einer von uns nicht wahrgenommenen Zeitspanne, die zwischen der Reizung eines Sinnesorgans und der bewussten Wahrnehmung dieses Reizes verfließt.

3 Zum Begriff des Chuni siehe ein Gespräch von Naturwissenschaftlern mit dem Dalai Lama, abgedruckt in der Zeitschrift »GEO« Januar 1999 unter dem Stichwort: »Wer erklärt uns die Welt?«

4 Zum Beispiel S. 23.

5 Zum Beispiel S. 81.

6 Siehe S. 92.

7 Zitiert nach *G. Edelman*: S. 162. Ganz in diesem Sinne hat sich im 14. Kapitel des 11. Buches seiner »Bekenntnisse« auch der heilige Augustinus in Bezug auf die Zeit geäußert. (»Was ist also die Zeit? Wenn mich niemand danach fragt, weiß ich es, wenn ich es aber einem, der mich fragt, erklären sollte, weiß ich es nicht«). (Siehe auch S. 94.)

8 Siehe S. 28.

9 In Anlehnung an *G. M Edelman*: S. 162-163 sowie *G. Roth*.

10 Siehe dazu *Ch. Scharfetter*: S. 35.

11 Diese Erfahrung macht man bemerkenswerterweise auch dann, wenn man als Philosoph die Willensfreiheit bestreiten sollte, jedoch kann dieses Thema hier nicht diskutiert werden.

12 Siehe S. 56.

13 *S. Freud:* VII, 216.

14 Dies lässt sich methodisch dann ausnutzen, wenn man sich mit den Imaginationsübungen schwer tut. Eine gute Vorbereitung dafür ist, sich im Laufe des Tages mehrmals jeweils einige Minuten lang gezielt darum zu bemühen, bei dem, was man tut, ganz dabei zu sein. Das

sollte sich vor allem auf alltägliche Verrichtungen erstrecken, zum Beispiel Zähne putzen, essen oder die bewusste Beobachtung von möglichst vielen Einzelheiten auf dem Weg zum Arbeitsplatz

15 Siehe *D. Vaitl*: S. 64.
16 Siehe *D. Vaitl*: S. 65.
17 Dazu besteht eine umfangreiche Literatur, die in der erwähnten Arbeit von *D. Vaitl* zu finden ist.
18 Siehe S. 96.
19 Zitiert nach *H. Dumoulin*: 1985, S. 90.
20 *J. W. von Goethe*: Schriften zur Natur- und Wissenschaftslehre, (Besprechung von E. A. Stiedenroth:»Seelenerscheinungen«).
21 Siehe S. 78.
22 Siehe S. 52.
23 Siehe S. 106 ff.
24 Siehe *Lama A. Govinda*: 1975, S. 254.
25 Über Dante als Mystiker Siehe *A. und W. Huth* 1996: S. 196.
26 Siehe S. 108.
27 Beide Aspekte haben eine Vielzahl von Bedeutungen, die hier nicht aufgezählt werden können. Zu »Sophia« Siehe *W. Goerdt*: Stichwort »Sophiologie« in *J. Richter und K. Gründer* (Hrsg.): Band 9, Spalte 1063-1069.
28 Siehe S. 137-140.
29 *A. Zajonc* zeigt das in vielen Aspekten in seinem im Literaturverzeichnis angegebenen Buch auf.
30 »samsāra« hier als Prozess ununterbrochener Wiederkehr und Wandlung verstanden. Dass dieser Begriff im Buddhismus nicht nur negativ gesehen wird, wurde in Anm. 2 im Kapitel *Der gemeinsame Kern...*, (Seite 236) gezeigt.
31 *H. W. Schumann*: 1986, S. 141.
32 *M. Epstein*: S. 37.
33 *H. W. Schumann*: 1986, S. 144.
34 Zum Chassidismus siehe Anm. 77 im Kapitel *Die ungegenständliche Meditation*, S. 243.
35 *M. Buber*: 1963, Dritter Band, S. 908.
36 Zitiert nach *L. Szondi*: 1973, S. 120.
37 Siehe dazu *A. und W. Huth*: 1996, 257-258 sowie *H. Dumoulin*: 1985, S. 261 ff.
38 Siehe S. 121.

Fehlformen der Meditation

1 *F. Heiler*: 1918, S. 62.
2 *F. Heiler*: 1918, S. 63.
3 *I. Kant*: »Beantwortung der Frage: Was ist Aufklärung?« Werke Bd. XI., S. 53. Siehe dazu auch *W. Huth*: 1995, S. 123-125.
4 *Th. A. Adorno*: 1988, S. 6.
5 Dass dies ein altbekannter Ausweg ist, zeigte *W. Huth*: 1971, 293-310.
6 *F. Heiler*: 1961, 558.
7 Der Theravāda-Buddhismus stützt sich auf alte Niederschriften der Unterweisungen Buddhas. Ziel ist die »Erleuchtung« des einzelnen Menschen.
8 Mahāyāna, das »große Fahrzeug« des Buddhismus, strebt nicht nur die Erleuchtung des Einzelnen an, sondern das Ideal des bereits erleuchteten Bodhisattvas, der dennoch in der gegenständlichen Welt bleibt, um allen Menschen, ja Lebewesen, auf ihrem Weg zur Befreiung zu helfen.
9 Das Zen ist eine in China entstandene, vor allem in Japan weiterentwickelte Schule des Buddhismus, der vordergründige Rituale sowie intellektuelle Scholastik radikal ablehnt. Siehe dazu *H. Dumoulin* 1985 und 1986.
10 Tantra oder Vajrayāna, das »Diamantfahrzeug«, ist eine Weiterentwicklung des Mahāyāna, die heute vor allem im tibetischen Buddhismus lebendig ist. Im Vajrayāna kann nicht nur die individuelle Versenkung, sondern jede bewusst durchlebte Erfahrung, auch die sexuelle, als Weg zum Erwachen dienen. Siehe dazu *R. und M. von Brück* 1996.
11 Zitiert nach *A Weil*: 1996, S. 59.
12 Zitiert nach *H. Zwanger*: 1992, S. 129.
13 In Anlehnung an *K. Wilber*:1997, 61.
14 Zitiert nach *C. F. von Weizsäcker*: 1978, S. 549.
15 In Anlehnung an *F. J. Varela, E. Thompson, E. Rosch*: 1992, S. 44.
16 Dabei handelt es sich um eine Fehlentwicklung sowohl des ursprünglichen chinesischen Ch'an als auch seiner japanischen Weiterführung im Zen.
17 Persönliche Mitteilung seines Schülers Swami Nityananda Giri.

18 *F. Nietzsche:* II, 1205.

19 *P. Tillich:* Die bleibende Bedeutung der katholischen Kirche für den Protestantismus. Bd. VII, S. 131.

20 Unter Mystagogie versteht man die Einführung des Einzelnen in die Mysterien.

21 *K. Rahner:* 1966, S. 22.

Die Beziehung zwischen Meditation und Psychotherapie

1 Näher ausgeführt in einem unveröffentlichten Vortrag von *W. Huth* am 27. 11. 1998: »Der Mensch im Durchbruch zu einem neuen Bewusstsein. Die Botschaft des Zenmeisters Hugo Makibi Enomiya-Lassalle«. Siehe auch Seite 23.

2 *E. Havemann:* Alternatives to Psychoanalysis. Playboy, Nov. 1969, S. 133.

3 Der Begriff »Bewusstseinsformen« wird hier im Sinne von *J. Gebser* (Gesammelte Werke Bd. II-IV) und *K. Wilber* (1984) gebraucht. Siehe S. 236, Anm. 36.

4 Siehe zum Folgenden auch *M. Epstein* S. 138-164.

5 Näher bei *J. Engler:* S. 49-50.

6 *S. Freud:* X, 127-129.

7 Siehe S. 68.

8 Zum Begriff des »Zeugen« siehe S. 55 ff sowie S. 121 ff.

9 Näheres *E. Fromm* in: *E. Fromm/ D. T. Suzuki/ R. de Martino* S. 107 ff.

10 Im Einzelnen aufgeführt bei *W. Huth:* 1988, S 100 ff.

11 Für seine »Gesammelten Werke« (Bd XIV, S. 34) strich Freud 1935 den Satz aus seiner »Selbstdarstellung« (1925): »Frühzeitige Vertiefung in die biblische Geschichte, kaum dass ich die Kunst des Lesens erlernt hatte, hat, wie ich später erkannte, die Richtungen meines Interesses nachhaltig bestimmt«. Erst Frau E. Grubrich- Simitis hat ihn in einer späteren Studienausgabe (Frankfurt/ Main 1971) wieder hinzugefügt.

12 1896 schrieb er in einem Brief: »Ich habe als junger Mensch keine andere Sehnsucht gekannt als die nach philosophischer Erkenntnis.« (S. Freud, 1960 b, S. 227). Später bestritt er sein Interesse daran (zum Beispiel Bd. XIV, 123)

13 *V. von Weizsäcker:* S. 175.

14 *H. Stein:* S. 86.

15 Mumons Kommentar zum ersten Fall (»Jōshūs Hund«) des Kōanbuchs *Die torlose Schranke. Mumonkan,* S. 30. (Meister Mumon Gensen lebte 1323-1390).

16 Das gilt im Grunde selbst dort, wo der Begriff »Selbst« nicht verwendet bzw. aus methodischen Gründen sogar abgelehnt wird. (Siehe S.100)

17 *K. Wilber:* 1996, 668.

18 Zum Begriff der Regression siehe S. 242, Anm. 52, zum Begriff der therapeutischen Regression siehe *M. Balint* 1970.

19 Näheres siehe *M. D. Epstein/ J. D. Lieff:* S. 70.

20 Hierzu finden sich, trotz einer mitunter allzu aphoristischen Darstellung, beherzigenswerte Hinweise bei *H. Stein* und vor allem in einer Rezension seines Buches durch *M. B. Buchholz* (siehe Literaturverzeichnis).

21 Zum Verständnis der Bedeutung des Begriffes »Narzissmus« siehe Anm. 75 im Kapitel *Übungen zur gegenständlichen Meditation,* S.240.

22 Dies erwähnte R. A. Spitz in einem Seminar. Siehe dazu auch *S. Freud:* XIV, S. 438, Fußnote. Dort betonte Freud allerdings, die Arbeit werde »als Weg zum Glück von den Menschen wenig geschätzt«.

23 Dieser Gedanke wurde vor allem von *H. Cox* im Kapitel »Der Teich des Narzissmus« seines Buches »Licht aus Asien« (S. 89-110) vertreten und mit Recht auf die Suche nach Glück bei der Meditation ausgedehnt.

24 Der Vorwurf, die Meditation fördere wegen der damit verbundenen Introversion den Narzissmus, ist falsch. Der Narziss kreist letztlich nur um sich, weil er sich nicht »hat«. Der Meditierende sucht dagegen den Weg nach innen nicht, um sich abzukapseln, sondern um so zu einer möglichst umfassenden Begegnung mit der *ganzen* Wirklichkeit zu kommen.

25 »Narzissmus« wird hier im Sinne von Chr.

Lasch verstanden (Siehe Anm. 75 im Kapitel *Übungen zur gegenständlichen Meditation*, S. 240).

26 Siehe *J. Habermas:* 1968, S. 300-332.

27 Siehe *R. Ludwig:* S. 14.

28 Zitiert nach *K. Wilber:* 1987, 16.

29 Siehe dazu *J. Engler:* S. 41 ff.

30 Die Methode der freien Assoziation ist eine grundlegende psychoanalytische Technik. Sie besteht darin, alles ohne vorherige Auswahl zu sagen, was einem durch den Kopf geht, sei es von einem vorgegebenen Element aus (zum Beispiel einem Wort oder einer Vorstellung) oder sei es spontan.

31 Genauer ausgeführt bei *D. P. Brown* und *J. Engler*, insbesondere S. 205.

32 *D. P. Brown* und *J. Engler:* S. 207.

33 *Holt* und *Havell* 1960, zitiert nach *D.P. Brown* und *J. Engler* S. 187.

34 Siehe dazu *A. und W. Huth:* 1996, S. 243-250.

35 *S. Freud:* XIV, 506.

36 Siehe dazu *L. Rangell:* 1974, S. 934.

Die Rolle des »Meisters« (Gurus) bei der Meditation

1 Siehe S. 171.

2 Siehe *Lama A. Govinda:* 1993, 110-111.

3 *U. Baatz:* S. 69.

4 Diese Sicht wird im Klappentext des Buches von *Graf Dürckheim*: »Der Ruf nach dem Meister« vertreten.

5 Siehe S. 31-39.

6 *K. von Dürckheim:* 1972, S. 33.

7 *M. Scheler*: Die Wissensformen und die Gesellschaft, Gesammelte Werke Band 8, 1960², S. 66.

8 *M. Scheler:* a. a. O. S. 200-211.

9 *S. Böhle*: Stichwort »Erlösungswissen« in *J. Ritter* (Hrsg.): »Historisches Wörterbuch der Philosophie« 1972, Band 2, Sp. 719.

10 Siehe S. 171.

11 Siehe *R. Eisler:* S. 418.

12 *E. Fromm:* 1976, S. 73.

13 Näher beschrieben von *Lama A. Govinda:* 1975, S. 85.

14 Siehe S. 97.

15 Siehe S. 166-167.

16 *K. von Dürckheim:* 1972, S. 87.

17 »Dharma« ist hier gemeint im Sinne der Lehre des Buddha, in der seine Schüler den Inbegriff einer letzten Wahrheit sahen. (Siehe S. 162).

18 Zitiert nach *H. Dumoulin:* 1985, S. 93.

19 Zum Begriff »Realisierung« siehe S. 56.

20 Zum Begriff der Anhaftung siehe S. 112 und S. 243, Anm. 56.

21 Zitiert bei *M. M. Özelsel:* S. 155.

22 *U. Baatz:* S. 71.

23 *H. Le Saux:* 1995, S. 28.

24 Siehe S.74-79.

25 Siehe *A. Schimmel:* S. 109.

26 *J. W. von Goethe*: Divan. Buch des Sängers. Selige Sehnsucht.

27 Zum Begriff »Killerphrase« siehe Anm. 126 im Kapitel *Die ungegenständliche Meditation*, S. 245.

28 *A.. und W. Huth*: 1996, S. 251-256.

29 *K. von Dürckheim:* 1972, S. 146.

30 *K. von Dürckheim:* 1972, 55-70.

31 Nach *F. Pfeiffer*: II, S. 599.

32 Zum Beispiel der vor einigen Jahren verstorbene »Bhagwan« Rajneesh Chandra Mohan, der von seinen Schülern »total surrender«, totale Unterwerfung, forderte.

33 Näheres dazu siehe *W. Huth*: 1988, S. 68 ff.

34 Dazu gibt es viele Parallelen. Siehe dazu *W. Huth:* 1988, 160-161.

35 Siehe S. 174.

36 Zur Erleuchtungserfahrung und ihren Auswirkungen siehe *A. und W. Huth*: 1996, S. 217-225.

37 Siehe S. 14.

38 Zitiert bei *K. von Dürckheim:* 1972, S. 53.

39 Mahāyāna- Sūtralamkāra XVII, 10, zitiert bei *U. Baatz*: S. 77.

40 Näher bei *J. Linnewedel:* S. 102.

41 *Ignatius von Loyola:* Geistliche Übungen S. 61 ff, s. auch Anm. 80 und 81, S. 240.

42 Näheres dazu siehe *A. Keller:* 1978, S. 38 ff.

43 Siehe S. 182.

44 *S. Freud/O. Pfister*: S. 90.

45 Näher ausgeführt bei *J. Welwood* sowie bei *W. Huth*: 1988, S. 269-288

46 *J. Welwood:* S. 46.

47 Siehe S. 106.

48 Wie allgemein verbreitet und schier unglaublich stark unsere Neigung zu blinder Autoritätshörigkeit ist, hat Stanley Milgram empirisch gezeigt. Kein noch so hoher Intellekt und kein noch so angeblich starkes Ich bewahrt uns davor. Zum »Milgram- Experiment« siehe *W. Huth:* 1988, S. 227.

49 Zum Beispiel *S. Freud:* XIII, 286.

50 Siehe S. 83.

51 *Fr. Nietzsche:* Also sprach Zarathustra. Gesammelte Werke II, 339-340.

52 *J. Gebser:* II, 103.

»Orient und Okzident sind nicht mehr zu trennen«

1 »...Oh, Ost ist Ost und West ist West, und niemals werden sich die beiden finden«.

2 *M. von Brück/ Wh. Lai:* 1997.

3 *A. Rosenberg:* 1972, 15.

4 *C. Fr. von Weizsäcker:* 1978, S. 434.

5 Diese Formulierung stammt von dem Religionssoziologen Peter L. Berger. Zitiert nach *H. Waldenfels:* 1988, S. 41.

6 *H. Waldenfels:* ebd.

7 *C. Fr. von Weizsäcker:* 1978, S. 588-589.

8 Siehe dazu *H. P. Dürr:* 1987.

9 Das wird trotz der Fragwürdigkeit mancher Behauptungen zum Beispiel an dem Buch von *Fritjof Capra* deutlich (Siehe Literaturverzeichnis).

10 *D. T. Suzuki,* in *E. Fromm/ D. T. Suzuki/ R. de Martino:* S. 13ff.

11 Zitiert bei *St. Faber:* Seite 32.

12 Siehe dazu *K. Hedwig* (Siehe *Literaturverzeichnis*).

13 *H. Norberg-Hodge:* S. 166-183.

14 *C. G. Jung:* 11, 521.

15 *C. G. Jung:* 11, 576.

16 *C. G. Jung:* Vorwort zu »Das Geheimnis der Goldenen Blüte«, S. XVII.

17 *C. G. Jung:* 11, 572.

18 Näher beschrieben unter dem bezeichnenden Titel: »Die eigentümliche Indienfahrt« bei *G. Wehr:* 1985, 251-261.

19 *C. G. Jung:* 11, 623.

20 *M. v. Brück/Wh. Lai:* 1997, S. 26.

21 *J. Gebser:* VI, S. 109.

22 »Fundamente haben« und »Fundamentalist sein« hat nichts mit einander zu tun. Auch Rechtgläubigkeit (»Orthodoxie«) darf nicht mit Fundamentalismus oder mit einem restaurativen Denken und Handeln gleichgesetzt werden. Während beim Letzteren versucht wird, frühere, bereits überwundene Ordnungen wiederherzustellen, weiß wirkliche Orthodoxie, dass die Grundwahrheiten unseres Daseins immer neu bedacht und dargestellt werden müssen. Daher ist sie auch zum Dialog bereit.

23 In Anspielung auf den Titel eines richtungsweisenden Buchs von Bede Griffiths (Siehe *Literaturverzeichnis*).

24 *C. Fr. v. von Weizsäcker:* 1978, S. 434.

25 Siehe S. 23.

26 Siehe S. 58.

27 Näher ausgeführt von *Lama A. Govinda* in *D. Kantowsky:* S. 109 sowie bei *Lama A. Govinda:* 1983, S. 47.

28 Ein Meilenstein war hier das II. Vatikanum.

29 *R. Guardini:* 1951, S. 425.

30 *R. Guardini:* 1951, S. 361.

31 *R. Guardini:* 1951, S 360.

32 *D. Bonhoeffer:* Werke Bd. XIII, S. 145-146.

33 Bemerkung von Hans Waldenfels in einem Vortrag in der Katholischen Akademie München am 5. Juni 1999.

34 *H. M. Enomiya-Lassalle:* 1981, S. 152.

35 Wie sehr bei uns bis vor kurzem »offiziell« die Bedeutung der Spiritualität vergessen wurde, zeigt sich daran, dass im führenden deutschsprachigen evangelischen theologischen Lexikon: »Die Religion in Geschichte und Gegenwart« das Stichwort »Spiritualität« nicht vorkommt, während in seinem katholischen Pendant, dem »Lexikon für Theologie und Kirche«, dazu lediglich zu lesen ist: »Siehe Frömmigkeit«. Näheres siehe *W. Huth:* 1996.

36 Siehe *D.T. Suzuki:* 1957, insbesondere S. 13 und S. 22.

37 *P. L. Berger:* 1987, S. 160.

38 Zitiert nach *H. Quint:* S. 227.

39 Siehe S. 167.

40 Dieses plötzliche Umschlagen, von dem schon Nietzsche sprach (Siehe S. 206), ist offenbar tief in unserer Natur verankert. Gründe, warum das so ist, finden sich bei *L. Szondi*, 1973. Die dahinter liegende Ambivalenz kommt auch sprachlich zum Ausdruck. So haben zum Beispiel im Englischen die Worte »Gast« (host) und »feindlich« (hostile) dieselbe Sprachwurzel.

41 *Dalai Lama*: Aufkeimendes Bewusstsein für eine neue Menschheit. In *M. v. Brück* (Hrsg.): 1987, S. 26.

42 Teilweise in Anlehnung an *G. Mensching* (1978), *H. Küng* (1984) und *M. von Brück/Wh. Lai* (1997).

43 Wie erwähnt hatte der *Buddha* seine Erleuchtung nach einer Mahlzeit, die er sehr zum Missfallen seiner Jünger eingenommen hatte, weil sie darin einen Verstoß gegen seine radikale Askese sahen; später lehrte er einen »mittleren Weg« zwischen den Extremen. *Jesus* beklagte sich, dass es von Johannes dem Täufer, der »nicht aß und trank«, hieß, »er hat den Teufel«; ihm aber, der aß und trank, hielt man, wie erwähnt, vor, er sei ein »Fresser und Weinsäufer« (Siehe S. 220).

44 *D. T. Suzuki* in *E. Fromm/ D. T. Suzuki/ R. de Martino*: S. 16.

45 *F. Nietzsche*: Werke II, 280.

46 *Yamada Koun Roshi*, zitiert nach *A. M. Arokiasamy*: 1995, S. 128.

47 *R. C. Cohn*: 1989.

48 *A. M. Arokiasamy*: 1995, S. 167.

49 Siehe S. 220

50 Zitiert nach *H. Quint*: S. 308.

51 Siehe S. 179.

52 *Ch. Taylor*, zitiert nach *A. M. Arokiasamy*: 1995, S. 166.

53 *C. Fr. von Weizsäcker*: 1978, S. 63-90.

54 Siehe *M. von Brück/Wh. Lai*: 1997, S. 640.

55 Warum dies nicht möglich ist, wurde von *A.*

M. Arokiasamy ausführlich begründet. Siehe diesen: 1991, S. 17-27.

56 Näher ausgeführt bei *A. M. Arokiasamy*: 1995, S. 133.

57 Siehe *J. Fowler*: 1991, zur Bewertung seines Werkes siehe auch *A. M. Arokiasamy*: 1995, S. 137-139 sowie *K. Wilber*: 1996, S. 671-672.

58 Den Begriff »aufheben« benutzen wir dabei im mehrdeutigen Sinne Hegels.

Schlussfolgerungen

1   Siehe S. 56.

2   Siehe S. 172.

3   Siehe S. 107.

4   Siehe S. 165.

5   Hinduistische Nonnen.

6   Wir verdanken dieses Zitat Ruth Cohn.

7   Leopold Szondi sprach vom »äußeren« bzw. vom »inneren Zensor«.

8   Besonders ausführlich in Freuds Schrift: »Das Unbehagen in der Kultur«, XIV, 419-506.

9   Siehe dazu *R. Tarnas*: S. 554-555.

10 *H. E. Richter*: 1979, S. 20.

11 Siehe zum Folgenden auch den Kommentar zum »Faust« von *A. Schöne*.

12 Zeile 11563.

13 Zeile 11572.

14 Zeile 11156.

15 Siehe *W. Huth*: 1988, S. 249 ff.

16 Zeile 11574-11576.

17 Zeile 11583-11584.

18 Joh. 19, 30, Faust Zeile 11593.

19 *J. W. von Goethe*: Wilhelm Meisters Wanderjahre. Zürich/ Stuttgart 1948, (Artemis), 8, 460.

20 Zitiert nach *A. Schöne*: S. 704. Auf S. 704-705 sowie S. 749 ff dieses Buches finden sich weitere Hinweise, die im genannten Sinn sprechen.

21 Siehe S. 83

Literatur

Adorno Th. W.: Negative Dialektik. Frankfurt/M. 1966

Adorno Th. W.: Minima Moralia. Reflexionen aus dem beschädigten Leben. Frankfurt/M. 1988, 67.-70. Tausend

Arokiasamy A. M.: Leere und Fülle. Zen aus Indien in christlicher Praxis. München 1991

Arokiasamy A.M.: Warum Bodhidharma in den Westen kam oder: Kann es ein europäisches Zen geben? Seeon 1995

Baatz U.: Die Frage nach dem Meister. Interkulturelle Interferenzen. Dial. d. Relig. 6, Heft 1, S. 67-78, 1997

Balint M.: Therapeutische Aspekte der Regression. Die Theorie der Grundstörung. Stuttgart 1970

Baumgartner H. M.: Zeit und Sinn. In: zur debatte. Themen der Kathol. Akademie in Bayern, 28. Jahrg., Nummer 5, September/ Oktober 1998

Berger P. L./ Berger B./ Kellner H.: Das Unbehagen in der Modernität. Frankfurt/M., New York 1987

Bergson H.: Denken und Schöpferisches Werden. Meisenheim 1948

Bhagavad Gita. Mit einem spirituellen Kommentar von *Bede Griffiths.* Aus dem Sanskrit übersetzt, eingeleitet und erläutert von Michael von Brück. München 1993

Bleuler E.: Das autistisch-undisziplinierte Denken in der Medizin und seine Überwindung. Zweiter Neudruck der fünften Auflage. Berlin, Heidelberg, New York 1966 (1. Auflage 1919)

Böhme J.: Aurora oder Morgenröte im Aufgang. Herausgegeben und erläutert von Gerhard Wehr. Freiburg/B. 1977

Böhme W./ Sudbrack J. (Hrsg.): Der Christ von morgen – ein Mystiker? Grundformen mystischer Existenz. Würzburg 1989

Bohm D.: Fragmentierung und Ganzheit in *Dürr, H. P.* (Hrsg.), S. 263- 293

Bonhoeffer D.: Widerstand und Ergebung. München, Hamburg [3]1966

Bonhoeffer D.: Briefe, Bd. XIII, München 1994

Brown D. P. und *Engler J.:* Die Stadien der Achtsamkeitsmeditation. Eine Validierungsuntersuchung. Erster Teil: Untersuchung und Resultate, S.171-202, Zweiter Teil: Diskussion der Ergebnisse, S. 203-227 in: *Wilber K./ Engler J./ Brown D.P.* 1988

von Brück M.: Einheit der Wirklichkeit. Gott, Gotteserfahrung und Meditation im hinduistisch-christlichen Dialog. München 1986

von Brück. M. (Hrsg.): Dialog der Religionen. Bewusstseinswandel der Menschheit. München 1987

von Brück R. und M.: Die Welt des tibetischen Buddhismus. Eine Begegnung. München 1996

von Brück M./ Wh. Lai: Buddhismus und Christentum. Geschichte, Konfrontation, Dialog. München 1997

Buber M.: Werke. Band 1.-3. München/Heidelberg 1963

Buchheim Th.: Die Vorsokratiker. Ein philosophisches Portrait. München 1994

Buchholz M. H.: Rezension des Buches von H. Stein (Siehe diesen) in Psyche 53, 204-208, 1999

Buchwald Th.: Die Vorsokratiker. Ein philosophisches Portrait. München 1994

Buddha Gautama: Die vier edlen Wahrheiten. Texte des ursprünglichen Buddhismus. München [3]1991

Bunge G.: Evagrios Pontikos. Briefe aus der Wüste. Eingeleitet, übersetzt und kommentiert von Gabriel Bunge. Trier 1986

Capra F: Das Tao der Physik. Bern, München, Wien 1984

Cohn R. C.: Von der Psychoanalyse zur themenzentrierten Interaktion. Stuttgart 1975

Cohn R. C.: Es geht ums Anteilnehmen ... Perspektiven der Persönlichkeitsentfaltung in der Gesellschaft der Jahrtausendwende. Freiburg/B. 1989

Cox H.: Licht aus Asien. Verheißung und Versuchung östlicher Religiosität. Stuttgart, Berlin 1978

Dalai Lama, Der XIV.: Das Herz aller Religionen ist eins. Die Lehre Jesu aus buddhistischer Sicht. Hamburg 1997

Dalai Lama, Der XIV.: Der Schlüssel zum Mittleren Weg. Weisheit und Methode im tibetischen Buddhismus. Hamburg 1991

Debes P.: Meisterung der Existenz durch die Lehre Buddhas. Band I und II. Bindlach 1982

Die Erfahrung der Goldenen Blüte. Übertragen und

kommentiert von Mokusen Miyuki. Bern, München, Wien 1984

Die torlose Schranke. Mumonkan. Zen-Meister Mumons Kōan-Sammlung, neu übertragen und kommentiert von Zen-Meister Kōun Yamada. München 1989

Die Wolke des Nichtwissens. Worin sich die Seele mit Gott vereint. Übertragen und eingeleitet von Wolfgang Riehle. Einsiedeln 1980

Diels H.: Die Fragmente der Vorsokratiker. Hamburg 1957

Dietzfelbinger K.: Mysterienschulen. Vom alten Ägypten über das Urchristentum bis zu den Rosenkreuzern der Neuzeit. München 1997

Dornes. M.: Das Verschwinden der Vergangenheit. Psyche 53, 530-571, 1999

Dürckheim K.: Der Alltag als Übung. Vom Weg zur Verwandlung. Bern, Stuttgart, Wien [3]1970

Dürckheim K.: Der Ruf nach dem Meister. Der Meister in uns. Weilheim 1972

Dürckheim K.: meditieren – wozu und wie. Freiburg/B. [7]1983

Dürr H. P.(Hrsg.): Physik und Transzendenz. Die großen Physiker unseres Jahrhunderts über ihre Begegnung mit dem Wunderbaren. Bern, München, Wien [4]1987

Dumoulin H.: Geschichte des Zen – Buddhismus. Band I: Indien und China, Bern, München 1985, Band II: Japan. Bern, München 1986

Edelman G. M.: Göttliche Luft, vernichtendes Feuer. Wie der Geist im Gehirn entsteht. München, Zürich [2]1995

Eisler R.: Kant Lexikon. Nachschlagwerk zu Kants sämtlichen Schriften, Briefen und handschriftlichem Nachlass. Hildesheim, Zürich, New York 1989

Eliade M.: Yoga. Unsterblichkeit und Freiheit. Frankfurt/M. 1985

Engler J.: Therapeutische Ziele in Psychotherapie und Meditation: Entwicklungsstadien der Selbstrepräsentation. In *Wilber K./ Engler J./ Brown D. P.: 31-66*

Enomiya-Lassalle H. M.: Wohin geht der Mensch? Zürich, Einsiedeln, Köln 1981

Enomiya-Lassalle H. M.: Zen und christliche Mystik. Freiburg/B. [3]1986

Epstein M.: Gedanken ohne den Denker. Das Wechselspiel von Buddhismus und Psychotherapie. Frankfurt/M. 1996

Epstein M./ Lieff J. D.: Psychiatrische Komplikationen der Meditationspraxis in *Wilber K./ Engler J./ Brown D.P.:* S. 67-76

Faber St.: Tibetisches Tagebuch. München 1996

Fowler J.: Stufen des Glaubens: Die Psychologie der menschlichen Entwicklung und die Suche nach Sinn. Gütersloh 1991

Frambach L.: Identität und Befreiung – Zen und christliche Spiritualität. Petersberg 1994

Freud S.: Gesammelte Werke, Band I-XVII. London o. J.

Freud S.: Briefe 1873-1939. Frankfurt/M 1960

Freud S.: Brautbriefe. Frankfurt/M., Hamburg, 1968

Fromm E.: Psychoanalyse und Zen-Buddhismus in: *Fromm E./ Suzuki D. T.I./ de Martino R.: 101-178*

Freud S. /Pfister O.: Briefe 1909-1939. Frankfurt/M. 1960

Fromm E: Haben oder Sein. Die seelischen Grundlagen einer neuen Gesellschaft. Stuttgart 1976

Fromm E./ Suzuki D. T./ de Martino R.: Zen-Buddhismus und Psychoanalyse. München 1963

Gebser J.: Gesammelte Werke Band I-VII. Schaffhausen 1975-1980

Goldberg P.: Die Kraft der Intuition. Wie man lernt, seiner Intuition zu vertrauen. Bern, München, Wien [3]1988

Govinda Lama A.: Grundlagen tibetischer Mystik. Bern, München, Wien [4]1975

Govinda Lama A.: Buddhistische Reflexionen. Wege der Befreiung ohne Verleugnung der eigenen Wurzeln. Bern, München, Wien 1983

Govinda Lama A.: Einsichten eines Pilgers im Himalaya. Münster 1993

Griffiths B.: Die Hochzeit von Ost und West. Hoffnung für die Menschheit. Salzburg 1983

Guardini R.: Der Herr. Betrachtungen über die Person und das Leben Jesu Christi. Würzburg 1951

Guardini R.: Religion und Offenbarung. Mainz [2]1990

Habermas J.: Erkenntnis und Interesse. Frankfurt/M. [3]1973

Hawking St. W.: Eine kurze Geschichte der Zeit. Die Suche nach der Urkraft des Universums. Reinbek 1988, 66.-105. Tausend

252

Hawking St. W./Penrose R.: Das Wesen von Raum und Zeit. Spektrum der Wissenschaft 9 (September 1996), 46-52

Hedwig K.: Stichwort Natura naturans/ naturata in: *Ritter J./ Gründer K.* (Hrsg.): Historisches Wörterbuch der Philosophie Band 6, Mo – O. Basel, Stuttgart 1984, Sp. 304-309

Hegel G.W.F.: Phänomenologie des Geistes. Herausgegeben von Johannes Hoffmeister, Hamburg o. J.

Heidegger M.: Sein und Zeit. Tübingen ^{8}1957

Heidegger M.: Gelassenheit. Pfullingen 1958

Heidegger M.: Der Weg zur Sprache. München 1959

Heiler F.: Die buddhistische Versenkung. Eine religionsgeschichtliche Untersuchung. München 1918

Heiler F.: Das Gebet. Eine religionsgeschichtliche und religionspsychologische Untersuchung. München ^{2}1920

Heiler F.: Erscheinungsformen und Wesen des Religiösen. Stuttgart 1961

Hemleben J.: Galileo Galilei in Selbstzeugnissen und Bilddokumenten. Reinbek 1970, 16.-20. Tausend

Husserl E.: Erfahrung und Urteil. Untersuchungen zur Genealogie der Logik. Hamburg 1948

Huth A. und W.: Träumen. Der inneren *Bilderwelt* begegnen. *München* ^{2}*1995*

Huth A. und W.: Handbuch der Meditation. München ^{2}1996

Huth A. und W.: Meditation. Begegnung mit der eigenen Mitte. München ^{7}1997

Huth W.: Religiöse Erfahrung und Drogen. Stimmen der Zeit. Bd. 188. 291- 310, 1971

Huth W.: Wahl und Schicksal. Voraussetzungen, Grundprinzipien und Kritik der Schicksalsanalyse von Leopold Szondi. Bern, Stuttgart, Wien 1976

Huth W.: Gefahren der Meditation. Stimmen der Zeit Bd. 203, 303-313, 1985

Huth W.: Begegnung von Ost und West. Stimmen der Zeit Bd. 205, 685-700, 1987

Huth W.: Glaube, Ideologie und Wahn. Das Ich zwischen Realität und Illusion. Frankfurt/M., Berlin ^{2}1988

Huth W.: Flucht in die Gewissheit. Fundamentalismus und Moderne. München 1995

Huth W.: Spiritualität für Pfarrer. Aus dem Notizbuch eines Psychoanalytikers. Nachrichten der Evangel. Luth. Kirche in Bayern, 51, 65-67, 1996

Huth W.: Wie kann ein moderner Menschen religiös glauben? Stimmen der Zeit Bd. 214, 722-735, 1996 b

Huxley A.: Die Pforten der Wahrnehmung. München 1968, 7.-13. Tausend

Ignatius von Loyola: Geistliche Übungen. Übertragung und Erklärung von Adolf Haas. Freiburg/B., Basel, Wien ^{3}1977

Jäger W.: Kontemplation. Gottesbegegnung heute. Salzburg 1982

James W.: Die Vielfalt religiöser Erfahrung. Darmstadt 1979. Deutsche Übersetzung von: The Varieties of Religious Experience. Edinburgh 1902

Jaspers K.: Allgemeine Psychopathologie. Berlin, Göttingen, Heidelberg ^{6}1953

Jaspers K.: Vom Ursprung und Ziel der Geschichte. München 1957, 76.-87. Tausend

Jaspers K.: Der philosophische Glaube angesichts der Offenbarung, 8.-13. Tausend. München 1963

Jaspers K.: Philosophie II. Existenzerhellung. Berlin 1973

Johari H.: Das große Chakra-Buch. Freiburg/B., ^{2}1987

Jung C. G.: Gesammelte Werke Bd. 1.-17. Zürich, Stuttgart 1963

Jung C. G.: Das Geheimnis der Goldenen Blüte, Zürich 1965

Kant I.: Die Werke von Immanuel Kant, Werkausgabe, Herausgegeben von Wilhelm Weischedel. Frankfurt/ M.: Band III: Kritik der reinen Vernunft, Band VII: Kritik der praktischen Vernunft, Band X: Kritik der Urteilskraft, Band XI: Schriften zur Anthropologie, Geschichtsphilosophie, Politik und Pädagogik 1 (darin enthalten: Beantwortung der Frage: Was ist Aufklärung?)

Kantowsky D. (Hrsg.)*:* Der Weg der weißen Wolken. Texte, Bilder und Dokumente aus dem Leben des Lama Anagarika Govinda (1898-1985), Konstanz 1996

Keller A.: Zur Unterscheidung der Geister in den Ignatianischen Exerzitien. Geist und Leben 38-54, 1978

Keller A.: Philosophie zwischen Tradition und Innovation. Jahresbericht der Hochschule für Philosophie München 1996/1997. München 1997

Kerstiens L.: Stichwort »Betrachten« in *Ritter J.* (Hrsg.): Historisches Wörterbuch der Philosophie. Band 1, Sp. 859-860, Basel/Stuttgart 1971 sowie derselbe: Stichwort »Kontemplation« ebd. Band 4, Sp. 1024-1026

Kobuch Th.: Stichwort »Intuition« in *Ritter J. und Gründer K.* (Hrsg.): Bd. 4, Sp. 524-540, 1976

Koestler A.: Der göttliche Funke. Der schöpferische Akt in Kunst und Wissenschaft. Bern, München, Wien 1966

Koestler A.: Das Gespenst in der Maschine. Wien, München, Zürich ^{2}1968

Koestler A. Abschaum der Erde. Gesammelte autobiographische Schriften. Zweiter Band. Wien, München, Zürich 1971

Kohut H.: The Analysis of the Self. New York 1971. Deutsch: Narzissmus. Frankfurt/M. 1971

von Kutschera F.: Stichwort »Antinomie« in: *Ritter J.* (Hrsg.): Historisches Wörterbuch der Philosophie Band 1, A-C. Basel/Stuttgart Sp. 393-405, 1971

Küng H.: Existiert Gott? Antwort auf die Gottesfrage der Neuzeit. München, Zürich 1978

Küng H. in Küng H./ van Ess J./ v. Stietencron H./ Bechert H.: Christentum und Weltreligionen. München, Zürich 1984

Küng H.: Das Christentum. Wesen und Geschichte. München und Zürich ^{2}1994

Kuhn Th. S.: Die Struktur wissenschaftlicher Revolutionen. Frankfurt/M., ^{3}1978

Lasch Chr.: Das Zeitalter des Narzissmus. München 1980

Le Saux H.(Abhishiktananda): Wege der Glückseligkeit. Begegnung indischer und christlicher Mystik. München 1995

Leisegang H.: Goethes Denken, Leipzig 1932

Leisegang H.: Denkformen. Berlin ^{2}1951

Lexikon der östlichen Weisheitslehren. Buddhismus – Hinduismus – Taoismus – Zen. Bern, München, Wien 1986

Linnewedel J.: Meister Eckharts Mystik. Zugang und Praxis für heute. Stuttgart 1983

Ludwig R.: Kant für Anfänger. Kritik der reinen Vernunft. München 1996

McDonald K.: Wege zur Meditation. Eine praktische Anleitung. Jägerndorf 1986

May G.S.: The Open Way. A Meditation Handbook. New York 1977

Meffert E.: Nikolaus von Kues. Sein Lebensgang. Seine Lehre vom Geist. Stuttgart 1982

Mensching H.: Buddha und Christus. Stuttgart 1978

Nakamura H.: The Ways of Thinking of Eastern People. Honolulu 1960

Nietzsche F.: Werke in drei Bänden. Herausgegeben von Karl Schlechta. München o. J.

Nityananda Giri: Meditation im Hinduismus. Dial. d. Relig. 2. Jahrg., Heft 1, 59-75, 1992

Norberg-Hodge H.: Leben in Ladakh. Freiburg/B., Basel, Wien 1993

Nyanaponika Thera (Hrsg.): Die Lehrreden des Buddha aus der angereihten Sammlung. Bd I-V, Freiburg/B. 1985

Özelsel M. M. Vierzig Tage. Erfahrungen einer traditionellen Derwischklausur. Reinbek 1995

Ornstein R.E.: Die Psychologie des Bewusstseins. Köln 1974

Patañjali: Die Wurzeln des Yoga. Die Yoga-Sūtren des Patañjali mit einem Kommentar von P. Y. Deshpande. Mit einer neuen Übertragung aus dem Sanskrit herausgegeben von Bettina Bäumer. München, Wien ^{4}1982

Pfeiffer F.: Meister Eckhart Deutsche Mystiker des 14. Jahrhunderts II, Leipzig 1857, Neudruck Aalen 1962

Pöppel E.: Grenzen des Bewusstseins. Über Wirklichkeit und Welterfahrung. Stuttgart 1985

Popper K. R.: Logik der Forschung. Tübingen ^{6}1976

Popper K. R.: Die offene Gesellschaft und ihre Feinde. München, Band 1 ^{5}1977, Band 2 ^{4}1975

Popper K. R../ Eccles J. C.: Das Ich und sein Gehirn. München/Zürich 1977

Quint H: Meister Eckehart. Deutsche Predigten und Traktate. Herausgegeben und übersetzt von Hans Quint. München 1955

Rahner K.: Die Einheit von Geist und Materie im christlichen Glaubensverständnis. Schriften zur Theologie Bd. VI, Einsiedeln, Köln, Zürich 1965, 185-214

Rahner K.: Frömmigkeit früher und heute. Schriften zur Theologie Band VII, 11-31, Einsiedeln, Zürich, Köln 1966

Rangell L.: Perspektiven der Psychoanalyse. Psyche, 28, 933-950, 1974

Richter H. E.: Der Gotteskomplex. Die Geburt und die Krise des Glaubens an die Allmacht des Menschen, Reinbek 1979

Riehle W.: Die Wolke des Nichtwissens in *Ruhbach G./ Sudbrack J.* (Hrsg.)

Riesman D.: The lonely crowd, New Haven 1950. Deutsch: Die einsame Masse. Hamburg 1958

Ritter J./ Gründer K (Hrsg.): Historisches Wörterbuch der Philosophie Bd 1-10

Rosenberg A.: Die Zauberflöte. Geschichte und Deutung von Mozarts Oper. München 1972

Rosenberg A. (Hrsg.): Die Meditation des Herzensgebets. Ein christlicher Weg der Meditation. Mit einer Einführung in Methode und Praxis. Bern, München 1983

Roth G.: Entstehen und Funktion von Bewusstsein. Deutsches Ärzteblatt, 30. Juli 1999, 1957-1961

Ruhbach G./ Sudbrack J. (Hrsg.): Große Mystiker. Leben und Wirken. München 1984

Satura V.: Heil und Heilung in Religion und Psychotherapie. Meditation 1991, Heft 2, 49-54

Scharfetter Chr.: Allgemeine Psychopathologie. Stuttgart, New York ²1985

Scheler M.: Gesammelte Werke, Band 1-13, Bern und München (unterschiedliche Erscheinungsjahre)

Schels W.: Das offene Geheimnis. München 1995

Schimmel A.: Mystische Dimensionen des Islam. Die Geschichte des Sufismus. Köln 1985

Schöne A.: Johann Wolfgang Goethe. Faust. Kommentare. Frankfurt/M. 1999

Schopenhauer A.: Zürcher Ausgabe in 10 Bänden. Zürich 1977

Schütz Chr. (Hrsg.): Praktisches Lexikon der Spiritualität. Freiburg/B., Basel, Wien 1992

Schumann H. W.: Buddhistische Bilderwelt. Ein ikonographisches Handbuch des Mahāyāna- und Tantrayāna-Buddhismus. Köln 1986

Schweitzer A.: Die Mystik des Apostels Paulus. (1930) Neuauflage Tübingen 1981

Sedlmayr H.: Verlust der Mitte. Berlin 1955

Selawry A: Das immerwährende Herzensgebet. Ein Weg geistiger Erfahrung. Weilheim 1970

Shapiro D. H.: Meditationstechniken in der Klinischen Psychologie, Eschborn 1987

Sharamon Sh./ Baginski J.B.: Das Chakra-Handbuch. Aitrang ³⁸1997

Sigmund D.: Die Phänomenologie der hysterischen Persönlichkeitsstörung. Nervenarzt 65, 18-25, 1994

Sigusch V.: Metamorphosen von Leben und Tod. Ausblick auf eine Theorie der Hylomatie. Psyche, 51, 835-874, 1997

Stein H.: Freud spirituell. Das Kreuz (mit) der Psychoanalyse. Leinfelden – Echterdingen 1997

Steinkellner E.: Eintritt in das Leben zur Erleuchtung. Düsseldorf/Köln 1981 (Übersetzung von *Shāntideva:* Bodhicaryāvatāra)

Sudbrack J.: Der Christ von morgen – ein Mystiker? Karl Rahners Wort als Mahnung, Aufgabe und Prophezeiung. In: *Böhme W./ Sudbrack J.* (Hrsg.), 99-136

Sudbrack J.: Mystik im Dialog. Christliche Tradition – Ostasiatische Tradition – Vergessene Traditionen. Würzburg 1992

Suzuki Daisetsu T.: Der westliche und der östliche Weg. Essays über christliche und buddhistische Mystik. Frankfurt/M., Berlin, Wien 1957

Suzuki Daisetsu T.: Die große Befreiung. Zürich ⁴1958

Suzuki Daisetsu T.: Über Zen-Buddhismus. In: *Fromm E./ Suzuki D. T./ de Martino R.,* 9-99

Suzuki Shunryū: Zen-Geist, Anfänger- Geist. Zürich 1975

Szondi L.: Ich-Analyse. Die Grundlage zur Vereinigung der Tiefenpsychologie. Bern, Stuttgart 1956

Szondi L.: Moses. Antwort auf Kain. Bern, Stuttgart, Wien 1973

Tarnas R.: Idee und Leidenschaft. Die Wege des westlichen Denkens. Hamburg 1997

Tillich P.: Gesammelte Werke Bd. I-XIV. Stuttgart. o. J.

Underhill E.: Mystik . Eine Studie über die Natur und Entwicklung des religiösen Bewusstseins im Menschen. Nachdruck der Originalübersetzung von 1928. Bietigheim/Württ. o. J.

Vaitl D.: Imagination und Entspannung. In: *Vaitl D./ Petermann F.* (Hrsg.): Handbuch der Entspannungsverfahren. Weinheim 64-83, 1993

Varela F. J./ Thompson E./ Rosch E.: Der Mittlere Weg der Erkenntnis. Die Beziehung von Ich und Welt in der Kognitionswissenschaft – der Brückenschlag zwischen wissenschaftlicher Theorie und menschlicher Erfahrung. Bern, München, Wien 1992

255

Vollmar K.: Chakren. München 1989

Waldenfels H.: An der Grenze des Denkbaren. Meditation – Ost und West. München 1988

Weber M.: Gesammelte Aufsätze zur Religionssoziologie Band I-III, Tübingen 1920 (Neuauflage Tübingen 1988)

Weger K. H.: Religionskritik. Texte zur Theologie. Bearbeitet von Karl-Heinz Weger. Graz, Wien, Köln 1991

Wehr G.: Jakob Böhme. Reinbek 1971

Wehr G.: Friedrich Christoph Oetinger. Theosoph – Alchymist – Kabbalist. Freiburg/B. 1978

Wehr G.: Theologia Deutsch. Eine Grundschrift deutscher Mystik. Herausgegeben und eingeleitet von Gerhard Wehr. Freiburg/B. 1980

Wehr G.: Carl Gustav Jung. Leben und Wirkung. München 1985

Wehr G.: Meister Eckhart. Reinbek [3]1994

Weil A.: Schlüssel zum Glück? Ein Gespräch mit Alfred Weil. Psychologie heute, Dezember 58-63, 1996

Weis K. (Hrsg.): Was ist Zeit? Zeit und Verantwortung in Wissenschaft, Technik und Religion. München 1994

Weizsäcker C. Fr. v.: Die Einheit der Natur. München. Studien von Carl Friedrich von Weizsäcker, München 1971

Weizsäcker C. Fr. v.: Der Garten des Menschlichen. Beiträge zur geschichtlichen Anthropologie. München, Wien [4]1978

Weizsäcker V. v.: Natur und Geist. Göttingen [2]1952

Welwood J.: Über echte und falsche Autorität. In: *Wilber K./ Ecker B./ Anthony D.* 39-61

Wilber K.: Halbzeit der Evolution. Der Mensch auf dem Weg vom animalischen zum kosmischen Bewusstsein. Bern, München, Wien 1984

Wilber K.: Das Spektrum des Bewusstseins. Ein metapsychologisches Modell des Bewusstseins und der Disziplinen, die es erforschen. Bern, München, Wien 1987

Wilber K.: Das Spektrum der Entwicklung in: *Wilber K./ Engler J./ Brown D. P.,* 77-116, 1988

Wilber K.: Die drei Augen der Erkenntnis. Auf dem Weg zu einem neuen Weltbild. München 1988 b

Wilber K.: Eros, Kosmos, Logos. Eine Vision an der Schwelle zum nächsten Jahrtausend. Frankfurt/M. 1996

Wilber K.: Eine Spiritualität, die transformiert. Transpersonale Psychologie und Psychotherapie 2, 58-62, 1997

Wilber K.: Naturwissenschaft und Religion. Die Versöhnung von Wissen und Weisheit. Frankfurt/M. 1998

Wilber K./ Ecker B./ Anthony D. (Hrsg.): Meister, Gurus, Menschenfänger. Über die Integrität spiritueller Wege. Frankfurt/M. 1995

Wilber K./ Engler J./ Brown D.P.: Psychologie der Befreiung. Perspektiven einer neuen Entwicklungspsychologie – die östliche und die westliche Sicht des menschlichen Reifungsprozesses. Bern, München, Wien 1988

Wittgenstein L.: Tractatus logico-philosophicus. Logisch-philosophische Abhandlung. Frankfurt/M. [13]1978

Wust P.: Ungewissheit und Wagnis. München, Kempten [5]1950

Zajonc A.: Die gemeinsame Geschichte von Licht und Bewusstsein. Reinbek 1997

Zwanger H.: Meditation als geistliche Übung. In: Meditation 4/ 1992 269